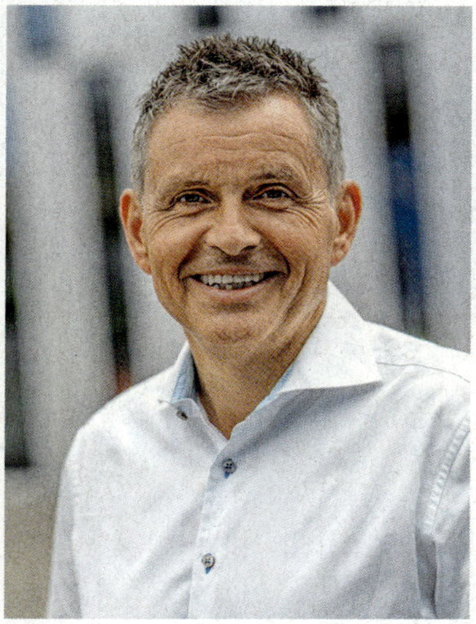

Wenn Le Mans aus allen Nähten platzt

Für den Fall, dass Sie Mitte Juni noch nichts vorhaben, können Sie sich einen Trip nach Le Mans sparen: völlig ausverkauft. Was leider bedeutet, dass Sie das größte Le-Mans-Rennen aller Zeiten verpassen werden.

Zum zweiten Mal in Folge halten Sie, liebe Leser, ein Sonderheft der Motor Presse Stuttgart zum 24h-Rennen in Le Mans in Ihren Händen. Letztes Jahr waren wir uns alle einig: Das machen wir einmal zum 100. Geburtstag von Le Mans, dann hat sich die Sache erledigt. Falsch gedacht: Das Interesse sowohl auf der Leserseite als auch bei den beteiligten Herstellern war auch für den ungeraden 101. Geburtstag so gewaltig, dass wir uns zur Neuauflage genötigt fühlten. Das größte und wichtigste Langstreckenrennen der Welt würde aus unserer Sicht jedes Jahr ein Sonderheft verdienen, aber erst der Hype um die Hypercar-Topklasse hat eine Welle der Sympathie und Aufmerksamkeit erzeugt, die sogar in der großen Historie des Rennens einmalig ist. 2024 starten acht Hersteller in der Topklasse! Einen ähnlichen Aufmarsch gab es zuletzt 1999. Damals war es eher eine glückliche Fügung und Ballung höchst unterschiedlicher Fahrzeugkonzepte, heute muss man eher von Absicht und Weitsicht sprechen.

Der Le-Mans-Ausrichter ACO, der als kleiner französischer Club das größte Autorennen der Welt veranstaltet, hat im Rückblick sehr viel richtig gemacht: Die neue Hypercar-Topklasse (LMH) für die Sportwagen-WM und Le Mans lockte mit ihrem technisch freizügigen, aber aufwendigen Reglement zwar nur drei Hersteller an, was für einen Boom allein noch nicht ausgereicht hätte. Allerdings kam auch Ferrari, und Ferrari zählt im Motorsport wie drei Topmarken, wenn es um die schiere Aufmerksamkeit geht.

Trotzdem sprangen die Franzosen über ihren Schatten und erlaubten den LMDh-Prototypen aus Amerika den Start in der WEC und Le Mans. Die sind zwar technisch weniger anspruchsvoll, weil sie viele Einheitsbauteile verwenden, dafür sind sie klar billiger als die LMH. Dieser transatlantische Brückenschlag löste einen Feuersturm auf der Herstellerseite aus: Alte Bekannte wie Porsche kehrten zurück, sehr alte Bekannte wie BMW ergriffen die einmalige Chance ebenso wie Marken, die bisher einen großen Bogen um Le Mans gemacht haben, wie Lamborghini.

Zwar sind auch die LMDh-Autos keine billigen Pappenheimer, aber ganz allgemein ist die Kosteneffizienz der neuen gemeinsamen Topklasse aus LMH und LMDh der Auslöser für den Boom: Niemals zuvor konnte man mit einer kleineren Kriegskasse die größte Rennschlacht der Welt gewinnen. Und deshalb sind 2024 mehr Hersteller in der Topklasse versammelt als jemals zuvor.

Ein zweiter Neustart erfolgte an der GT-Front: Die LMGT3-Kundensportklasse ersetzt die sündteuren GTE-Werkswagen, wieder wurde alles viel billiger, und wieder standen die Hersteller Schlange. Neun Marken werden mit ihren modifizierten GT-Produktionswagen für spannenden Rennsport und eine hohe Marken-Identifikation bei den über 300 000 Fans in Le Mans sorgen.

Es ist also angerichtet: Die Fans dürfen sich auf eine unvergleichliche Le-Mans-Ausgabe freuen. Damit bei der ganzen Vorfreude und Begeisterung die Information nicht zu kurz kommt, haben wir im vorliegenden Sonderheft alles Wissenswerte rund um Le Mans 2024 zusammengefasst: Wir stellen die Protagonisten in den Klassen Hypercar und LMGT3 vor, wir erklären die Technik, liefern Hintergründe zum Regelwerk und blicken in die Zukunft. Und natürlich gibt es einige Streifzüge durch die lange Historie des großen Rennens. Viel Spaß beim Lesen! ■

Text: Marcus Schurig **Foto:** Achim Hartmann **Titelfotos:** Hersteller

INH

24h von Le

Hypercar-Marken

LMGT3-Marken

IMPRESSUM

Spezial 24h Le Mans

Chefredaktion: Michael Pfeiffer, Birgit Priemer (auto motor und sport), Marcus Schurig (sport auto, Motorsport aktuell)

Texte: Michael Bräutigam, Philipp Körner, Bianca Leppert, Joel Lischka, Carl Nowak, Marcus Schurig

Fotos: Achim Hartmann, ACO, AF Corse, Alpine, Aston Martin, Audi, BMW, Cadillac, DPPI, Eurosport, Ferrari, FIA, Ford, Getty, Google Maps, IMSA, Iron Dames, Joest Racing, Klittich, Lamborghini, Motorsport Images, Peugeot, Porsche, Prince/GM, RTL, Thomas Antoine, Toyota, WEC, Willgalis, XPB, Xynamic

Geschäftsführender Redakteur GB Mobilität: Michael Heinz

Content Delivery Management: Paulina Ulherr (Junior CDM), Jonas Greiner (Multimedia), Johannes Holzwarth (Textarchiv), Rainer Herrmann (Fotoarchiv)

Layout: Jörg Rettenmayr (Creative Director), Olga Kunz (Stv. Art Director), Christian Traulsen

Schlussredaktion: schlussredaktion.de

Redaktion: auto motor und sport, 70162 Stuttgart
Tel.: 07 11/182-12 67
Fax: 07 11/182-19 58
redaktion_ams@motorpresse.de

Verlag: Motor Presse Stuttgart GmbH & Co. KG, Leuschnerstraße 1, 70174 Stuttgart, Tel.: 07 11/182-01, Fax: 07 11/182-13 49

Geschäftsführung: Kay Labinsky

Leitung Geschäftsbereich Mobilität: Stefan Karcher

Publisher Automobil Benjamin Pfalzgraf

Unit Sales Director Automotive: Markus Eiberger

Anzeigenleitung: Stefan Granzer

Für den Anzeigenteil verantwortlich: Andrea Stilz

Herstellung: Michael Wander (verantw.)

Digitale Bildbearbeitung: Otterbach Medien KG GmbH & Co., Hardbergstraße 3, 76437 Rastatt

Druck und Weiterverarbeitung: Firmengruppe Appl, Appl Druck, Wemding. Printed in Germany

Vertrieb: MZV Moderner Zeitschriften Vertrieb GmbH & Co. KG, Ohmstraße 1, 85716 Unterschleißheim
089/319 06-0, info@mzv.de

Einzelheft: 9,80 Euro

ALT

Mans 2024

Technik und Hintergründe

Menschen und Historie

Rubriken

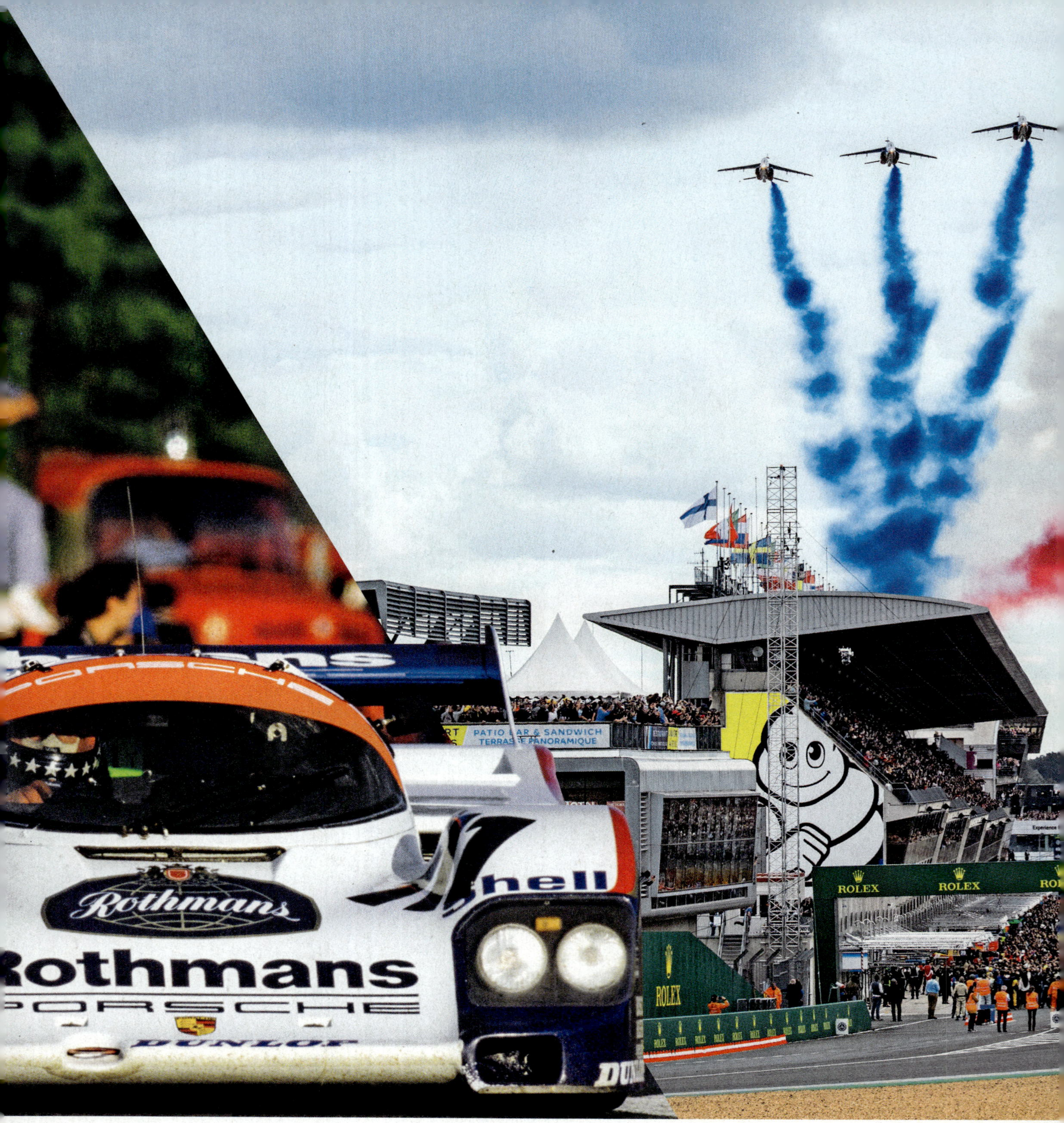
Rothmans
Rothmans
PORSCHE
DUNLOP
PATIO BAR & SANDWICH
ROLEX

Magie der Mo

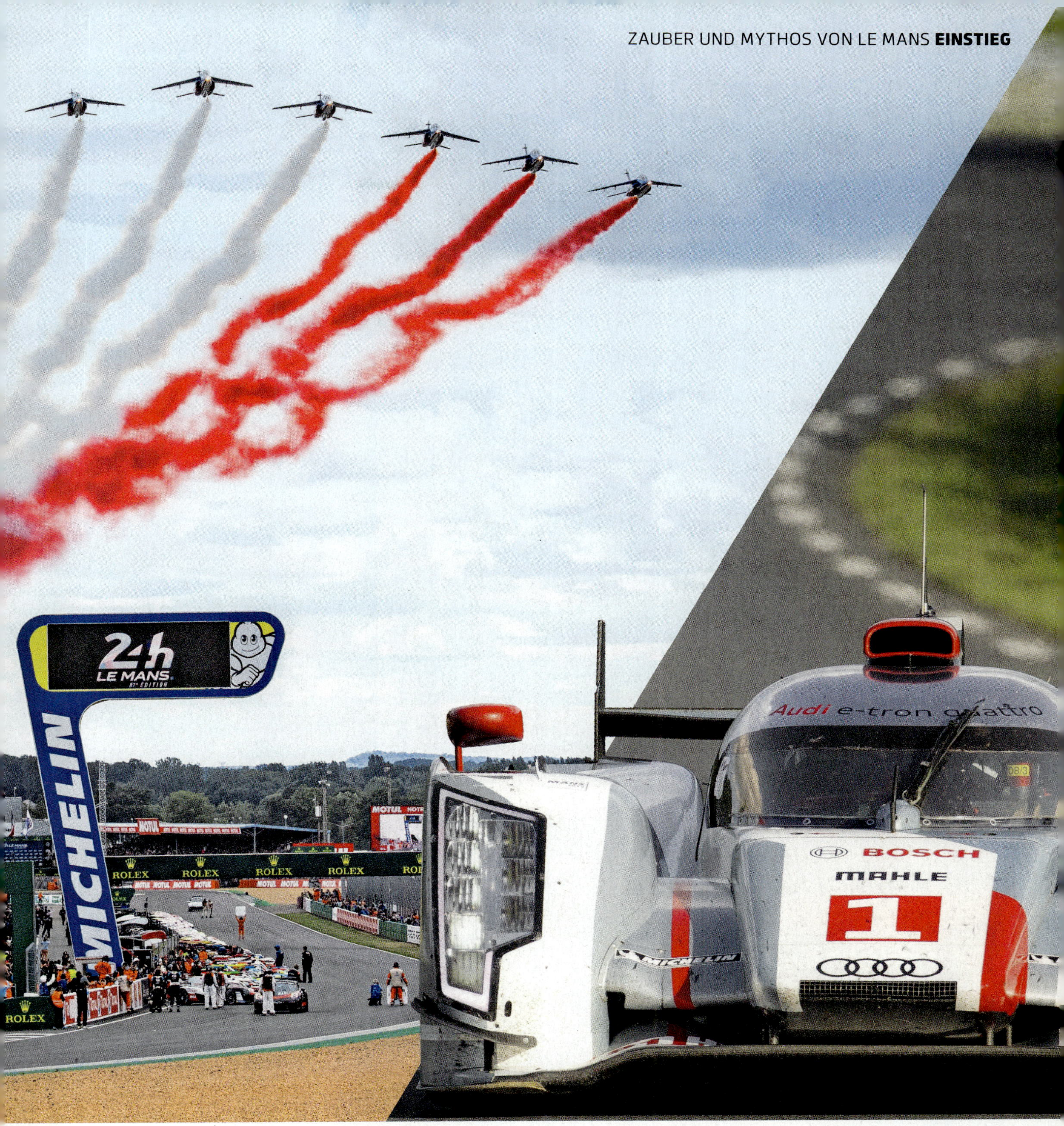

rken

Die Faszination des Rennens in Le Mans kommt für die Fans vom Sport. Die Attraktivität für die Hersteller besteht darin, die Köpfe und Herzen der Menschen mit ihrer Markenmagie neu aufzuladen.

Wenn die Marke größer und stärker ist als das Produkt, das man verkauft, dann hat man den Jackpot der modernen Wirtschaftspsychologie geknackt. Die Begehrlichkeit der Kunden, ein Produkt wegen des Markenimages kaufen zu wollen, garantiert sehr gute Geschäfte und spektakuläre Gewinnmargen. Der hohe Börsenwert globaler Luxus- und Sportmarken und ihrer Dachfirmen wie LVMH weisen den Weg: Wenn Frauen für Handtaschen von Gucci freiwillig 4000 Euro ausgeben, wenn Männer Schlange stehen, um einen Ferrari für 400 000 Euro zu kaufen, spielt die Produktgüte oft eine untergeordnete Rolle. Das Image ist dann wichtiger als die Qualität des Produktes – womit man die Maschine zum Gelddrucken erfunden hat.

Magie-Transfer durch Siege

Die Frage lautet: Wie kommt man dahin? Wie wird eine Marke zum Mythos? Wie pflanzt man die Magie einer Marke in die Köpfe und Herzen der Kunden? Wie schafft man es, das Image so weit aufzublasen, dass man für sein Produkt nahezu jeden Preis aufrufen kann?

Die Gelehrten sind sich da nicht einig, aber die Logik setzt ein paar Eckpunkte: Man braucht erstens Zeit, damit der Mythos wachsen kann. Zweitens braucht man natürlich und trotz allem faszinierende, qualitativ hochwertige und wettbewerbsfähige Produkte. Drittens hilft es, im Hochpreissegment tätig zu sein, also im maximalen Luxusbereich, wo sich der Preis vom Produkt nahezu entkoppeln lässt. Am Ende zahlt der Kunde nicht für die Funktionalität eines Produktes, sondern für die Magie der Marke.

Die Faktoren Produkt, Preis und Markenmagie sind nur selten Selbstläufer. Die meisten Marken versuchen, die Magie und den Mythos aktiv zu erschaffen, womit wir uns langsam dem Département Sarthe im französischen Mittelwesten nähern. Wie wird ein Produkt zum Mythos? Da sind auch Umwege denkbar, zum Beispiel indem man ein Produkt an einen existenten Mythos anhängt. Ungefähr so, wie die Firma Gucci in den 80er-Jahren ihre Handtaschen kostenlos an Hollywood-Schauspielerinnen verteilte. Der Faktor „sehen und gesehen werden" führte dazu, dass sich die weibliche Hautevolee oder die, die sich dafür hielt, das nächste Mal auch ein Gucci-Handtäschchen kaufte, weil sie es bei der Oscar-Verleihung in Beverly Hills so gesehen hatte.

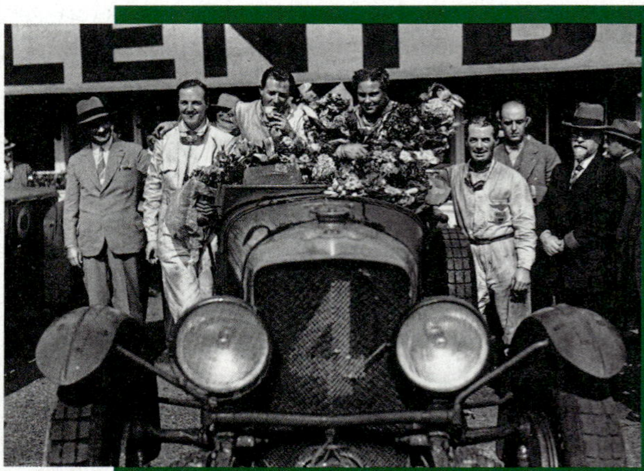

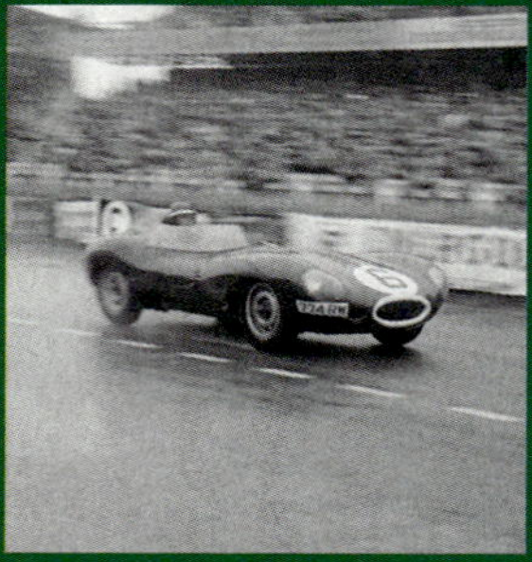

Bentley holte in den 1920er-Jahren vier Siege in Folge, in den 50er-Jahren siegte Jaguar (Mitte) drei Mal in Folge. 2003 siegte Bentley mit dem Speed 8 (unten)

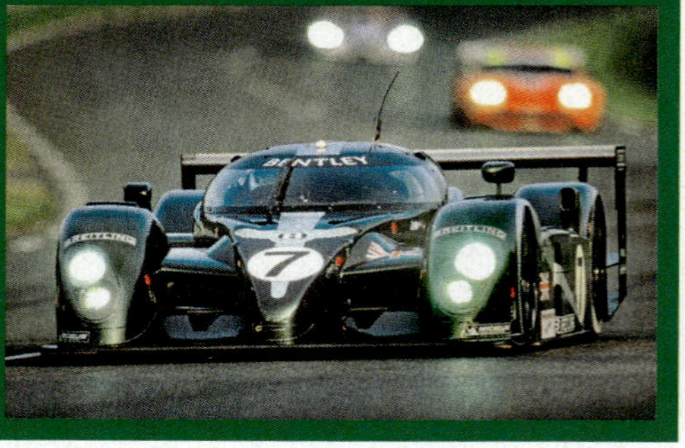

Bentley
(1927 bis 1930)

Diesen Mechanismus aktiv auszulösen, erfordert einen Plan, den nicht alle haben und der nicht immer aufgeht. Und das Automobilgeschäft, um das es hier geht, hat seine eigenen Fallstricke. So hat Mercedes mal länger Maybach-Luxusautos an Rapper verteilt, um cool zu sein. Plötzlich landete man in der Boulevardpresse, weil Maybach-Modelle im Kugelhagel von Schießereien in Los Angeles oder New York auftauchten. Schlecht gelaufen.

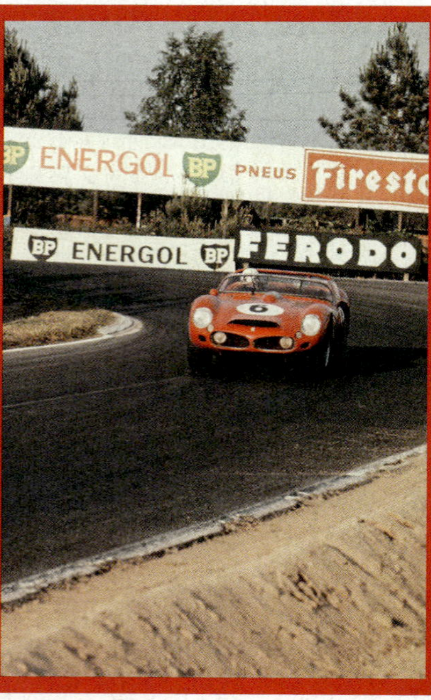

Zu Beginn der 60er-Jahre dominierte Ferrari mit den Modellen 330 (l.) und 250 LM (r.). 2023 holte man beim Debüt des neuen 499P (u.) den zehnten Sieg für Ferrari

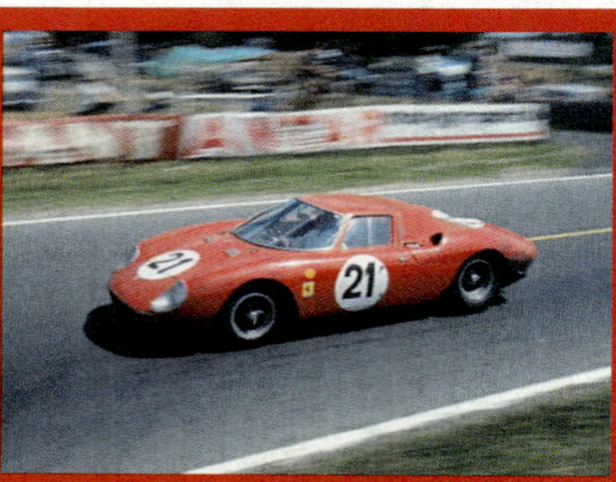

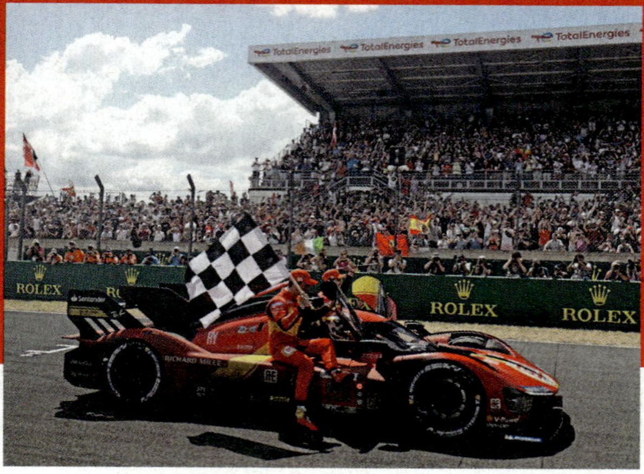

Ferrari
(1960 bis 1965)

Die Verkettung und Verknüpfung der eigenen Marken mit einem vorhandenen Mythos ist im Motorsport mit mehr Zielsicherheit umsetzbar: Als Sport- oder Luxusmarke geht man zum Beispiel nach Le Mans und saugt den Mythos des Rennens in seine eigenen Produkte. Je häufiger man das tut, umso mehr scheint es zu wirken. Das Blöde ist nur: Man muss Le Mans auch gewinnen, denn ohne Siege stockt der Magie-Transfer.

Natürlich gilt das nicht immer und auch nicht immer gleich, denn die Zeiten ändern sich, worauf wir bei unserem Markenstreifzug durch die Le-Mans-Historie gleich zurückkommen werden. Es ist wichtig, zu verstehen, dass Mythos Zeit braucht. Er kommt eben nicht über Nacht, er wächst organisch wie ein Baum.

Der Mythos ist kein schlagartiges Phänomen, auch wenn die Marketing-Fuzzis der Neuzeit das am liebsten so hätten. Es gibt auch keine

Ford
(1966 bis 1969)

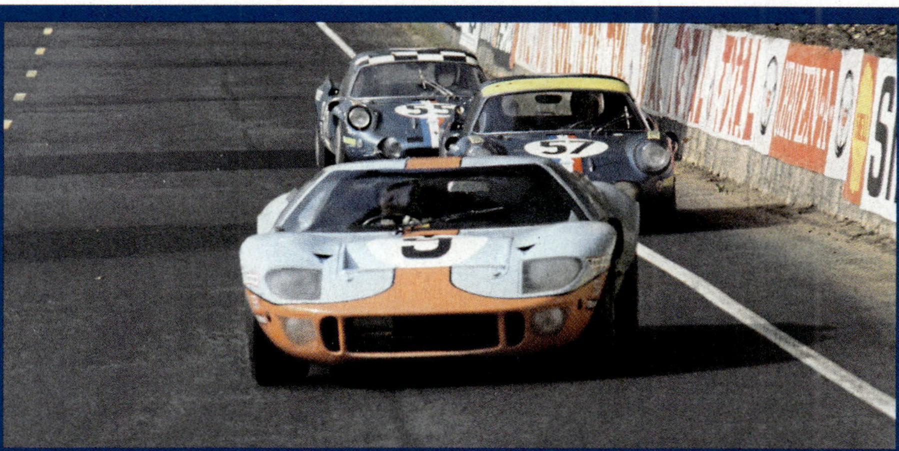

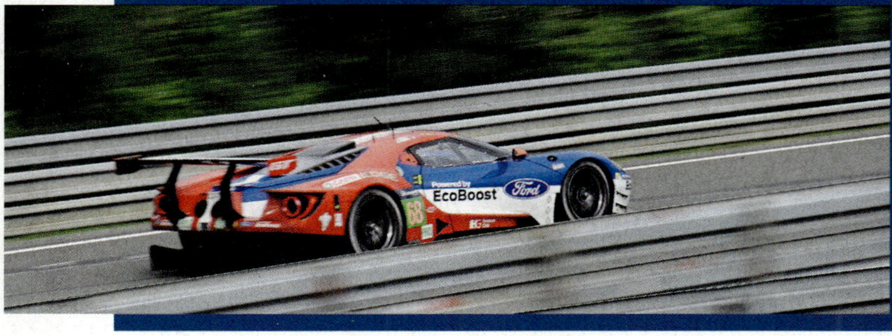

Mit dem legendären GT40 (oben) holte Ford zwischen 1966 und 1969 vier Gesamtsiege. 2016 siegte Ford in der GTE-Pro-Klasse mit dem Ford GT (unten)

Abkürzung zum Mythos. Le Mans war in den 20er-Jahren des letzten Jahrhunderts kein Mythos, sondern ein staubiges Clubrennen, bei dem Privatleute mit Automarken herumkariolten, die noch gar keine Marken waren. Ferrari war bei seiner Gründung im Jahre 1947 kein Mythos, auch wenn Geschichtsbücher das heute gerne so verbrämen.

Mythos vs. Markensubstanz

Dazu sind die Wege des Mythos oft unergründlich, die Historie von Le Mans kennt da einige Beispiele. In den ersten 40 Jahren von Le Mans sorgten die wilden Briten für Furore: Bentley gewann vier Mal hintereinander, und das reichte in der Tat, um einen gewissen Ruhm zu begründen. 2001 kehrte man zurück und plattformte mit Audi-Technik 2003 ein letztes Mal den „Rule, Britannia"-Mythos. Mit dem Bentley Speed 8 schuf man dabei eines der schönsten Le-Mans-Autos ever, und es erlaubte der englischen VW-Tochter, für VW-Technik weiterhin sehr viel Geld zu verlangen. Insofern: well done!

Jaguar in den 50er-Jahren wäre ein zweites Beispiel, da war Le Mans schon berühmt und berüchtigt, und die Marke wurde es auch. Aber richtig nachhaltig war das nie, obwohl man in der Gruppe C noch mal einen Anlauf unternahm. Danach hat der Mythos Jaguar im Stich gelassen, weil Jaguar die Sportlichkeit im Stich ließ, und auch mit dem Luxus war es bei Jaguar nicht mehr weit her. Heute fährt die Raubkatze ihre Krallen in der Formel E aus, obwohl die Masse der Kunden bei Jaguar an Kompressor-V8 und F-Type denkt – oder vielleicht auch noch an den guten alten Range Rover.

Die rote Epoche in den 60er-Jahren war signifikant, aber nicht entscheidend: Der Ruhm von Ferrari ist an die Tatsache gekettet, dass man seit dem ersten Rennen in der Formel 1 mitmischt, meistens vorne. Le Mans war der Sportwagen-Sidekick, aber trotzdem wichtig, weil Ferrari damals halt nur Sportwagen verkaufte. Heute zerfasert die Modellpolitik in unterschiedlichen Karosserie-Varianten, aber es war trotzdem kein Zufall, dass Ferrari 2023 nach Le Mans zurückkehrte, um seinen Sportwagen-Mythos aufzuladen – was mit dem Sieg im letzten Jahr fabelhaft gelang. Im Gegensatz zu den englischen Sportmarken hat Ferrari den Mythos nämlich perfekt konserviert, auch auf der Straßenseite. Deshalb war der erste Sieg nach fast 60 Jahren nachhaltiger als das Bentley-Remake von 2003 – weil er Markensubstanz hatte.

Aus Rache und Romantik

Die Geschichte hätte auch anders laufen können: In den 60er-Jahren wollte Ford Ferrari kaufen, und als der Deal platzte, bauten die Amis extra ein Auto, um Ferrari in Le Mans zu demütigen. Der Racheakt produzierte vier Siege in Folge, für eine Marke, die weder für extreme Sportlichkeit noch für extravaganten Luxus steht. Das Markenimage von Ford wurde durch Le Mans zu stark überhöht.

Die romantische Liebelei hat die Besitzer und Vorstände von Ford nie verlassen: 2016 kehrte man mit dem Ford GT zurück und schlug Ferrari in der GTE-Pro-Klasse. Der Mythos der 60er wurde ein letztes Mal zum Leben erweckt, denn der Ford GT war ein ernsthafter, anspruchsvoller Sport-

Porsche
(1982 bis 1987)

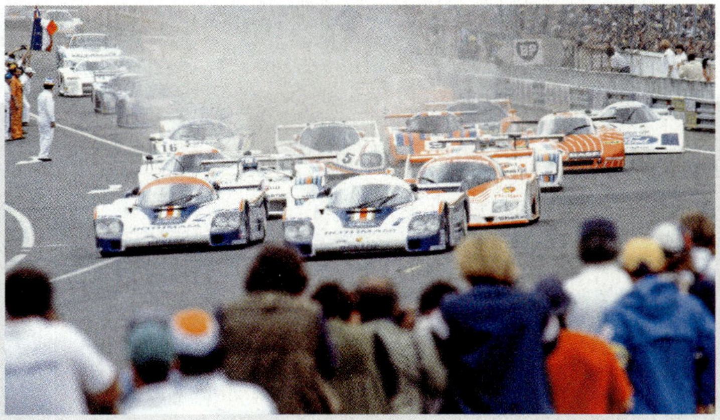

In der Gruppe-C-Ära (l.) siegte Porsche sechs Mal hintereinander in Le Mans. Den ersten Gesamtsieg fuhr Porsche im Jahr 1970 mit dem berüchtigten Modell 917 ein

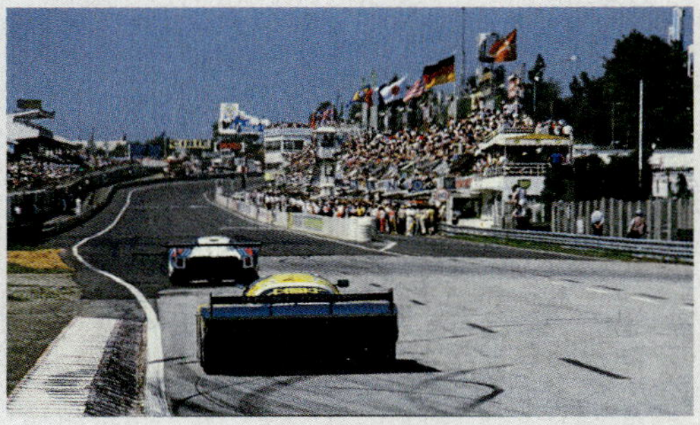

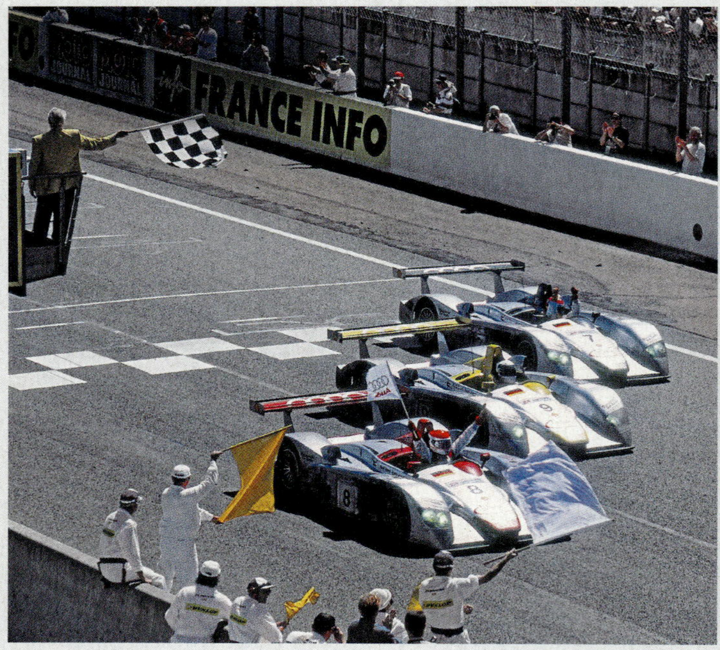

In 17 Jahren holte Audi 13 Le-Mans-Siege und profitierte konsequent vom Mythos Le Mans – nur um die Erfolge dann ebenso konsequent wieder zu zerstören

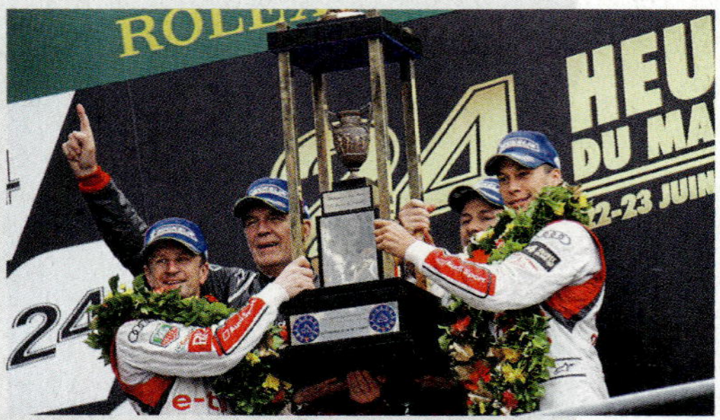

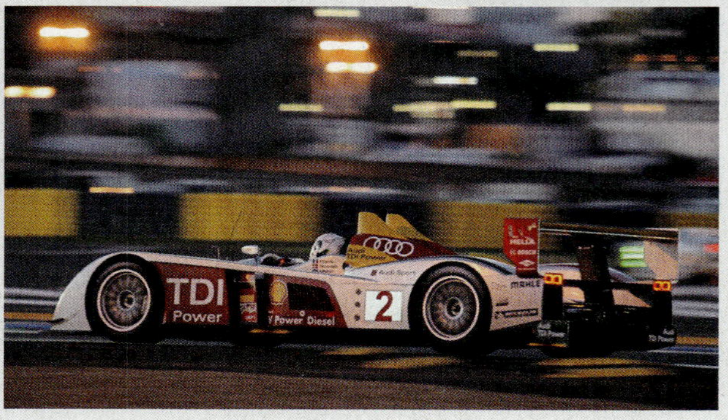

Audi
(1999 bis 2016)

wagen. Für solche Produkte fehlt heute das Geld. Ford baut jetzt nur noch ein normales Straßenauto, den Mustang, und mit dem kehrt man 2024 nach Le Mans zurück. Der Rückschritt zum Profanen wird sich vermutlich nicht rentieren: Wer weder das Image noch das Produkt hat, um vom Mythos Le Mans zu profitieren, der kann es auch gleich sein lassen.

Der Stolz der Grande Nation hat beim legendären Heimrennen oft gelitten, nur selten gewonnen. Da war die Matra-Episode, die drei Siege produzierte, mit dem wundervollen und bis heute millionenfach gegoogelten V12-Motor. Matra blieb eine akustische Episode, die Marke ist lange tot. Peugeot muss man beim Thema Le Mans eine gewisse Zähigkeit attestieren: erst 905, dann 908, heute 9X8.

Peugeot hat zwar eher wenig mit Luxus und Sportlichkeit im Sinn, weshalb die Erklärung naheliegt, dass man Le Mans als nationales Heiligtum begreift, an dem man als französischer Hersteller einfach teilnehmen muss. Es sind eher die Basics des Marketings, die als Triebfeder dienen: Allein die Rückkehr in die Hypercar-Topklasse reichte, um im Juni 2023 mehr Autos abzusetzen. So einfach können Kunden manchmal ticken.

Mythos verlangt Zähigkeit

Und wer weiß, vielleicht ist die sporadische Rückbesinnung von Peugeot auf Le Mans ja auch ein Gegenreflex auf die fast schon abstruse Erfolgsstory der deutschen Marken, nach dem Motto: Dem müssen wir jetzt mal Einhalt gebieten, natürlich rein freundschaftlich und sportlich. Denn der Platzhirsch Porsche hat den Mythos Le Mans für sich so erfolgreich genutzt wie kein anderer Hersteller: 19 Gesamtsiege, 109 Klassensiege – Le Mans gehört zu Porsche und Porsche zu Le Mans. Macht irgendwie Sinn, denn der einstmals kleine und exquisite Sportwagenhersteller aus Stuttgart brauchte eine Bühne für seine Mythosbildung, und im Gegensatz zu Ferrari war die Formel 1 nie die erste Wahl. Stattdessen baute Porsche seine DNA rund um den Langstreckensport auf, in dessen Zentrum immer Le Mans stand und steht.

Mittlerweile sorgt die Ahnengalerie für Ehrfurcht: 917, 936, 956, 962, 911, 919, 963. Das ist der Beleg, dass

Peugeot
(1991 bis 1993)

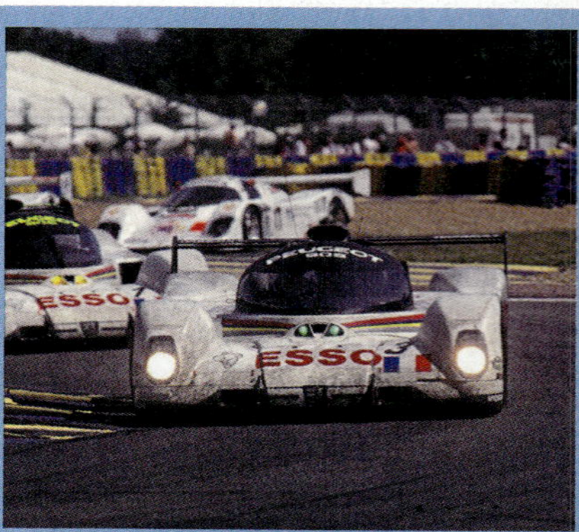

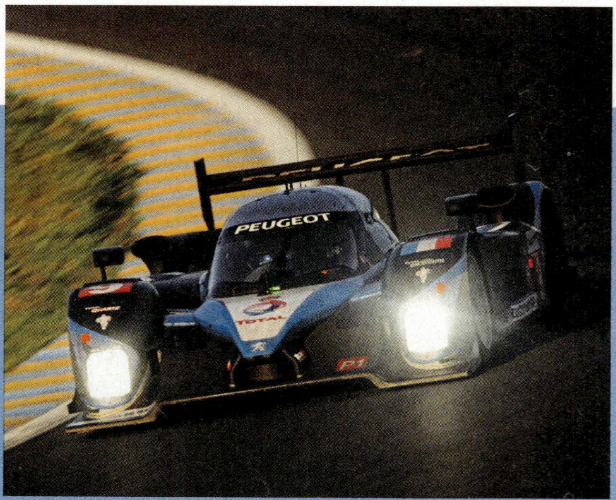

Peugeot ist mittlerweile zum dritten Mal mit Prototypen am Start. Matra (r.) holte in den 70er-Jahren drei Siege in Folge, Renault-Alpine gewann im Jahr 1978

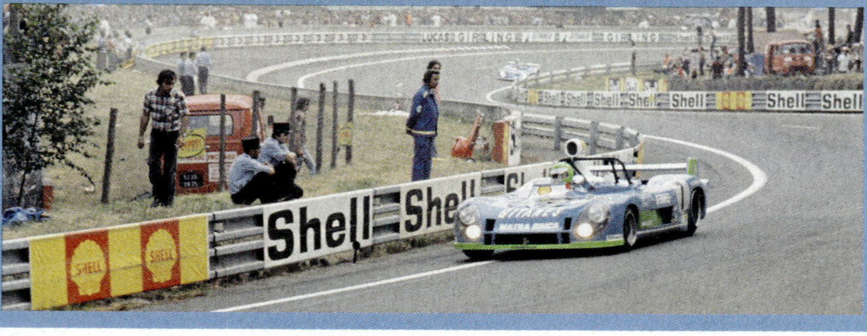

Mythos keine Schlagartigkeit besitzt, sondern mit Fleiß und Zähigkeit aufgebaut werden muss. Neben Audi hat keine andere Marke stärker vom Mythos Le Mans gezehrt als Porsche.

Audi, Ferrari und Porsche haben in den letzten 70 Jahren 42 Siege geholt. Der gemeinsame Nenner? Alle drei sind Luxus- und Sportmarken, was über die Straßenprodukte glaubhaft repräsentiert wird. Für alle drei ist Le Mans die Ladestation für Magie, Mythos und Magnetismus. Und wie immer beim Aufladen muss man häufiger mal an der Zapfstelle nuckeln, um das Ziel zu erreichen.

Magie mal kurz ausradiert

Ein Selbstläufer ist das trotzdem nicht, besonders wenn sich die Zeiten ändern. Die Politik hat die Transformation auf der Straße ausgerufen, die Verwerfungen reichen bis nach Le Mans, und manchmal sind sie schmerzhaft, vielleicht auch beschämend. Audi hat Le Mans 17 Jahre als Experimentierfeld für neue Technologien genutzt und so ein völlig neues Markenimage kreiert.

Der Aufstieg in den Olymp gelang mit 13 Le-Mans-Siegen, das hätte locker gereicht, um 20 Jahre lang eine Hochpreispolitik mit rasanter Marge zu rechtfertigen. Doch die Elektro-Sheriffs in den Chefetagen haben das Kunststück vollbracht, die fast 40-jährige Arbeit der Sportabteilung in zwei Jahren zu zerstören und jede sportliche Legitimität auszulöschen – obwohl man mit Sportmodellen weiter viel Geld verdient. Das Alte war von einem Tag auf den anderen plötzlich böse und nicht nachhaltig, da half nur der große Radiergummi. Dass man so auch Milliarden-Investments in Le Mans nachträglich ungültig machte, hat niemand bedacht.

Man kann ja das eine tun, ohne das andere zu lassen. So wie Porsche, die ja auch zum VW-Konzern gehören und dem gleichen Transformationsdiktat unterliegen. Statt die eigene Geschichte in die Tonne zu treten, ist Porsche 2023 nach fünf Jahren Pause wieder nach Le Mans zurückgekehrt. Denn gerade in Zeiten großer technischer Richtungsänderungen ist es wichtig, zu wissen, wo man herkommt. Die Vergangenheit ist ein Kompass für die Gegenwart und die Zukunft. Statt mit dem Radiergummi die eigene Geschichte unlesbar zu machen, versucht Porsche, den großen Bogen zu schlagen – um den Mythos am Leben zu halten. Den von Porsche und den von Le Mans.

Wer dauerhaft vom Mythos zehren und profitieren will, braucht Konsequenz und Weitblick. Le-Mans-Siege werden nicht wertlos, nur weil sich die Technologien auf der Straße verändern. Zumal sich mittlerweile herausgestellt hat, dass die Elektrifizierung auf der Straße keine konkrete Perspektive auf dem Circuit des 24 Heures hat. Mit ein wenig Weitblick hätte man das bereits vor wenigen Jahren vorhersehen können.

Der japanische Hersteller Toyota hat es dagegen begriffen, weil man sich vor niemandes Karren spannen lässt. Die Technologie ist offen, auf der Straße wie auf der Rennstrecke. Seit 2012 fährt Toyota in der Sportwagen-WM und parallel noch in der Rallye-WM. Toyota stand mal für Brot und Butter, heute ist Toyota der einzige Autohersteller, der eine Palette von sportlichen Spaßautos für Normalverdiener anbietet. Die Japaner haben das Vakuum gefüllt, das Marken wie Audi hinterlassen haben.

Nach fünf Le-Mans-Siegen definieren sie jetzt zusammen mit dem Le-Mans-Ausrichter ACO die technische Zukunft der Langstrecke neu: Mit Wasserstoff-Verbrennern wollen sie die unerlässliche Emotionalität der Sportwagen retten und ernten dafür Applaus aus allen Richtungen.

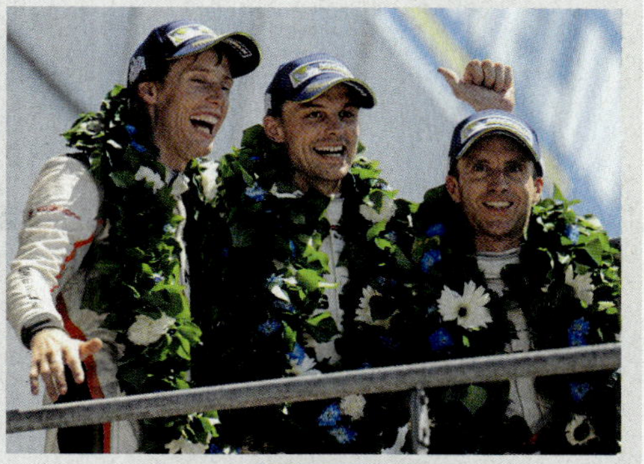

Porsche *(2014 bis 2017)*

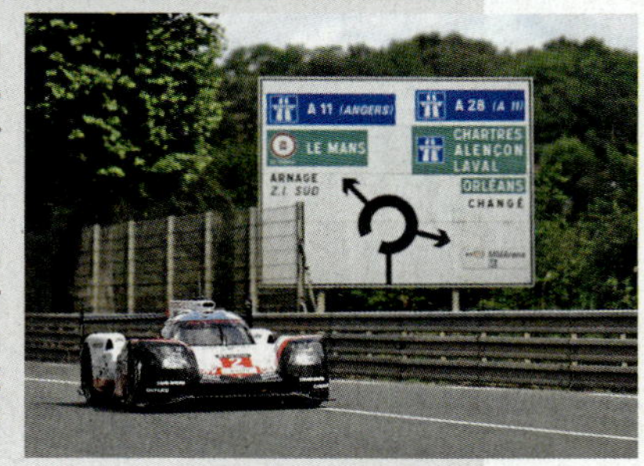

Mit dem LMP1 919 Hybrid holte Porsche bei vier Le-Mans-Starts drei Siege, dann stieg man vorzeitig wieder aus – um in die Formel E einzusteigen

Der Erfolg von Toyota belegt die Vielschichtigkeit des Mythos. Er lässt sich nicht allein auf Siege reduzieren, auf hohe Margen oder immer mehr Profit. Die Substanz reicht viel tiefer: Technische Kompetenz und Kreativität zählen genauso wie Nachhaltigkeit. Technologische Innovation war immer das Leitmotiv in Le Mans. Diese Reise endet nicht abrupt. Zwar ist der aktuelle Hersteller-Boom in Le Mans den niedrigen Einstiegspreisen geschuldet, das bedeutet aber nicht, dass der Mythos dauerhaft zum Marketing schrumpft. Le Mans hat eine Zukunft und die Kraft, sich neu zu erfinden. All jene, die diesen Weg mitgehen, werden profitieren. Beim Image, beim Produkt, bei der Marge. Dem Mythos sei Dank.

Text: Marcus Schurig
Fotos: Motorsport Images, Porsche

Toyota
(2018 bis 2022)

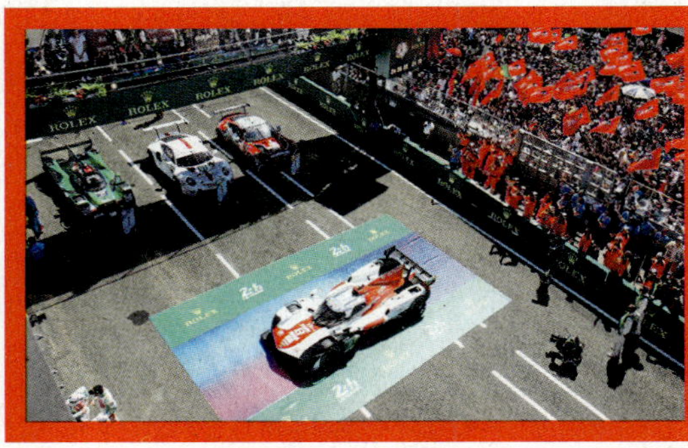

Toyota verlor in der LMP1-Ära zwei Siege mit viel Pech. Als die Gegner weg waren, holten die Japaner fünf Siege in Folge – nur um 2023 gegen Ferrari zu verlieren

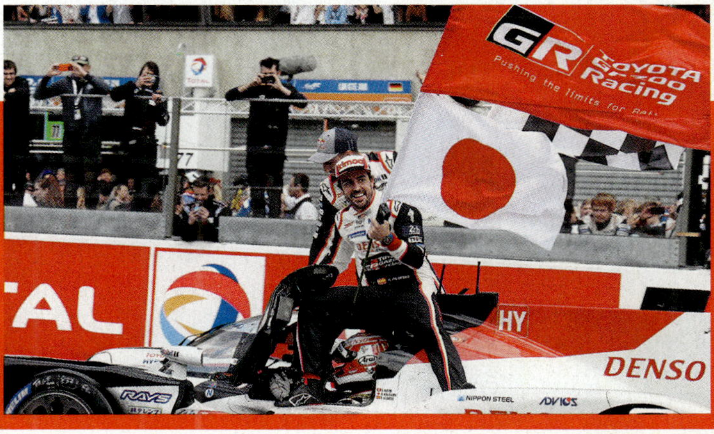

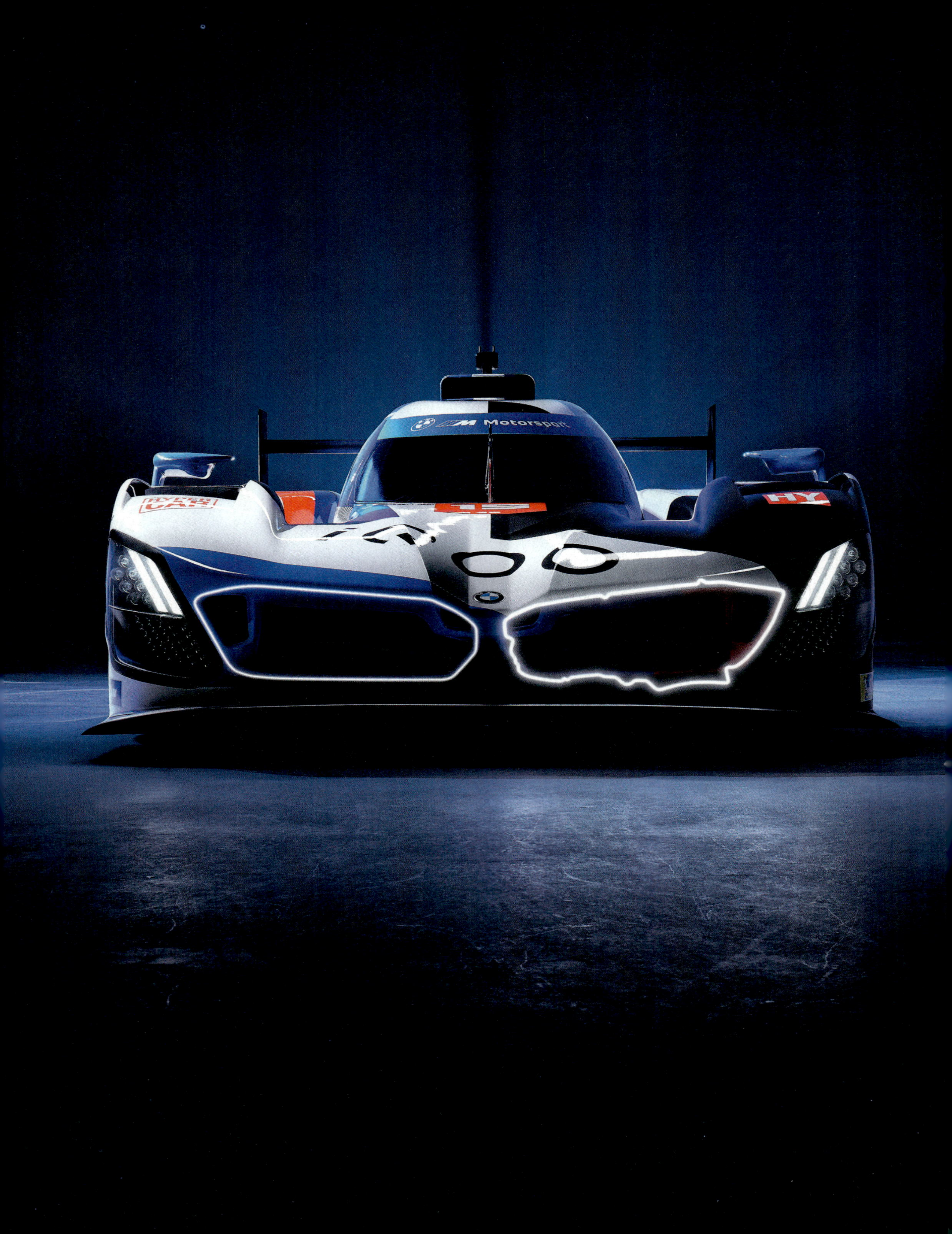
M Motorsport

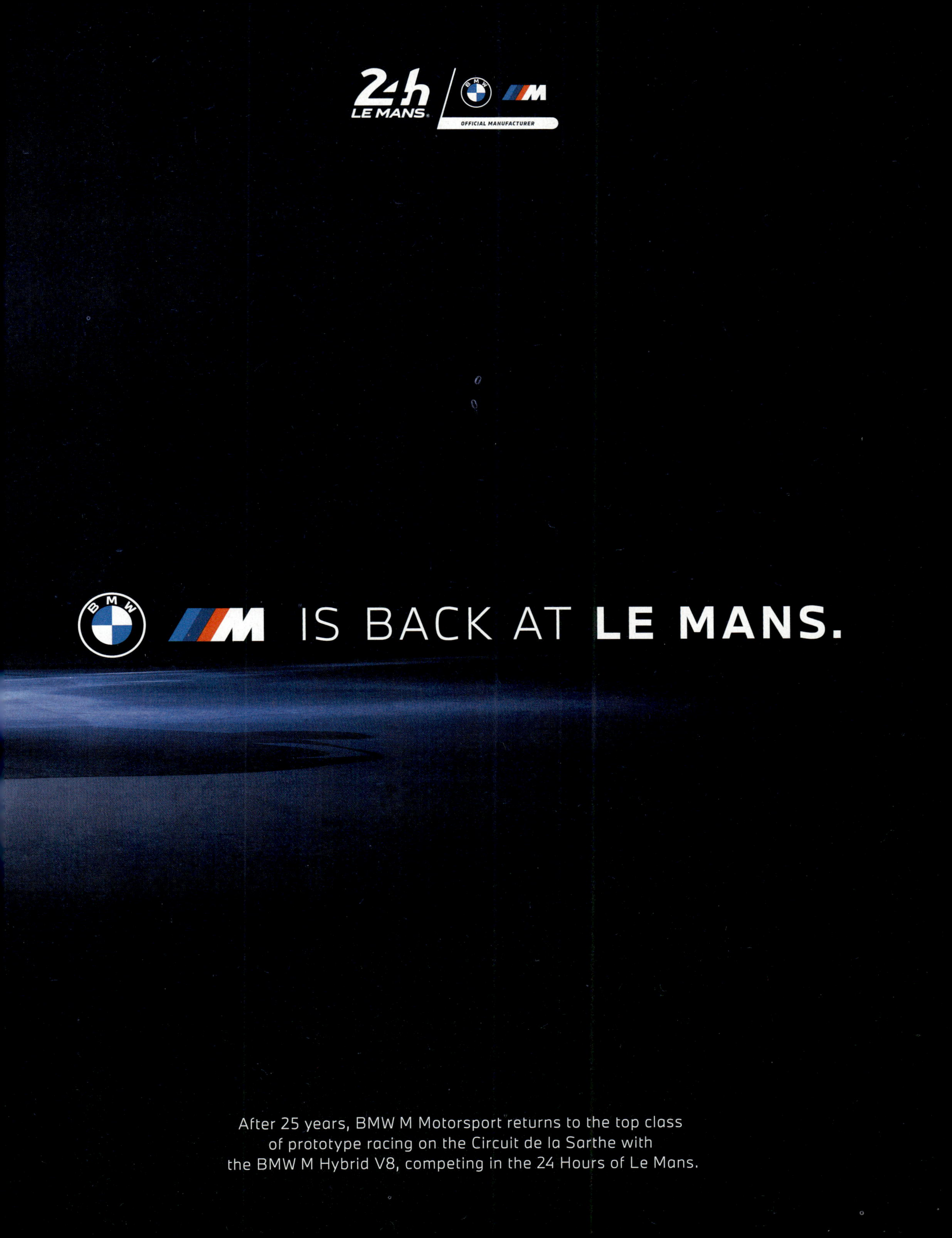
24h LE MANS
OFFICIAL MANUFACTURER
IS BACK AT LE MANS.
After 25 years, BMW M Motorsport returns to the top class
of prototype racing on the Circuit de la Sarthe with
the BMW M Hybrid V8, competing in the 24 Hours of Le Mans.

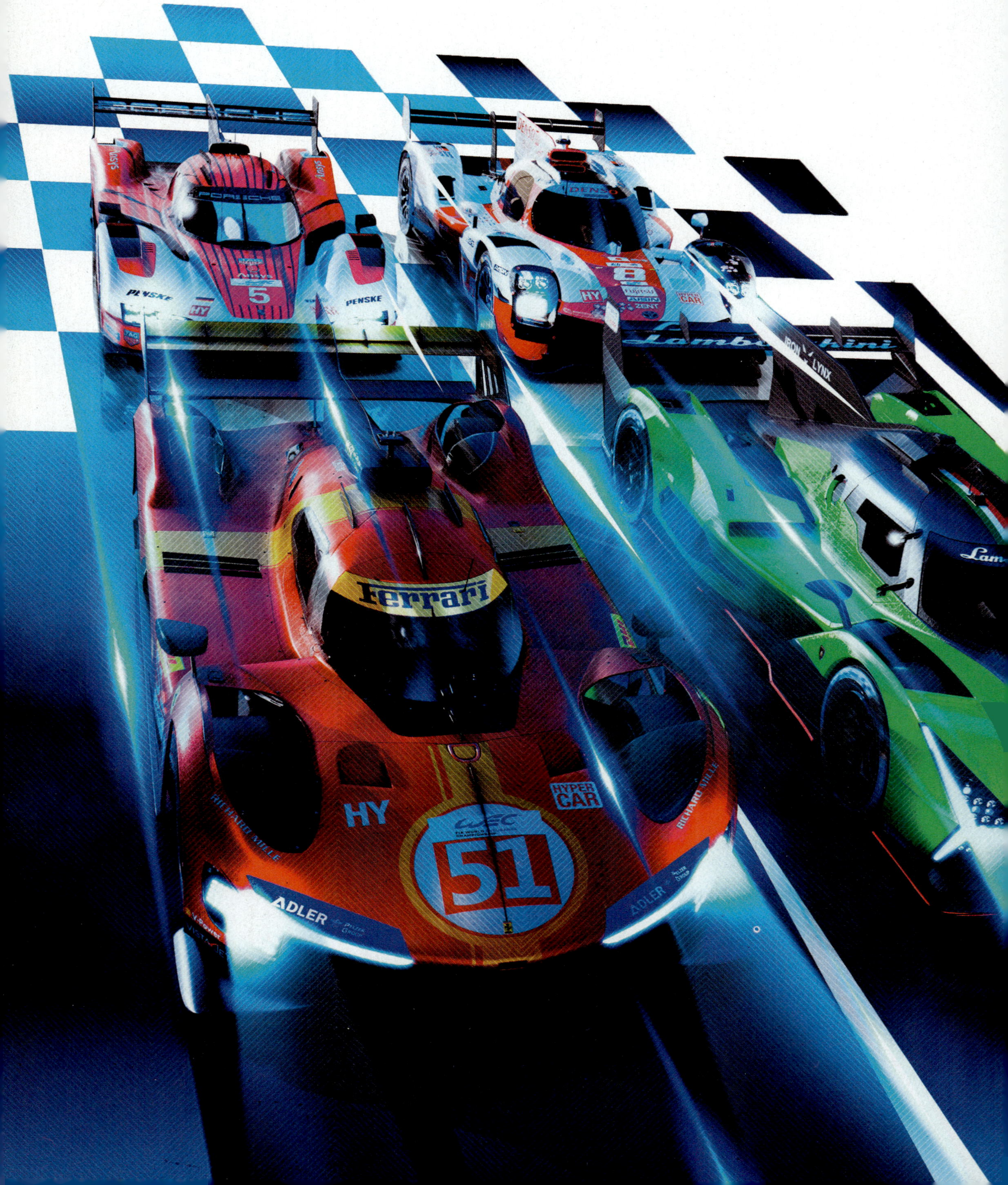

PORSCHE
PENSKE
5
DENSO
8
HYPER CAR
Ferrari
HY
HYPER CAR
RICHARD MILLE
51
ADLER
IRON LYNX

Erfolgsmodell

Die Hypercar-Topklasse der Sportwagen-WM hat bereits acht Hersteller angelockt, auch die Balance wird besser. Während im Debütjahr 2023 die LMH aus der WM dominierten und alle Rennen und Titel gewannen, wendet sich 2024 das Blatt: Die amerikanischen LMDh-Flitzer gewinnen erstmals Rennen – und sind auch noch in der Überzahl.

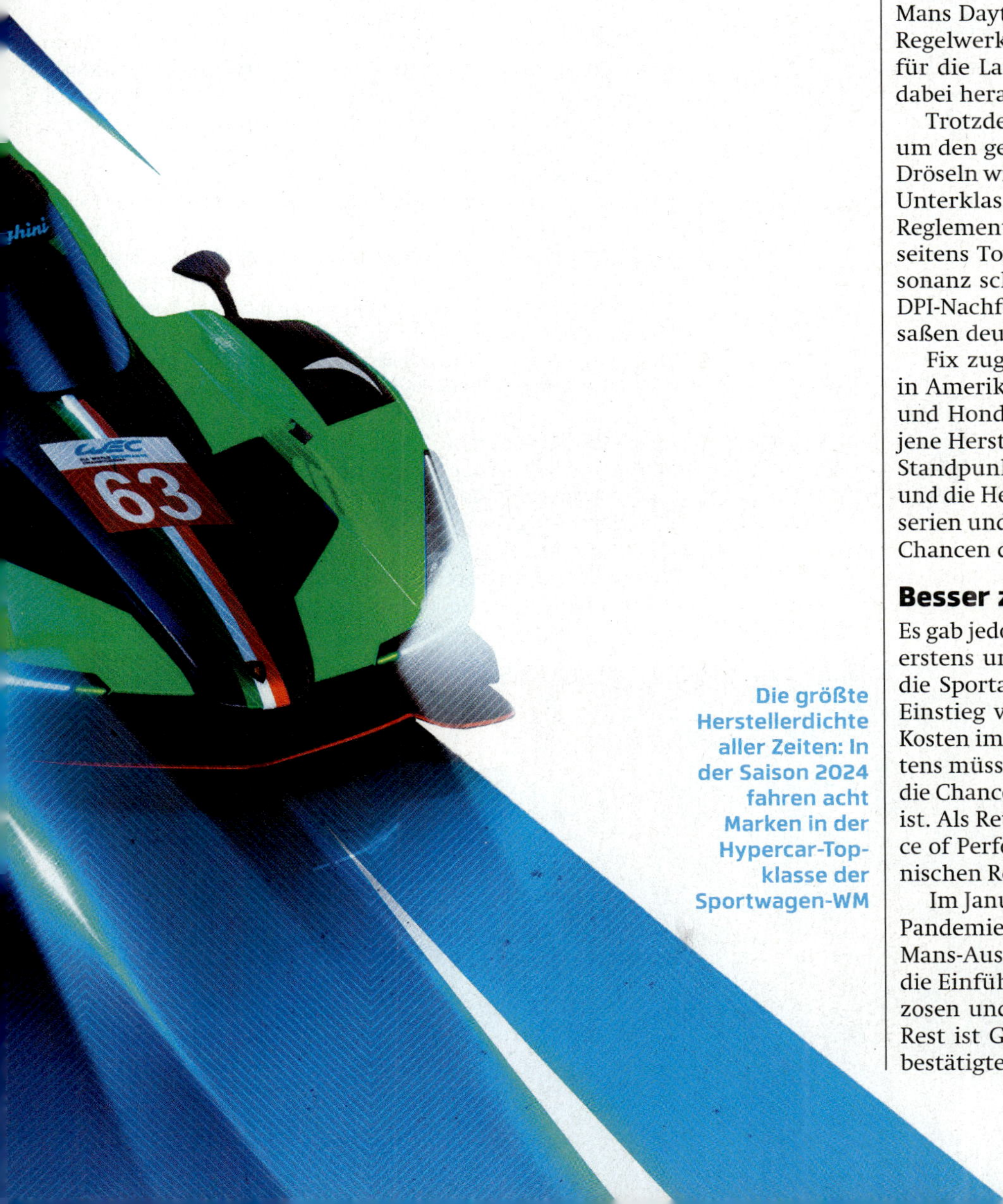

Die größte Herstellerdichte aller Zeiten: In der Saison 2024 fahren acht Marken in der Hypercar-Topklasse der Sportwagen-WM

Wenn zwei das Gleiche tun, ist es noch lange nicht dasselbe – das könnte als Leitmotiv für die Hypercar-Klasse der Sportwagen-WM (WEC) herhalten. Die neu formierte Topklasse, die 2023 ihr Debüt auf WM-Ebene feierte, besteht nämlich genau genommen aus zwei Unterklassen: hier die LMH (Le Mans Hypercars) nach FIA-/ACO-Reglement der WEC, dort die LMDh (Le Mans Daytona hybrid) nach dem amerikanischen IMSA-Regelwerk. Oder: Wenn Europäer einen Sportprototyp für die Langstrecke bauen, kommt halt etwas anderes dabei heraus, als wenn die Amerikaner das Gleiche tun.

Trotzdem ist es wichtig, die Unterschiede zu kennen, um den gebotenen Sport wirklich verstehen zu können. Dröseln wir die Komplikationen auf: Warum gibt es zwei Unterklassen? Die Sportwagen-WM lancierte 2018 ihr Reglement für die neue Hypercar-Topklasse, doch außer seitens Toyota und später Peugeot war die Herstellerresonanz schwach. In Amerika wurde gleichzeitig an der DPI-Nachfolgeklasse mit Einheitshybrid getüftelt, und da saßen deutlich mehr Hersteller am Tisch als beim ACO.

Fix zugesagt hatten zu diesem Zeitpunkt zwar auch in Amerika nur zwei Marken, nämlich GM mit Cadillac und Honda mit Acura. Den Ausschlag sollten am Ende jene Hersteller geben, die als Zaungäste zuschauten. Ihr Standpunkt: Wenn WEC und IMSA zusammenarbeiten und die Hersteller mit dem gleichen Auto in beiden Rennserien und in Le Mans antreten können, dann steigen die Chancen dramatisch, dass sie mitmachen.

Besser zusammen als gegeneinander

Es gab jedoch drei Bedingungen. Die neuen Autos müssen erstens unbedingt einen Hybridantrieb aufweisen, weil die Sportabteilungen sonst keine Zustimmung für den Einstieg vom Vorstand erhalten. Zweitens müssen die Kosten im Vergleich zu früher drastisch sinken, und drittens müssen die Regelwerke so angeglichen werden, dass die Chancengleichheit der beiden Konzepte sichergestellt ist. Als Rettungsfallschirm obendrüber sollte eine Balance of Performance (BOP) gespannt werden, um die technischen Restdifferenzen in der Topklasse zu eliminieren.

Im Januar 2020 kam es kurz vor Ausbruch der Corona-Pandemie zum Schwur: In Daytona verkündeten der Le-Mans-Ausrichter ACO, die FIA sowie der IMSA-Verband die Einführung einer gemeinsamen Topklasse. Die Franzosen und die Amis sprangen über ihren Schatten, der Rest ist Geschichte: Im Laufe der nächsten 18 Monate bestätigten insgesamt neun Hersteller ihre Pläne zum

Die US-Topklasse LMDh nutzt LMP2-Chassis als Absprungbasis und verwendet einen Einheitshybrid – um die Kosten zu senken

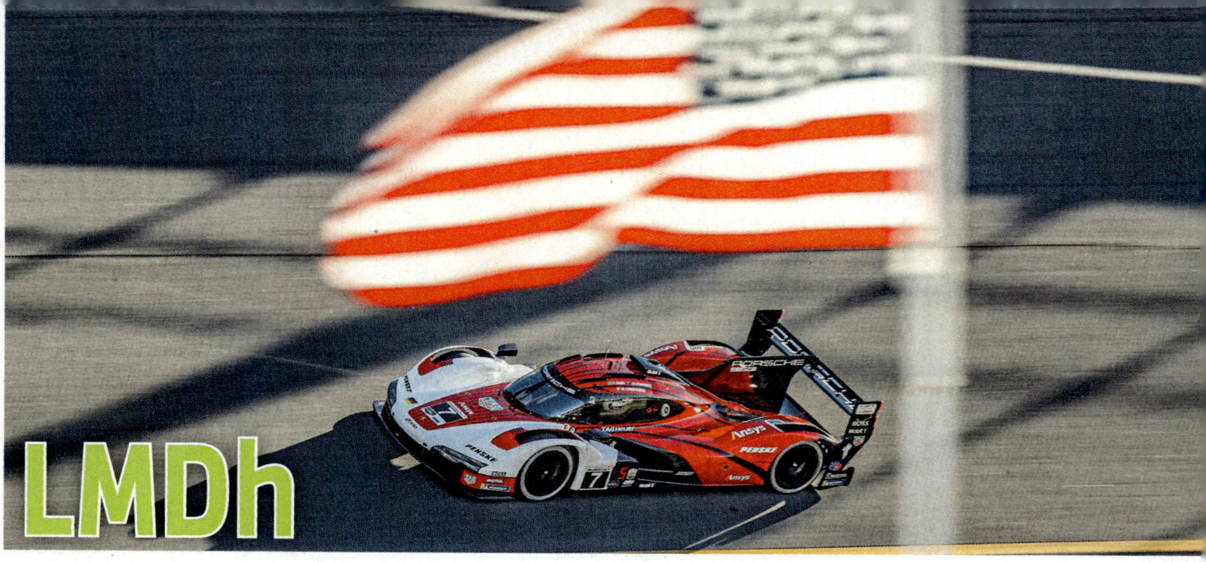

Einstieg in die neue gemeinsame Topklasse. Neben Toyota und Peugeot folgte Ferrari als dritter LMH-Hersteller, die amerikanische LMDh-Formel lockte in Summe sogar sechs Marken an: Acura, Alpine, Cadillac, BMW, Porsche und Lamborghini. Mittlerweile gibt es auch von Aston Martin das Signal, mit einem LMH-Auto in beiden Serien antreten zu wollen, und auch McLaren sprang zumindest mal verbal auf den rollenden Zug auf – womit 2025 oder 2026 theoretisch zehn Automobilhersteller in der Hypercar-Topklasse vertreten wären.

Logischerweise mussten jedoch zuerst die technischen Regularien so aneinander angepasst werden, dass die unterschiedlichen Fahrzeugkonzepte wie gewünscht zu einer halbwegs identischen Performance auf der Rennstrecke führen. Somit startete im Frühjahr 2020 – also noch mitten in der Corona-Hochphase – der Konvergenzprozess: Eine gemeinsame Arbeitsgruppe von Technikern aus FIA, ACO und IMSA hatte die Aufgabe, die konzeptionellen Unterschiede so herunterzudampfen, dass die beiden Klassen LMH und LMDh ab 2023 im gleichen Rennen mit gleichen Chancen um Siege kämpfen können.

Wo liegen die Unterschiede im Detail?

Welche konkreten technischen Unterschiede gibt es bei den zwei Unterklassen? Prinzipiell sind beide Konzepte erst einmal Sportprototypen, die bei zentralen Parametern wie Gewicht, Leistung oder Aerodynamik vergleichbar sind – nur deshalb war die Kooperation überhaupt möglich. Aber der Teufel liegt wie immer im Detail. Der Reihe nach. 1. Das Chassis: Die LMH-Hersteller können ihr Chassis selbst designen und entwickeln, die LMDh-Hersteller müssen ein käufliches LMP2-Chassis von Dallara, Oreca, Multimatic oder Ligier als technische Absprungbasis verwenden. Bei der Sicherheit gibt es keine Unterschiede, bei den Performance-relevanten Eckpunkten wie Gewicht, Gewichtsverteilung oder Gewichtsschwerpunkt sind nur marginale Differenzen erlaubt. So beträgt der Spielraum bei der Gewichtsverteilung zwischen Vorder- und Hinterachse zum Beispiel gerade mal 1,6 Prozent – oder 16,5 Kilo.

2. Der Body-Kit: Ganz allgemein bestand das Ziel der beiden Regelwerke darin, den Designern die Möglichkeit zu eröffnen, den neuen Sportprototypen ein markenspezifisches Gesicht im Look der Straßenautos zu verpassen. Das soll den Wiedererkennungswert ebenso verbessern wie die Unterscheidbarkeit für den Zuschauer. Natürlich haben es einige Hersteller einfacher als andere: Ferrari malt sein Auto einfach rot an, fertig ist die Laube. Andere Hersteller integrierten die Lichtsignatur der Straßenautos in das Rennwagen-Design, BMW platzierte sogar die ikonischen Nieren in die Frontpartie, auch wenn sie beim M Hybrid V8 nicht als Kühleinlässe fungieren wie auf der Straße. Und selbstverständlich sind alle Abmessungen und die Definition der Flächenformen sehr ähnlich, um die Unterschiede möglichst klein zu halten.

3. Die Aerodynamik: Natürlich folgen die Formen der Body-Kits in den beiden Unterklassen LMH und LMDh der Funktion, wie das im Motorsport üblich ist. Denn das Reglement schreibt den Herstellern ein enges Performance-Fenster für die Aerodynamik vor, die Relation zwischen Luftwiderstand und Abtrieb ist genau definiert. Generell liegt der Gesamtabtrieb niedriger als in den alten

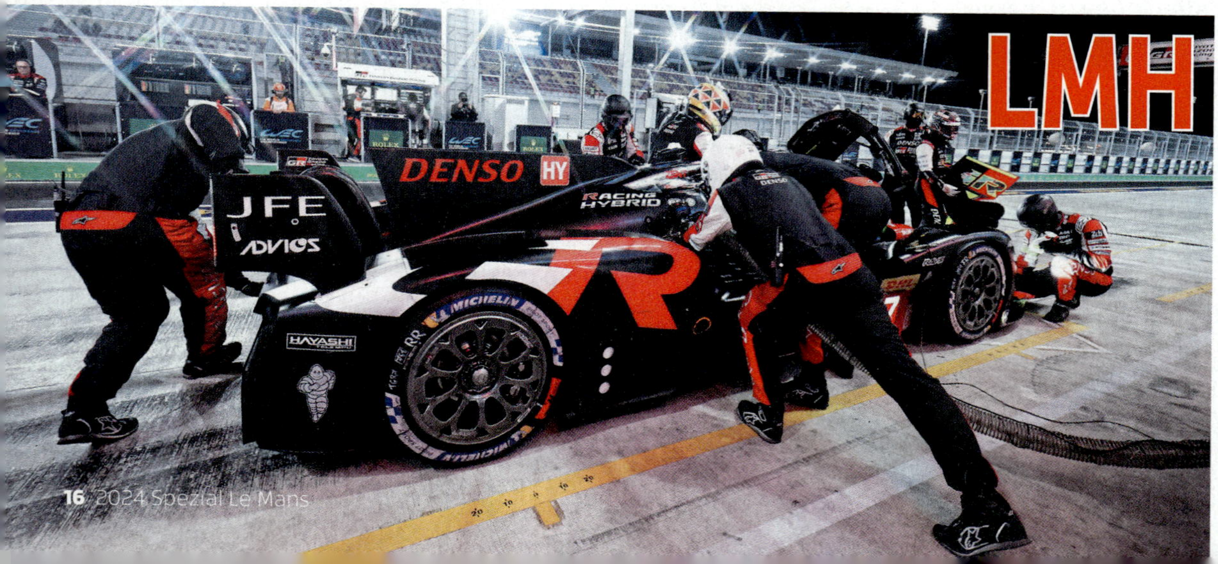

Die LMH-Hersteller aus der WEC haben mehr technische Freiheiten und finanzielle Spielräume, aber in der Theorie keinen Vorteil

Vorgängerklassen LMP1 Hybrid (WEC) und DPI (IMSA). Es gibt auch keine unterschiedlichen Aero-Kits mehr für unterschiedliche Rennstreckentypen. Die Hersteller dürfen die Aero-Balance nur noch über ein Aero-Element trimmen, gewöhnlich den Frontflügel oder den Heckflügel. Trotzdem gibt es marginale Unterschiede, weil die Bestimmung der Aero-Konfiguration in Abhängigkeit von unterschiedlichen Fahrzeughöhen (Ride Heights) und dem Anstellwinkel des Unterbodens (Rake) in unterschiedlichen Windkanälen erfolgt. Die IMSA nutzt den Windshear-Windkanal in Concord, die WEC-Wagen werden im Sauber-Formel-1-Windkanal vermessen.

„Es ist nicht leicht, das Auto in das richtige Aero-Fenster zu bringen", so Urs Kuratle, Leiter LMDh-Werkssport bei Porsche, „denn das Fenster hat in etwa die Größe eines kleinen Gucklochs." Deshalb kann man auch kein Auto mehr für einen speziellen Rennstreckentyp wie Le Mans bauen. Was aber nicht bedeutet, dass es keine Unterschiede gibt, wie man 2023 in Le Mans gesehen hat, als zum Beispiel der Sieger Ferrari mit der höchsten Topspeed glänzte. Solche Feinheiten soll per Definition die Balance of Performance (BOP) egalisieren. Folgerichtig hat die WEC für 2024 reagiert und eine neue Methode entwickelt, um die Beschleunigungs- und Topspeed-Unterschiede besser angleichen zu können (s. Seiten 40 ff.).

4. Der Verbrennungsmotor: Die neue Prototypengeneration bietet den Herstellern bei der Wahl der Motorisierung alle nur denkbaren Freiheitsgrade. Weil die Leistung über Torque-Sensoren an den Antriebswellen auf etwa 700 PS limitiert wird, kommen weder Luftmengenbegrenzer zum Einsatz, noch gelten Hubraumbeschränkungen. Theoretisch ist alles denkbar, vom Vierzylinder bis zum Zwölfzylinder, Sauger oder Turbo, Reihen- oder V-Motor. Man kann das Triebwerk von reinrassigen Rennmotoren ableiten wie BMW oder aus Straßenmotoren wie im Fall des Porsche 963. In der LMDh-Klasse muss das Triebwerk samt Anbauteilen außerdem mindestens 180 Kilo wiegen, was erklärt, warum die V8-Motoren in der US-Klasse bisher überwiegen.

Warum Effizienz (k)eine große Rolle spielt

Kritisch ist eigentlich nur ein Aspekt: Die Regelwerke incentivieren das Thema Effizienz nicht mehr. Der Verbrenner muss die Leistung liefern können und haltbar sein – that's it. Verbrauch und Reichweite werden mittels BOP über Tankinhalt und Nachtankzeiten gleichgeschaltet. Hier haben die LMH-Hersteller einen Vorteil: Sie können der Effizienz einen höheren Stellenwert beimessen, was in der Debütsaison 2023 dazu führte, dass das Startgewicht zum Beginn der Stints niedriger ausfiel, weil Toyota, Ferrari und Peugeot weniger Benzin mitführen mussten. Dieser wichtige technische Unterschied wurde für 2024 ebenfalls als Faktor bei der BOP berücksichtigt und ausgeglichen. Denn wer z. B. 30 Kilo mehr Benzin an Bord hat, der stresst auch die Reifen deutlich stärker. Hier hatte Toyota 2023 massive Vorteile, weil der 3,5-Liter-V6-Biturbo viel stärker auf Effizienz getrimmt ist als die eher banalen Triebwerke der LMDh-Hersteller.

5. Der Hybridantrieb: Hybrid war von Anfang an in beiden Reglements, also LMH und LMDh, gesetzt, weil die Vorstände, die die Budgets freigeben, auf den Einstieg in die Teilelektrifizierung gepocht haben. Beim Hybridantrieb bestehen die größten Konzeptunterschiede zwischen den beiden Unterklassen. Die LMDh-Hersteller müssen laut Reglement auf einen Einheitshybrid zurückgreifen, das soll die Kosten im Zaum halten. Die LMH-Hersteller können von der MGU über die Batterie bis zum temporären Allradantrieb und zur Software-Steuerung alles frei bestimmen und auslegen, weil das von Anfang an so in der Grundarchitektur des Regelwerks verankert war.

Als 2020/21 die beiden Regelwerke über die Konvergenz noch mal neu verzurrt wurden, um Unterschiede zu begradigen, mussten die LMH-Hersteller beim Thema Hybrid Federn lassen: Zwar dürfen sie weiter 200 kW elektrische Leistung einspeisen und an der Vorderachse boosten, während die LMDh-Autos nur maximal 50 kW an der Hinterachse nutzen. Aber am Ende wurden so viele Vorteile eliminiert, dass die LMH-Hersteller mit Blick auf ihr Hybridsystem heute über den teuersten Ballast der Motorsportgeschichte jammern. Dazu wurde die Grenzgeschwindigkeit für den Hybrid-Einsatz von 120 auf 190 km/h erhöht, womit der Traktionsvorteil verschwunden ist. Zwar ist die elektrische Leistung der LMH-Autos höher, aber es gibt keinen Vorteil über den höheren

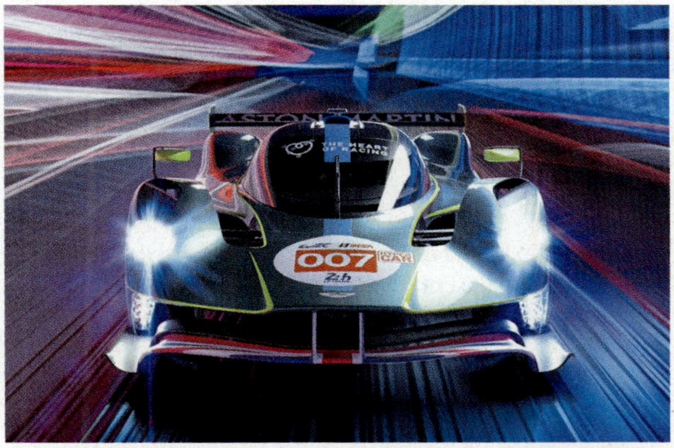

Aston Martin plant ein LMH-Programm ab 2025 auf Basis des Valkyrie, allerdings werden die Einsätze über ein Privatteam finanziert, was sicher ein Kompromiss ist

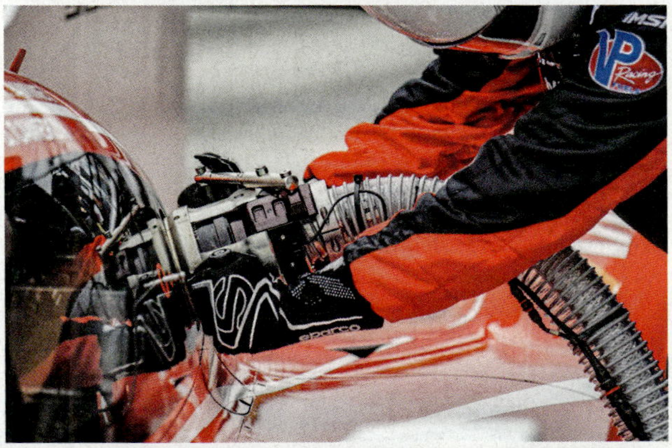

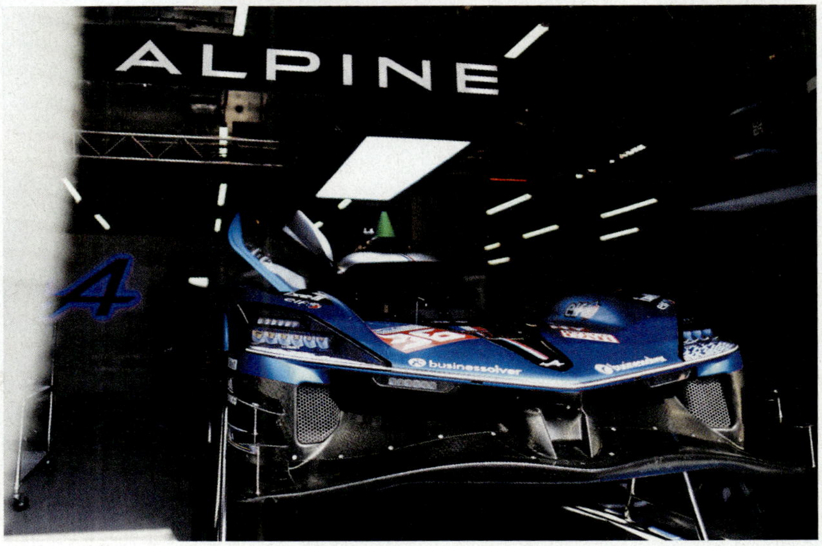

Das Startgewicht ist 2024 wegen unterschiedlicher Verbräuche (rechts) ein BOP-Faktor. Neben BMW und Lamborghini steigt Alpine als LMDh-Marke neu in die WEC ein

Boost, weil der Grenzwert von round about 700 PS auch dann gilt, wenn elektrische Energie eingespeist wird, weshalb in diesem Fall die Verbrennerleistung zurückgefahren werden muss. Und weil der Verbrauch über die BOP gleichgeschaltet ist, gibt es logischerweise auch keinen Reichweitenvorteil.

6. Der Allrad: Das LMH-Regelwerk sah immer vor, dass die WEC-Autos ihre elektrische Energie an der Vorderachse boosten können, was sie zu temporären Allradlern macht – und das war über die Konvergenzverhandlungen auch nicht mehr rückgängig zu machen, weil LMH-Hersteller wie Toyota ihre Autos bereits fertig entwickelt hatten. Dementsprechend mussten besonders die Vorteile der Verwendung eines Vorderachsdifferenzials beim Bremsen, Einlenken sowie bei der Fahrzeug-Rotation durch die Kurve über neue Bestimmungen künstlich heruntergefahren werden. Damit wurden die Ingenieursleistungen auf der LMH-Hybridseite de facto kastriert. Die LMH-Hersteller stimmten dem Kompromiss zähneknirschend zu, weil sonst die transatlantische Kooperation gescheitert wäre. Den einzigen kleinen Restvorteil hat die LMH-Meute jetzt noch bei Regen – wie Peugeot 2023 in Le Mans demonstrieren konnte.

LMDh-Vorteil: numerische Überlegenheit

Trotz der starken Beschränkungen bei Hybrid und Allrad waren die LMH-Hersteller 2023 krass bevorteilt, sei es prinzipiell oder über die BOP. Man muss ACO und FIA Hochachtung dafür zollen, dass sie die verbliebenen Baustellen über ein neues BOP-System für 2024 konsequent ausgefegt haben: So wurde das Gewichtsfenster primär zulasten der LMH-Autos auf bis zu 1100 Kilo erhöht, die Startgewichte sind jetzt wegen der unterschiedlichen Verbräuche in der BOP genauso berücksichtigt wie die unterschiedlichen Fahrzeug-Sensitivitäten bei hohen Geschwindigkeiten.

Der BOP-Schwenk hat am Ende natürlich auch mit der numerischen Übermacht der LMDh-Hersteller zu tun: Porsche und Cadillac waren 2023 noch in der Unterzahl gegen die drei LMH-Marken Toyota, Ferrari und Peugeot. Mit dem Zutritt von Alpine, BMW und Lamborghini steht es 2024 jetzt 5:3 zugunsten der LMDh-Fraktion. Das erhöht den Druck auf die BOP. Ein Restrisiko bei der BOP bleibt freilich bestehen, denn die LMH-Hersteller nutzen die vom Reglement gewährten Upgrade-Möglichkeiten konsequent zu ihren Gunsten aus: Toyota hat den GR010 Hybrid bereits zweimal einer größeren Überarbeitung auch mithilfe sogenannter Joker unterzogen.

Das Pendel der BOP schlug zum Saisonstart 2024 erstmals zugunsten der LMDh-Fraktion aus: In Katar hetzten Toyota und Ferrari hinter Porsche her

Über den Homologationszeitraum von fünf Jahren dürfen die Hersteller fünf Joker ziehen, um aus Gründen der Sicherheit, Servicefreundlichkeit oder Zuverlässigkeit nachzubessern – doch diese Bestimmung war im Motorsport schon immer eine Grauzone. Ferrari plant bereits ein Joker-Modell für 2025, und Peugeot hat gerade den 9X8 einer so grundlegenden Revision unterzogen, dass man eigentlich fast von einem komplett neuen Hypercar sprechen könnte. Die Joker-Hürden in der LMDh-Klasse sind auch aus Kostengründen deutlich höher, weshalb es für 2024 kaum Modifikationen gegeben hat. Nur Porsche hat ein paar Kleinigkeiten geradegezogen, aber angeblich ohne Verwendung von Jokern.

Zum Schluss noch ein paar Takte zum Thema Kosten, denn das war ja eigentlich der große Ankerpunkt der neuen Technik-Reglements: Die alten LMP1-Hybrid-Autos verschlangen Budgets von angeblich 200 Millionen Euro pro Jahr, weil die technische Weiterentwicklung erlaubt und erwünscht war. Die amerikanische LMDh-Klasse verwendet mehr Einheitsbauteile, die Entwicklungskosten für ein LMDh-Auto liegen angeblich im Bereich von 20 Millionen Euro. Weil die LMH-Hersteller mehr technische Freiheiten haben, sind die Autos auch teurer. Um wie viel genau, das wissen wir nicht. Die Regelgeber ACO und FIA behaupten, dass die LMH-Autos 80 Prozent billiger seien als die sündteuren LMP1-Hybridwagen, was für eine Untergrenze von etwa 40 Millionen Euro spräche. Die LMDh-Hersteller glauben, dass ein LMH-Auto mindestens 50 bis 60 Millionen Euro koste.

Egal ob bei der Technik oder den Kosten, das Leitmotiv der neuen Hypercar-Klasse lautet weiterhin: Wenn zwei das Gleiche tun, ist es noch lange nicht dasselbe.

Text: Marcus Schurig **Fotos:** ACO, Motorsport Images, Toyota

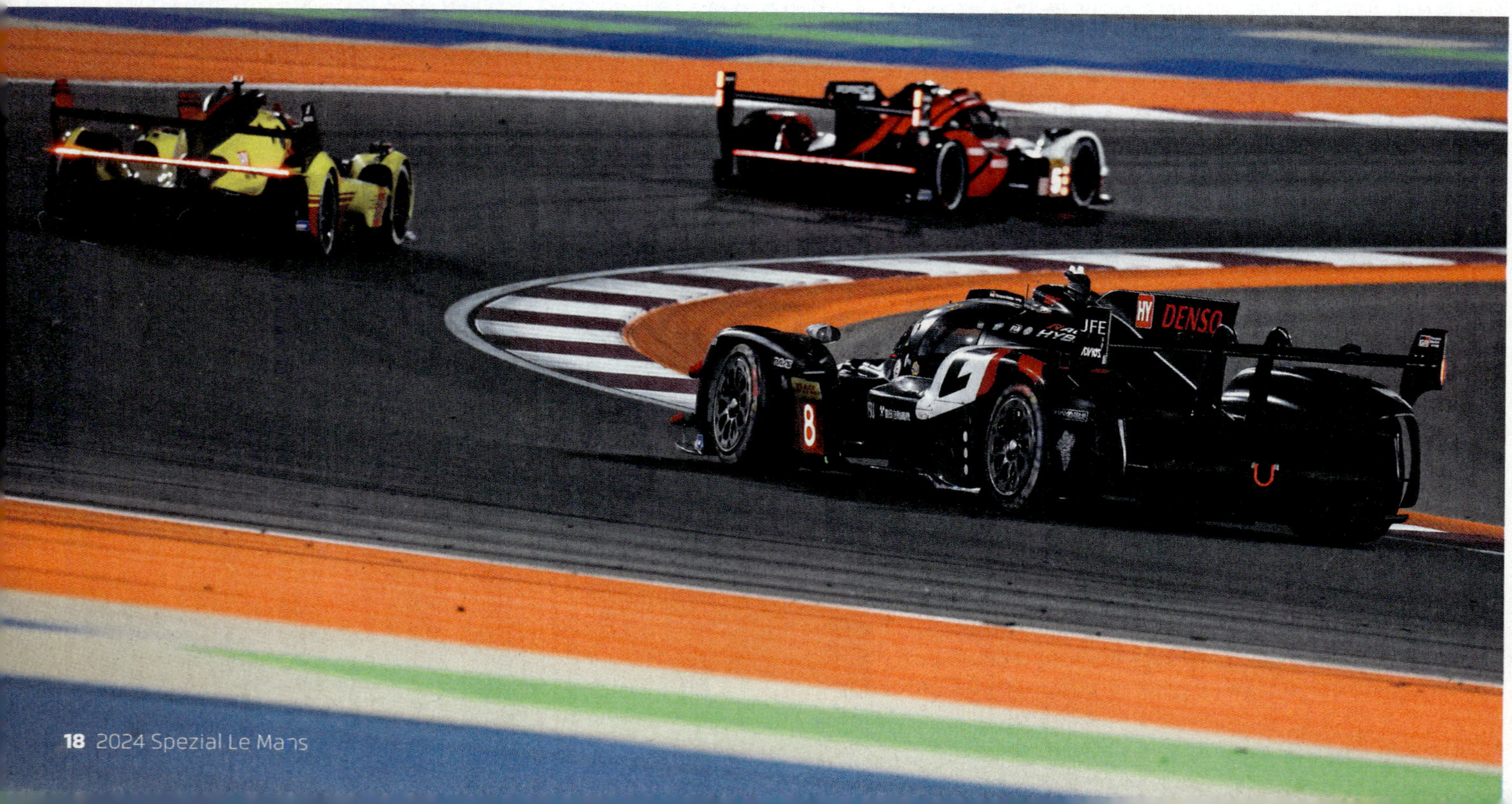

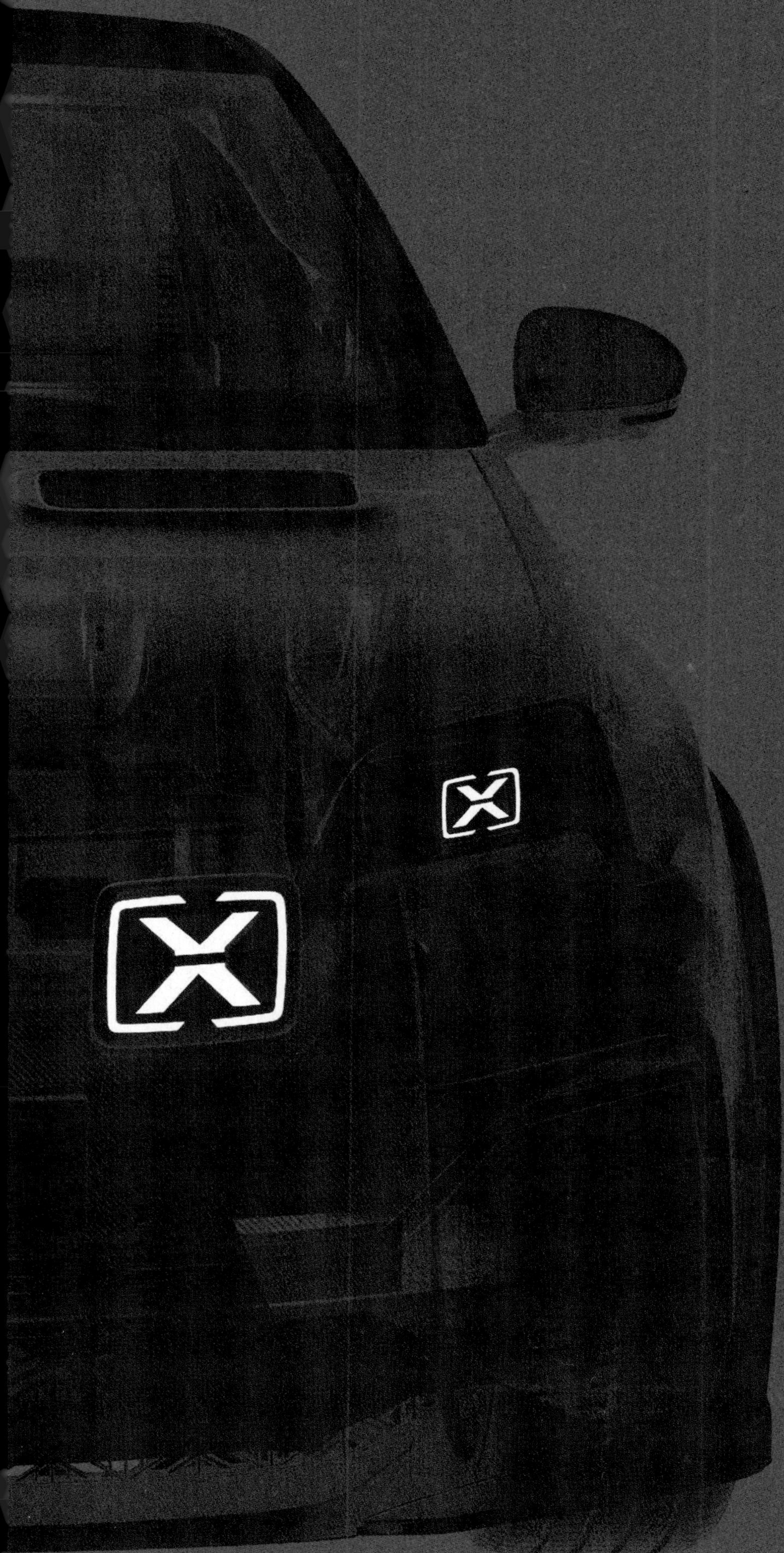

LMH

TECHNISCHE DATEN

TOYOTA GR010 Hybrid

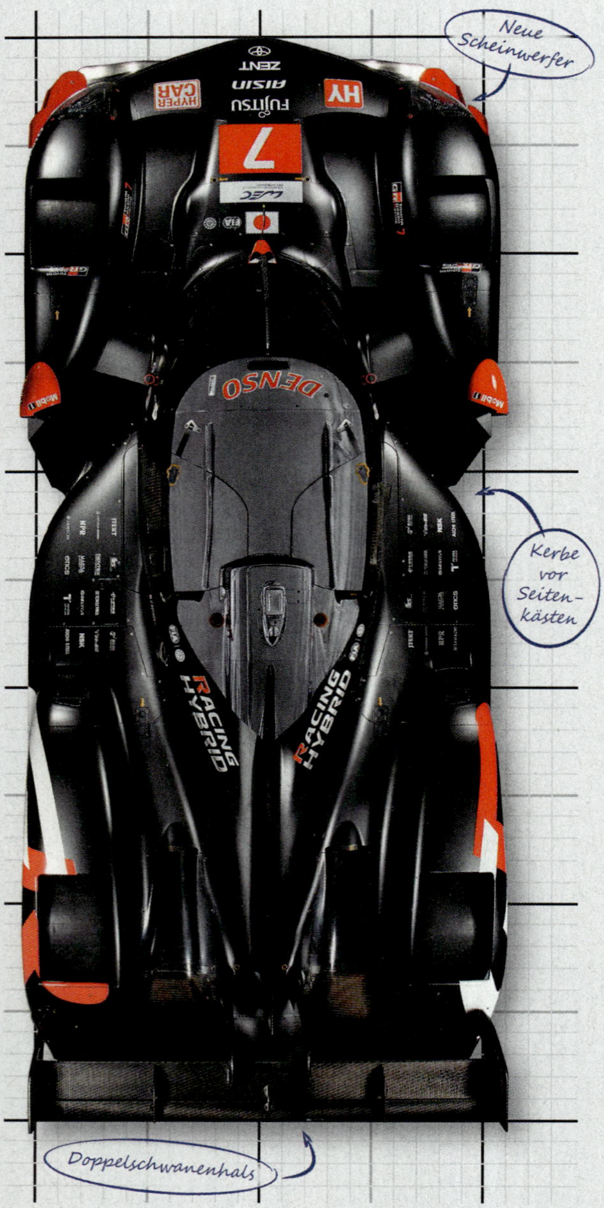

Chassis	Selbst konstruiertes Carbonfaser-Monocoque, LMH-Bauweise
Abmessungen	Länge 4900 mm Breite 2000 mm Höhe 1150 mm Radstand 3000 mm Gewicht (laut BOP) 1030 bis 1100 kg
Motor	Sechszylinder-V-Hybridmotor mit zwei Turboladern in 90-Grad-Auslegung Hubraum 3,5 Liter Leistung 512 kW (695 PS)
Kraftübertragung	Temporärer Allradantrieb Siebenganggetriebe von Xtrac
Debüt	2021 (WEC)

Die Japar

Die Geschichte von Toyota in Le Mans war lange eine schmerzhafte für die Japaner. Erst im Jahr 2018 platzte der Knoten. In diesem Jahr greift man nach dem sechsten Gesamtsieg beim WEC-Saisonhighlight.

Ganze fünf Mal mussten sich die Japaner mit dem zweiten Platz zufriedengeben, ehe es endlich zum ersten Sieg reichte. Beispielhaft für Toyotas Le-Mans-Trauma seien hier 1999 und 2016 erwähnt. Bei ersterer Gelegenheit war Ukyo Katayama in der letzten Stunde auf der Verfolgung des führenden BMW und hätte diesen wohl noch überholt. Doch ein Highspeed-Reifenplatzer vereitelte den ersehnten Triumph.

2016 war die wahrscheinlich schmerzhafteste Erfahrung. Kopf an Kopf kämpfte man mit Porsche um den Sieg, dann musste der Rivale zehn Minuten vor Schluss mit einem schleichenden Plattfuß zur Box, und die Entscheidung schien gefallen. Doch kurz danach löste sich die Steckverbindung zwischen Turbolader und Intercooler, und Kazuki Nakajima als Toyota-Schlussfahrer wurde langsamer, hielt sogar zu Beginn der letzten Runde auf der Zielgeraden an. Zwar schleppte er sich noch ins Ziel, doch weil die letzte Runde zu langsam war, fiel man zu allem Überfluss auch noch aus der Wertung.

„2016 haben wir es nicht zu Ende gebracht“, sagt Teamdirektor Rob Leupen selbstkritisch. „Und 2017 sind wir Kreise um die anderen gefahren, aber auch da muss man es über die Ziellinie bringen.“ Erst 2018 war der Fluch besiegt. Nach dem Rückzug von Audi und Porsche hatte man zwar keine große Gegenwehr, dafür nutzte man die Chance gnadenlos. Fünf Gesamtsiege in Folge waren Balsam auf den Wunden der vorherigen Jahre. Auch weil Toyota der Serie die Treue hielt und aktiv am neuen Reglement mitwirkte, stellt sich die WEC heute so gesund dar, wie sie ist.

WEC als gelebte Philosophie

Was sagt man also den Leuten, die Toyota vorhalten, nie einen starken Gegner im Kampf um den Sieg geschlagen zu haben? „Wir haben wenige Argumente dagegen. Wenn man tief in der Materie drinsteckt, kann man gut erklären, warum etwas passiert ist. Als Fan sieht man diese Details aber nicht. Vielleicht schaffen wir es dieses Jahr“, so Leupen.

Im vergangenen Jahr bekamen die Weltmeister, die außer Le Mans jeden WEC-Lauf 2023 gewonnen haben, recht kurzfristig vor dem Saisonhighlight eine echte BOP-Keule verpasst. Obwohl man eigentlich auf verlorenem Posten stand, bot man Ferrari

DIE FAHRER

Gegenüber 2023 hat sich nur eine Personalie geändert. Auf der Nummer 7 fährt jetzt (statt José María López) Nyck de Vries mit Mike Conway und Kamui Kobayashi zusammen. Die Nr. 8 pilotieren wie gehabt Sébastien Buemi, Brendon Hartley und Ryo Hirakawa.

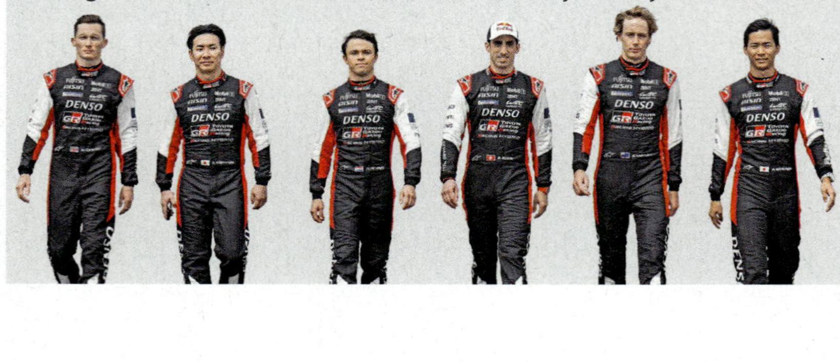

Dauerbrenner

die Stirn. Erst ein individueller Fahrfehler von Ryo Hirakawa entschied endgültig zugunsten der Italiener. „Ferrari war 2023 schneller als wir, wir mussten also hart pushen, um dranzubleiben, und konnten keine Reserven lassen“, nimmt Sébastien Buemi seinen Teamkollegen in Schutz. „Wir haben alles versucht, um zu gewinnen, deswegen bereuen wir nichts“, sagt der Schweizer, der bei vier der fünf Toyota-Gesamtsiege im Gewinner-Team war.

Buemi ist dabei die letzte verbliebene Konstante im Fahrer-Aufgebot. Seit dem LMP1-Einstieg von Toyota, pünktlich zur Neuauflage der Sportwagen-WM im Jahr 2012, ist er Teil des Teams. Toyota ist gleichzeitig der einzige Hersteller aus der Topklasse, der mit der WEC, wie erwähnt, auch durch schwere Zeiten gegangen ist.

„Es ist die Philosophie von Toyota“, erklärt Rob Leupen. „Wir wollen neue Grenzen und neue Antriebskonzepte ausloten, um Autos immer besser zu machen. Allen Unkenrufen wegen der BOP 2023 zum Trotz können wir sagen, dass wir mit dem ACO einen Partner haben, der uns Chancen ermöglicht. Sie bieten uns eine Plattform, auf der wir viel mit unseren Fahrzeugen experimentieren können.“ Den Wechsel in die LMDh-Kategorie schließt man aus genau diesem Grund grundsätzlich aus.

Ein zweiter Aspekt ist die Schulung von Mitarbeitern, die man in der schnelllebigen und hochkomplexen Motorsportwelt ganz anders an größere Aufgaben heranführen kann. „Toyota ist Pionier im Hybrid-Bereich, deshalb möchten wir keine Spec-Lösung. In der Rallye-WM haben wir einen anderen Ansatz, da geht es mehr um die Fahrzeugentwicklung, weshalb dann auch mal so was wie ein GR Yaris auf die Straße kommt“, verweist Leupen auf das zweite große Werksprogramm der Japaner. „Alles, was wir entwickeln, bringen wir an eine gewisse Grenze, und zwar bei jedem Test und jedem Rennen.“

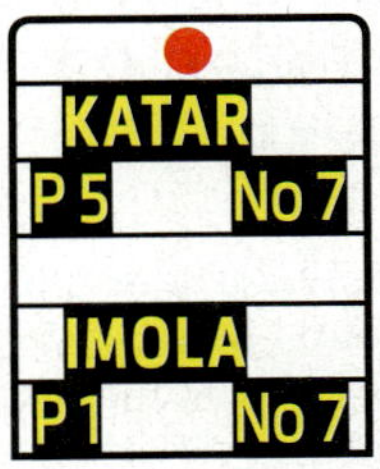

In Katar fuhr Toyota noch hinterher und schaffte es nur durch eine nachträgliche Disqualifikation in die Top 5. In Imola war man vorn dabei und schlug Ferrari im Wetter-Poker

Mit dem aktuellen LMH-Fahrzeug namens GR010 Hybrid ist man dabei ziemlich zufrieden, weshalb es gegenüber dem letztjährigen Modell auch nur kleinere Überarbeitungen gab – und man sich so vor allem die Performance-Joker für spätere Upgrades sparte. „Von außen sind eigentlich nur die Scheinwerfer sichtbar verändert“, nennt John Litjens, Projektleiter der Chassis-Entwicklung, die große optische Neuerung. „Wir haben letztes Jahr neue Scheinwerfer eingeführt und festgestellt, dass unsere Fahrer mehr geblendet wurden. Deshalb war die Sicht bei Nacht sogar schlechter als zuvor.“

Also baute man wieder die LED-Lichtquellen der vorherigen Generation ein. Außerdem wurde für die Kurse in Austin und São Paulo, welche jeweils entgegen dem Uhrzeigersinn führen, ein Tankstutzen auf der linken Seite angebracht.

Alles hängt an der BOP

Der Rest spielt sich in den nicht sichtbaren Gefilden ab. „Wir haben 2023 einige Bereiche entdeckt, in denen wir die Zuverlässigkeit noch verbessern können. Deshalb gibt es Updates für ein paar kleinere Komponenten, Sensoren und beim Hitzeschutz“, nennt Litjens die Details.

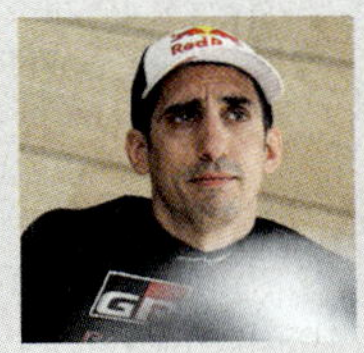

„Ferrari war 2023 schneller als wir. Wir haben alles versucht, deswegen bereuen wir nichts“

Sébastien Buemi, vierfacher 24h-Gesamtsieger

Mit der großen Erfahrung und dem erprobten Auto braucht man jetzt also nur noch eine konkurrenzfähige Einstufung, um in diesem Jahr den sechsten Gesamtsieg anzusteuern. Mit einem Triumph über ein solches Superfeld wie 2024 wäre das Le-Mans-Trauma der japanischen Dauerbrenner endgültig überwunden – und alle Kritiker verstummt.

Text: Michael Bräutigam
Fotos: Toyota, XPB

DREI FRAGEN AN DEN TEAMDIREKTOR ROB LEUPEN

Wie sehr schmerzt Le Mans 2023 noch?
Es schmerzt immer noch. Nicht, weil wir nicht gewonnen haben, sondern die Art und Weise, wie es zustande gekommen ist. Kurz vorher erst zu erfahren, in welcher Situation man mit seinem Fahrzeug und seinem Team ist, das war schwierig. Danach durften wir wieder zeigen, dass wir 2023 die Benchmark waren.

Wie zuversichtlich sind Sie für dieses Jahr?
Die Aufgabe wird sicher nicht einfacher. Alle sind etwas schlauer und schneller geworden, haben mehr Erfahrung. Wir haben festgestellt, dass wir 2023 das schnellste Auto hatten und 2024 zu Beginn das langsamste. Da haben wir auch unsere Fragezeichen. Le Mans hat eine separate BOP, deshalb müssen wir abwarten. Das Vertrauen ist aber nicht sehr hoch.

Wie viel Erfahrungsvorsprung haben Sie noch?
Das ist schwierig zu sagen. Wenn wir aber schauen, wer wie viele Fehler macht, dann ist Toyota immer noch ganz oben dabei. Ob im operativen Bereich, im Reifenmanagement, im Fahrer-Set-up oder bei den Strategien – da gehören wir sicher zu den Top-3-Teams.

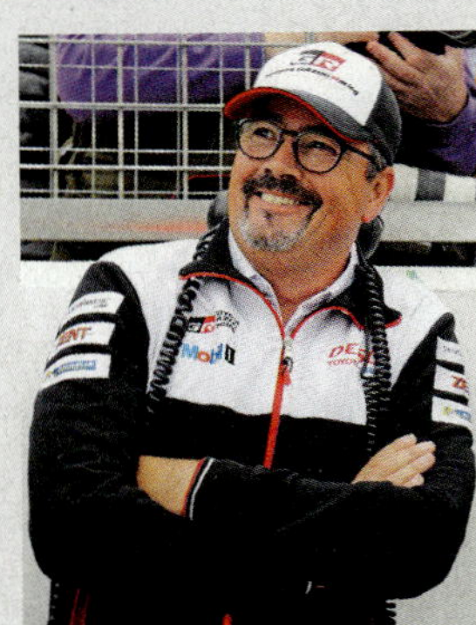

LMH

TECHNISCHE DATEN

FERRARI 499P

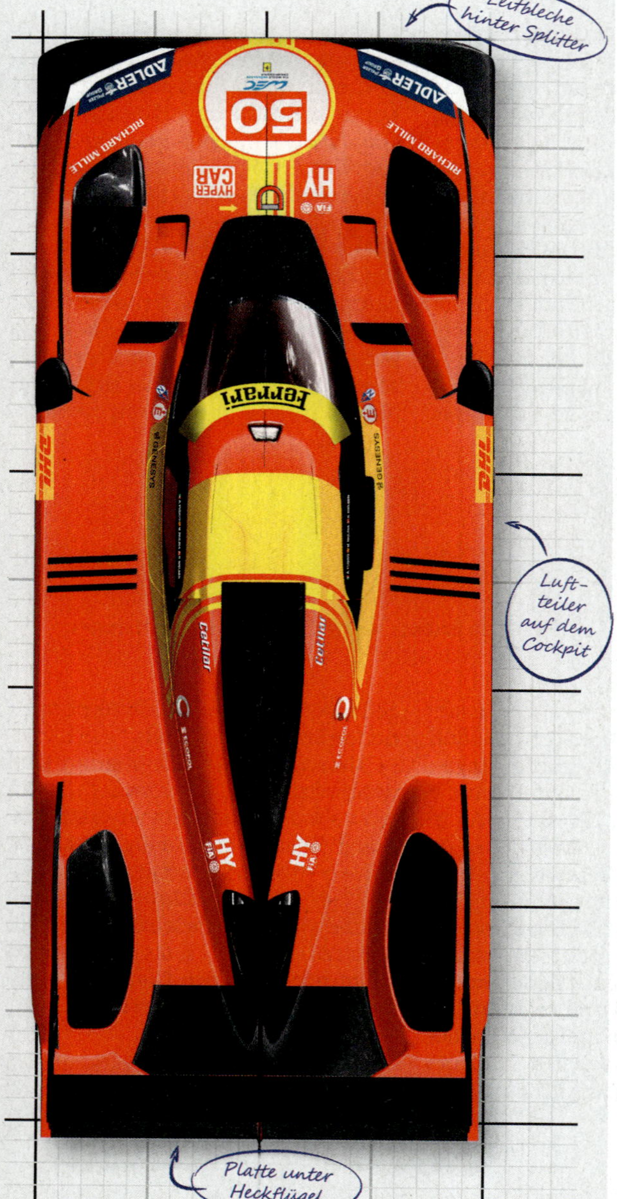

Chassis	Selbst konstruiertes Carbonfaser-Monocoque, LMH-Bauweise
Abmessungen	Länge 5100 mm Breite 2000 mm Höhe 1055 mm Radstand k.A. Gewicht (laut BOP) 1030 bis 1100 kg
Motor	Sechszylinder-V-Hybridmotor mit zwei Turboladern in 120-Grad-Auslegung Hubraum 3,0 Liter Leistung 509 kW (692 PS)
Kraftübertragung	Temporärer Allradantrieb Siebenganggetriebe von Xtrac
Debüt	2023 (WEC)

Göttin mit

Der größte Name des Motorsports kehrte 2023 in die Topklasse zurück – und lieferte sofort. Ferrari triumphierte zum 100-jährigen Jubiläum des Klassikers an der Sarthe. Wir stellen das Sieger-Projekt vor.

Ganz langsam rollt der rote Renner um den Kurs. Es ist 15.59 Uhr am 11. Juni 2023 in Le Mans. Nur noch wenige Kurven liegen vor Alessandro Pier Guidi. In der Box kämpfen seine Teamkollegen James Calado und Antonio Giovinazzi mit ihren Emotionen. Der letztgenannte Ex-Formel-1-Pilot kann seine Tränen kaum zurückhalten. Kurz darauf erlöst Pier Guidi das Team: Der Italiener überquert die Ziellinie. Ferrari triumphiert auf Anhieb beim Comeback in der Topklasse. 50 Jahre nach dem letzten Auftritt in Le Mans ringt die Scuderia die Konkurrenz um Toyota, Cadillac, Porsche und Peugeot nieder.

Der Ferrari 499P entstand in enger Zusammenarbeit mit der Formel-1-Abteilung des Hauses. Aufgrund des Budget-Caps in der Königsklasse musste Ferrari Personal in andere Projekte umverteilen. Die Erschaffung der neuen Topklasse für die WEC samt dem 24h-Klassiker in Le Mans bot den Italienern die perfekte Grundlage, um einen neuen Prototyp zu bauen. Unter dem Technikdirektor Ferdinando Cannizzo entwickelte Ferrari sein Hypercar. Die Mythosmarke entschied sich bewusst für das LMH-Konzept. Das erlaubt mehr technische Freiheiten gegenüber den LMDh-Rennern.

Formel-1-Wissen im 499P

Das Herz der roten Göttin ist ein V6-Biturbo, der über dieselbe Architektur wie sein GT3-Bruder 296 verfügt. Er hat einen Bankwinkel von 120 Grad. Der Hubraum beträgt drei Liter. Die Bezeichnung 499P setzt sich aus den 499 Kubikzentimetern pro Zylinder und dem „P" für Prototyp zusammen. In Kombination mit dem im Reglement vorgeschriebenen Elektro-Anteil hat der hybride Italiener bis zu 700 PS Systemleistung.

Das Wissen der F1-Ingenieure floss auch in die Außenhaut des Le-Mans-Siegers ein. Unterhalb der Fronthaube finden sich kaskadenartig gestaffelte Lagen wieder – eine ähnliche Lösung wie an den Frontflügeln der F1-Autos. Das erste Element ragt am Frontsplitter heraus. Der verfügt über einen großen Mitteleinzug, der „Cut-out" genannt wird. Die Ingenieure hoben den breiten Einzug an, um mehr Luft unter das Auto zu führen. Das verringert die Pitch-Anfälligkeit. Wie das vordere Element halten Stelzen auch das dahinterlie-

DIE FAHRER

■ Ferrari hält 2024 an seinen Fahrer-Trios fest. Antonio Fuoco, Miguel Molina und Nicklas Nielsen sitzen im Auto mit der Startnummer 50. Die Titelverteidiger Alessandro Pier Guidi, James Calado und Antonio Giovinazzi steuern wie im Vorjahr den 51er-Ferrari.

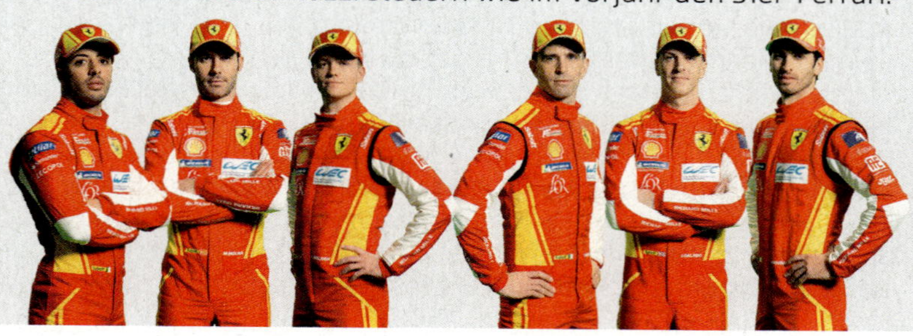

Ausdauertalent

gende Teil. Die letzte Kaskade stützt sich am Frontteil des Chassis ab.

Ins Auge stechen beim 499P auch die seitlich fast geschlossenen Seitenkästen. Das bedeutet, dass Ferrari viel Luft unmittelbar durch das Chassis leitet. Das nützt auch der Motorkühlung. Dafür benötigt der Rennwagen keine Kühlluftaustritte im hinteren Bodykit-Bereich. Die Kühlungshitze und Motorabwärme entweichen in einem Spalt zwischen Diffusordach und Motorabdeckung.

Auch am Heck verfolgen die Italiener die Kaskadenlösung und stapeln mehrere Elemente des Spoilers übereinander. Ins Auge sticht hier das zweite Flügelelement auf Höhe des oberen Radhausabschlusses.

Die Airbox und Finne sowie den Übergang zur Heckverkleidung integrieren die Ingenieure elegant. Die Airbox selbst hat drei Einlässe. Der mittlere dient dem Motor. Die Kanäle links und rechts entlüften den Motorraum und kühlen die Batterien und das Getriebe.

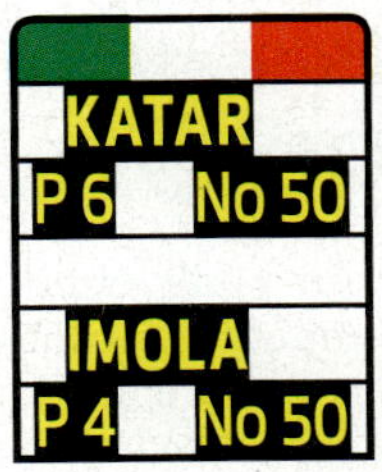

In Katar zum Saisonauftakt kam das Ferrari-Werksteam nicht über die Plätze sechs und zwölf hinaus. Beim Heimspiel in Imola hatte man die Pace, aber eine missratene Strategie

Le-Mans-Sieg – und sonst?

Ferrari entschied sich über den Winter, keine Upgrades für den 499P zu entwickeln. Die Italiener wollen erst 2025 den Homologationsjoker ziehen. Den Teams stehen fünf solcher Joker in fünf Jahren zu. Somit startet die Scuderia mit demselben Aufgebot wie letzte Saison in Le Mans. Denn auch bei den Fahrern bleibt alles wie gehabt. Das Sieger-Trio um Giovinazzi, Calado und Pier Guidi teilt sich einen 499P. Während den zweiten Ferrari Antonio Fuoco, Miguel Molina und Nicklas Nielsen steuern. Der Wagen mit der Startnummer 50 eroberte im Vorjahr dank Fuoco sogar die Pole-Position beim Klassiker. AF Corse leitet wie 2023 den Einsatz.

Beim WEC-Debüt im Vorjahr in Sebring merkte auch die erfahrene Truppe, dass die Topklasse ihre eigenen Herausforderungen hat. Nach der Pole von Antonio Fuoco verzockte sich Ferrari bei der Rennstrategie und musste sich Platzhirsch Toyota geschlagen geben. Die Japaner blieben auch im weiteren Verlauf der Hauptgegner der Roten. Der 499P war zwar ab Saisonstart schnell, doch das Auto beanspruchte die Reifen stärker als der GR010 Hybrid. Alle Rennen außerhalb von Le Mans entschied die routiniertere Toyota-Truppe für sich.

Ferrari drehte beim Klassiker den Spieß dafür um. Ein wichtiger Faktor für den Erfolg war auch die kurzfristig geänderte Balance of Performance (BOP). Top-Favorit Toyota musste auf Anweisung der Regelhüter mehr Zusatzkilos in den GR010 Hybrid packen als Ferrari. Das brachte die rote Göttin auf Augenhöhe mit den Japanern. Der Dreher von Ryo Hirakawa in der Schlussphase im 8er-Auto schlug den Nagel in den Sarg der Toyota-Hoffnungen. Die Probleme des 50er-Ferraris und die Schwierigkeiten bei den Boxenstopps konnten die Scuderia nicht aufhalten. Voller Pathos blickte auch Ferraris Leiter im Langstreckensport, Antonello Coletta, auf den Erfolg bei den 24 Stunden von Le Mans zurück: „Was wir bei den 24 Stunden von Le Mans geleistet haben, ist zweifellos einmalig und in die Geschichte des Motorsports eingegangen – nach einem halben Jahrhundert in die Topklasse zurückzukehren und das springende Pferd wieder zum Sieg zu führen."

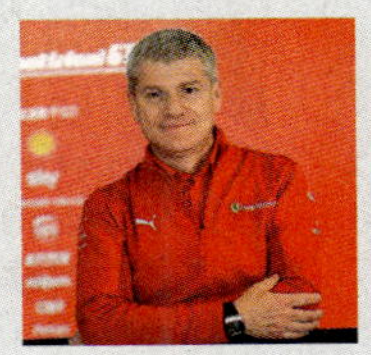

„Was wir in Le Mans geleistet haben, ist in die Geschichte des Motorsports eingegangen"

Antonello Coletta, Leiter Langstreckensport

Das will Ferrari 2024 wiederholen. Die Trauben hängen hoch. Die LMDh-Renner von Porsche und Cadillac haben aufgeholt. Mit BMW, Alpine und Lamborghini startet weitere namhafte Konkurrenz in Le Mans. Dennoch sollte mit der roten Göttin zu rechnen sein – qua ihres Mythos.

Text: Joel Lischka
Fotos: Ferrari, Motorsport Images

DIE HISTORIE

Die Geschichte des springenden Pferdes bei den 24 Stunden ist ruhmreich. Gleich beim ersten Auftritt siegte ein Wagen von Ferrari. Das britische Privatteam von Lord Selsdon setzte einen 166 MM ein. Der fahrende Besitzer fand in Luigi Chinetti seinen idealen Teamkollegen. Das Duo absolvierte 235 Runden und gewann. Bis zum Jahr 1965 feierte Ferrari weitere acht Siege beim Klassiker.

Ab 1960 gelangen den Roten sogar sechs Erfolge in Serie. Den letzten vor 2023 feierte 1965 das Duo Jochen Rindt und Masten Gregory. Ed Hugus soll laut eigener Aussage auch den NART-250-LM gefahren sein – eine Art von Mythos.

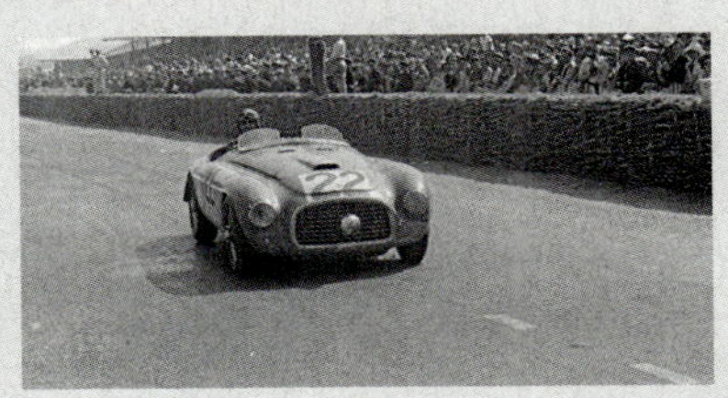

La prima vittoria: 1949 gelang erstmals einem Ferrari der Sieg in Le Mans. Lord Selsdon und Luigi Chinetti jubelten im 166 MM

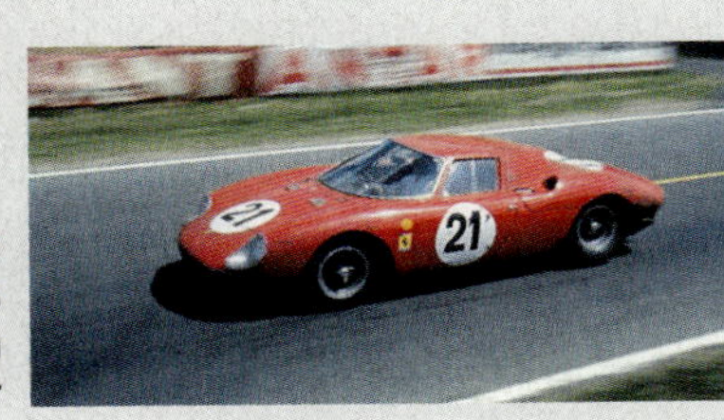

Dauersieger: Von 1960 bis 1965 waren Ferrari-Renner in Le Mans unschlagbar und triumphierten sechsmal in Serie beim Klassiker

TECHNISCHE DATEN

PORSCHE 963

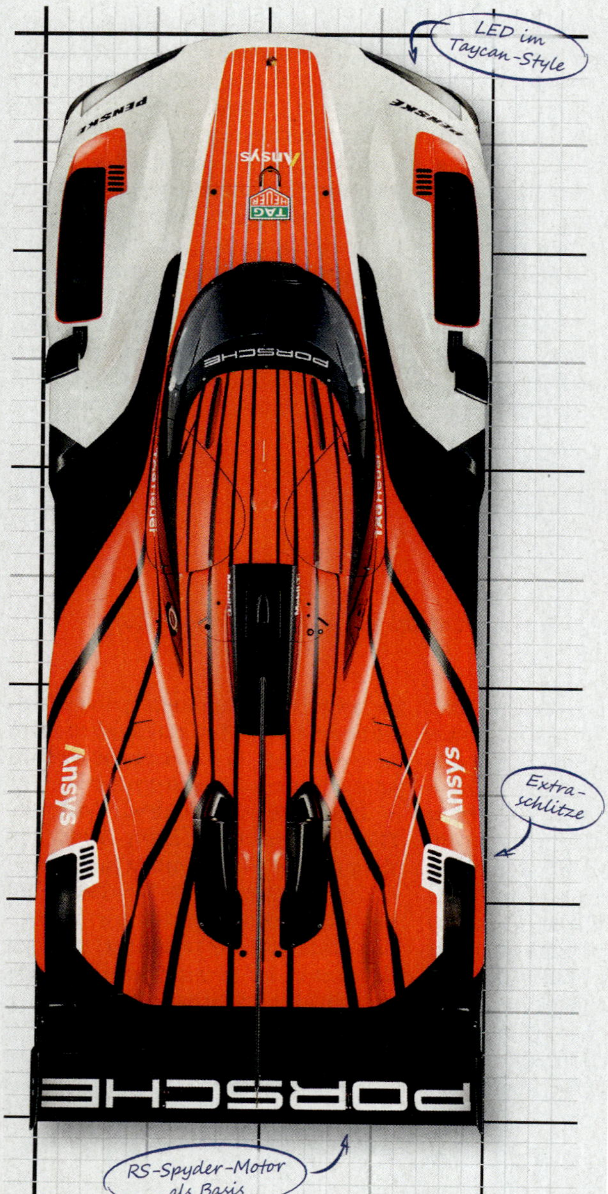

Chassis	Carbonfaser-Monocoque von Multimatic, LMDh-Bauweise
Abmessungen	Länge 5100 mm Breite 2000 mm Höhe 1060 mm Radstand 3148 mm Gewicht (laut BOP) 1030 bis 1100 kg
Motor	Achtzylinder-V-Hybridmotor mit zwei Turboladern in 90-Grad-Auslegung Hubraum 4,6 Liter Leistung 516 kW (701 PS)
Kraftübertragung	Hinterradantrieb Siebengang-Getriebe von Xtrac
Debüt	2023 (IMSA)

Die große

Nach einem harten Lehrjahr 2023 will Porsche endlich die hohen Erwartungen an den Rekordsieger erfüllen. Über den Winter hat das Werksteam weiter nachgebessert und konnte zuletzt Erfolge feiern.

Alles begann mit einer einfachen, aber eindeutigen Botschaft: Wir kehren zurück. Etwas mehr als drei Jahre nach dem LMP1-Abschied verkündete Le Mans' mächtigste Marke bereits Ende 2020 ihre Rückkehr in die Königsklasse der Langstrecke. Möglich wurde der historisch ungewöhnlich schnelle Sinneswandel durch das LMDh-Reglement. Die anfängliche Rechnung war für Porsche wie aus einem feuchten Rennsport-Traum: Für nur etwas höhere Kosten als im vorherigen GTE-Programm kann man sowohl in der IMSA-Sportwagenserie als auch in der WEC um Titel kämpfen. Wer da nicht zuschlägt, muss verrückt sein!

Auch wenn Audi der Konzernschwester bei der Verkündung ein Timing-Schnippchen schlug, war es das Glaubensbekenntnis des Rekordsiegers, welches die Konvergenz weit genug anschob. Porsche ging sogar noch ein Stück weiter: In Anbetracht des zeitlichen Vorsprungs gegenüber den künftigen LMDh-Rivalen erklärte man sich bereit, zum Test-Versuchskaninchen für die gesamte Einheitsbauteil-Formel zu werden. Was auf dem Papier wie eine Belohnung wirkte, stellte sich schlussendlich eher als eine teure Bestrafung heraus. Probleme der jungen Zulieferer-Technik warfen gleich das gesamte Porsche-Programm zurück. Zudem litt man wie die gesamte Branche zu dieser Zeit unter wackligen Lieferketten.

Der Leiter des Projekts Urs Kuratle kann heute zwar über die anfänglichen Missverständnisse und Probleme lachen, aber erklärt, dass sie sein junges Programm in einer sensiblen Phase zurückgeworfen hatten: „Wir mussten die zwei Teams von null aufbauen." Obwohl ein paar Personen schon in der LMP1-Ära tätig waren, solle man nicht den Fehler begehen, die LMDh als ihre Fortsetzung zu sehen: „Das erste Rennjahr des Porsche 919 Hybrid ist genau zehn Jahre her. Das Projekt entstand ganz aus Weissach heraus, nun haben wir ein anderes Konzept."

Dieses ist passend zur LMDh transatlantisch. Zusammen mit der US-Rennsport-Ikone Roger Penske zogen die Deutschen zwei Joint Ventures hoch. Während Porsche die Identität stellt, die freigegebenen Teile der Technik liefert und mit Top-Ingenieuren unterstützt, kümmert sich Partner Penske um das Operative. Beispielsweise sitzt der WEC-Ableger

DIE FAHRER

Der Porsche-Kader besteht vor allem aus GT-Experten. Die Nummer 5 teilen sich Frédéric Makowiecki, Michael Christensen und neuerdings Matt Campbell. Die Besatzung der Nummer 6 blieb gleich: Laurens Vanthoor, Kévin Estre und André Lotterer.

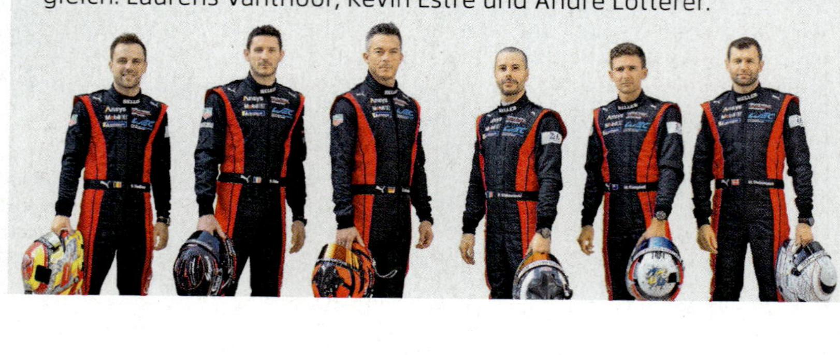

Jagd auf Nr. 20

des Teams Porsche Penske Motorsport in einem zuletzt umgebauten früheren Porsche-Zentrum in Mannheim, das dem „Captain“ gehört. Kuratle vergleicht: „Die LMDh-Philosophie erfordert eine andere Mentalität, die um die Kundenautos erweitert wird. Was gleich geblieben ist: Über allem schwebt der Geist des Konzerns Porsche – besonders in Le Mans.“

Transatlantische Brücke

Die Herausforderungen und Aufbauarbeiten führten schließlich zu einem Debütjahr 2023, welches unter den Erwartungen blieb. Die Tatsache, dass in der IMSA trotzdem drei Siege und in der WEC immerhin zwei dritte Plätze heraussprangen, zeigt, welchen Anspruch der Rekordsieger hat. Besonders der 16. und 22. Rang an der Sarthe wurmten Kuratle und seine Kollegen. „Die zwei Wochen in Le Mans waren definitiv nicht die schönsten. Unter dem Strich ist der Druck aber positiv. Es wäre falsch, mit einem OEM wie Porsche nach Le Mans zu gehen und dann keinen zu spüren. Das ist zwangsläufig verbunden.“ Der Umgang mit der Schlappe mündete in weitere Detailarbeit und eine anhaltende Lernkurve. Über den Winter stellte das Team ein Update-Paket zusammen, das ohne Joker-Ausnahmen viele kleine Stellschrauben drehen sollte.

Direkt beim IMSA-Auftakt 2024 zahlte es sich aus: Der 963 holte den 19. Gesamtsieg der Marke bei den 24 Stunden von Daytona – genauso viele wie in Le Mans. Einige Wochen später wiederholte die WEC-Mannschaft das Kunststück bei ihrem Saisonstart in Katar. Komplettiert wurde das Podium vom Kunden Jota und dem zweiten Werks-Porsche. „Es sah vielleicht von außen so aus, als wäre es einfach so durchgelaufen. Aber wir mussten dafür arbeiten und kämpfen, damit es auch so klappen konnte“, führt der frühere Sauber-F1-Chefmechaniker Kuratle hinter die Kulissen. Dass zum ersten Mal ein LMDh-Fabrikat die Hypercar-Klasse gewann, sorgte ebenfalls für Beruhigung nach zahlreichen Diskussionen im letzten Jahr. 2023 hatten Porsche und Cadillac von Anfang bis Ende keine Chance gegen die späteren Weltmeister von Toyota und die Le-Mans-Sieger aus Maranello. Von dem Glanzstart will sich in Weissach, Mannheim und Mooresville (North Carolina) allerdings niemand blenden lassen. Besonders weil der Streckencharakter von Katar eher eine Ausnahme ist und es später für das Podium in Imola Glück brauchte.

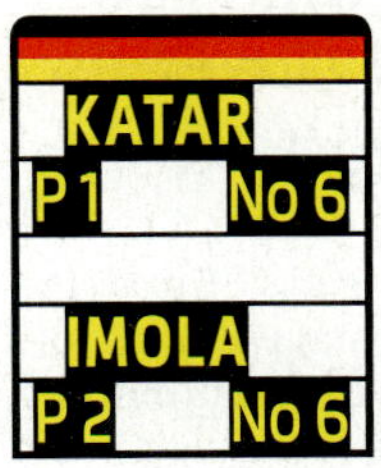

Auf den ersten WEC-Sieg des Porsche 963 in Katar folgte beim Imola-Gastspiel ein überzeugender zweiter Platz – trotz Pace-Nachteilen gegenüber den LMH-Rivalen

Im Vergleich zu den Anfängen fällt das jüngste Zwischenfazit aber auf allen Ebenen besser aus. „Mit dem aktuellen Stand fühlen wir uns viel solider. Den größten Schritt haben wir bei der Zuverlässigkeit gemacht, aber auch bei der Performance gab es einen. Dazu ist der jetzige Stand viel fahrbarer.“ 2023 haderten die Piloten wiederholt beim Bremsen und mit dem mangels Heizdecken schwierigen Reifenaufwärmen. Und wie viel Potenzial steckt noch in dem V8-Renner? „Die Entwicklungskurve wird nach oben hin flacher, jedoch ist sie im Moment noch steil.“ Die Befürchtung, dass die Einheitsteile den Porsche und seine Gegenstücke auf Dauer zu Spec-Maschinen machen, sei unbegründet.

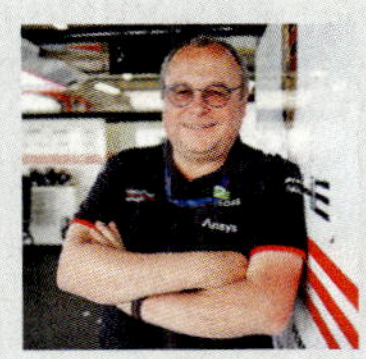

„Den größten Schritt haben wir bei der Zuverlässigkeit gemacht. Dazu ist das Auto viel fahrbarer“

Urs Kuratle, Leiter Werksmotorsport LMDh

Noch reichlich Raum für Wachstum sieht der Schweizer Kuratle bei seiner Mannschaft selbst. Während sich Truppen wie die von Toyota seit über einem Jahrzehnt kennen, sind die transatlantischen Belegschaften gerade mal ein Jahr alt. Die nächste teambildende Maßnahme gibt es dann in Le Mans, wenn die US-Kollegen für das dritte Auto anreisen.

Text: Philipp Körner
Fotos: Motorsport Images, Porsche

DIE HISTORIE

In der Zeitrechnung der 24 Stunden gibt es zwei Abschnitte: den vor dem Jahr 1970 und den danach. Mit dem Sieg des 917 in dieser Ausgabe hob Porsche nicht nur sich selbst, sondern auch den Prototypen-Sport von Le Mans auf ein neues Niveau. Die Schwaben ließen auf ihren Debüterfolg 18 weitere folgen. Die Sieger-Nomenklaturen sprechen bezüglich der Vielfältigkeit für sich.

In chronologischer Reihenfolge: 917 (1970 und 1971), 936 (1976, 1977 und 1981), 935 (1979), 956 bzw. 956B (1982 bis 1985), 962C (1986 und 1987), Dauer 962 (1994), TWR Porsche WSC-95 (1996 und 1997), 911 GT1 (1998) und 919 Hybrid (2015 bis 2017).

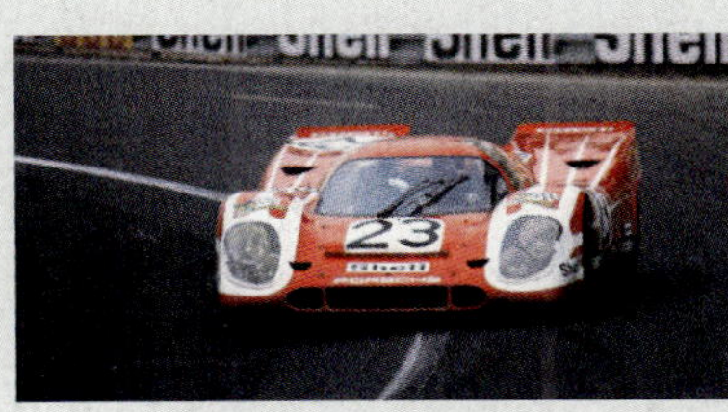

Das übermächtige Zwölfzylinder-Monster 917 schenkte den Zuffenhausenern 1970 den ersten Triumph beim Klassiker

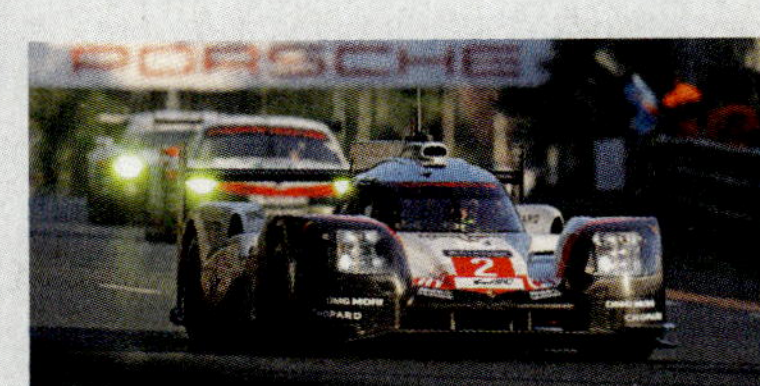

2017 gelang mit dem weiterentwickelten 919 Hybrid der dritte Sieg in Folge. Die letzte WEC-Version hatte 900 PS Leistung

LMDh

TECHNISCHE DATEN

CADILLAC V-Series.R

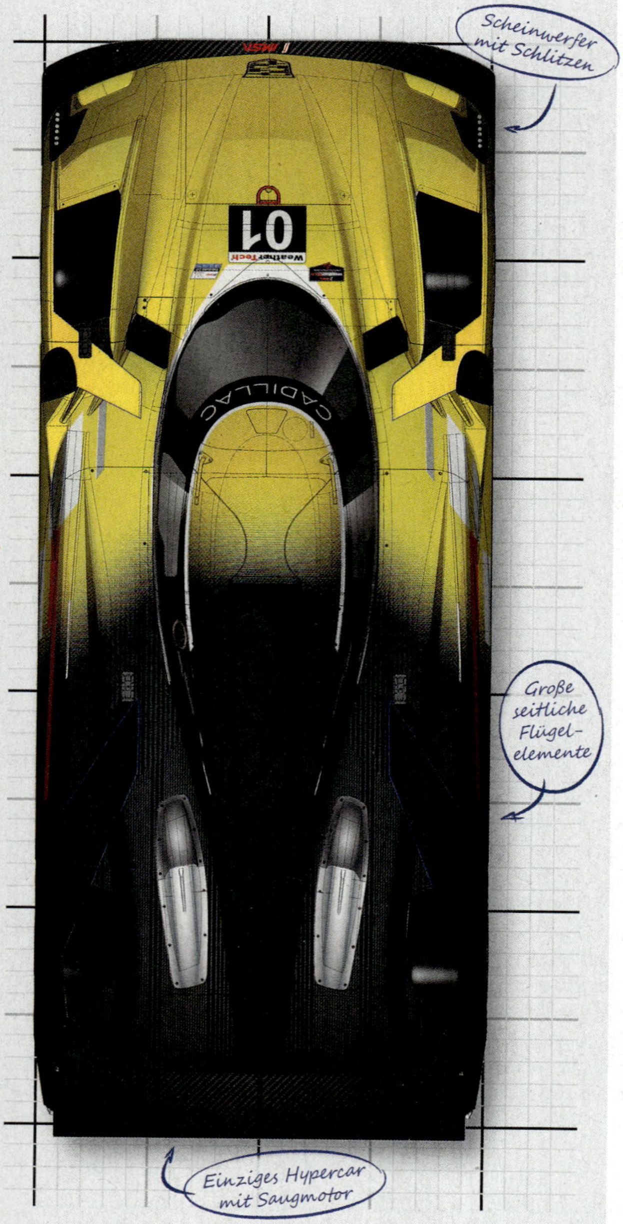

Chassis	Carbonfaser-Monocoque von Dallara, LMDh-Bauweise
Abmessungen	Länge 4991 mm Breite 1996 mm Höhe 1168 mm Radstand 3148 mm Gewicht (laut BOP) 1030 bis 1100 kg
Motor	Achtzylinder-V-Hybridsaugmotor in 90-Grad-Auslegung Hubraum 5,5 Liter Leistung 513 kW (697 PS)
Kraftübertragung	Hinterradantrieb Siebenganggetriebe von Xtrac
Debüt	2023 (IMSA)

Detroiter

Auf US-Boden hat der Cadillac V-Series.R mit dem IMSA-Titel schon groß abgeräumt. In der WM verlief die erste Saison vielversprechend, dazu überzeugte die markige Akustik die Fans auf den Tribünen.

Für Europäer mag das Chromflossen-geprägte Image der Marke Cadillac eher wenig motorsportliche Strahlkraft besitzen, auch wenn man bereits 1950 mit dem kuriosen „Le Monstre“ und im Jahr 2000 mit dem Northstar LMP an der Sarthe antrat. Der Name Cadillac ruft in Le Mans bei Weitem nicht die Ehrfurcht hervor, wie es Ferrari, Porsche oder Toyota schaffen, die dem Langstreckensport ihren Stempel seit Jahrzehnten aufdrücken.

Und mangels echter Markenpräsenz in Europa erkennt man den Cadillac im über 20 Wagen starken Hypercar-Feld vielleicht nicht sofort als solchen an seinen kantigen Scheinwerfern. Aber wozu die Augen bemühen, wenn die Ohren ab Runde eins die frohe Botschaft über den sich nähernden V-Series.R vernehmen. Mit bis zu 8800 Umdrehungen fräst sich der Crossplane-V8-Saugmotor in die Gehörgänge der Fans. Zwar war er zu Beginn des Programms der Grund einiger feuriger Ausfälle, aber bei der Standfestigkeit machte Cadillac insgesamt einen soliden Eindruck, auch wenn in Le Mans bei den Boxenstopps regelmäßig Motoröl nachgefüllt werden musste. Man stellte zu Saisonbeginn 2023 in der WEC stets den schnellsten Wagen nach LMDh-Bauweise, obwohl bis auf Le Mans und Spa immer nur ein Wagen eingesetzt wurde. Bereits beim WEC-Auftakt in Sebring war der Sprung aufs Podest möglich, den jedoch eine Durchfahrtsstrafe für ein Gelb-Vergehen von Alex Lynn vereitelte.

Im Folgerennen in Portimão war es erneut der vierte Platz, mit dem Podium in Sichtweite. Erst beim Saison-Highlight in Le Mans tränkte der Champagner die Cadillac-Rennoveralls, als Earl Bamber, Alex Lynn und Richard Westbrook die Ziellinie als Dritte kreuzten. Danach zerfiel die Saison der Amerikaner, da man sich in Monza mehrere Strafen einfing und in Fuji nach einem Radverlust lange reparieren musste. Auch beim Reifenverschleiß war man nicht immer auf dem Level der Konkurrenz.

Der V-Series.R gilt als relativ konstantes, berechenbares Auto, auch dank des Saugmotors. Der italienische Chassispartner Dallara ist nicht nur für das Kohlefaser-Monocoque zuständig, sondern kümmert sich auch um weite Teile der Aerodynamik und der Elektronikarchitektur. Gemäß Reglement ist nur ein verstell-

DIE FAHRER

Neben den WEC-Stammfahrern Alex Lynn und Earl Bamber sowie dem vierfachen Champ-Meister Sébastien Bourdais kommen in Le Mans noch Langstrecken-Multitalent Renger van der Zande sowie die IndyCar-Champs Scott Dixon und Álex Palou zum Einsatz.

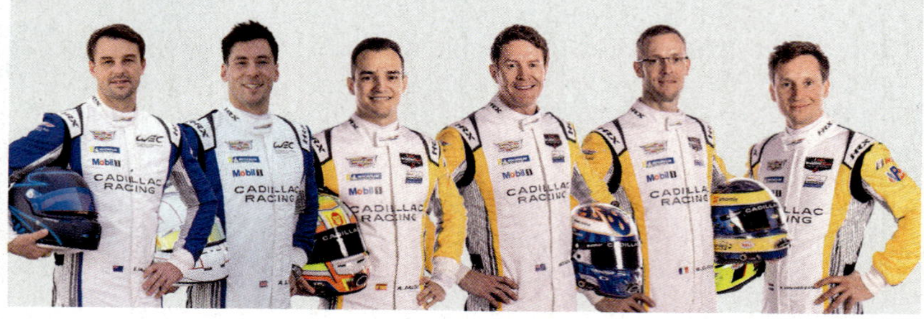

Donnerhall

bares Aerodynamikelement erlaubt. Die meisten anderen Teams setzen auf einen verstellbaren Heckflügel, Cadillac passt die Aerobalance dagegen lieber auf der Vorderachse mit zwei kleinen Gurneys vor den vorderen Radhausentlüftungen an. Laut Cadillac ein Wettbewerbsvorteil, da man das Abtriebslevel auf der Hinterachse alternativ über den Anstellwinkel des Fahrzeugs beeinflussen kann. Ebenfalls besonders: die massigen Tunnel über den hinteren Radhäuser und die dreigeteilte Lufthutze auf dem Dach, die den LMC55R-Motor mit Frischluft versorgt.

Das neu entwickelte Aggregat stellt mit einem sechsstufigen Trockensumpf die Ölversorgung sicher und setzt auf einen starren Ventiltrieb. Für die Kraftübertragung sorgt ein sequenzielles Siebenganggetriebe von Zulieferer Xtrac.

Auslaufende Dienste

Obwohl man unter dem Namen Cadillac Racing eingeschrieben ist, verbirgt sich dahinter das Team Chip Ganassi Racing, das vor allem für sein höchst erfolgreiches IndyCar-Engagement bekannt ist. Neben den Einsätzen in der IMSA-Sportwagenserie steuert man auch das WEC-Programm und damit den Le-Mans-Start zweier Autos. Über diese Verbindung kommen auch die Le-Mans-Einsätze der beiden mehrfachen Ganassi-IndyCar-Champions Álex Palou und Scott Dixon zustande. Zusammen mit den vier Champ-Car-Titeln von Sébastien Bourdais versammeln sich zwölf US-Formeltitel auf den zwei Werksautos.

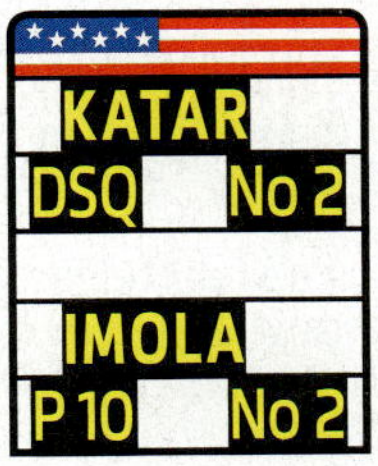

In Imola fand Cadillac keine gute Abstimmung für die Curb-intensive Piste und war schlicht zu langsam. Zusammen mit Katar ein enttäuschender Saisonstart

Für die WEC-Einsätze baute das Team sogar eine Europa-Dependance in der Nähe von Stuttgart auf, die vom ehemaligen Performance-Chefingenieur des Porsche-LMP1-Programms Stephen Mitas geleitet wird.

Dennoch schweben kleine Fragezeichen über dem Programm. Zum einen setzt der Auto-Riese erneut nur ein Fahrzeug über die WEC-Saison ein, was der Truppe Nachteile bei der Datengewinnung hinsichtlich Reifennutzung und Set-up bringen dürfte. Zum anderen haben Ganassi und Cadillac das Ende ihrer Zusammenarbeit in IMSA und WEC nach der aktuellen Saison bekannt gegeben. Als heißeste Kandidaten für die Nachfolge werden das britische Jota-Team, das derzeit noch zwei private Porsche 963 einsetzt, und das amerikanische Andretti-Team gehandelt, das bereits über das geplante Formel-1-Engagement eng mit GM verbunden ist.

Sicher dagegen: Neben den beiden Ganassi-Werkswagen wird wie im vergangenen Jahr noch ein weiterer Cadillac-Prototyp in Le Mans am Start stehen, eingesetzt vom Action-Express-Team im Whelen-Branding. Das Meisterauto der IMSA-Sportwagenserie gibt mit den Piloten Jack Aitken und Pipo Derani ein erneutes Gastspiel an der Sarthe, muss aber noch einen dritten Fahrer benennen.

Was geht also für Cadillac in diesem Jahr? Wie Toyota verzichtete man entwicklungsseitig auf den größeren Einsatz von Jokern über den Winter. Der WEC-Saisonstart in Katar verlief erneut vielversprechend, im Rennen kämpfte man sich nach einer selbst verschuldeten Kollision in Kurve eins sehenswert zurück von Platz 19 auf Rang vier, nur um später wegen einer illegalen Diffusorstrebe disqualifiziert zu werden.

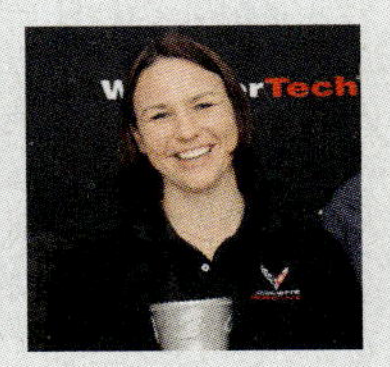

„Natürlich war der dritte Platz in Le Mans einer unserer großen Momente, darauf bauen wir auf"

Laura Wontrop Klauser, Programm-Managerin

Für Cadillac gilt es, das hohe Potenzial von Fahrern und Fahrzeug besser zu nutzen, weniger operative Fehler zu machen und mögliche politische Scharmützel hinter den Boxentoren zu halten. So klappt es vielleicht auch mit Platz eins auf dem Podium, nicht nur auf der Tribüne.

Text: Carl Nowak
Fotos: Cadillac, IMSA, Prince/GM

DREI FRAGEN AN STEPHEN MITAS, CADILLAC RACING TEAMMANAGER

Warum tritt Cadillac mit nur einem Auto in der WEC an?
Das ist eine Frage, die Sie GM stellen müssen.

Cadillac konnte 2023 große Erfolge in der IMSA feiern. Woran fehlt es noch in der WEC?
Nur ein Auto zu haben, ist ein Nachteil. Ich glaube, das IMSA-Reifenreglement kommt uns entgegen, da man mehr Reifen pro Wochenende zur Verfügung hat. Eine große Herausforderung im WEC-Programm ist es für uns, die Doppelstints hinzubekommen. Le Mans spielte uns da in die Karten, auf Strecken mit hohem Reifenverschleiß hatten wir mehr zu kämpfen. Zudem sind wir ein neues Team mit einem neuen Auto, da gibt es natürlich kleinere Startschwierigkeiten.

Der V-Series.R ist der einzige Topklassen-Prototyp mit Saugmotor. Kann man auch mit Saugmotor in dieser Klasse erfolgreich sein?
Ja, das kann man. Man muss den Antrieb entlang des Reglements ständig optimieren. GM hat hier im vergangenen Jahr einen guten Job gemacht, um uns so nah wie möglich an das erlaubte Leistungslimit heranzuführen.

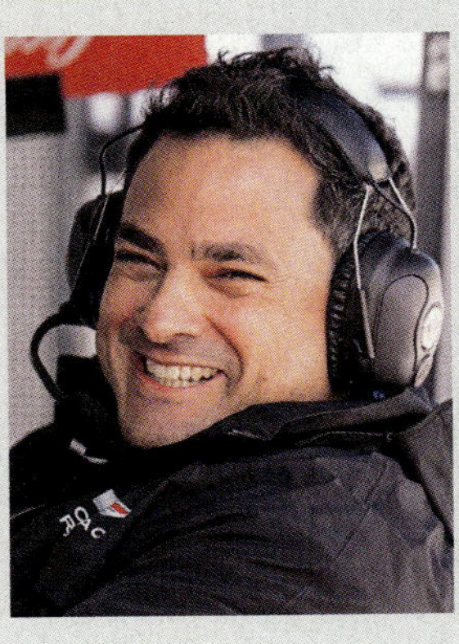

TECHNISCHE DATEN

PEUGEOT 9X8

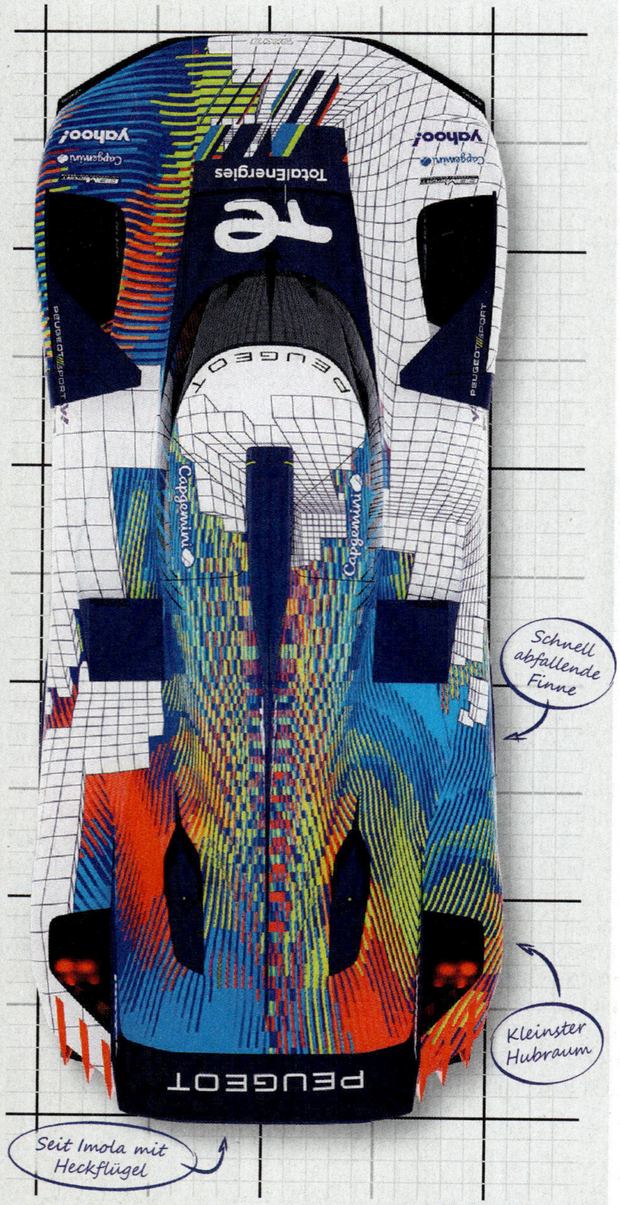

Chassis	Selbst konstruiertes Carbonfaser-Monocoque, LMH-Bauweise
Abmessungen	Länge 4995 mm Breite 2000 mm Höhe 1145 mm Radstand 3045 mm Gewicht (laut BOP) 1030 bis 1100 kg
Motor	Sechszylinder-V-Hybridmotor mit zwei Turboladern in 90-Grad-Auslegung Hubraum 2,6 Liter Leistung 516 kW (701 PS)
Kraftübertragung	Temporärer Allradantrieb Siebenganggetriebe
Debüt	2022 (WEC)

Ein Traum

Das mutigste Konzept von Le Mans ist seit dem zweiten Lauf etwas konventioneller. Als Reaktion auf Regeländerungen stellte Peugeot seine Aero-Philosophie um. Die Marschrichtung ist definiert: Gesamtsieg.

Stellantis-Motorsportchef Jean-Marc Finot war am Boden zerstört. Nach dem bislang stärksten Auftritt seines Peugeot 9X8 beim Saisonstart in Katar stand der Franzose am Ende dennoch ohne einen verdienten Pokal da. In den letzten Minuten verlor das Auto mit der Nummer 93 den zweiten Platz, als es mangels Sprit plötzlich ausrollte. Der Pilot Jean-Éric Vergne konnte es zwar mit der Elektro-Power des Hybrid-Zusatzes über die Ziellinie tragen, aber nicht regulär zurück in die Box bringen, was die elektrische Rettung hinfällig machte. Die gnadenlose Folge: Disqualifikation.

Für Peugeots bisherige Rückkehr in die Topklasse der Langstrecke war dieser schmerzhafte Moment ungewollt symbolhaft. Auf eine riesige Aufmerksamkeit folgte schlussendlich die Ernüchterung. Dem erfahrenen Motorsport-Manager Finot blieb mal wieder nur der Zweckoptimismus: „Wir werden das Positive mitnehmen und uns auf die nächste Veranstaltung konzentrieren."

Eines kann und konnte man ihm und seinem Team allerdings nie vorwerfen – der Mut zu Neuem war von Anfang an Teil des Projekts. Schon im November 2019 kündigte Peugeot das Comeback in Le Mans an. Angesichts der damals noch in der Findungsphase befindlichen Technikregeln stellte man sich so allen voran auf ein Duell gegen den übermächtigen Platzhirsch Toyota ein. Ironischerweise waren die Franzosen 2012 den Japanern noch aus dem Weg gegangen, als man wegen Finanzproblemen das LMP1-Hybrid-Projekt mitten in der Vorbereitung abwürgte.

Für das nachzuholende Aufeinandertreffen entschied Peugeots Sportabteilung sich dazu, einen unkonventionellen Weg zu gehen. Technik-Direktor Olivier Jansonnie und sein Team erkannten früh größere aerodynamische Freiheiten im LMH-Reglement. Dieses erlaubt die umfangreiche Nutzung eines Ground-Effect-Unterbodens, der wiederum ein fein ausgelegtes Bodywork ermöglicht.

Heißt vereinfacht: Der Peugeot 9X8 brauchte keinen in der Luft stehenden Heckflügel, um den nötigen Abtrieb zu erzeugen. Zudem konnten die Ingenieure die Fahrzeugbalance dank des Konzepts extrem mittig ansetzen. Hilfreich waren dabei auch der kompakteste Motor im Feld und gleich große Vorder- und Hinterrä-

DIE FAHRER

Formel 1, DTM oder auch Formel E: Peugeots Trios umfassen ordentlich Erfahrung. In der Nummer 93 sitzen Jean-Éric Vergne, Nico Müller und Mikkel Jensen. Das Schwesterauto mit der #94 teilen sich Paul di Resta, Loïc Duval und Stoffel Vandoorne.

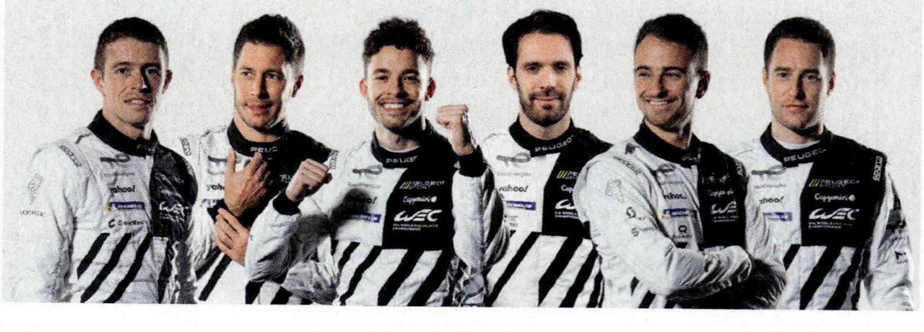

bekommt Flügel

der. Eine Hürde präsentierte hingegen der schwere Frontmotor des Hybrid-Pakets, der den 9X8 zum temporären Allradler macht.

Trost beim Heimspiel

Am 10. Juli 2022, nach dem WEC-Highlight in Le Mans, feierte das Hypercar sein Debüt in Monza. Während die Nummer 93 früh aufgeben musste, kämpfte sich die #94 immerhin ins Ziel. Auch bei den folgenden zwei Läufen in Fuji und Bahrain wurde mehr ins Hausaufgabenheft geschrieben, als herausgestrichen wurde. Unter anderem haderte die Truppe wiederholt mit dem Getriebe.

Der Start in das erste volle Renn-Jahr 2023 legte daraufhin die Basis für die jetzige Zäsur. Denn im Umfeld des Auftakts auf dem US-Traditionskurs in Sebring fiel die folgenschwere Entscheidung, ein Update-Paket vorzubereiten. Techniker Jansonnie blickt zurück: „Wir haben Wege gewählt, die nicht mehr die richtigen waren. Die dadurch entstandene Lücke bei der Balance of Performance konnte schon im letzten Jahr nicht mehr durch die Stellschrauben des Mechanismus geschlossen werden." Zu einem großen Teil durften sich die Franzosen jedoch von einer Schuld freisprechen. Gewichtige Regelanpassungen als Anreiz für die LMDh-Hersteller liefen konträr zum ursprünglichen Fahrzeugkonzept ohne Flügel.

Die Kurzzusammenfassung dessen, was ab Seite 74 ausführlicher mit Einblicken der Akteure durchleuchtet wird: Peugeot konnte nicht mehr rechtzeitig auf die Ergänzung breiterer Hinterreifen reagieren und blieb seiner Idee vorerst treu. Obendrauf wurde die Temposchwelle für den Einsatz des Elektro-Boosts hochgesetzt – ein weiterer Nachteil. In der Folge litten die Fahrer unter einem konzeptbedingten Traktionsdefizit, das weitere Folgeeffekte hatte. Für den unausweichlichen Wechsel auf die dicken Schlappen mussten die Ingenieure an das Herzstück Balance ran. Zur aerodynamischen Unterstützung der neuen Reifen entwarfen sie ein überarbeitetes Bodywork – samt Heckflügel. All das fand parallel zur Saison-Action des Jahres 2023 statt.

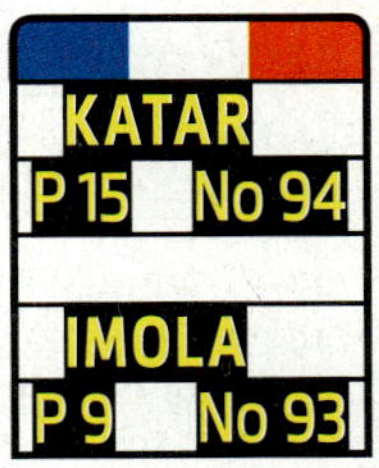

Die Ergebnisse bilden die Realität nur bedingt ab. Das Abschieds-Drama des alten 9X8 in Katar kostete ein Podium, die Imola-BOP des Neulings fiel defensiv aus

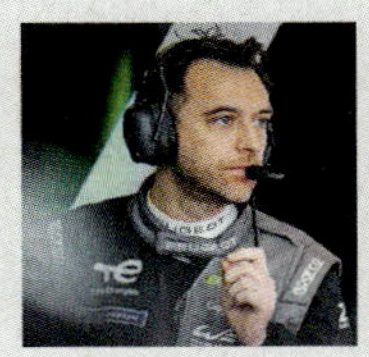

„Wir haben die neue Homologation dafür genutzt, Haltbarkeit und Performance zu stärken"

Olivier Jansonnie, Technischer Direktor

Obwohl sich die befürchteten Probleme über die sieben Läufe mal mehr, mal weniger stark ausspielten, gab es trotzdem zwei Lichtblicke für die fleißige Truppe zu Hause in Versailles. Erst sahen beide Löwen entgegen der Unkenrufe beim Heimspiel in Le Mans die schwarzweiß karierte Flagge. Dann setzten sie ein starkes Monza-Qualifying in den dritten Podiumsplatz um. Jansonnie beschrieb den Pokal-gewordenen Balsam damals so: „Wir wussten, dass wir ein fast perfektes Rennen fahren müssen, um dieses Ergebnis zu erreichen, und das haben wir getan." Aus seinem im Anschluss ergänzten Traum der höchsten Podiumsstufe wurde beim Saisonendspurt nichts mehr.

In Katar gab die erste Variante des 9X8 schließlich ihren Ausstand. Auch wegen der Umstände fiel die Melancholie kurz aus. Die Hoffnungen in die simpel „Peugeot 9X8 2024" genannte Ablösung überwogen. Nach dem chancenlosen Debüt im diffizilen Imola – wo das Team zufrieden mit dem Rennen, aber sauer auf die BOP war – soll sie zügig ihr Potenzial zeigen. Neben dem Flügel hat sie nämlich auch unter der Facelift-Haut aufgerüstet. „Wir haben die Homologation dafür genutzt, Haltbarkeit und Performance zu stärken", hält Jansonnie fest. Sein Boss Finot macht keinen Hehl aus dem Ziel des Projekts: Man will das Heimspiel gewinnen. Im Pokalregal muss ja noch eine Lücke gefüllt werden.

Text: Philipp Körner
Fotos: Motorsport Images, Peugeot

DIE HISTORIE

Der zusammen mit Matra erfolgreichste französische Hersteller musste lange auf seinen ersten Sieg warten. Obwohl die Chroniken ein Debüt im Jahr 1926 und weitere Einsätze in den 30ern aufführen, dauerte es bis Anfang der 1990er-Jahre. Unter der Leitung von Jean Todt entstand der V10-Renner 905 – einer der letzten Gruppe-C-Vertreter. Seine Weiterentwicklung gewann die Ausgaben der Jahre 1992 und 1993.

2007 kehrte Peugeot zurück, um den Kampf an die dominanten Audi heranzutragen. Nach einer deutlichen und einer knappen Niederlage schlug man die Deutschen 2009 im Diesel-Wettstreit.

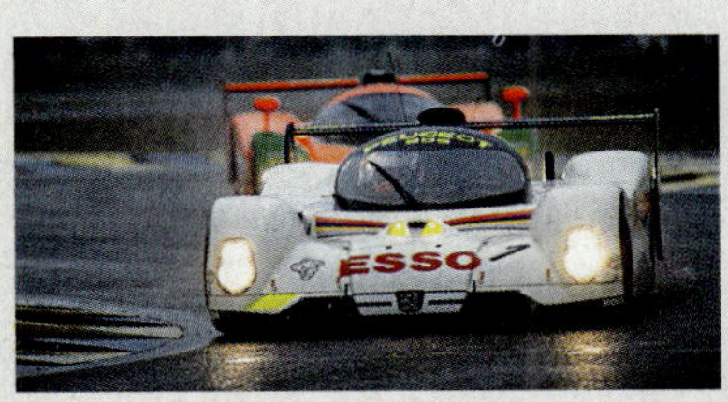

In den letzten Jahren der Gruppe-C-Ära gelang Peugeot ein Doppelpack: Die Löwen holten 1992 und 1993 erste Heimsiege

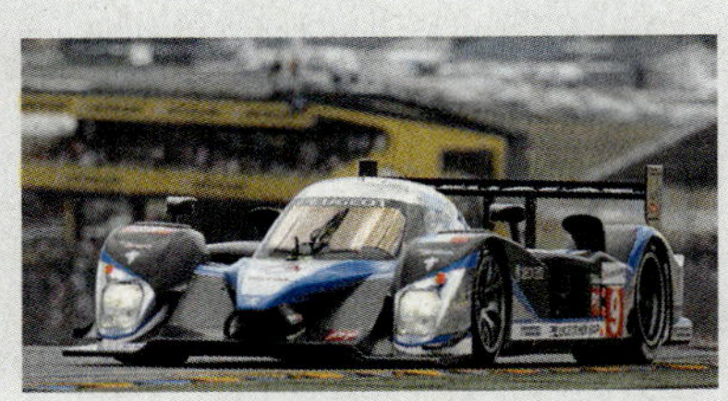

Bei seinem dritten Anlauf im Jahr 2009 stoppte der Peugeot 908 HDi FAP eine fünf Ausgaben andauernde Audi-Siegesserie

LMDh

TECHNISCHE DATEN

ALPINE A424

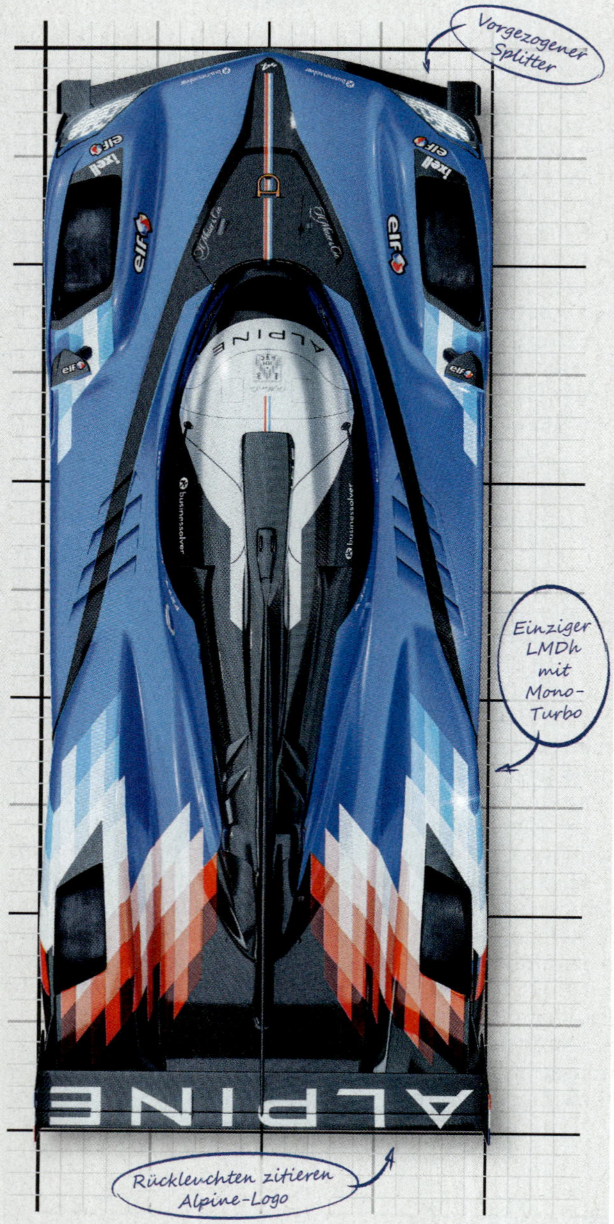

Chassis	Carbonfaser-Monocoque von Oreca, LMDh-Bauweise
Abmessungen	Länge 5088 mm Breite 1992 mm Höhe 1055 mm Radstand 3148 mm Gewicht (laut BOP) 1030 bis 1100 kg
Motor	Sechszylinder-V-Hybridmotor mit Mono-Turbo in 95-Grad-Auslegung Hubraum 3,4 Liter Leistung 514 kW (699 PS)
Kraftübertragung	Hinterradantrieb Siebengang-Getriebe von Xtrac
Debüt	2024 (WEC)

Rückkehr

Für die Schwestertruppe der F1-Equipe geht es nach einem Jahr Pause zurück in die Topklasse. Wie zuvor steht Effizienz im Mittelpunkt. Doch ausnahmsweise erlaubt sich Alpine auch etwas Exzentrik.

Obwohl Demut eine Tugend ist, hat sie einen entscheidenden Nachteil: Wenn etwas besser als gedacht funktioniert, droht es unterzugehen. Das beste Beispiel hierfür lieferte Alpine bei der Le-Mans-Ausgabe 2021, als die Franzosen hinter dem unantastbaren Toyota-Duo das erste Hypercar-Podium der Geschichte ergänzten. Dass hierzu einige spezielle Umstände wie ein nur minimal angepasstes Oreca-LMP1-Chassis samt Zulieferer-Motor und eine nicht ganz sattelfeste Glickenhaus-Mannschaft in einem deutlich kleineren Klassenfeld beitrugen, sollte sicher erwähnt werden. Allerdings ändert es nichts an der Tatsache – und am Champagner.

Einen unglücklichen Auftritt 2022 und ein LMP2-Übergangsjahr später kehrt die motorsportliche Nationalmannschaft wieder in die Topklasse ihres Heimrennens zurück. Wie beim vorherigen Hypercar-Debüt ist das Rezept pragmatisch. Im Rahmen der kostenfreundlichen LMDh-Vorgaben fiel die Wahl wenig überraschend auf eine Neuauflage der Oreca-Partnerschaft. Statt Gibson liefert diesmal die französische Motoren-Manufaktur Mecachrome das Triebwerk. Beim 3,4-Liter-V6 mit Mono-Turbo handelt es sich um eine Ableitung des schon länger genutzten Formel-2-Antriebs. Im Gegensatz zur großen F1-Schwester erspart sich die Langstreckensparte so wiederholt Eigenbau-Experimente. Und last, but not least bilden erneut erfahrene Langstrecken-Spezialisten das Herz der Crew.

Die operative Seite stemmt Philippe Sinaults Team Signatech. Unter dem Banner der Renault-Sportmarke feierte die im Herzen der Grande Nation beheimatete Truppe LMP2-Siege in den Ausgaben 2016, 2018 und 2019. Dass man trotz der ausgiebigen LMDh-Vorbereitungen im Jahr 2023 die kleinere Prototypen-Klasse als Zwischenlösung auserkoren hat, war für Sinault selbstverständlich. „Die Entscheidung brauchte Mut, weil der Einsatz von zwei LMP2 mit ordentlich Aufwand und Action verbunden ist. Aber genau hier liegt der Grund. Durch diese Drucksituation konnten wir uns am besten auf die kommenden Aufgaben vorbereiten."

Ab August wurde die Übungsmission endlich um den Testbetrieb mit dem A424 ergänzt. Noch vor der ersten Ausfahrt hatte das Monocoque bereits Sieger-Gene: Hondas US-No-

DIE FAHRER

Für den Hypercar-Aufstieg hat Alpine die LMP2-Mannschaften stark überarbeitet. Charles Milesi, Ferdinand Habsburg und Paul-Loup Chatin bilden die #35. Mick Schumacher teilt sich die #36 mit den Routiniers Nicolas Lapierre und Matthieu Vaxivière.

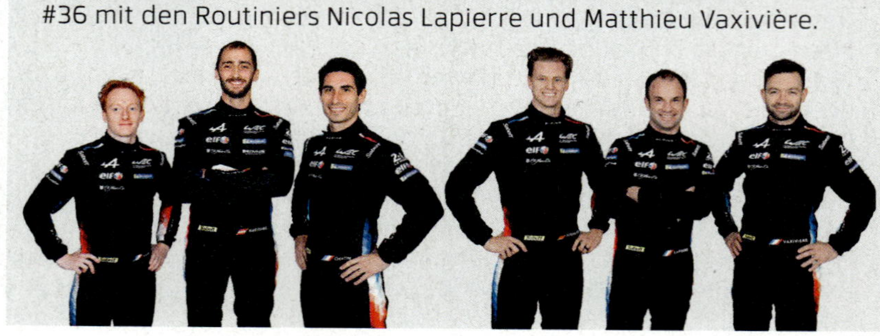

des A-Teams

belmarke Acura arbeitet bei ihrem IMSA-LMDh-Projekt ebenfalls mit Oreca zusammen und gewann im Januar 2023 die 24 Stunden von Daytona. Da beide Programme zunächst exklusiv für ihre Meisterschaften ausgelegt sind, bleibt ein Gipfeltreffen vorerst unwahrscheinlich.

Im Herbst erhöhte Alpine dann die Schlagzahl und sammelte Kilometer auf mehreren Strecken. Bei der Probefahrt im spanischen Jerez Mitte Oktober reiste ein besonderer Gast an. Nach selbst initiierten Gesprächen mit dem Alpine-Sportboss Bruno Famin durfte Mick Schumacher im Hybrid-Renner ausrücken. Philippe Sinault schwärmte über die glückliche Fügung: „Das war kein Evaluierungstest, denn wir wissen natürlich, was er kann. Es steht komplett außer Frage, dass er Rennautos schnell bewegen kann." Die Zuneigung schien auf Gegenseitigkeit zu beruhen. Einen Monat später bestätigte Alpine die Verpflichtung des Mercedes-Testfahrers, der erzählte: „Ich habe das Rennfahren schmerzlich vermisst."

Neu-Franzose Schumacher

Kurz vor dem Jahreswechsel gab die FIA mit der finalisierten Homologation grünes Licht für die blauen Renner. Im Zuge eines abschließenden Tests auf dem F1-Kurs von Barcelona zeigten sich diese Anfang Februar befreit von früheren Hitzenestern unter der Motorverkleidung. Obwohl viele wegen der Wahl des Triebwerks über Zuverlässigkeitsprobleme spekuliert hatten, zeigten sich die Piloten zufrieden mit dem F2-Derivat. Schumachers Kollege Lapierre lobte außerdem die Fahrbarkeit.

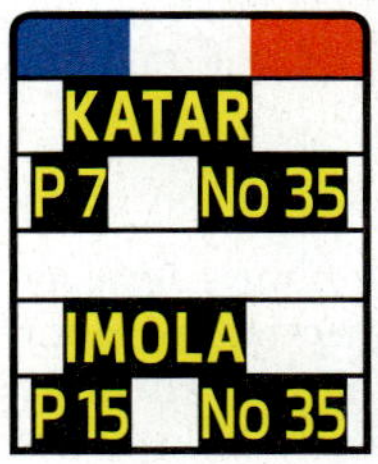

Licht und Schatten beim Hypercar-Comeback: Katar verlief überraschend gut, Imola überraschend schlecht. Die Franzosen sehen trotzdem die richtige Richtung

Der Dritte im Bunde der Nummer 36, Matthieu Vaxivière, freute sich derweil über den Fakt, dass Mick im französischen Süden der Schweiz geboren wurde. „Wir verstanden uns sofort super, er spricht ja die Sprache perfekt." So passt es auch, dass Schumacher als Teil der „Les Bleus" nach Le Mans reist. Der Deutsche fasste seine Testerkenntnisse zusammen: „Im Vergleich zu Formel-Rennern ist das Auto deutlich schwerer und will anders gefahren werden. Trotzdem erinnerte es mich etwas an mein F2-Auto. Ich bin mir sicher, dass ich Spaß mit dem Alpine A424 haben werde. Er ist so oder so ein sehr cooles und leistungsstarkes Fahrzeug."

Obwohl der Deutsche ein solides Debüt in Katar zeigte (siehe Seiten 58 und 59), glänzte dort das andere Trio in der Nummer 35. Die Franzosen Charles Milesi und Paul-Loup Chatin sowie der aus der LMP2 aufgestiegene Österreicher Ferdinand Habsburg bugsierten den Hybridrenner auf Anhieb in die Top Ten. Parallel schlug man die anderen Neueinsteiger von BMW und Lamborghini. Vor dem zweiten Lauf in Imola erlebte Alpine daraufhin einen Schreckmoment, als sich der Salzburger mit noblen Wurzeln bei einem Aragón-Test Wirbelbrüche zuzog. Der GT3-Star und Testfahrer Jules Gounon übernahm die Vertretung auf dem für alle Teams neuen Kurs, wo es auch deswegen recht schlecht für Alpine lief.

In gewohnter Demut nahmen die Verantwortlichen die positiveren Ansätze lobend zur Kenntnis. Der beim

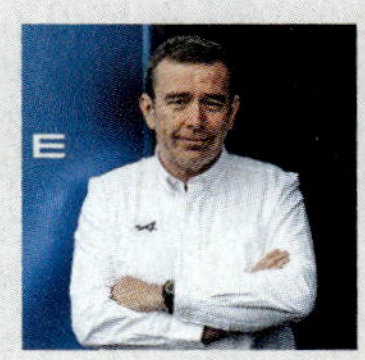

> „Dank unserer Erfahrung wollen wir uns schnell in allen Bereichen verbessern. Im Fokus: Haltbarkeit"
>
> **Bruno Famin, Vizepräsident Alpine Motorsports**

parallelen F1-Projekt zuletzt Kummer gewohnte Famin gab das Ziel aus: „Dank unserer Erfahrung aus den früheren Programmen wollen wir uns schnell in allen Bereichen verbessern. Im Fokus steht dabei eine vorzeigbare Haltbarkeit." Sollte der Plan schon bei der Rückkehr in die Le-Mans-Topklasse funktionieren, hätte die Truppe nicht zuletzt dank Mick Schumacher diesmal die verdiente Aufmerksamkeit auf ihrer Seite.

Text: Philipp Körner
Fotos: Alpine

DREI FRAGEN AN DEN TEAMCHEF PHILIPPE SINAULT

Wie war Ihr Einsatzteam in die Vorbereitung des Alpine A424 integriert?
Von Anfang an trugen wir unseren Teil dazu bei. Wir haben geholfen, das Technik-Paket zu durchleuchten und zu verstehen. Durch das frühe Zusammenspiel konnten wir die operativen Aspekte schneller umsetzen. So sparte das gesamte Projekt massiv Zeit.

Welche Vorgaben verbanden Sie mit der Kaderplanung der zwei Trios?
Wir wollten nie Kompromisse eingehen und haben tatsächlich die Aufstellungen bekommen, die Bruno Famin und mir zu Beginn vorschwebten. Das Ziel war eine sich ergänzende Mischung aus Stammfahrern, großen Namen und Talenten. Dass es so gut geklappt hat, gibt uns Vertrauen in die Zukunft.

Das solide Katar-Debüt hat viele trotzdem überrascht. Sie auch?
Wir stellten uns darauf ein, dass zehn Stunden auf einer neuen Strecke herausfordernd werden. Ein Top-Ten-Ergebnis hat uns für das saubere Rennen belohnt. Trotzdem sind wir immer noch am Anfang unseres Wegs.

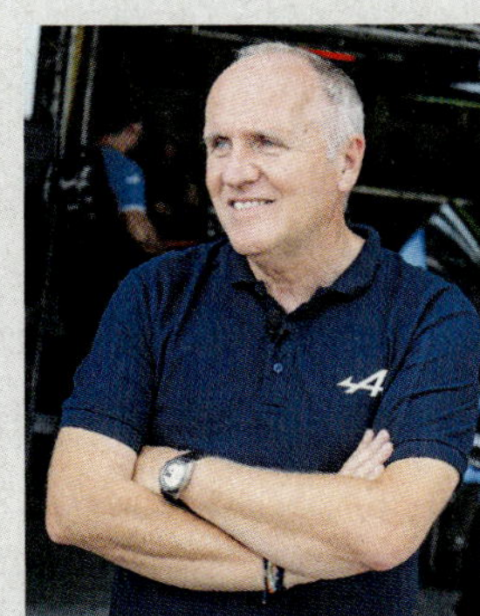

TECHNISCHE DATEN

BMW M Hybrid V8

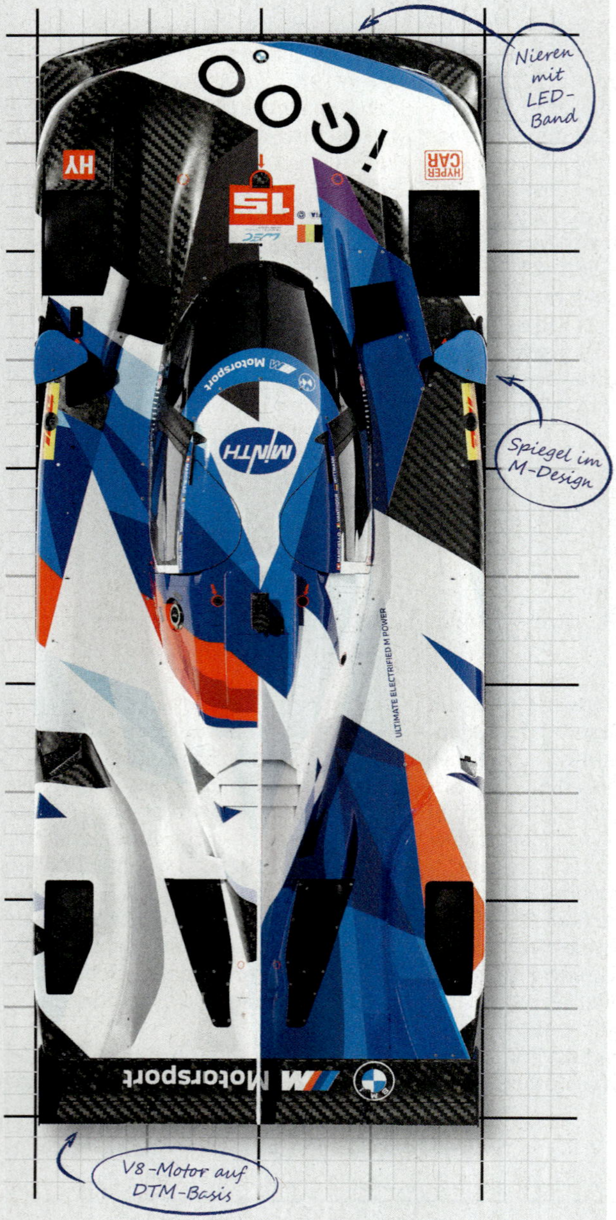

Chassis	Carbonfaser-Monocoque von Dallara, LMDh-Bauweise
Abmessungen	Länge 4991 mm Breite 1994 mm Höhe ca. 1200 mm Radstand 3148 mm Gewicht (laut BOP) 1030 bis 1100 kg
Motor	Achtzylinder-V-Hybridmotor mit zwei Turboladern in 90-Grad-Auslegung Hubraum 4,0 Liter Leistung 511 kW (695 PS)
Kraftübertragung	Hinterradantrieb Siebenganggetriebe von Xtrac
Debüt	2023 (IMSA)

Jubiläum

25 Jahre nach dem Gesamtsieg in Le Mans greift BMW erstmals wieder in der Topklasse des Langstreckenklassikers an. Kann beim Comeback der Bayern direkt der ganz große Coup gelingen?

Okay, wenn Sie richtig Ahnung von der Materie haben, dann ist die Lüge längst enthüllt. Für alle anderen: Auch 2000 startete noch mal ein BMW in der damaligen höchsten LMP900-Klasse. Der vom Privatier Thomas Bscher eingesetzte Vorjahreswagen schaffte es jedoch im Qualifying nicht unter die Top 20, und im Rennen war nach einem Unfall kurz vor der Rennhälfte Schluss.

Unstrittig und die volle Wahrheit ist, dass BMW erstmals seit einem Vierteljahrhundert wieder als Werksteam in der Topkategorie von Le Mans angreift. Eine wahrlich herausfordernde Aufgabe, wenn man bedenkt, dass der Marathon zweimal rund um die Uhr erst der insgesamt vierte WEC-Lauf für BMW sein wird.

Die Arbeit am M Hybrid V8 begann im Jahr 2021, wobei man sich schnell auf das kostengünstigere und nachhaltigere LMDh-Reglement festlegte. Kniffliger war die Aufgabe, einen passenden Motor zu finden. Der Zweiliter-Turbo aus der DTM sorgte für Kopfzerbrechen in Sachen Haltbarkeit. Der V8-Biturbo aus dem M8 GTE war zu schwer. Doch man hatte ja noch den „alten" V8-Saugmotor aus der DTM in der Hinterhand.

Den mit dem Motorcode P66 versehenen Treibsatz musste man erst mal stark umkrempeln. Der Umbau auf die Twinturbo-Aufladung, der Wechsel zu einer Direkteinspritzung und die Verknüpfung mit den einheitlichen Hybridkomponenten waren zwar mit einem hohen Aufwand verbunden, jedoch mit deutlich weniger als eine komplette Neukonstruktion. „Das war wichtig, denn zwischen dem Start des Projekts und dem ersten Rennen blieb nur wenig Zeit", erklärt Ulrich Schulz, der bis 2023 für die Entwicklung des Antriebsstrangs verantwortlich zeichnete.

Ein großer Vorteil des Endprodukts namens P66/3: Er konnte voll als tragendes Teil in die Fahrzeugkonstruktion miteinbezogen werden, ohne dass er einen zusätzlichen Hilfsrahmen benötigt hätte.

Ein Hightech-Puzzle

Beim Äußeren war die klare Erkennbarkeit der Marke wichtig. So dominieren riesige Nieren die Frontpartie, das BMW-Logo ist mittig darüber eingebettet. Sogar den berühmten Hofmeister-Knick hat man in der Seitenansicht untergebracht. Auch die Scheinwerfer und Heckleuchten

DIE FAHRER

Das BMW-Aufgebot liest sich wie ein Who's who des GT- und Tourenwagensports. In der Nummer 15 wechseln sich Raffaele Marciello, Dries Vanthoor und Marco Wittmann ab. Im Cockpit der Nr. 20 sitzen Sheldon van der Linde, Robin Frijns und René Rast.

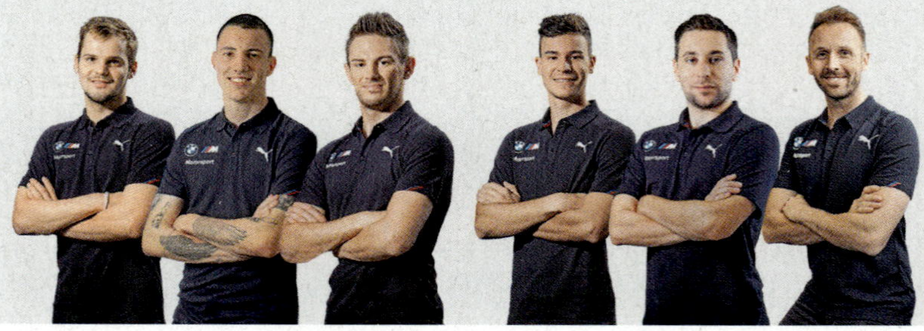

mit Chancen

tragen die BMW-Handschrift. Dass die Designvorgaben nicht die Performance beeinflussen, dafür garantierte die enge Zusammenarbeit mit Chassis-Entwickler Dallara.

Wie bei allen LMDh-Autos sind Hybridsystem, Getriebe und Scrutineering-System Einheitsteile. Dallara liefert (an BMW und Cadillac) Sicherheitszelle, Lenkung, Aufhängung, Tank sowie das Cockpit-Innere.

BMW steuert neben dem V8 vor allem die Software, die Räder, die Außenhülle und natürlich die umfassende Testarbeit bei. Die gemeinsamen Entwicklungen umfassen neben der Umsetzung von Designvorgaben vor allem die Integration des Verbrenners, das Kühlsystem, die Bremsanlage und allgemein alles Elektrische und Elektronische.

Am Ende entstand so ein Puzzle aus rund 6200 Teilen, wobei der Motor allein schon 4306 Einzelteile aufweist. Klar, dass da nicht alles auf Anhieb funktionieren kann und sich so manche Schwachstelle erst im harten Renneinsatz herauskristallisiert.

Die Pionierarbeit absolvierte das Team Rahal Letterman Lanigan Racing in der IMSA-Serie. Unter der Leitung von Bobby Rahal verlief das Premierenjahr 2023 äußerst vielversprechend. Schon in Daytona waren die Rundenzeiten ermutigend. In Sebring landete man etwas glücklich auf P2. Beim fünften Saisonlauf in Watkins Glen konnte man dank verbesserter Pace den ersten Sieg des M Hybrid V8 verbuchen. Tatsächlich hielt man sich sogar bis zum letzten Saisonlauf Titelchancen offen.

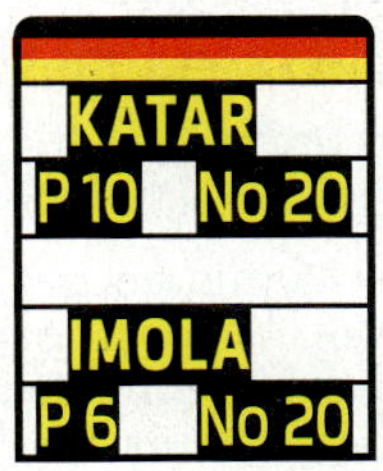

An den ersten beiden Rennwochenenden schaffte BMW den Sprung in die Punkte. Besonders in Imola konnte man über längere Zeit die Topautos herausfordern

Parallel spulte schon das W Racing Team (WRT) Testkilometer ab, um sich auf den Einsatz in der Sportwagen-WM vorzubereiten. Die belgische Mannschaft von Teamchef Vincent Vosse ist nämlich nicht nur für die GT-Einsätze in der WEC, sondern auch für den Hypercar-Auftritt der Münchner verantwortlich.

Trotzdem sollten die Erwartungen nicht allzu hoch geschraubt werden, wie auch Andreas Roos, Leiter BMW M Motorsport, hervorhebt. „Wir machen das nicht mit dem olympischen Gedanken, einfach nur dabei zu sein. Wir wollen auch Rennen gewinnen, und natürlich hat jeder das Ziel, in Le Mans zu gewinnen", sagt der langjährige Audi-Mann, der seit Anfang 2022 die motorsportlichen Geschicke von BMW M verantwortet. „Es wäre ein Highlight, genau nach 25 Jahren wieder zu gewinnen, aber wir müssen realistisch sein. Es sind viele hochkompetente Hersteller am Start, die alle das gleiche Ziel haben."

Auch die Sonderstellung des 24h-Marathons im Westen Frankreichs ist Roos bestens bekannt: „Le Mans an sich ist schon eine große Herausforderung, das hat der eine oder andere Hersteller in der Vergangenheit lernen müssen. Sogar wenn man nur gegen sich selbst fährt."

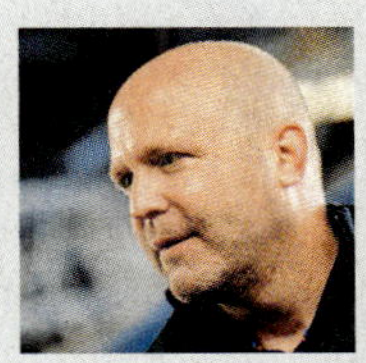

„Le Mans an sich ist eine große Herausforderung. Sogar wenn man nur gegen sich selbst fährt"

Andreas Roos, Leiter BMW M Motorsport

„Mit Demut herangehen"

Ein Spaziergang, erst recht mit acht konkurrierenden Werksteams, wird der Weg zu einem möglichen erneuten Sieg zum Jubiläum also sicher nicht. „Es wäre sehr optimistisch, wenn wir sagen würden, wir machen das schon. Man muss mit der nötigen Demut an die Geschichte herangehen", zollt Roos dem Mythos Respekt.

Beim Gesamtsieg 1999 ging man übrigens nicht als großer Favorit ins Rennen. Auch diesmal dürften die Buchmacher wohl eher Toyota, Ferrari oder Porsche die niedrigeren Wettquoten zuteilen. Doch jetzt, da man die Zuverlässigkeit in den Griff bekommen hat, kann vielleicht schon ein kleiner Performance-Schub den großen Unterschied ausmachen.

Text: Michael Bräutigam
Fotos: BMW, Motorsport Images

KUNST TRIFFT MOTORSPORT

Weil wir dem einzigen BMW-Gesamtsieg in Le Mans eine ganze Geschichte in diesem Sonderheft widmen (ab S. 68), bietet sich hier die Gelegenheit, sich mit den „Art Cars" zu beschäftigen. Das erste startete auf Initiative von Rennfahrer Hervé Poulain 1975 in Le Mans. 2024 wird an gleicher Stelle das 20. Art Car von BMW an den Start gehen – in einem Design der Künstlerin Julie Mehretu.

An der von BMW regelmäßig gepflegten Tradition einer Verbindung aus Kunst und Motorsport beteiligten sich in der Vergangenheit schon so große Namen wie Roy Lichtenstein, Andy Warhol, Jenny Holzer oder John Baldessari.

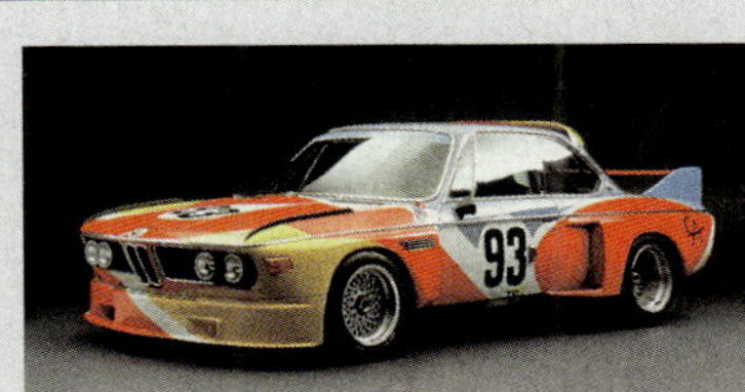

Das Original: 1975 war Alexander Calder der erste Künstler, der ein BMW Art Car entwarf. Sein Design zierte in Le Mans einen 3.0 CSL

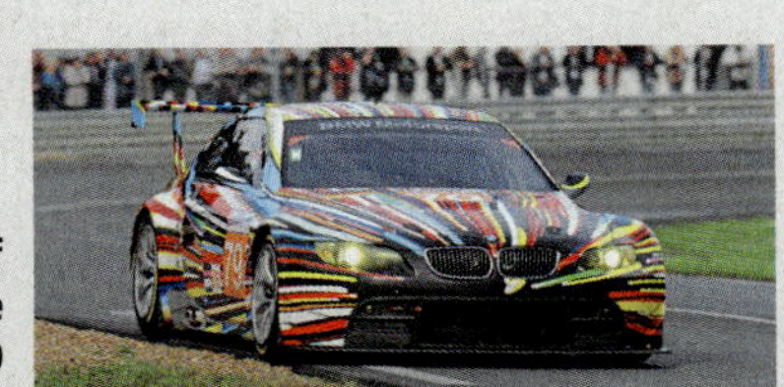

Der Ikonischste: Das von Jeff Koons sehr dynamisch gestaltete BMW M3 GT2 Art Car für 2010 wurde sofort zu einem Klassiker

LMDh

TECHNISCHE DATEN

LAMBORGHINI SC63

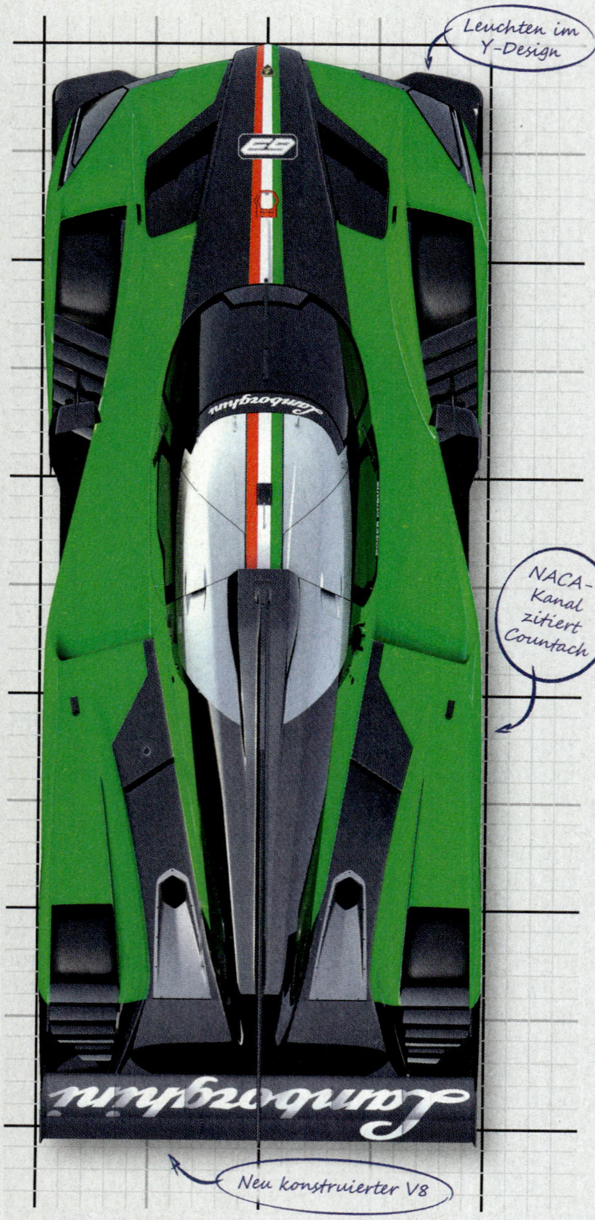

Chassis	Carbonfaser-Monocoque von Ligier, LMDh-Bauweise
Abmessungen	Länge 5100 mm Breite 2000 mm Höhe 1170 mm Radstand 3148 mm Gewicht (laut BOP) 1030 bis 1100 kg
Motor	Achtzylinder-V-Hybridmotor mit zwei Turboladern in 90-Grad-Auslegung Hubraum 3,8 Liter Leistung 502 kW (682 PS)
Kraftübertragung	Hinterradantrieb Siebenganggetriebe von Xtrac
Debüt	2024 (WEC)

Das grüne

Der Einstieg in die Topklasse des Langstreckensports ist für Lamborghini ein großer Schritt: Zum ersten Mal in der Geschichte will die Kultmarke aus Sant'Agata um den Sieg in Le Mans mitkämpfen.

Es ist ein großes Wagnis, aber es wurde auch Zeit. Die kultige und kantige Sportwagenmarke Lamborghini hat im internationalen Top-Motorsport keine bleibenden Eindrücke hinterlassen, obwohl die Marke mittlerweile auch schon 60 Jahre existiert. Und obwohl sie mittlerweile auch schon über 10 000 Autos pro Jahr produziert – so wie der berühmte Nachbar aus Maranello oder die Bentley Boys aus Crewe.

Die hauseigene Sportabteilung Lamborghini Squadra Corse existiert überhaupt erst seit dem Jahr 2013, doch sie wurde primär gegründet, um den eigenen Markenpokal auszubauen und das GT3-Modell auf Basis des Huracán zu entwickeln.

Es dauerte, bis Lamborghini die Erlaubnis zum Einstieg in die Hypercar-Topklasse der Sportwagen-WM erhielt: Die Konzernmutter VW forderte einen steilen Anstieg der Gesamtproduktion über die neue dritte Modellbaureihe mit dem SUV Urus. Die geplante Nutzung der von Porsche entwickelten VW-Plattform nach dem amerikanischen LMDh-Regelwerk scheiterte an den Kosten, in der Folge verbündete sich Lamborghini mit dem Iron-Lynx-Team, um sich selber auf die Reise ins gelobte Rennsportland zu begeben.

Nach der Ankündigung des LMDh-Projekts im Mai 2022 erfolgte im Juli 2023 der Roll-out. Bis zum ersten Rennen im Rahmen der Sportwagen-WM in Katar im März 2024 absolvierte der neue Grünschnabel von Lamborghini 10 000 Testkilometer, was eher als Untergrenze des Optimalen zu betrachten ist. Wenn man dann noch weiß, dass die Testarbeit durch einen Unfall in Le Castellet für über zwei Monate ruhte, muss man den Lambo-Leuten um Entwicklungsvorstand Rouven Mohr schon fast wieder Respekt zollen; statt dass sie sich im Rennbetrieb wundgeschraubt hätten, liefen die ersten Einsätze überraschend gut.

Beim WM-Auftakt in Katar fuhr das Auto zehn Stunden ohne technische Probleme im Kreis, was man vorher noch nie an einem Stück vollbracht hatte. Beim zweiten Lauf der IMSA-Serie auf der gefürchteten Rüttelpiste in Sebring wäre ein Aus- oder Rückfall keine Schande gewesen, doch der SC63 spulte 333 Runden mit beeindruckender Zuverlässigkeit ab und kreuzte die Zielflagge nach zwölf Rennstunden auf Platz sieben – in der Führungsrunde!

DIE FAHRER

Lamborghini hat für Le Mans ein gutes Fahreraufgebot: Das Auto mit der Nummer 63 wird von Mirko Bortolotti, Daniil Kvyat und Edoardo Mortara pilotiert, beim #19-Schwesterauto greifen Romain Grosjean, Andrea Caldarelli und Matteo Cairoli ins Lenkrad.

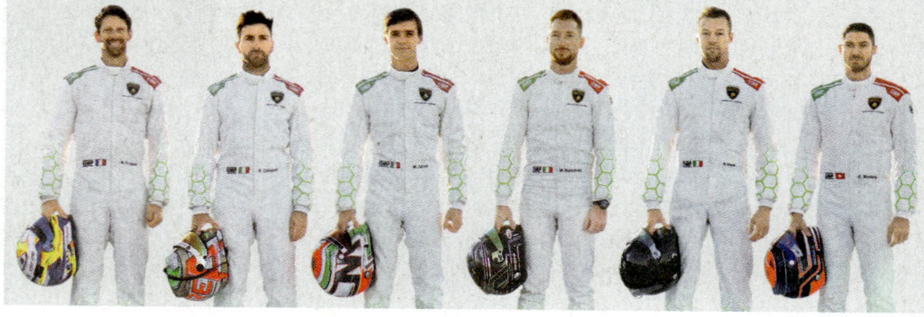

Hoffnungsglück

Spätestens seit Sebring ist die gefürchtete Unzuverlässigkeit bei Lamborghini kein Thema mehr. „Wir haben bewiesen, dass das Auto standfest ist; jetzt müssen wir bis Le Mans versuchen, noch Fortschritte bei der Performance zu machen", fasste Lambo-Werksfahrer Mirko Bortolotti die Lage nach dem zweiten WM-Lauf in Imola zusammen, wo der SC63 mit Platz 12 nur knapp an den Punkterängen vorbeischrammte und die beiden hoch gehandelten Alpine A424 klar hinter sich ließ.

Set-up-Puzzle als Schlüssel

Damit hat Lamborghini die Feuertaufe im Top-Motorsport bestanden. Entwicklungsvorstand Mohr reicht das natürlich nicht: „Mittelfristig wollen und müssen wir den Anschluss an die Spitze herstellen." Leider ist dazu halt auch Erfahrung nötig, und die fehlt sowohl Lamborghini als auch dem Einsatzteam Iron Lynx. In Katar konnte man die Michelin-Reifen nicht schnell genug auf Temperatur bringen, in Imola verlor man Zeit auf den hohen Randsteinen.

„Die Hypercars reagieren sehr sensibel auf die Fahrzeughöhe, die außerdem die Aerodynamik stark beeinflusst", erklärt Rouven Mohr. In Imola verlor Lamborghini deshalb Performance, weil die Traktionskontrolle beim Rausbeschleunigen aus Kurven mit hohen Curbs zu viel Leistung wegregelte.

Trotzdem zieht Mohr nach insgesamt vier Renneinsätzen ein positives Fazit: „Die technische Basis funktioniert, wir haben kein konzeptionelles Problem, die Standfestigkeit hat sogar unsere eigenen Erwartungen übertroffen, ebenso wie die Fahrbarkeit, die von allen Werkspiloten ausdrücklich gelobt wird."

Natürlich bleibt die Lernkurve steil, aber man muss den Gesamtkontext sehen: Lamborghini entschied sich als einziger LMDh-Hersteller für ein Chassis des französischen Spezialisten Ligier. Das war kein Risiko, wie sich mittlerweile herausgestellt hat. Zweitens entwickelte Lamborghini in Eigenregie ein spezielles Renntriebwerk für den SC63: Der V8-Biturbomotor mit 3,8 Litern Hubraum und flacher Kurbelwelle schnurrt bisher wie ein Kätzchen. „Wir haben vor dem Start des Rennprogramms viel auf dynamischen Motorprüfständen getestet, um beim Powertrain auf der sicheren Seite zu sein", erläutert Rouven Mohr.

Und Powertrain bedeutet im konkreten LMDh-Umfeld eben nicht nur Verbrenner, sondern auch das komplexe Zusammenspiel zwischen dem Motor und dem vorgeschriebenen Einheitshybrid. Die Software für die Steuerung ist freigestellt und muss von jedem Hersteller selber entwickelt werden. „Die Komplexität auf der Software-Seite ist hoch", so Mohr, „aber wir lernen hier auch extrem viel für die Straßenentwicklung, weil sowohl der neue Revuelto als auch der Huracán-Nachfolger ebenfalls als Hybride an den Start gehen."

Ganz generell blickt man bei Lamborghini mit Vorfreude und Zuversicht auf den Einsatz in Le Mans: „Die beiden ersten WM-Läufe fanden auf atypischen Rennstrecken mit sehr speziellen Anforderungen auf der Reifenseite und beim Set-up statt. Die Strecke in Le Mans sollte uns aufgrund ihres Profils und der Charakteristik insgesamt besser liegen", hofft Mohr. Trotzdem deklariert er 2024 zum Lernjahr: „Wir setzen in der WEC und der IMSA-Serie jeweils nur ein Werksauto ein, was ein Nachteil ist. Für Le Mans stocken wir auf zwei Autos auf, das sollte uns auch bei der Performance helfen."

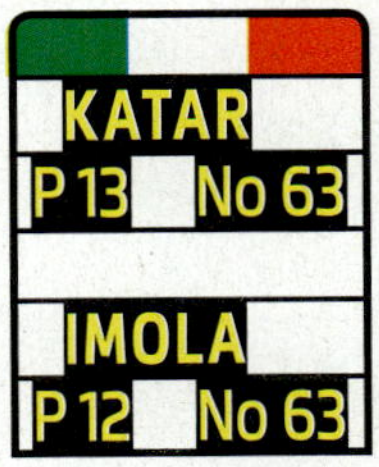

Mit Platz 13 und 12 in Katar und Imola hat sich Lamborghini auf den hinteren Plätzen des Mittelfeldes eingenistet, aber dabei auch starke Gegner hinter sich gelassen

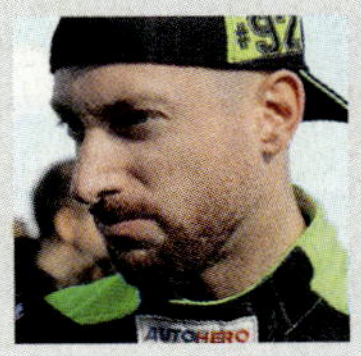

> „Wir haben bewiesen, dass der SC63 standfest ist, jetzt müssen wir noch Performance finden"
>
> **Mirko Bortolotti, Lamborghini-Werksfahrer**

Text: Marcus Schurig
Fotos: Lamborghini

DREI FRAGEN AN LAMBORGHINI-ENTWICKLUNGSVORSTAND ROUVEN MOHR

Wie lautet Ihr Zwischenfazit vor dem ersten großen Auftritt in Le Mans?
Generell können wir wirklich sehr zufrieden sein. Der SC63 ist standfest, dazu haben wir keine konzeptionell bedingten Probleme. Hier zahlt sich die solide Vorbereitung auf den Motor- und Gesamtfahrzeug-Prüfständen aus.

In Imola wäre deutlich mehr drin gewesen als Platz 12. Wo liegt das Problem?
Es ist eine komplexe Kombination aus drei Faktoren: Erstens muss man versuchen, die Aero-Plattform des Hypercars stabil zu halten, um konstanten Abtrieb zu generieren. Das bedingt zweitens, dass man den richtigen Kompromiss beim Fahrwerks-Set-up trifft. Wenn das nicht gelingt, regelt die Elektronik beim Überfahren der Curbs zu viel Leistung weg – das war unser Problem in Imola.

Trotzdem sind die Fortschritte erkennbar.
Das sehe ich auch so. Ich bin guter Hoffnung, dass uns die Strecke in Le Mans deutlich besser liegen wird. Außerdem treten wir da mit zwei Autos an, was die Vorbereitung verbessert, weil man mehr Daten generiert.

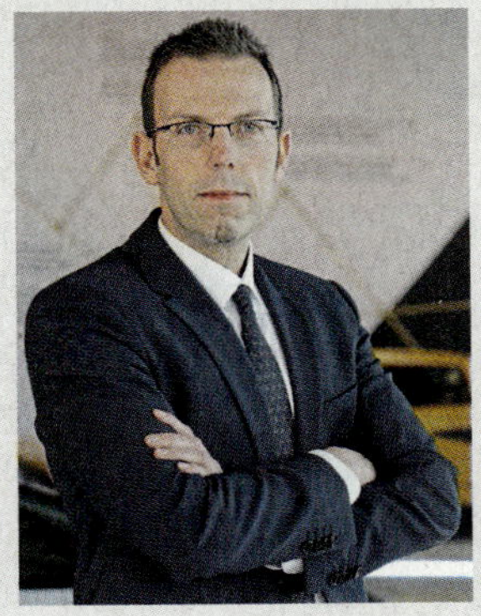

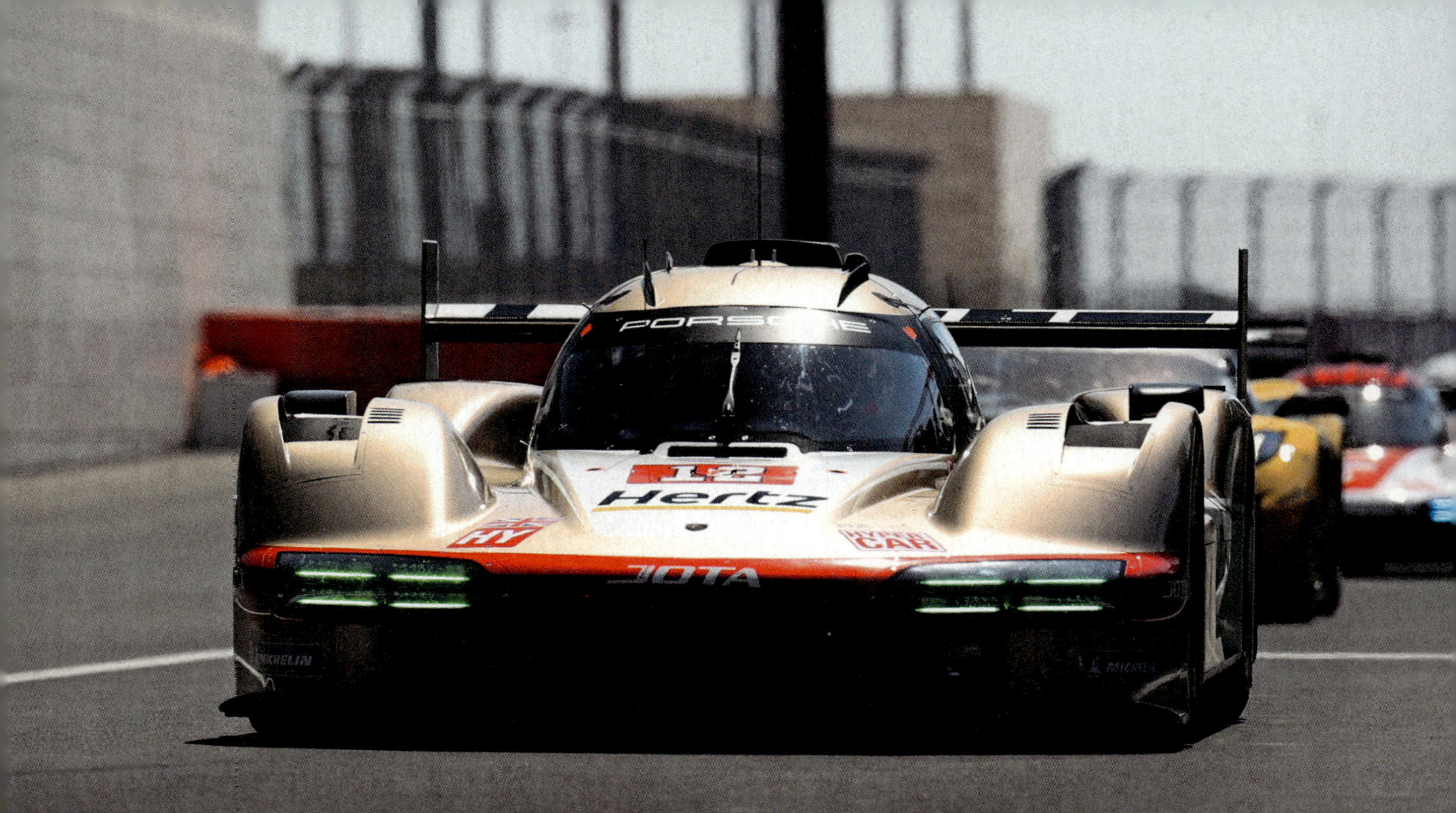

Mehr als nur *Lückenbüßer*

Ein buntes Starterfeld bei den 24 Stunden lebt auch von Privaten und Extra-Nennungen. Dank des Hypercar-Reglements tritt 2024 ein großer Mix in der Topklasse an. Doch Vorsicht: Diese Teams sind kein Kanonenfutter.

Liberté, égalité, fraternité. Der Wahlspruch Frankreichs entstand im Zuge der Französischen Revolution 1789. Selten hat die Parole zum größten Langstreckenklassiker der Welt besser gepasst als dieses Jahr. Das Hypercar-Reglement liefert eine ideale Plattform für private Teams und deren Ambitionen in Le Mans, gegen die Werkstruppen zu bestehen. Die Hersteller können Kunden Autos auf dem aktuellsten Stand überlassen. Das Porsche-Werksaufgebot, das in Le Mans um einen IMSA-Renner samt Starfahrer Mathieu Jaminet ergänzt wird, hat also dieselbe Technik wie die Werkswagen.

Mindestens sechs Hypercar-Flitzer wollen die Großen mehr als nur ärgern. Angeführt werden die Aufständischen vom Jota-Team. Zwei namhaft besetzte Porsche 963 mit goldenem Hertz-Look schicken die Briten dieses Jahr nach Le Mans.

Der berühmteste Pilot sitzt im Auto mit der Nummer 38: Jenson Button will es 2024 wissen. Der Formel-1-Champion startete bereits zweimal beim Klassiker, doch noch nie in einem konkurrenzfähigen Auto für den Gesamtsieg. Oliver Rasmussen und Phil Hanson flankieren den 44-Jährigen. Der zweite Jota-Porsche greift ebenfalls auf Erfahrung aus der Königsklasse zurück: Will Stevens war einst Stammfahrer, und Callum Ilott durfte als Ferrari-Junior F1-Testfahrten absolvieren. Norman Nato rundet das Trio ab.

Die Porsche-Armada

Der Franzose erreichte 2020 Rang zwei in Le Mans und fährt seit dieser Saison zusätzlich den Kunden-Porsche des Andretti-Teams in der For-

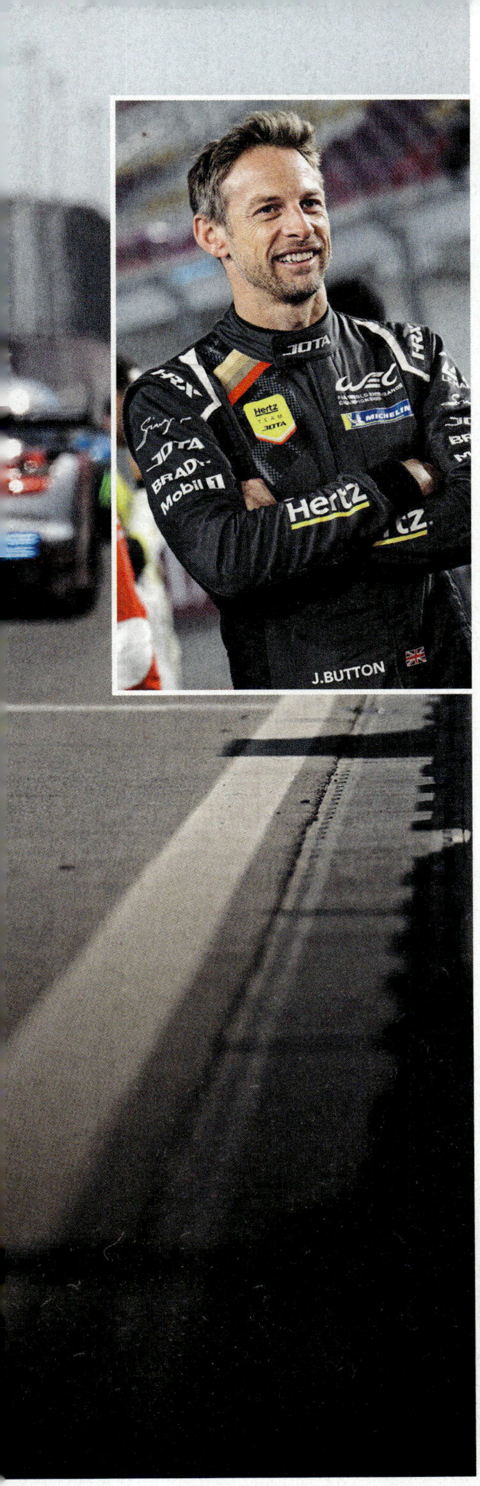

Ex-F1-Weltmeister Jenson Button fährt einen privaten Porsche 963 von Jota und will die Werksrenner der Konkurrenz im Kampf um den Sieg ärgern

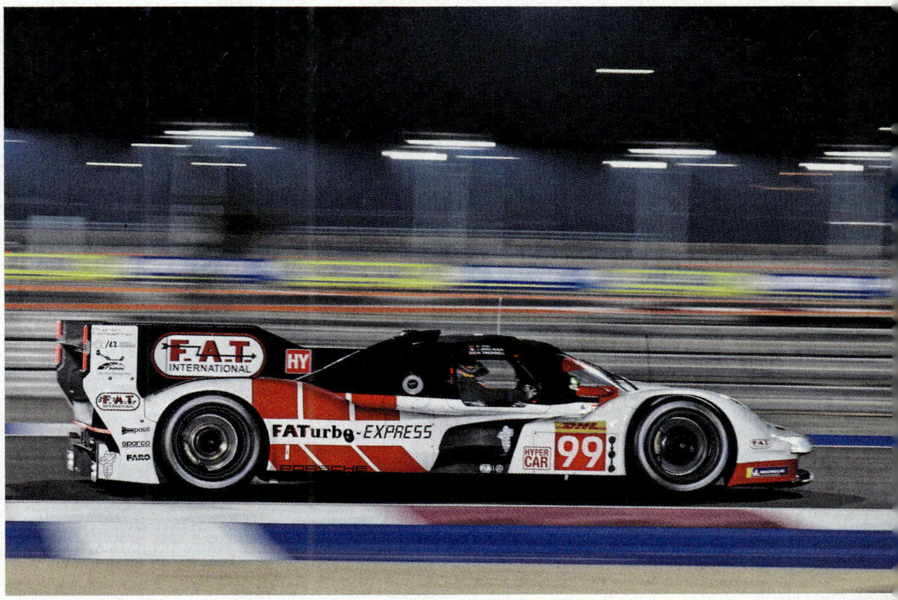

Das Proton-Team könnte noch ein zweites Auto nach Le Mans schicken. Bis jetzt hat die Truppe von Christian Ried nur einen Wagen gemeldet

mel E. Der 12er-Jota ließ beim ersten WEC-Rennen des Jahres aufhorchen: Das Trio landete auf dem zweiten Platz hinter dem #6-Werks-Porsche, den das Penske-Team einsetzt. Nach fast zehn Stunden Fahrtzeit fehlten im Ziel nur rund 33 Sekunden auf den Sieger. Das macht Mut für die 24-Stunden-Hatz im Juni.

Ein weiterer Porsche-Kunde heißt Proton. Das Team von Christian Ried schickt mindestens einen 963 an den Start. Das Auto mit der Nummer 99 hat sogar einen ehemaligen Le-Mans-Sieger im Cockpit: Der Schweizer Neel Jani teilt sich den Porsche mit Harry Tincknell und Julien Andlauer. Sollte Proton noch genügend Sponsoren-Geld auftreiben, könnte ein weiterer Porsche 963 am Rennen teilnehmen. Man hat den ersten Platz auf der Reserveliste des ACO und könnte somit den parallel gemeldeten LMP2 zugunsten des LMDh zurückziehen.

Ferrari legt nach

Aufhorchen ließ beim Wüstenrennen auch Ferraris privater 499P. Platz vier erreichte das von AF Corse betreute Team in Katar. Die italienische Truppe setzt 2024 neben den zwei roten Werksautos einen weiteren Ferrari in Le Mans ein. Den gelben 499P pilotieren Yifei Ye, Robert Shwartzman und Robert Kubica.

Letzterer nahm schon einige Male am Klassiker teil und ist neben Button ein weiterer bekannter Name, der dieses Jahr in einem potenten Privatauto sitzt. Die Verbindung zu Ferrari ist noch näher als bei den anderen Kunden und deren Herstellern. Experten sprechen von einem getarnten Werksflitzer. Den gelben 83er-Ferrari sollten in Frankreich somit alle auf

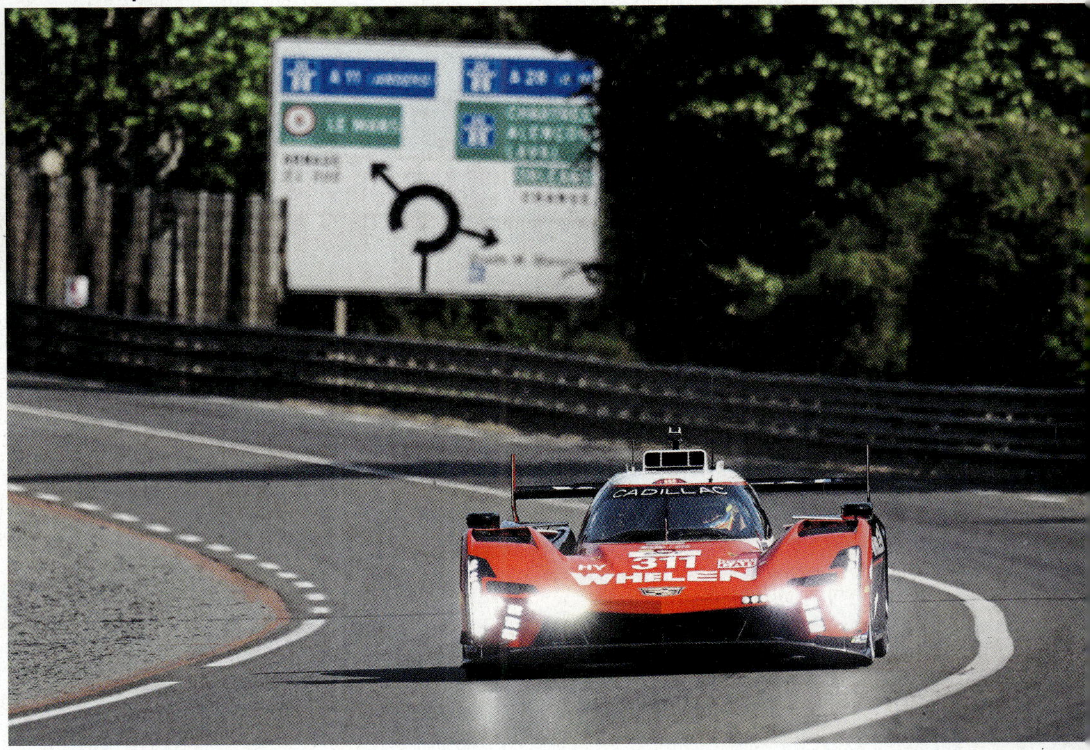

Action Express Racing betreut auch 2024 den dritten Cadillac. Das US-Team bekommt dank des IMSA-Titels einen Startplatz

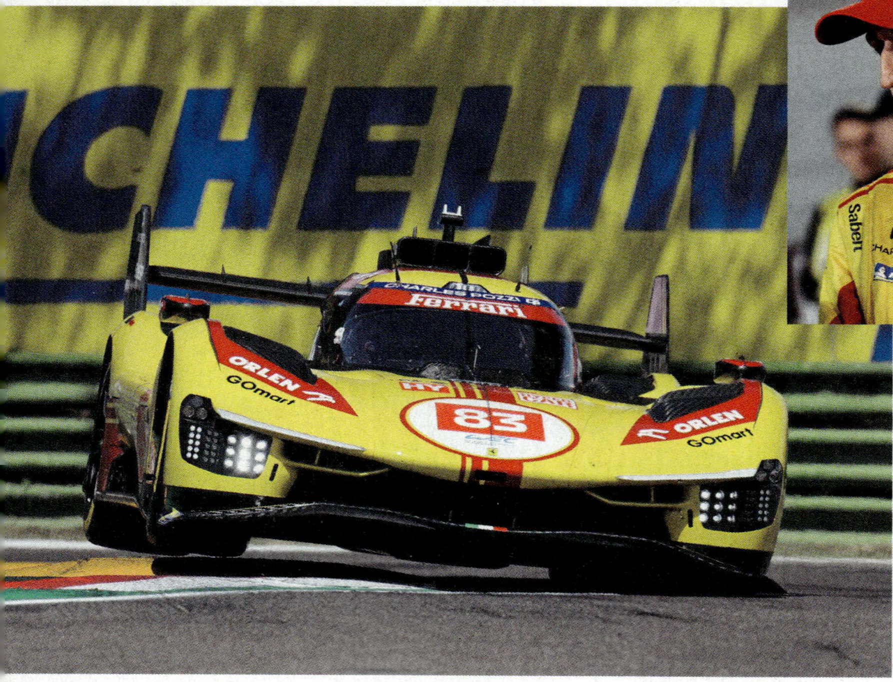

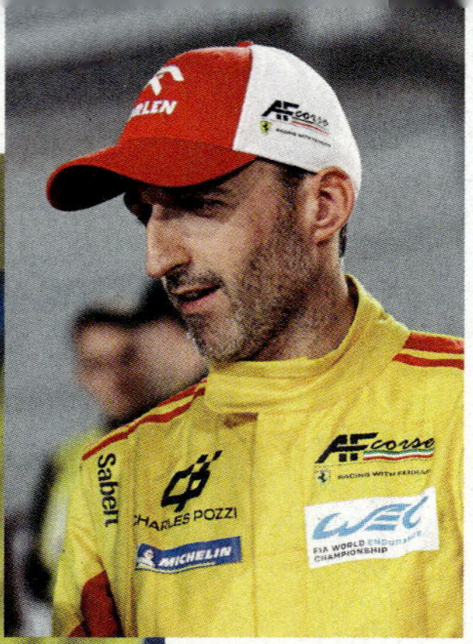

Robert Kubica steuert bei den 24h von Le Mans dieses Jahr einen Ferrari 499P. Mit seinen AF-Corse-Teamkollegen Yifei Ye und Robert Shwartzman will der Pole für Furore sorgen

dem Zettel für die Geheimfavoriten notiert haben.

Dritter Caddy aus der IMSA

Ähnlich wie beim privaten Ferrari gestaltet sich die Situation bei Cadillac: Insgesamt rollen drei V-Series.R 2024 in Le Mans an den Start. Neben den zwei Werksautos, die Ganassi betreut, darf ein dritter Caddy teilnehmen. Das Team von Action Express Racing kommt dank des IMSA-Titels 2023 an die Sarthe: Für den Meister aus dem Vorjahr garantiert der ACO einen Startplatz. Für das Auto mit der #311 sind bisher Jack Aitken und Luís Felipe „Pipo" Derani gemeldet. Der Brasilianer war auch Teil des Meister-Trios in der IMSA. Aitken startet seit vergangenem Jahr in der DTM und konnte unter anderem einen Rennsieg feiern.

Der Cadillac zählt zwar offiziell zu den privaten Autos in Le Mans, ist aber definitiv ein Werksauto. Action Express erlitt 2023 früh Schiffbruch. Aitken feuerte auf feuchter Strecke in Runde 1 den V-Series.R ausgangs der ersten Mulsanne-Schikane in die Bande. Jegliche Hoffnungen auf ein gutes Ergebnis waren nach wenigen Metern schon dahin.

Das einzige Privatprojekt mit einem selbst entwickelten Auto stellt Isotta Fraschini. Der Hersteller wurde 2022 wiederbelebt und sollte bereits im vergangenen Jahr mit dem Tipo 6 LMH-C in Le Mans starten. Die Zeitachse war dem ACO jedoch zu ambitioniert. Isotta Fraschini kaufte für sein Auto viele Teile bei Zulieferern ein. Unter anderem bedienen sie sich bei Brembo, Xtrac, Multimatic oder Triebwerksspezialist HWA. Das Chassis baut Michelotto, als Einsatzteam fungiert Duqueine Engineering.

Ein aufgeladener drei Liter großer V6 treibt den Isotta an. Durch die Kombination mit einem E-Motor an der Vorderachse wird der Tipo 6 LMH-C zum Allrad-Renner. Das Auto mit der Startnummer 11 steuern die Piloten Carl Bennett, Jean-Karl Vernay und Antonio Serravalle.

Der Isotta Fraschini ist der einzige Exot dieses Jahr in Le Mans. Auf Glickenhaus und Vanwall müssen die Fans verzichten. Teambesitzer Glickenhaus will die Finanzierung eines Starts beim Klassiker nicht mehr stemmen. Immerhin gelang den US-Amerikanern 2022 ein dritter Platz. Das Kolles-Team war hingegen gewillt – schien den ACO aber nach einem schwachen Debüt nicht überzeugen zu können. So oder so: Ein Statisten-Dasein fristen die privaten Teams 2024 in Le Mans nicht. Die Parole heißt: „Allez, les petits!"

Isotta Fraschini ist das einzige Privatteam, das ein selbst gebautes Auto nach Le Mans schickt

Text: Joel Lischka
Fotos: Motorsport Images, XPB

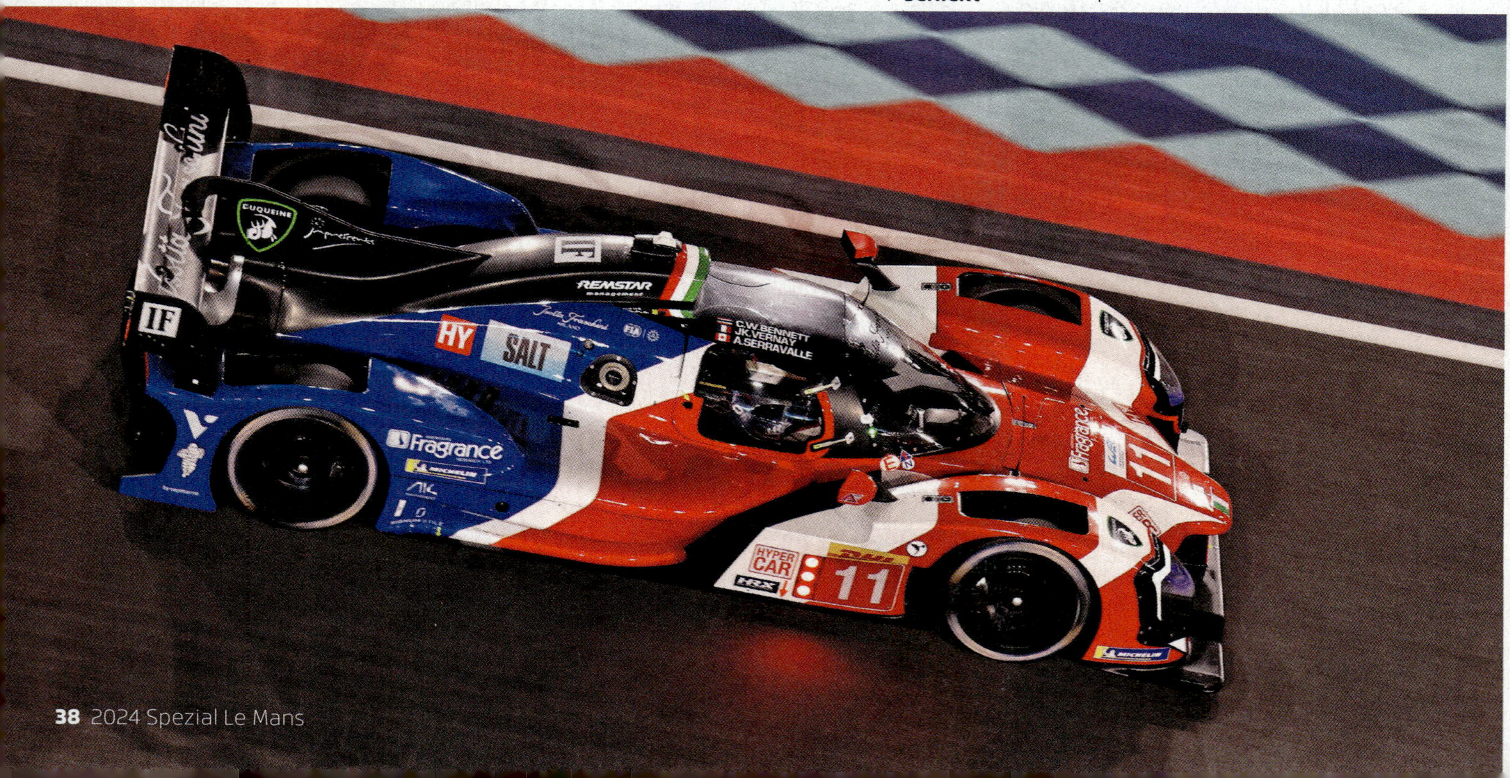

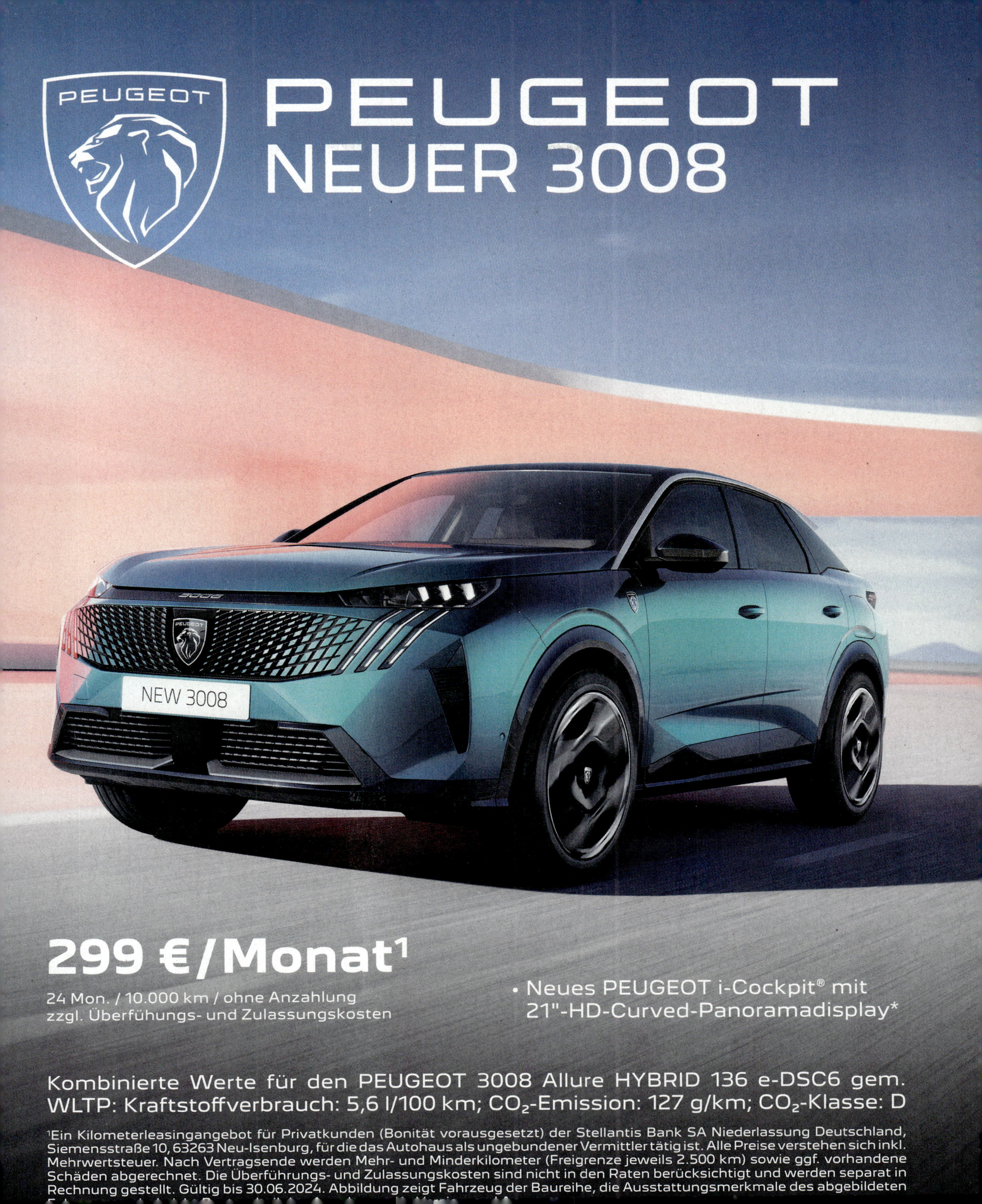
PEUGEOT
PEUGEOT
NEUER 3008
NEW 3008
299 €/Monat[1]
24 Mon. / 10.000 km / ohne Anzahlung
zzgl. Überfühungs- und Zulassungskosten
• Neues PEUGEOT i-Cockpit® mit
21"-HD-Curved-Panoramadisplay*
Kombinierte Werte für den PEUGEOT 3008 Allure HYBRID 136 e-DSC6 gem. WLTP: Kraftstoffverbrauch: 5,6 l/100 km; CO2-Emission: 127 g/km; CO2-Klasse: D
[1]Ein Kilometerleasingangebot für Privatkunden (Bonität vorausgesetzt) der Stellantis Bank SA Niederlassung Deutschland, Siemensstraße 10, 63263 Neu-Isenburg, für die das Autohaus als ungebundener Vermittler tätig ist. Alle Preise verstehen sich inkl. Mehrwertsteuer. Nach Vertragsende werden Mehr- und Minderkilometer (Freigrenze jeweils 2.500 km) sowie ggf. vorhandene Schäden abgerechnet. Die Überführungs- und Zulassungskosten sind nicht in den Raten berücksichtigt und werden separat in Rechnung gestellt. Gültig bis 30.06.2024. Abbildung zeigt Fahrzeug der Baureihe, die Ausstattungsmerkmale des abgebildeten

Das ungleiche Paar

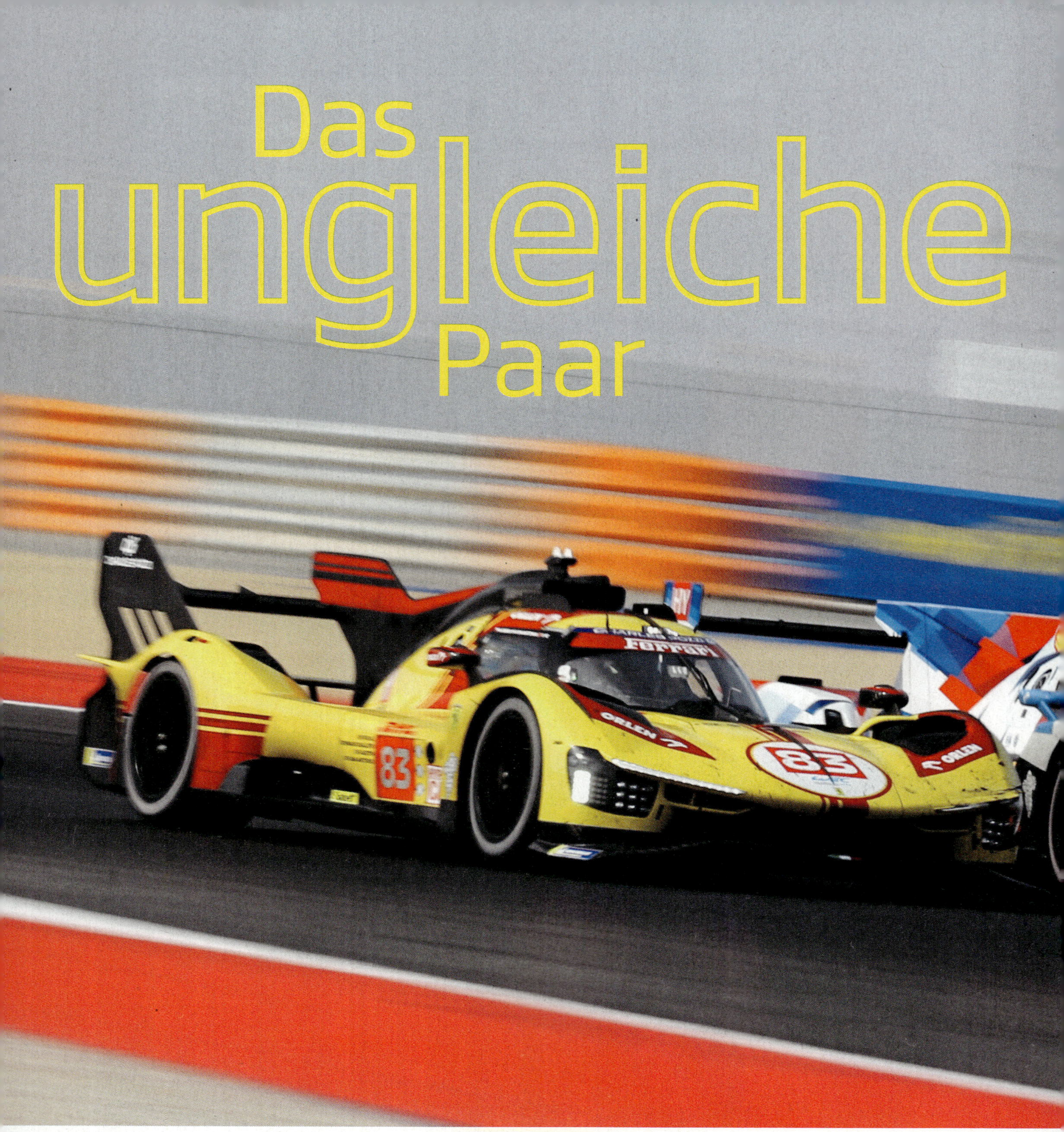

> **So wäre es am besten: wenn LMH-Autos wie der Ferrari Kopf an Kopf gegen LMDh-Autos wie den BMW kämpfen**

Der Erfinder der Balance of Performance, der Engländer Peter Wright, hat die Funktion der BOP im Motorsport mal so beschrieben: „Die BOP hat die Aufgabe, alle Hersteller gleichermaßen unglücklich zu machen." Und ja, man macht bei der BOP Rennautos „künstlich" gleicher, was der Grundidee des Motorsports eigentlich zuwiderläuft. Denn die Reihenfolge im Ziel ist am Ende ein Produkt der Ungleichheit oder der Unterschiedlichkeit – das ist das Wesen von Wettbewerb und Sport. Als Usain Bolt über 100 Meter jahrelang alle abhängte, kam auch keiner auf die Idee, ihn in Stöckelschuhen laufen zu lassen.

Auch im Motorsport ist nicht die Gleichheit das Naturgesetz, sondern die Ungleichheit. Deshalb betrachten Traditionalisten jeden Eingriff, der die Hackordnung im Feld verändert, als künstlich. Das kann man so sehen.

Nicht jedem schmeckt der Umstand, dass es in der Hypercar-Topklasse eine Balance of Performance (BOP) gibt. Trotzdem ist es in diesem Fall unerlässlich, um die ungleichen Hypercar-Brüder LMH und LMDh gleicher zu machen. Wir erklären, wie das neue BOP-System für 2024 funktioniert.

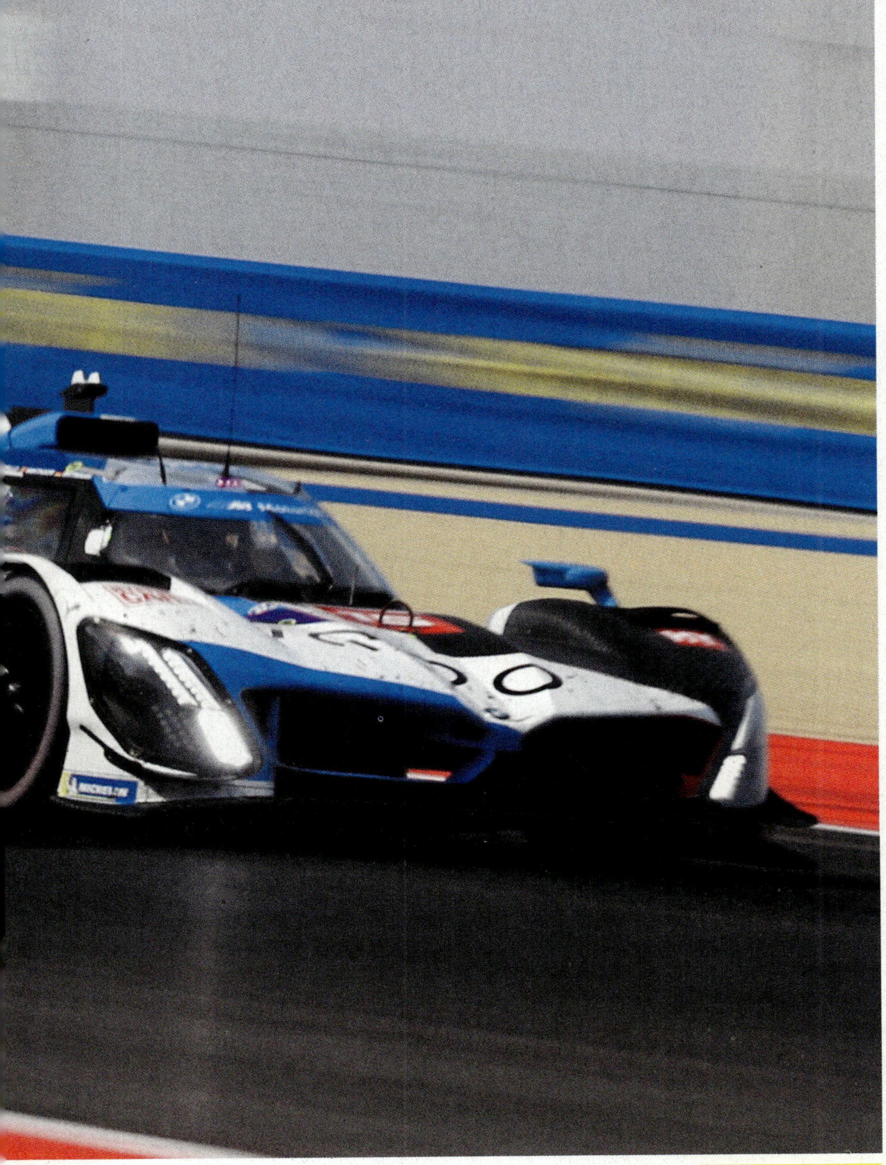

Andererseits hat die BOP im GT-Sport eine Blütephase heraufbeschworen, die es in dieser Länge und Stabilität nie zuvor im Motorsport gegeben hat.

Die Grundidee der BOP lautet: Wir passen die unterschiedlichen Autos über sogenannte Performance-Fenster (z. B. Abtrieb versus Luftwiderstand) und technische Stellschrauben (Gewicht/Leistung) so lange an, bis ihre Rundenzeit-Performance annähernd gleich ist. Das unterbindet logischerweise den Technologie-Wettbewerb, weil jeder Vorteil von der BOP wieder eliminiert wird. Das senkt am Ende die Kosten, was automatisch die Markenvielfalt und die Stabilität erhöht – und letztlich jede Form von Dominanz unmöglich macht.

Erfunden wurde die BOP im GT-Sport, dort treten unterschiedlich große und schwere Fahrzeuge mit unterschiedlichen Triebwerken und Motoreinbaulagen gegeneinander an – die BOP soll diese Unterschiede ausgleichen. Prinzipiell blieb die BOP bisher auf den GT-Sport begrenzt, das hat sich nun geändert: Zum ersten Mal in der Geschichte des Prototypensports werden die Topautos der Hersteller über einen derartigen Mechanismus gebalanced. Während der GT-Sport überwiegend Kundensport ist, zählt die Hypercar-Topklasse der Sportwagen-WM zum reinrassigen Werkssport. Allerdings liefen die Kosten in der letzten Dekade aus dem Ruder; das war ein Grund, warum es nun eine BOP gibt. Der zweite Grund: Die Hypercar-Topklasse der WEC besteht eigentlich aus zwei Unterklassen (s. ab Seite 14) – den technisch freizügigeren, aber teureren LMH-Autos nach FIA-/ACO-Reglement (Toyota, Peugeot und Ferrari) sowie den über Einheitsbauteile technisch stark eingegrenzten LMDh-Autos nach dem amerikanischen IMSA-Reglement (Acura, Alpine, BMW, Cadillac, Lamborghini, Porsche).

Innovative BOP-Ansätze für 2024

Die BOP in der Sportwagen-WM soll sicherstellen, dass alle neun genannten Hersteller aus eigener Kraft Rennen gewinnen können. Ohne dieses BOP-Versprechen wären vermutlich deutlich weniger Hersteller in die WM-Topklasse eingestiegen. In der letzten Saison, dem Debütjahr der zusammengeführten Hypercar-Topklasse, konnten die WM-Ausrichter ACO und FIA ihr Versprechen, über die BOP Chancengleichheit herzustellen, nicht einlösen. Die beiden LMH-Marken Toyota und Ferrari räumten alle Siege und alle WM-Titel ab – und die beiden LMDh-Marken Porsche und Cadillac fuhren hinterher.

Somit waren grundsätzliche Modifikationen am BOP-System notwendig, die zum WEC-Start 2024 in Katar implementiert wurden: 1. Das Gewichtsfenster für die überlegenen LMH-Autos wurde auf 1100 Kilo erhöht. 2. Änderungen der BOP sind im Gegensatz zu 2023 nun von Rennen zu Rennen möglich, sowohl individuell (pro Marke) wie über die Plattform-BOP. 3. Erstmals werden gezielt Renndaten zur BOP-Erstellung verwendet, bisher nutzte man primär Simulationen. 4. Alle Marken sollen in ein enges BOP-Fenster gestopft werden – mit einer Abweichung von 0,4 Prozent, bezogen auf die Rundenzeit. 5. Das Benzin-Gewicht wird aufgrund der unterschiedlichen Verbräuche in die BOP als Faktor integriert.

Dazu wurde das BOP-Netz in vielen Bereichen engmaschiger gezogen: Über eine sogenannte Power-Gain-Regel (frei übersetzt: Leistungsgewinn-Regel) sollen die Unterschiede beim Beschleunigungsvermögen oberhalb von 210 km/h individuell austariert werden, ebenso die Topspeeds. Was übrigens auch das Eingeständnis ist, dass die Autos doch nicht alle gleich sind, obwohl sie im gleichen Aero-Fenster homologiert wurden. Die Freigabe oder Rücknahme von Leistung oberhalb von 210 km/h erfolgt in zehn Ein-Prozent-Schritten in beide Richtungen, somit entsteht ein Justierungs-Spielraum von bis zu 10 Prozent der nominellen Gesamtleistung von 520 kW oder 700 PS, um Unterschiede bei Luftwiderstand, Beschleunigung und Topspeed individuell (pro Marke) oder kollektiv (pro Plattform) auszugleichen.

Um valide Daten zu erhalten, wurden die Beschleunigungskurven für einige Hersteller bei speziellen Tests

FIA WORLD ENDURANCE CHAMPIONSHIP

QATAR

Vehicles		Mass		Power						Energy		Refuelling
		Min. dry Weight (Kg)		Max. Power below 210 kph * (KW)		Power gain after 210 kph * (%)		Ft.Depl. Speed (kph in DRY)	Ft.Depl. Speed ** (kph in WET)	Maximum Stint Energy (MJ)		Add.Docking Time (s)
MANUFACTURER		adj	current	adj	current	adj	current			adj	current	
ALPINE	A424		1070		510		0,0%	-	-		909	0,0
BMW	M Hybrid V8		1060		506		0,0%	-	-		904	0,0
CADILLAC	V-Series.R		1032		499		0,0%	-	-		890	0,0
FERRARI	499P		1075		503		0,0%	190	190		902	0,2
ISOTTA FRASCHINI	Tipo6-C		1085		514		0,0%	190	190		917	0,2
LAMBORGHINI	SC63		1041		502		0,0%	-	-		895	0,0
PEUGEOT	9X8		1030		520		0,0%	150	150		904	0,2
PORSCHE	963		1048		505		0,0%	-	-		900	0,0
TOYOTA	GR010 - Hybrid		1089		510		0,0%	190	190		914	0,2

(*) speed threshold may be reviewed

(**) WET =wet tyres fitted

Power gain : will be tested during Prologue, will not be used during Qatar race, may be used from Imola onwards

vorermittelt. Diese Power-Gain- oder Two-Stage-Regel erlaubt es der WEC, aus einer bekannten BOP-Falle auszubrechen, die normalerweise so aussieht: Ein Hersteller hat einen Beschleunigungsnachteil im oberen Geschwindigkeitsbereich und/oder ein Topspeed-Problem, ausgelöst oft durch zu hohen Luftwiderstand. Also bekommt er mehr Leistung; um die aber wieder „rundenzeitenneutral" zu kompensieren, muss er mehr Gewicht zuladen. Genau diese BOP-Spirale führte in der GT3-Klasse zu immer stärker steigenden Einstufungs-Grundgewichten.

Mit der neuen Power-Gain-Regel können die BOP-Macher Defizite im höheren Geschwindigkeitsbereich gezielt und separat anpassen, indem man Leistung über die erwähnten Ein-Prozent-Schritte dazugibt oder abzieht. Das ist für den Saisonhöhepunkt in Le Mans besonders wichtig: Der Circuit des 24 Heures weist fünf bolzenlange Geraden auf, die Topspeeds lagen 2023 bei über 340 km/h. Ein Vorteil auf den Geraden wäre hier kriegsentscheidend – und genau den wollen ACO und FIA über die Power-Gain-Regel eliminieren.

Alle genannten BOP-Konzept-Anpassungen sorgen allein natürlich noch nicht für eine gleiche Laptime-Performance, weil jedes Rennauto seine Rundenzeit unterschiedlich „produziert"; die Ingenieure bezeichnen das als Fahrzeug-Sensitivitäten. Dazu gibt es Unterschiede bei den Plattform-Sensitivitäten zwischen LMH und LMDh. Wer es mit der BOP also ernst meint, muss demzufolge alle Rennwagen aus der Hypercar-Topklasse in einen engen Rundenzeitenkorridor quetschen.

BOP-Fenster: alle Marken in vier Zehnteln?

Das ist aber gar nicht so einfach: Denn neben den genannten Sensitivitäten der Fahrzeuge und Plattformen unterscheiden sich auch noch die Rennstrecken – die WM fährt ja nicht acht Mal im Jahr in Spa. Jede Strecke hat eine andere Charakteristik. Dazu ist der Spielraum der BOP-Maßnahmen begrenzt: Erstens stehen nur die drei BOP-Stellschrauben Gewicht, Leistung und Energiemenge pro Stint zur Verfügung, neu kommt jetzt noch die Power-Gain-Regel oberhalb von 210 km/h dazu. Zweitens gibt es konstruktionsbedingte Grenzen, wie beim Gewicht. Die LMH-Autos wurden für ein Zielgewicht von 1030 Kilo entwickelt, plus maximal 50 Kilo BOP-Gewicht. Das BOP-Fenster wurde aber wie erwähnt auf 1100 Kilo erhöht. Damit ist das Ende der Fahnenstange fast schon erreicht, weil die über das Gewicht errechneten Lasten, z.B. für die Aufhängungen, gewisse Grenzwerte aus Sicherheitsgründen gar nicht überschreiten dürfen.

Die BOP-Tabellen für die Hypercar-Topklasse sind keine sehr spannende Lektüre, aber sie beeinflussen die Performance der Fahrzeuge mit dem Ziel, eine größtmögliche Chancengleichheit der beiden Konzepte und aller Marken herzustellen

Wie kommen ACO und FIA also jetzt auf den erwähnten Rundenzeitenkorridor für die BOP? Die Abweichung für alle Marken soll ja bei maximal 0,4 Prozent – bezogen auf die Rundenzeit – liegen. In Katar wäre der angestrebte Zielkorridor somit etwa 0,4 Sekunden groß gewesen. Wie errechnet man das Fenster? „Wir nehmen jeweils das schnellste Auto einer Marke als Referenz", erklärt ACO-Technikchef Thierry Bouvet, „also bei fünf Herstellern fünf Autos. Wir bestimmen den Nettospeed dieser Autos im Rennen, indem wir einen Rundendurchschnitt errechnen. Die Durchschnitte der fünf Autos geben uns mit der Simulationsprojektion für die nächste Rennstrecke das BOP-Fenster."

Für eine gute Definition des Nettospeeds taugt das Mittel aus 20 Prozent der schnellsten Rennrunden – genau diesen Wert haben ACO und FIA als erste Richtschnur auch den Herstellern mitgeteilt. Warum 20 Prozent schnellste Runden? Das sind im Prinzip immer die ersten paar Runden aus jedem Stint mit frischen Reifen. Somit zählen nur die schnellsten Rennrunden – gleich dem Nettospeed. ABER: Die Regelgeber haben angekündigt, den Prozentsatz gegebenenfalls zu erhöhen, z.B. auf 40 oder 50 Prozent schnellste Rennrunden. Dann wäre übrigens auch das Thema Reifenabbau in der BOP indirekt abgebildet.

„Wir lassen die Hersteller bei der Bemessungsgrundlage gezielt im Unklaren, weil sie sonst ihre Rennstrategie danach ausrichten, um unser BOP-System zu unterlaufen", sagt Bouvet. Das ist schon smart: Wenn man nicht weiß, wie der BOP-Speed errechnet wird, kann man sich nicht mit Zielzeiten im Rennen darauf einschießen. Das offene System gibt ACO und FIA die Möglichkeit, neben den Performance-Parametern der ersten Ordnung (also dem simulierten Fahrzeugspeed laut Homologations-Parametern) auch jene der zweiten Ordnung miteinzubeziehen (Fahrer- und Teamqualität, Boxenstopps, Strategie oder Reifenverschleiß), auch wenn man das offiziell gar nicht will – und obwohl man genau das beispielsweise bei der BOP für Le Mans 2023 getan hat.

Was passiert, wenn ein Hersteller nicht im BOP-Fenster ist? Wer über dem Limit liegt, soll schnell auf die Oberkante des BOP-Fensters zurückgezogen werden, unten will man sich dagegen etwas mehr Zeit lassen. Nachgezogen werden die Hersteller nur auf die BOP-Kanten, nicht in die Mitte des BOP-Korridors, um einen Anreiz zu geben, das Auto technisch zu optimieren. „Wir wollen mit der BOP nicht die Rennen entscheiden, das ist die Aufgabe der Teams", erklärt Bouvet. „Die BOP soll nur den Rahmen setzen, damit alle Hersteller die gleichen Voraussetzungen haben. Es ist nicht unsere Absicht, Faktoren wie Team- oder Fahrerqualität zu balancen."

Die BOP-Ersteinstufung beim WM-Auftakt in Katar war notgedrungen ein Schuss ins Blaue: Erstens musste man logischerweise Renndaten aus dem Vorjahr heranziehen, zweitens fuhr die WEC zum ersten Mal auf dem Losail International Circuit. Die Strecke ist sehr speziell, besonders auf der Reifenseite, dazu spielt das Gewicht wegen der vielen Richtungswechsel eine große Rolle. Die Renndaten von 2023 wurden mittels einer Simulationsprojektion auf die Katar-Piste hochgerechnet. Bei den nächsten Rennen werden aktuelle Daten aus der Saison 2024 herangezogen, was die Qualität der Projektion verbessern wird. Das neue System hat seine Feuertaufe beim WM-Auftakt trotzdem bestanden, weil es die Hackordnung im Hypercar-Feld verändern konnte: Der Dauersieger von 2023, Toyota, fiel ins Mittelfeld zurück, die LMDh-Hersteller Porsche und Cadillac zogen vorbei, auch Ferrari wurde spürbar zurückgebunden.

Aus eigener Kraft Rennen gewinnen?

Einen Pferdefuß hat das neue System freilich: In der WEC sind 2024 die Hälfte aller Rennstrecken neu, sprich die Projektion für das jeweils folgende Rennen steht oft auf wackligen Beinen. Es wird übrigens prinzipiell für jeden WM-Lauf eine neue BOP-Tabelle geben, wegen der streckenspezifischen Eigenheiten – was aber nicht automatisch bedeuten muss, dass auch die BOP mit Blick auf die Marken oder die Plattformen verändert wurde.

„Das neue BOP-System ist ein großer Schritt in die richtige Richtung", sagt Porsche-Sportchef Thomas Laudenbach. Bei Cadillac sieht man das im Prinzip genauso, aber das gilt natürlich nicht für alle: Ferrari und Toyota fühlen sich als Prügelknaben, weil sie über das hohe Einstufungsgewicht für ihre Überlegenheit im letzten Jahr abgestraft wurden. Und Neueinsteiger wie BMW sind grantig, weil ihre Autos bei der ersten BOP-Grundeinstufung angeblich viel zu vorsichtig einsortiert wurden.

ACO-Boss Pierre Fillon gab die Richtung vor: „Das Ziel besteht darin, dass die LMDh-Hersteller aus eigener Kraft Rennen gewinnen können." Das Ziel wurde beim ersten Versuch erreicht – mit dem Dreifachsieg von Porsche und Platz vier für Cadillac, auch wenn die Amis die Position wegen eines Technikverstoßes später wieder verloren. Die WM hat also sehr wohl einige alte BOP-Zöpfe abgeschnitten, wie die Überbetonung der markenspezifischen Fahrzeugsimulation oder die unsinnige Regel, eine BOP im Paket für mehrere Strecken zu verabschieden – anstatt die Kräfteverhältnisse von Rennen zu Rennen jeweils neu zu sortieren, was jetzt erlaubt ist. Die neue Power-Gain-Regel taugt, um die Unterschiede im hohen Geschwindigkeitsbereich auszugleichen; außerdem fließen die unterschiedlichen Startgewichte nun in die BOP ein, die aufgrund der unterschiedlich hohen Verbräuche beim Benzingewicht entstehen.

Jetzt muss man abwarten, wie der Versuch, das Ungleiche gleicher zu machen, über die Saison hinweg funktioniert. Was die Theorie betrifft, so applaudieren wir; was die Praxis betrifft, mahnen wir mit dem guten alten Herrn Goethe: „Gleich zu sein unter Gleichen, / das lässt sich schwer erreichen, / Du müsstest ohne Verdrießen, / wie der Schlechteste zu sein dich entschließen."

Text: Marcus Schurig **Fotos:** Motorsport Images, Toyota

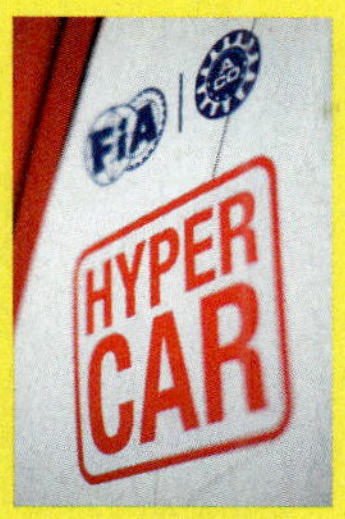

Eine Klasse, zwei Gruppen: Die Hypercar-Topklasse der WEC setzt sich aus LMH-Wagen und LMDh-Autos zusammen

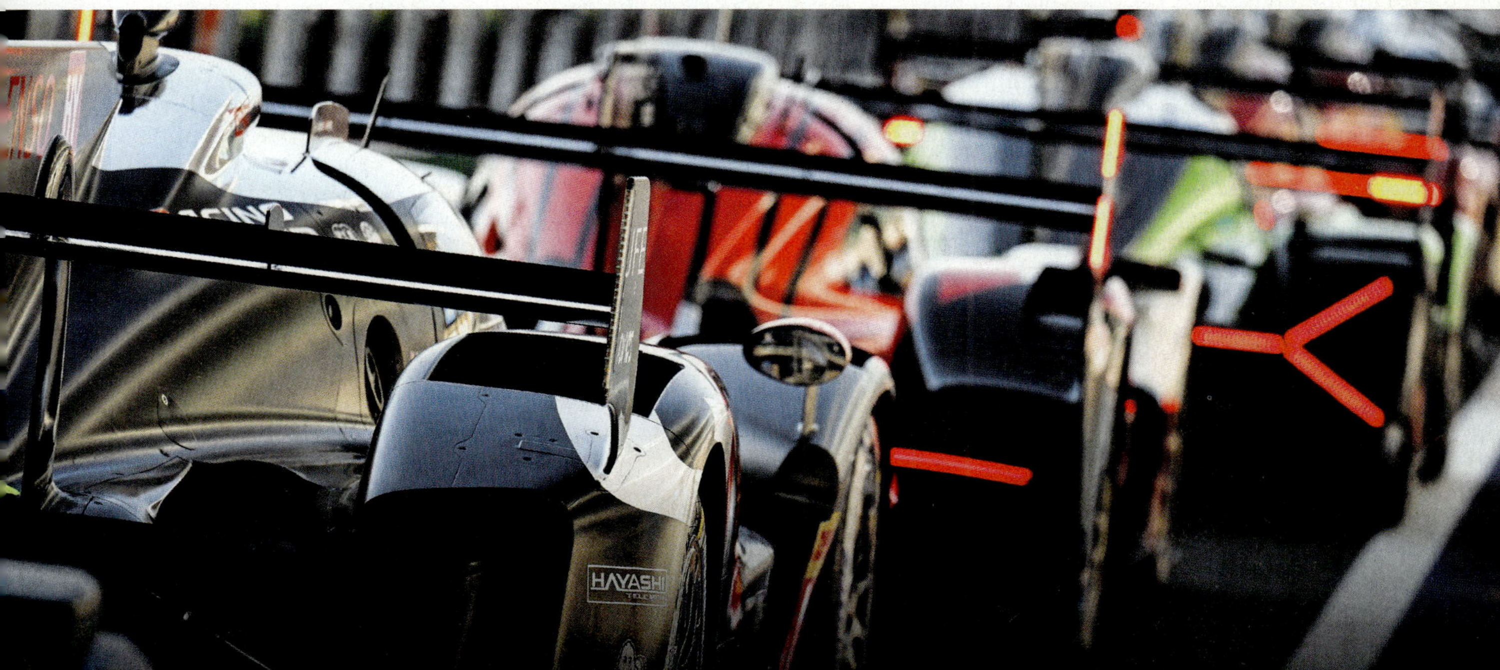

BLICK IN DIE GLASKUGEL: DIE HYPERCAR-BOP FÜR LE MANS

In einem Sonderheft, das auf den Saisonhöhepunkt in Le Mans vorausschaut, müsste hier die Bewertung der Hypercar-BOP für den Klassiker Mitte Juni erfolgen. Das geht aber nicht, weil der Redaktionsschluss weit vor dem großen Le-Mans-Probelauf der WEC auf der F1-Strecke in Spa lag. Spa sollte aufgrund seiner vergleichbaren Streckencharakteristik genügend Anhaltspunkte für eine solide BOP-Einstufung für Le Mans liefern. Dazu haben ACO und FIA noch die Renndaten aus dem Vorjahr. Beides zusammen sollte ausreichen, um beide Untergruppen, LMH und LMDh, für Le Mans wettbewerbsfähig einzustufen. Aus unserer Sicht wird sich die Siegerfrage trotzdem auf vier Hersteller begrenzen: Ferrari und Toyota sowie Porsche und Cadillac. Warum? Alle anderen Hypercar-Hersteller sind neu und müssen damit leben, dass sie im ersten Jahr keine Einstufung erhalten, mit der sie Le Mans gewinnen können.

„Der Sieg war

Vor 40 Jahren holte das deutsche Team Joest Racing den ersten Gesamtsieg beim 24h-Rennen in Le Mans. Es war der Beginn einer famosen Erfolgsstory: Teamchef Reinhold Joest gewann das wichtigste Rennen der Welt 17 Mal.

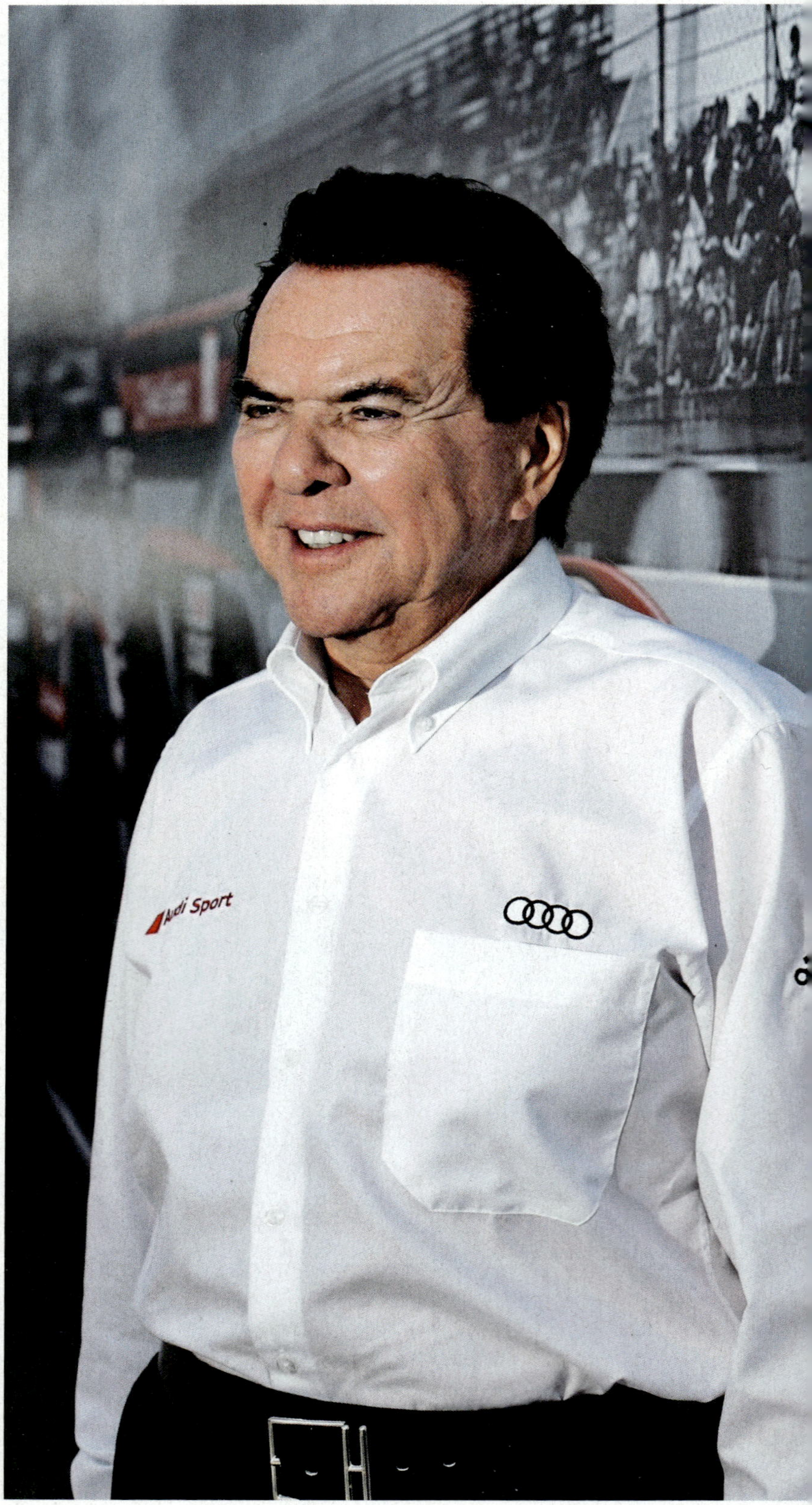

Auf dem Gipfel des Langstreckensports ist die Luft dünn. Nach einem Jahrhundert Le Mans haben nur wenige Hersteller große Fußspuren hinterlassen: Porsche holte 2017 den 19. Sieg, Audi kam in nur 18 Jahren auf 13 Siege. Doch Deutschland ist nicht nur auf der Herstellerseite dominant, das Team mit den meisten Siegen in Le Mans kommt ebenfalls aus Deutschland: Joest Racing aus Wald-Michelbach im Odenwald steht bei 17 Gesamtsiegen. Historisch beschlagene Pedanten rechnen noch zwei weitere Rennen dazu, wo das Joest-Team segensreich im Hintergrund wirkte, nämlich beim Bentley-Triumph 2003 und beim Dauer-Porsche-Sieg 1994.

Man könnte diese Erfolgsgeschichte in Le Mans auf die herausragenden deutschen Tugenden zurückführen, für die wir berühmt sind: Gründlichkeit, Organisation und Perfektion sind unerlässlich, um das härteste Rennen der Welt zu gewinnen. Und über 40 Jahre hinweg war Teamchef Reinhold Joest die Personifizierung dieser Tugenden. Der Mann aus dem Odenwald, der im April seinen 87. Geburtstag feierte, hätte den Ehrentitel „Mister Le Mans" genauso verdient wie der eigentliche Titelträger und neunfache Gesamtsieger Tom Kristensen.

„Le Mans war für mich immer ein ganz spezielles Rennen, egal ob als Fahrer in den 70er-Jahren oder später als Teamchef", sagt Mister Le Mans Reinhold Joest über Le Mans. „Das Rennen hat eine unglaubliche Historie und eine weltweite Bedeutung." Was automatisch bedeutet, dass der Druck immens groß ist. „Le Mans ist das Zentrum des Langstreckensports, wenn man Verantwortung als Teamchef trägt, dann ist das eine echte Belastung. Ich

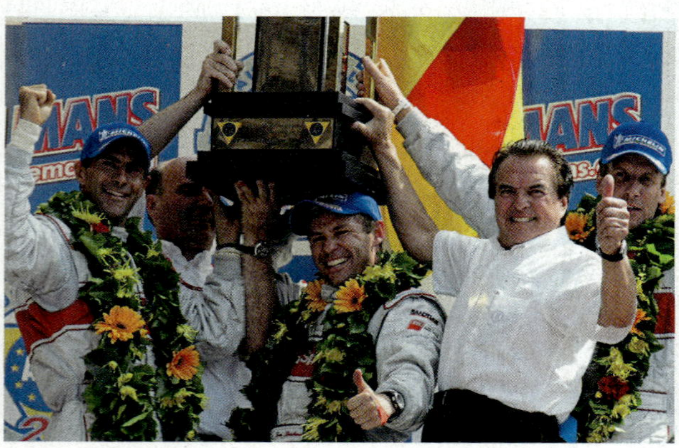

eine Erlösung"

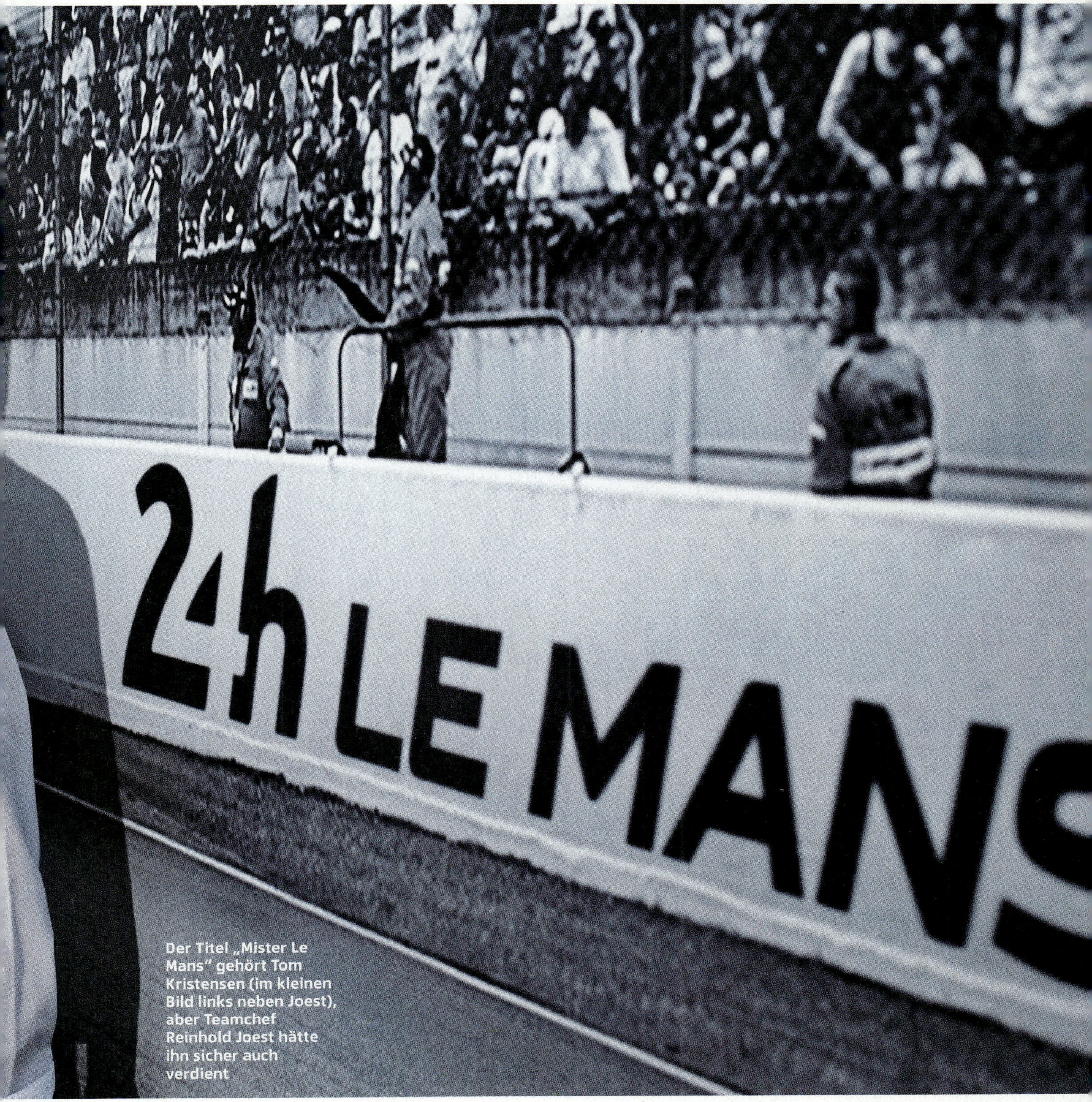

Der Titel „Mister Le Mans" gehört Tom Kristensen (im kleinen Bild links neben Joest), aber Teamchef Reinhold Joest hätte ihn sicher auch verdient

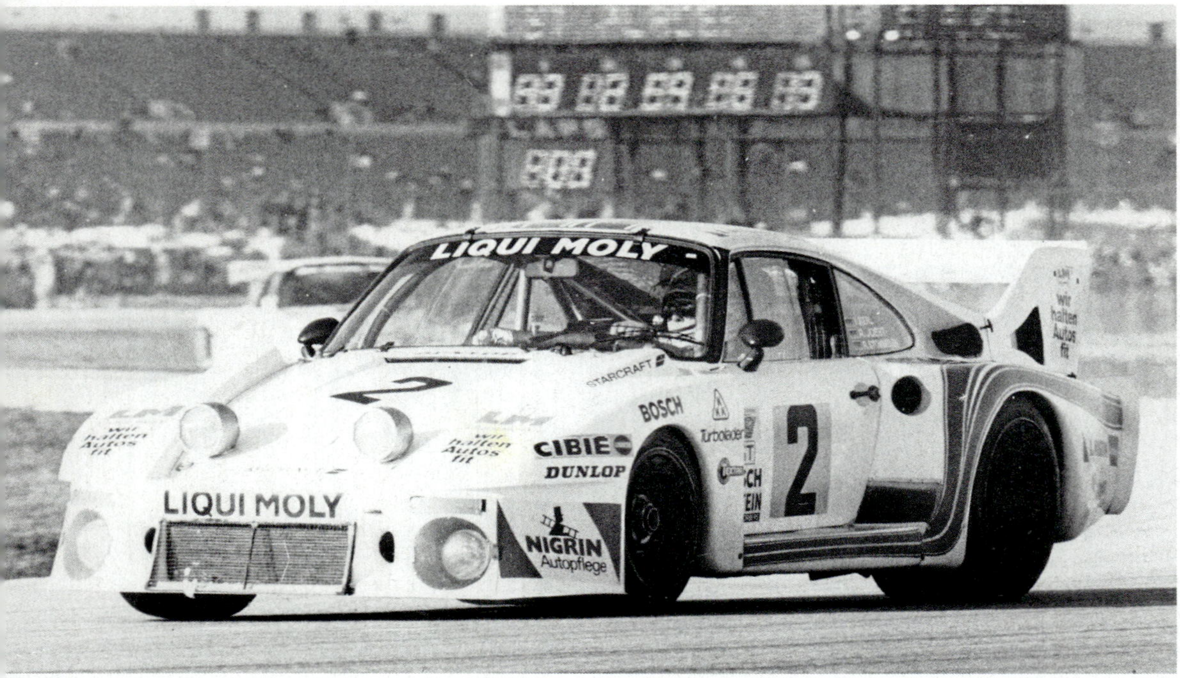

„Beim 24h-Rennen in Daytona haben wir 1980 dank eigener technischer Weiterentwicklung gewonnen – das war der Durchbruch"

hatte schon zwei Monate vor dem Rennen keinen Appetit mehr, weil ich so stark aufgeladen und angespannt war. Erst nach dem Rennen fiel die Last wieder ab."

Als Fahrer erreichte Reinhold Joest viele Top-Platzierungen, ein Sieg blieb ihm aber verwehrt. Das änderte sich vor 40 Jahren, als Porsche das Gruppe-C-Kundenauto erfand: „Die Gruppe C war ein stilbildendes Programm, denn es war Kunden- und Werkssport, mit käuflichen Autos", so Joest. „Man muss sich das im Rückblick mal vorstellen: Du konntest damals ein Auto kaufen, mit dem du Le Mans gewinnen und Weltmeister werden konntest – das hatte es zuvor so noch niemals gegeben!"

Vom Privatteam zum Entwicklungsteam

Joest kaufte 1984 für Le Mans ein brandneues Auto für 650 000 D-Mark. „Das war das nackte Auto, ohne Ersatzteile, ohne Räder oder Ersatzgetriebe." Will sagen: Da war schnell eine Million weg. Joest konnte das nur wagen, weil er gut abgesichert war: „Es war ein finanzielles Risiko, aber wir hatten mit Marlboro und New Man zwei große Sponsoren an Bord, nur deshalb war das möglich."

Joest erinnert sich: „Wir hatten uns akribisch auf das Rennen vorbereitet, das hat sich ausgezahlt." Henri Pescarolo und Klaus Ludwig hatten mit dem Joest-Porsche 956 im Ziel zwei Runden Vorsprung. „Der erste Sieg war für mich wie eine Erlösung, das war ein absolutes Highlight meiner Karriere. Aber es war noch reiner Kundensport, weil Porsche 1984 nicht als Werk antrat. 1985 konnten wir dann sogar das Porsche-Werksteam besiegen – das war dann noch mal eine völlig andere Nummer!"

Vor allem deshalb, weil das Joest-Team gezielt einen anderen technischen Weg einschlug: „In Le Mans hat der Verbrauch eine herausragende Bedeutung, und wir sind in der Vorbereitung für 1985 beim Benzinverbrauch unsere eigenen Wege gegangen", erinnert sich Joest. „Wir sind nicht die 1.2-Motronic gefahren, weil wir auf das Mapping keinen Einfluss gehabt hätten. Stattdessen haben wir den Motor weiterentwickelt und sind mit der mechanischen Einspritzpumpe gefahren – und deshalb haben wir am Ende auch gewonnen."

Letztlich hatte sich Joest Racing bei den Le-Mans-Rennen 1984 und 1985 mit technischer Weiterentwicklung und akribischer Vorbereitung auf das Niveau der Werksteams hochgehangelt – und damit war das Team aus Wald-Michelbach selber im Fadenkreuz der Hersteller. „Für Hersteller ist es wichtig, dass ein externes Team einen Beitrag zur Weiterentwicklung leistet. Das hatten wir allerdings schon beim 24h-Rennen in Daytona 1980 erstmals unter Beweis gestellt." Der Rest der Geschichte ist bekannt: Die Zusammenarbeit mit Porsche und Audi

Joest mit Teammanager Jüttner (l.); im Workshop dominiert heute die Historie (M.); Audi-Sportchef Ullrich (r.) war großer Förderer

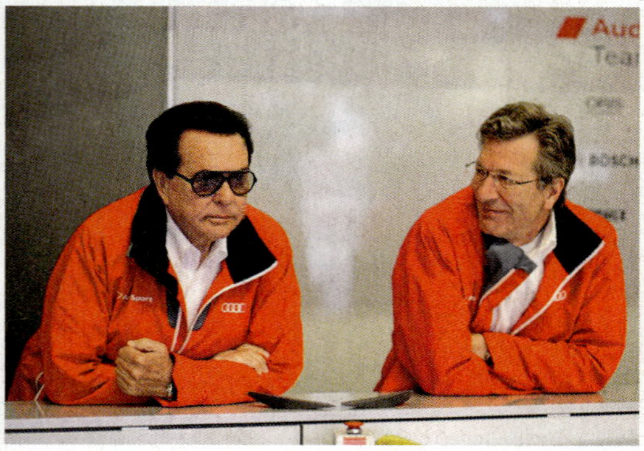

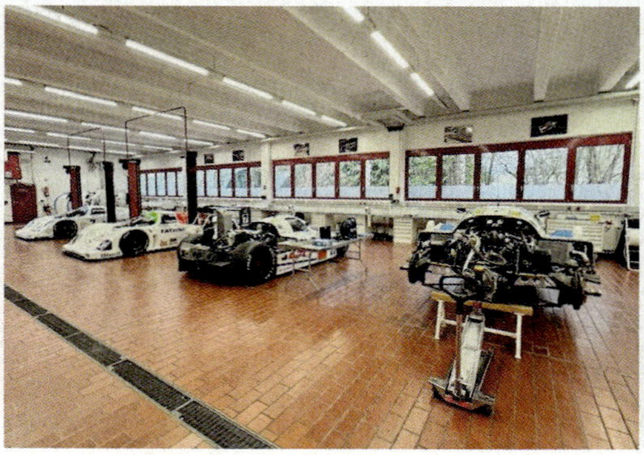

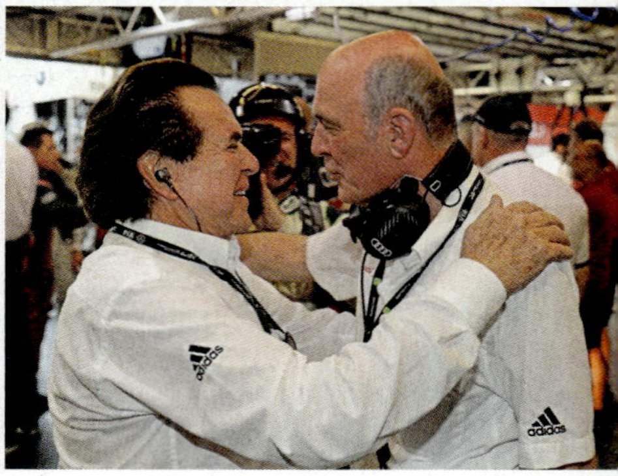

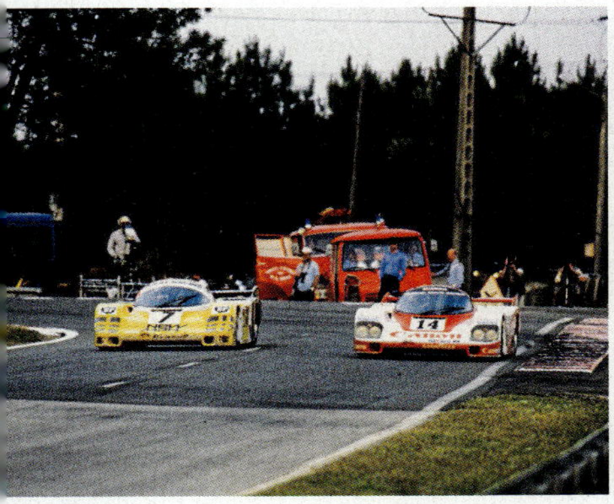

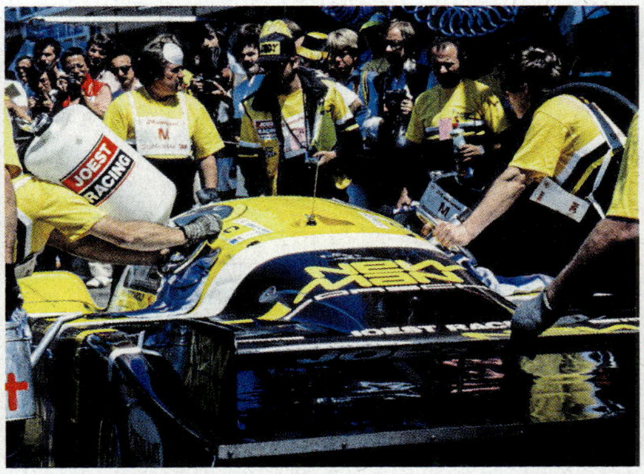

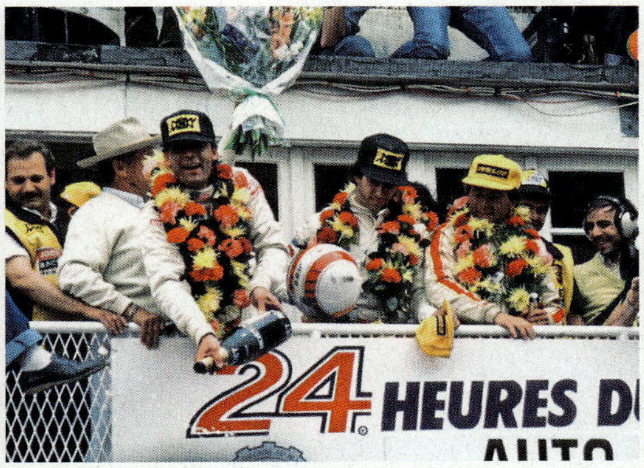

Der Durchbruch in Le Mans: 1984 siegte Joest Racing als Privatteam, im Folgejahr schlug man sogar das Porsche-Werksteam

im Langstreckensport produzierte in drei Jahrzehnten 17 Le-Mans-Siege. Joest holte dazu zehn Siege beim 12h-Klassiker in Sebring, sechs Siege in Road Atlanta – insgesamt über 400 Podiumsplätze und unzählige Meistertitel.

Hinter jeder Erfolgsstory steckt auch eine persönliche Note. Der Teamchef stellt sein Team in den Vordergrund: „Unsere wichtigste Stärke war die Erfahrung, so sind wir immer besser geworden, auch weil wir eine hohe Stabilität beim Personal hatten. Das Team war immer meine kleine Familie, das begann schon früh zu Zeiten des Porsche 908 und 935, und das änderte sich auch nicht, als wir Werksteam wurden", erzählt Joest. „Ich bin meinen Mitarbeitern und den zahlreichen freiwilligen Helfern für ihren großartigen Beitrag sehr dankbar. Am Ende machen immer die Menschen den Unterschied, mit ihrer individuellen Qualität."

Le Mans 2011 und die Senna-Anekdote

Weil Joest als Ex-Rennfahrer selber viel Erfahrung in Le Mans hatte, setzte er die richtigen Prioritäten. „Faktoren wie Verbrauch oder Reifenmanagement spielen in Le Mans eine große Rolle. Wir haben zum Beispiel Rennen wie 1996 mit Porsche deshalb gewonnen, weil wir durch Dreifachstints über die Distanz Boxenstopps gespart haben." Natürlich gab es Rennen in Le Mans, wo die Ereignisse alle Planung und Strategie über den Haufen warfen. Das berühmteste Beispiel ist Le Mans 2011, als Audi erst zwei Fahrzeuge durch dramatische Unfälle verlor, aber mit dem verbliebenen R18 TDI die Peugeot-Armada schlug – mit dem knappen Vorsprung von 13 Sekunden. „Le Mans 2011 war für mich das dramatischste Rennen als Teamchef. Im Rückblick bin ich nur froh, dass nicht mehr passiert ist und die Fahrer heil geblieben sind."

Joest hatte bei der Auswahl der Piloten immer ein gutes Näschen. Starfahrer wie Bob Wollek, Klaus Ludwig, Hans-Joachim Stuck, Bernd Schneider oder André Lotterer exekutierten die Erfolge auf der Rennstrecke. Und dann war da noch Ayrton Senna. Der Brasilianer fuhr 1984 für Joest das 1000-Kilometer-Rennen auf dem Nürburgring: „Senna fuhr im Regen, als wenn es trocken gewesen wäre, das war irre. Leider ging dann am 956 der Motor kaputt. Später hat er eine Liste von 20 Punkten aufgeschrieben, was man an dem Auto alles verbessern könnte – er war wirklich ein Rennfahrer, der Magie produzieren konnte."

Auf dem Gipfel ist die Luft immer besonders dünn – egal ob für die Fahrer oder für den Teamchef. Und nur die Besten schaffen am Ende den Aufstieg in den Olymp.

Text: Marcus Schurig **Fotos:** Audi, Joest Racing

„Die Verbindung mit Audi hat uns als Team auf ein komplett anderes Niveau gebracht – das war eine tolle Partnerschaft"

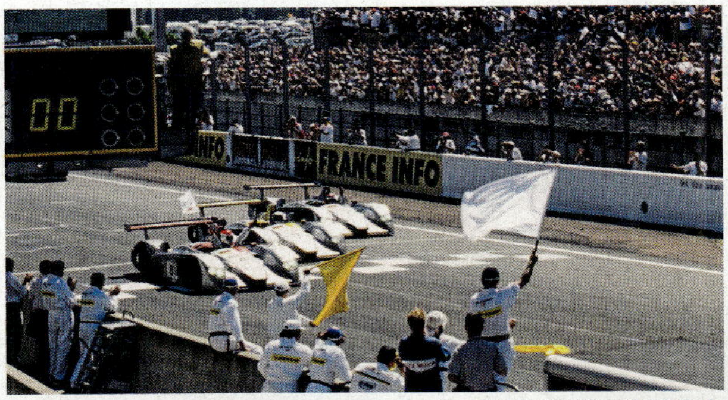

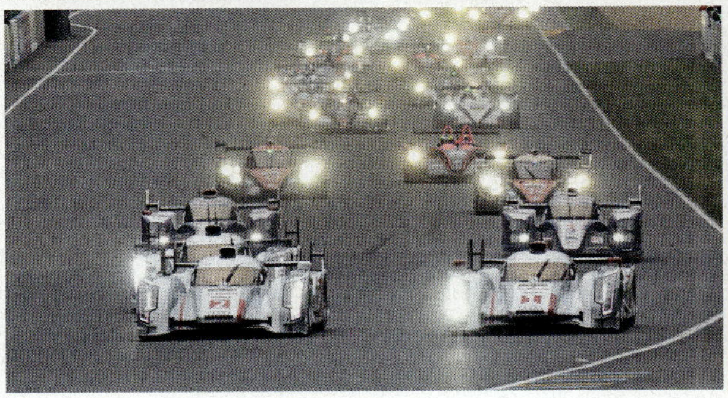

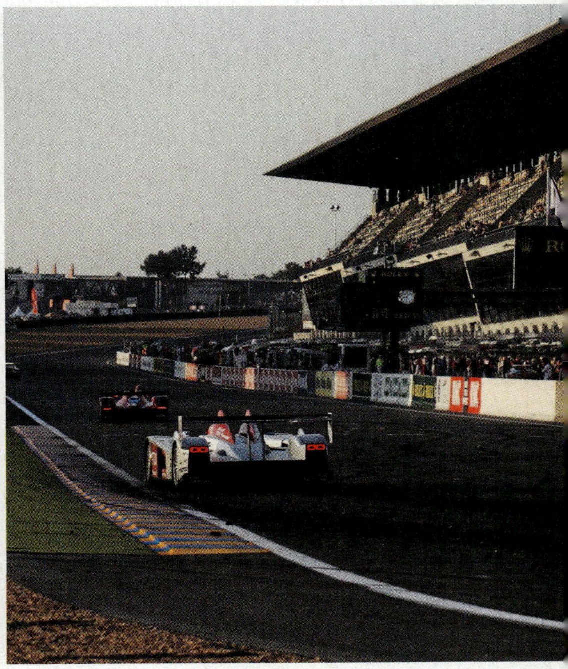

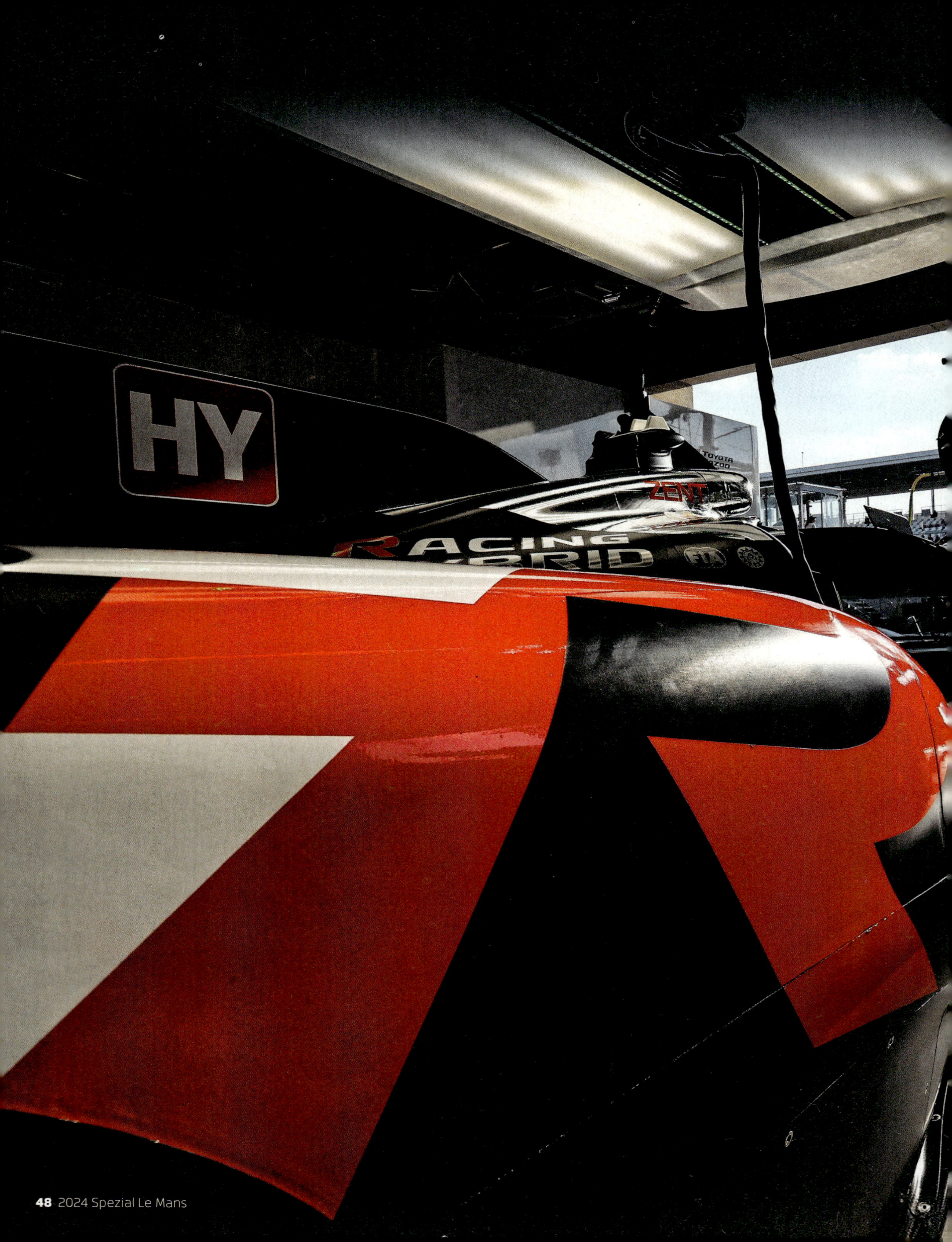
HY
ZENT
RACING

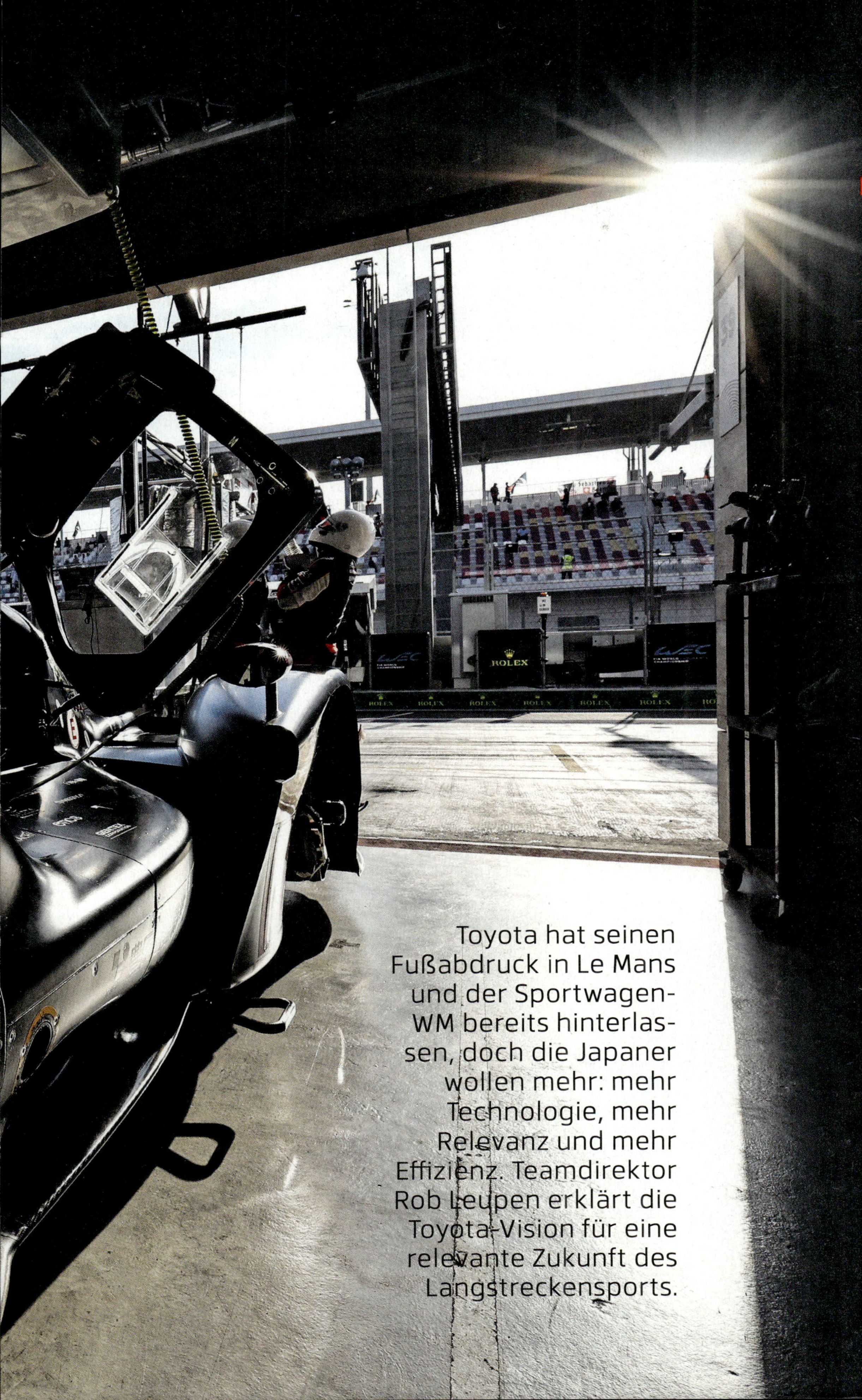

Schwarzes Mehr

Toyota hat seinen Fußabdruck in Le Mans und der Sportwagen-WM bereits hinterlassen, doch die Japaner wollen mehr: mehr Technologie, mehr Relevanz und mehr Effizienz. Teamdirektor Rob Leupen erklärt die Toyota-Vision für eine relevante Zukunft des Langstreckensports.

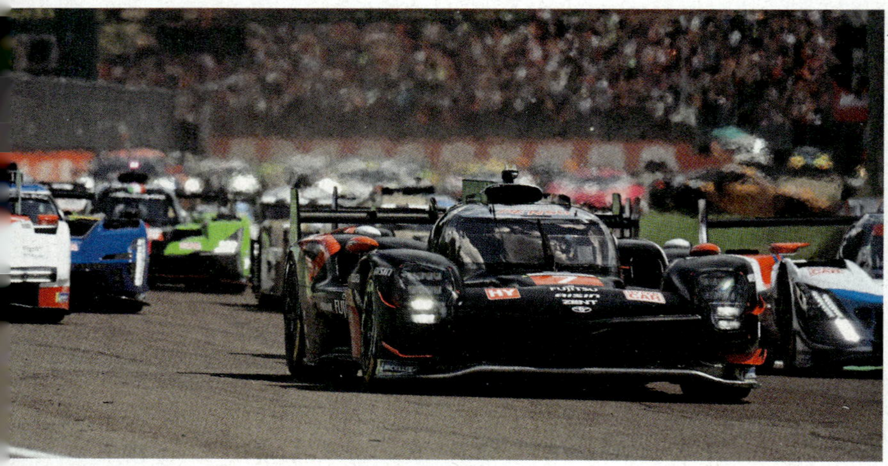

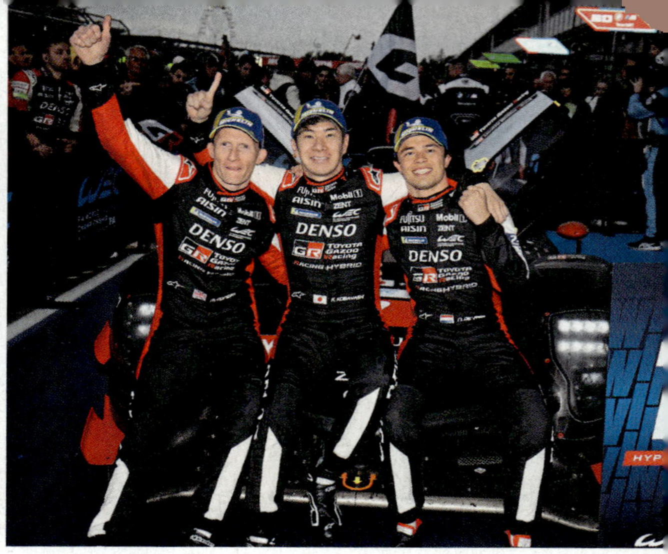

Beim Start der WM in Katar wurde Toyota durch ein hohes BOP-Gewicht zurückgebunden. Für Imola durfte das Werksteam Gewicht ausladen, prompt gewann man das Rennen

Was wären Le Mans und die WEC ohne Toyota? Die Frage darf man schon mal stellen, denn das Engagement von Toyota ist überragend: Die Japaner retteten 2012 den Neustart der Sportwagen-WM, nachdem Peugeot aus finanziellen Gründen kurzfristig hatte aussteigen müssen. Toyota wollte 2012 nur ein paar Testrennen bestreiten, stattdessen fuhren sie die volle Saison. Toyota rettete die WEC noch einmal, als die deutschen Dominatoren Audi und Porsche 2016 und 2017 wegen des Dieselskandals vorzeitig den Stecker zogen. Toyota half dem WM-Ausrichter ACO, das kostengünstigere Hypercar-Reglement auszutüfteln, das die Initialzündung für den aktuellen Boom bildet. Und Toyota ist als größter Autohersteller der Welt seit Beginn der neuen WM-Epoche ununterbrochen an Bord.

Jetzt ist es aber nicht so, dass die Japaner dafür ewigen Dank fordern. „Wir starten in der WEC und in Le Mans, um neue Technologien zu entwickeln und unsere Straßenautos noch besser zu machen, getreu dem Versprechen unseres früheren Chefs Akio Toyoda: to make ever-better cars“, erklärt Toyota-Teamdirektor Rob Leupen. „Dabei geht es uns nicht nur ums Gewinnen, sondern auch um fairen Motorsport mit relevanten Technologien.“

Der Insider könnte mit Blick auf die Debütsaison der reformierten Hypercar-Klasse 2023 einwenden, dass eher Undank der Welt Lohn sei. Toyota hatte das mit weitem Abstand beste Technikpaket, auch weil man im Gegensatz zu den anderen Herstellern einen Entwicklungsvorsprung von zwei Jahren hatte – aber das war ja nicht verboten. Toyota war 2023 in allen relevanten Bereichen herausragend sortiert: Auto, Performance, Zuverlässigkeit, operative Stärke, Strategie, Boxenstopps, Fahrerqualität. Und bei der Reifennutzung hat Toyota die versammelte Konkurrenz, die immerhin aus Power-Marken wie Ferrari und Porsche bestand, förmlich hingerichtet.

Die offene Wunde Le Mans

Folgerichtig gewann Toyota 2023 sechs von sieben WM-Rennen. Aus eigener Kraft, aus eigenem Verdienst. Doch in Le Mans musste man sich ganz knapp geschlagen geben. Rob Leupen würde das so nie sagen, dafür tun wir es: Ferrari war nur deshalb plötzlich auf Augenhöhe, weil erstens ein kurzfristiger, zweifelhafter und zu kräftiger BOP-Einschnitt Toyota für die glänzenden Resultate mit einem Zusatzgewicht von fast 40 Kilo in Le Mans abstrafte. Zweitens war Ferrari nur in Schlagdistanz, weil die 13,6 Kilometer lange Kultrennstrecke in Le Mans die Reifen wenig bis gar nicht fordert.

Der offensichtliche Versuch, Toyota einzubremsen, der dazu noch gegen die eigenen BOP-Prinzipien des ACO verstieß, hat merkliche Spuren bei Toyota hinterlassen. „Man hat uns 2023 in Le Mans auf unschöne Art einge-

Neue Farbe für 2024: Die Toyota GR010 Hybrid treten in dieser Saison erstmals mit schwarzer Grundfarbe an. Zum Schwarzsehen besteht allerdings kein Anlass

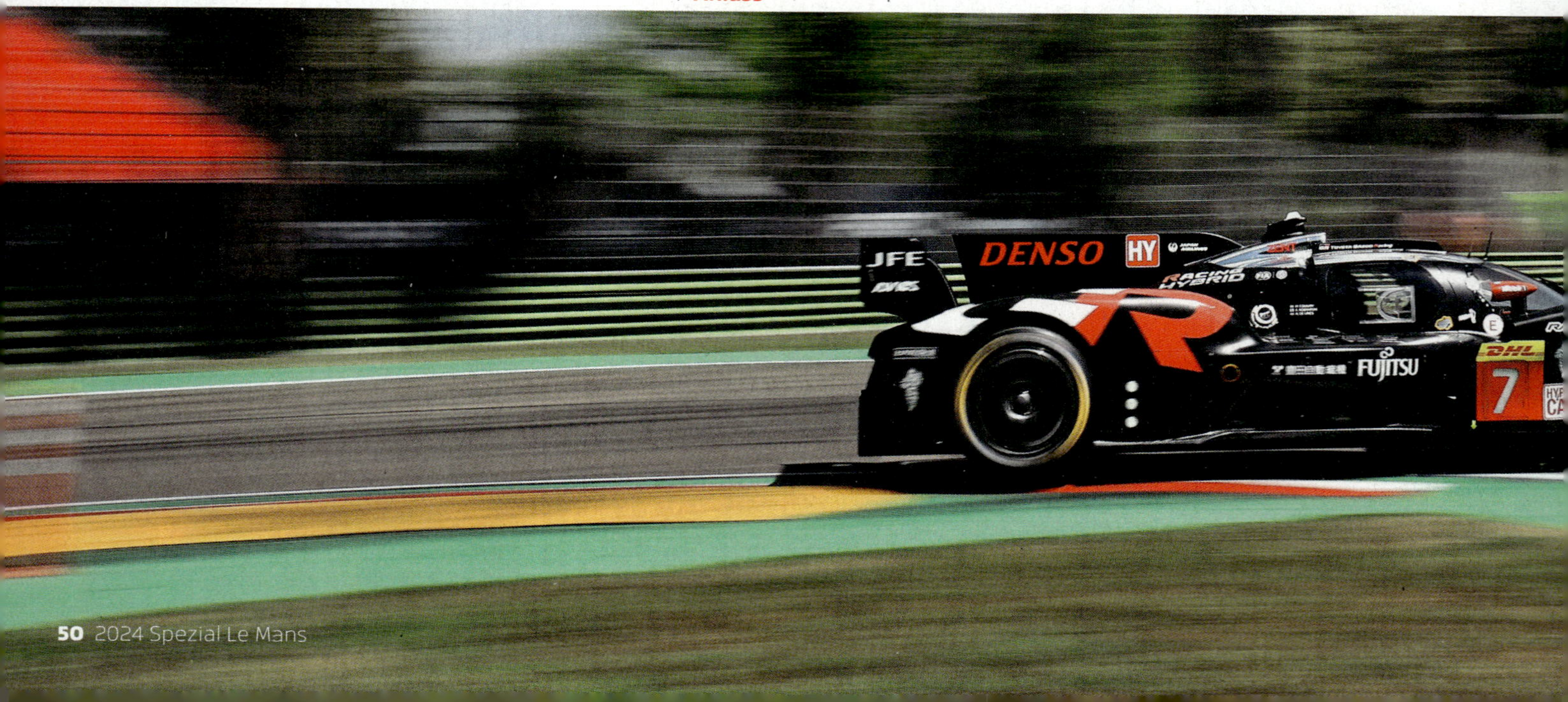

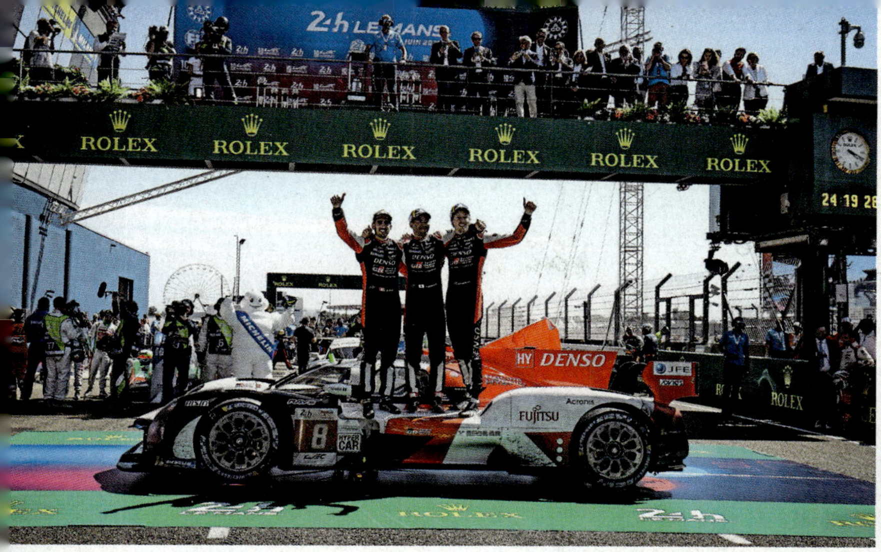

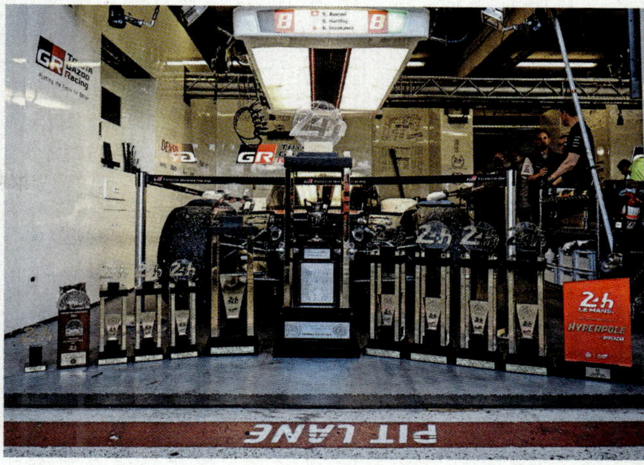

Toyota-Dynastie: Zwischen 2018 und 2022 holte Toyota fünf Gesamtsiege in Le Mans. Doch damit ist der Erfolgshunger der Japaner noch nicht gestillt

bremst, und das hat auch sehr wehgetan. Das Vertrauen in die Regelgeber hat einen tiefen Riss bekommen", hält Leupen ohne Umschweife fest. Doch als Führungskraft hat der 60-jährige Holländer immer auch das große ganze Bild im Auge. „Wir haben ein laufendes Programm mit einem sehr guten Rennwagen, der die WEC-Saison 2023 dominiert hat, und wir haben eine Perspektive für ein Anschlussprogramm mit einem H_2-Verbrenner. Wir haben gegenüber dem ACO die Erwartung formuliert, dass wir so etwas wie in Le Mans 2023 nicht mehr erleben wollen – und wir wollen übrigens auch nicht, dass so etwas einem unserer Konkurrenten widerfährt."

Die Niederlage schmerzt auch deshalb, weil Toyota in der Hochform von 2023 in Le Mans eine Scharte hätte auswetzen können: So schön und wichtig die fünf Le-Mans-Siege in Folge zwischen 2018 und 2022 auch waren, die Gegnerschaft hatte nicht die Statur wie in der LMP1-Hybridzeit oder in der noch jungen Hypercar-Ära. Rob Leupen zieht es trotzdem vor, die Gegenwart zu verbessern, statt die Vergangenheit zu beklagen: „Wir arbeiten an diesen Einstufungsprozessen konstruktiv mit, um eine gute Perspektive zu entwickeln. Aber wenn wir feststellen, dass der Prozess keinen Sinn macht oder nicht funktioniert, dann kann unsere Treue zu Le Mans und der Sportwagen-WM schnell enden – und das wissen auch alle Beteiligten." Für die laufende Saison gibt es daher eine unmissverständliche Zielvorgabe: „Wir wollen erstens in Le Mans siegen, zweitens unser Heimrennen in Fuji gewinnen und drittens Weltmeister werden."

Bereits 2019 hatte der damalige Präsident von Toyota Gazoo Racing, Shigeki Tomoyama, bei der Pressekonferenz in Le Mans ein Statement abgegeben, das für Aufsehen sorgte: „Wir wollen in Le Mans eine Dynastie begründen." Auf der Leinwand im Hintergrund prangten Bilder von Ferrari, Audi und Porsche, die zu unterschiedlichen Zeiten die Rennen an der Sarthe dominierten. Das Toyota-Werksteam aus Köln hat das Versprechen mittlerweile eingelöst, aber die Mission ist laut Teamdirektor Rob Leupen noch keinesfalls beendet, der Hunger nach Erfolg und Anerkennung nicht gestillt.

Software als Schnittstelle zur Straße

Leupen stellt die Relevanz der Technologien für die Straßenseite in den Fokus, und er verteidigt dabei auch die aktuelle Technik-Formel der Hypercars: „Es mag sein, dass die Straßenrelevanz der Hypercars für viele nicht so offensichtlich ist, aber sie ist definitiv vorhanden." Die Begründung? „Erstens stützen sich moderne Straßenfahrzeuge immer stärker auf die Software, und in der WEC haben wir heute einen veritablen Wettstreit um die beste Software, denn die ist laut Reglement freigestellt, was automatisch für Wettbewerb sorgt. Über die Software

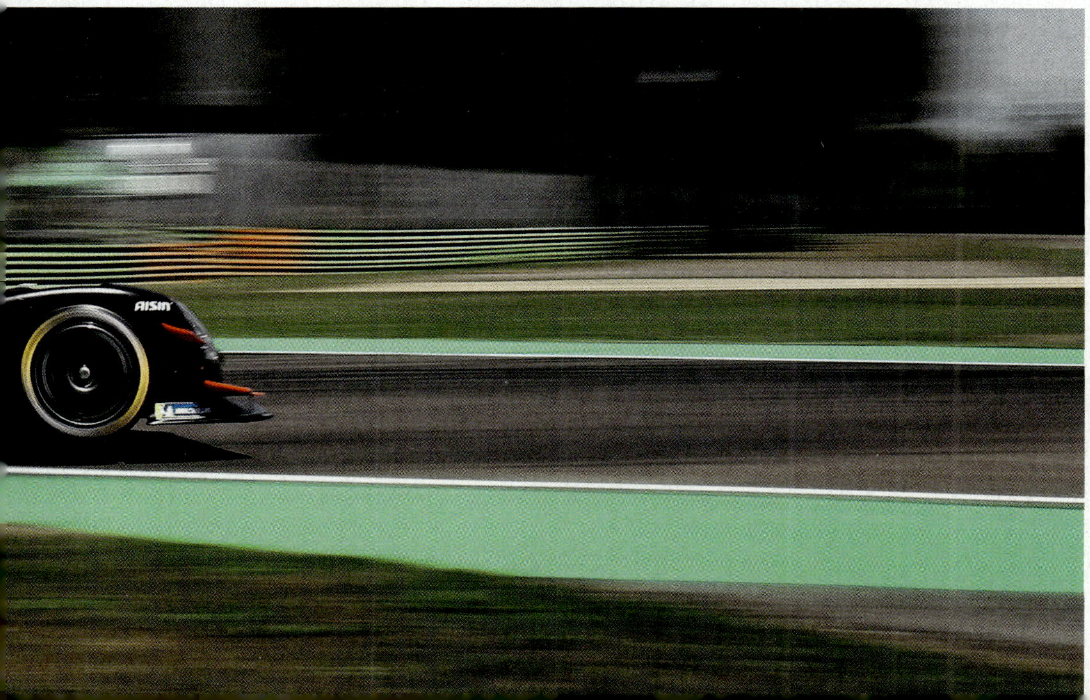

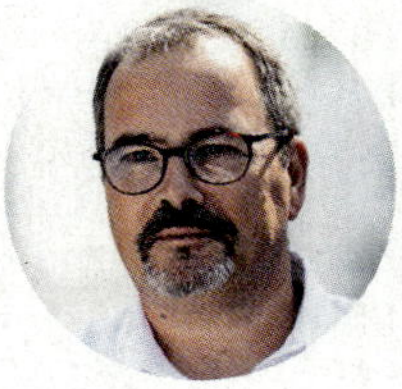

„Wir engagieren uns im Motorsport, um die Effizienz zu steigern – und nicht um Benzin zu verballern"

Toyota-Teamdirektor Rob Leupen

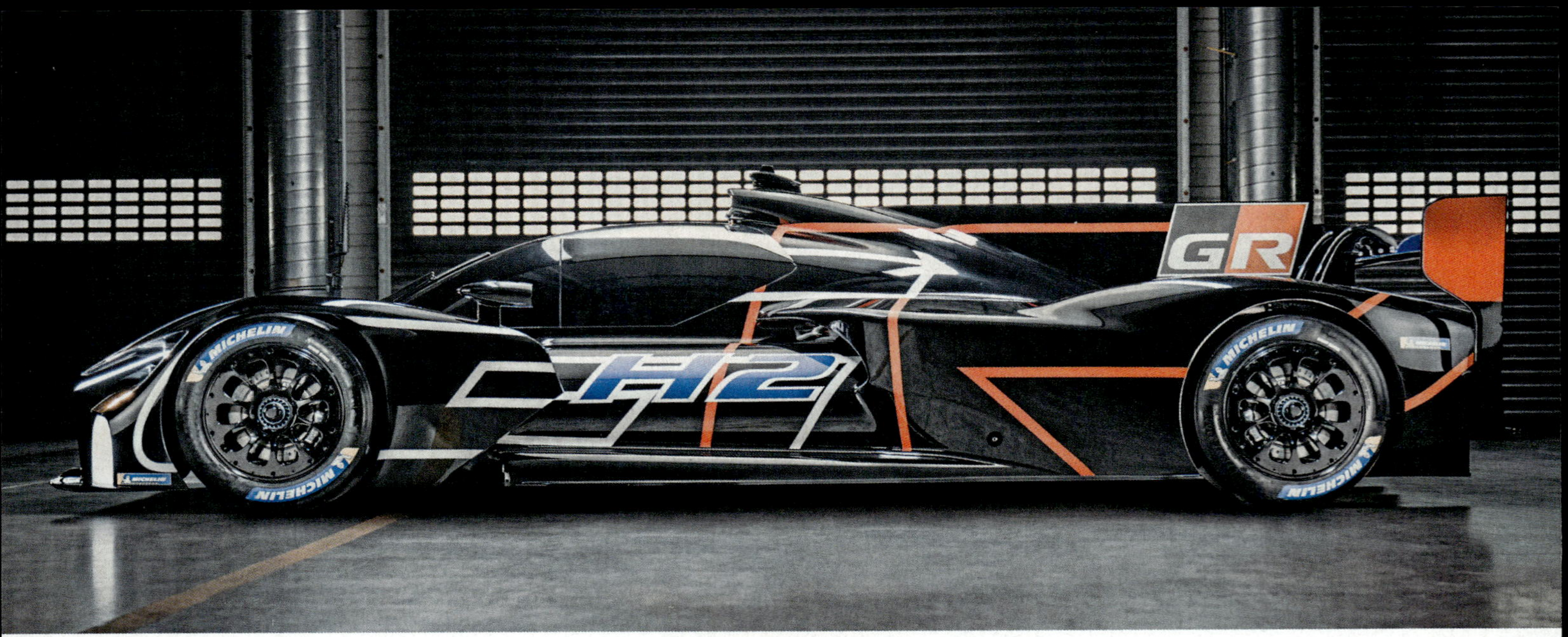

Konzeptauto für die geplante Wasserstoff-Topklasse: 2023 präsentierte Toyota in Le Mans den Versuchs-Prototyp GR H2 Racing Concept

werden Powertrain und Fahrdynamik maßgeblich beeinflusst. So sorgt zum Beispiel das, was wir beim Thema Traktionskontrolle in Verbindung mit Hybrid in der WEC lernen, dafür, dass wir unsere Straßenfahrzeuge in puncto Sicherheit, Performance und Effizienz verbessern können – das sind wirklich interessante Schnittstellen."

Zweitens ist laut Leupen das Thema Hybrid weiterhin extrem relevant und wichtig für Toyota, weil man diesen Handlungspfad auch in der Angebotspalette der Straßenmodelle wiederfindet. „Hybrid im Motorsport ist ein Training für Energie-Effizienz, und die ist aktuell ein wichtiger Eckpfeiler für die Straße, um die Verbräuche und Emissionen zu senken." Leupen verweist darauf, dass die Autos in der LMP1-Hybrid-Zeit immer schneller wurden und gleichzeitig bis zu 50 Prozent weniger Benzin verbrauchten. „Das sind die großen Entwicklungssprünge, die nur der Wettbewerb im Motorsport generiert und von denen die Serie profitieren kann. Wir engagieren uns also im Motorsport, um die Effizienz zu verbessern – und nicht um Benzin zu verballern."

Synthetische Kraftstoffe als Zielvorgabe

Weil Toyota mit seinem Ex-Chef Akio Toyoda und dem aktuellen CEO Koji Sato bei der individuellen Mobilität bekanntlich seit jeher für einen Technologie-offenen Ansatz plädiert, ist auch die Zukunft im Motorsport bereits mit Ideen vorgepflastert. Nummer eins auf der Setzliste ist das Thema synthetische Kraftstoffe. Die WEC setzt bereits einen Biokraftstoff der zweiten Generation ein, der die CO_2-Emissionen um 65 Prozent reduziert, doch Rob Leupen mahnt zu weiteren Anstrengungen: „Wir brauchen zeitnah vollsynthetische Kraftstoffe mit geschlossenem CO_2-Kreislauf, in dem der Atmosphäre bei der Kraftstoffproduktion so viel CO_2 entzogen wird, wie man später bei der Verbrennung wieder emittiert."

Toyota Gazoo Racing Europe ist bei diesem Themenfeld sogar im Breitensport aktiv, wie Leupen erklärt: „Wir unterstützen ein Projekt in der NLS und beim 24h-Rennen auf dem Nürburgring mit einem GR Supra GT4 und in Kooperation mit Nordöl. Wir haben die Mapping-Anpassungen für den vollsynthetischen Kraftstoff, der die CO_2-Emissionen um 90 Prozent senkt, auf unseren Prüfständen in Köln erledigt. Unsere R & D-Entwicklungsabteilung in Japan hat ebenfalls großes Interesse an der Thematik, wir teilen bereits heute die Versuchsdaten für das Projekt mit unseren japanischen Kollegen."

An diesem Punkt verweist Leupen darauf, dass die Verwendung und Weiterentwicklung klassischer Verbrennungsmotoren in Verbindung mit synthetischen Kraftstoffen und/oder mit Hybridisierung ein wichtiger Eckpfeiler der Strategie für die Straße bleibt: „Toyota will mit allen Technologien Anwendungen und Produkte für die Straße entwickeln. In Summe ist klar, dass wir den CO_2-Fußabdruck der individuellen Mobilität reduzieren müssen. Nach unserem Verständnis macht es Sinn, dabei alle guten Lösungsansätze zu verfolgen, denn es gibt unterschiedliche Weltregionen, die unterschiedliche Antriebe benötigen – und an dieser Feststellung wird sich zeitnah so schnell auch nichts ändern."

Weil vollelektrische Fahrzeuge in der nächsten Dekade im Langstreckensport keine Rolle spielen werden, fahndet man bei Toyota nach Ideen für eine Weiterentwicklung des Technikreglements. Die Erhöhung des elektrischen Anteils bei den aktuellen Hypercars wäre eine Option, doch der Fokus liegt bei Toyota ganz klar auf dem Thema Wasserstoff: „Unser Ex-Chef und heutiger Aufsichtsratsvorsitzende Akio Toyoda hat das Thema Was-

Bei den Boxenstopps ist Toyota in der Hypercar-Topklasse der Sportwagen-WM die Benchmark

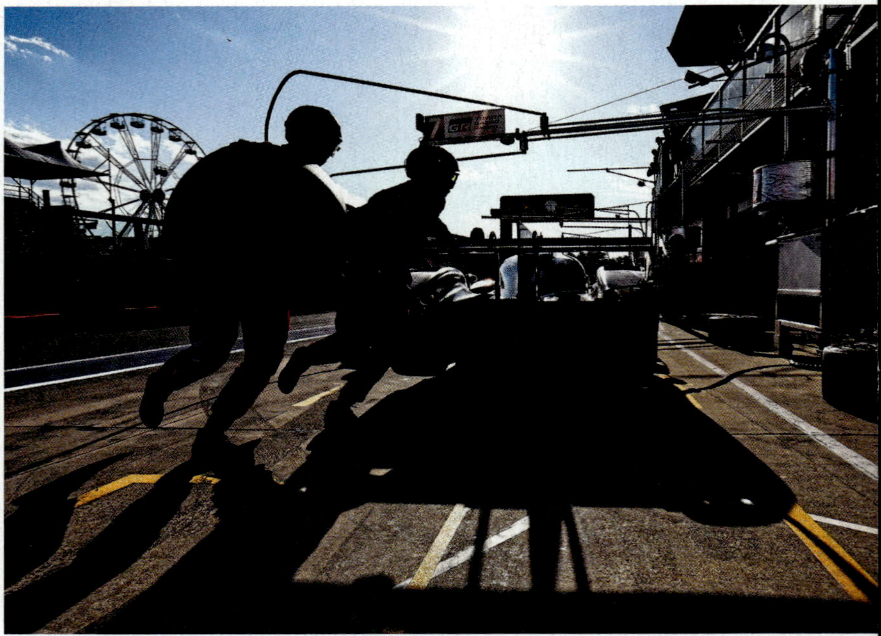

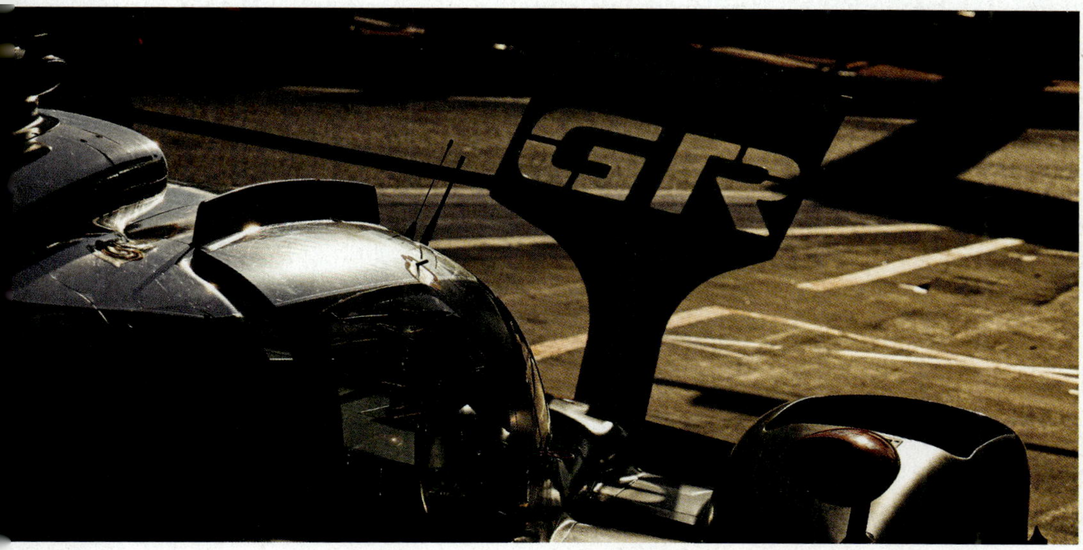

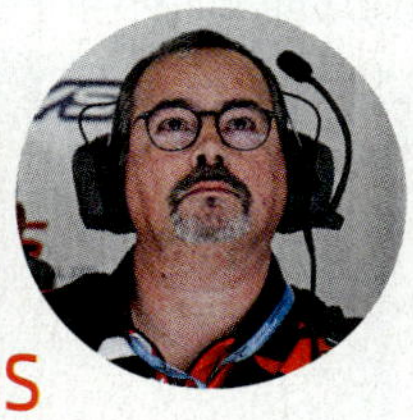

„Man hat uns 2023 in Le Mans auf unschöne Art eingebremst. Das Vertrauen hat einen tiefen Riss bekommen"

Toyota-Teamdirektor Rob Leupen

Kann Toyota in Le Mans 2024 den sechsten Gesamtsieg holen? Die Japaner gehören zum Favoritenkreis

serstoff bereits vor mehreren Jahren auf die Agenda gesetzt", so Leupen. „Und er hat ja auch selber Rennen mit Fahrzeugen mit H_2-Verbrenner in der japanischen Super-Taikyu-Serie bestritten, und zwar sowohl mit flüssigem wie auch mit gasförmigem Wasserstoff." Parallel hat der Le-Mans-Veranstalter ACO seine MissionH24-Projekte angeschoben – da lag es nahe, die Ideen zusammenzuführen. „In der Folge haben wir letztes Jahr in Le Mans ein entsprechendes Konzeptfahrzeug mit H_2-Verbrennungsmotor vorgestellt. Die H_2-Rennwagen könnten als dritte Untergruppe in der Hypercar-WM-Klasse antreten."

Der Motorsport als Labor für die Zukunft

Die Abfassung des entsprechenden Technikreglements zieht sich allerdings in die Länge: Ursprünglich hätte der Weltrat der FIA den ersten Entwurf bereits im März 2024 absegnen sollen, doch noch sind zahlreiche Detailprobleme ungelöst. „Wann das neue Reglement am Ende wirklich kommen wird, muss man im Moment noch offenlassen", sagt Leupen. In der Wasserstoff-Kommission arbeiten aktuell zehn Hersteller zusammen, eine Einführung ab 2027 bleibt als Zielperspektive gesetzt. Und nur zur Klarstellung: Toyota favorisiert ein Reglement mit H_2-Verbrenner, also nicht die Brennstoffzelle. „Für Toyota ist das auf jeden Fall eine sehr zukunftsträchtige Technologie, denn der H_2-Verbrenner könnte gerade auch in Verbindung mit Hybrid eine wirklich spannende Lösung sein – und zwar sowohl im Motorsport wie auch für sportliche Fahrzeuge auf der Straße", erklärt Leupen.

Toyota ist also ein Verfechter der klassischen Lehre, wonach im Motorsport nicht das Marketing im Zentrum steht, sondern relevante Technologien. „Die großen Themen der Gegenwart heißen Nachhaltigkeit und Effizienz", sagt Teamdirektor Rob Leupen. „Deshalb müssen wir den CO_2-Fußabdruck im Motorsport reduzieren und effizienter werden – das ist unser Motorsport-Zielhorizont für den Zeitraum bis 2035." Motorsport soll nach diesem Grundverständnis ein Versuchslabor für die Zukunft sein – und damit automatisch auch für die Straßenfahrzeuge und die individuelle Mobilität.

Text: Marcus Schurig **Fotos:** Motorsport Images, Toyota

Toyota dominierte 2023 die Hypercar-Klasse auch wegen der perfekten Reifennutzung. Mittlerweile haben Porsche und Ferrari den Rückstand verringert

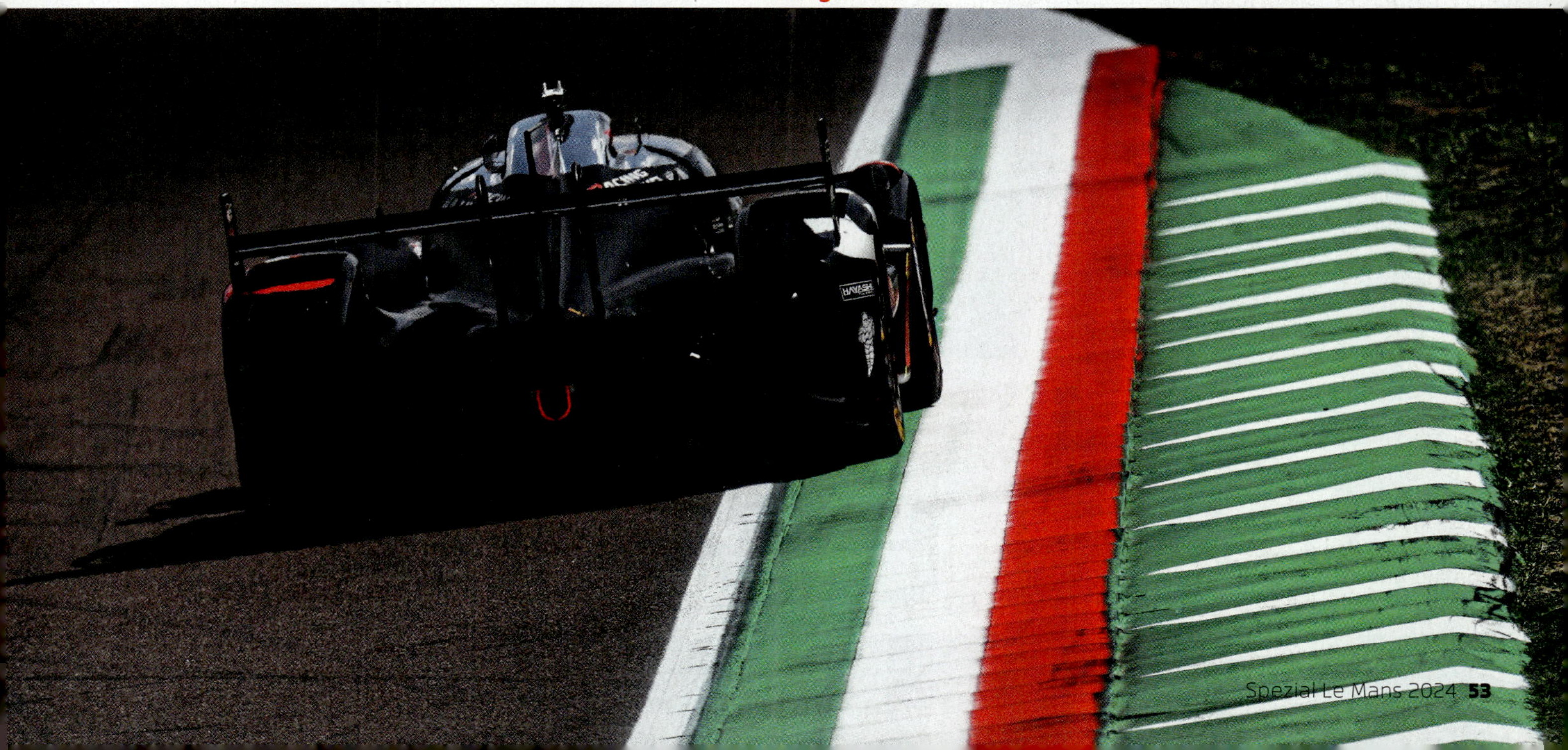

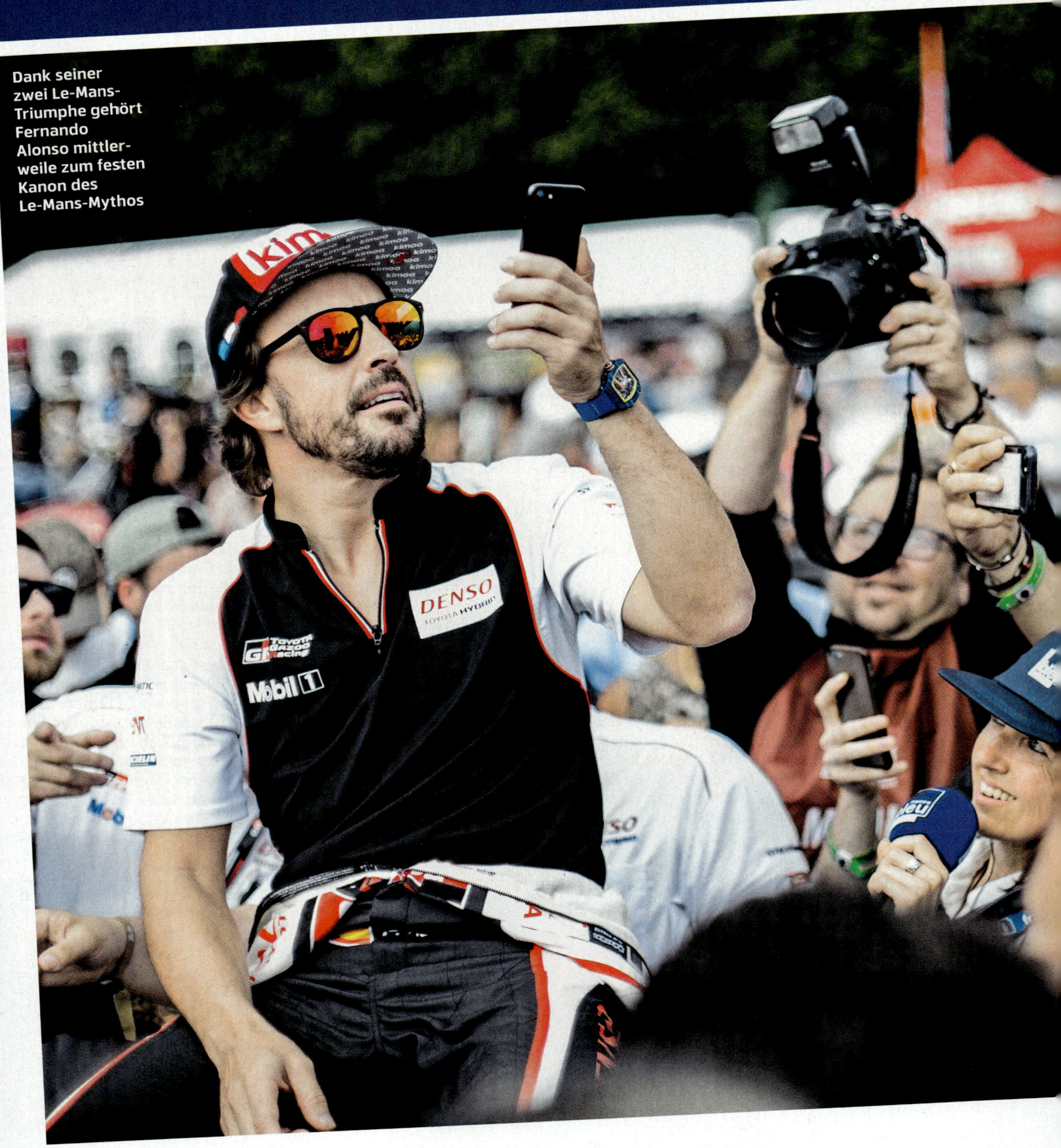

Dank seiner zwei Le-Mans-Triumphe gehört Fernando Alonso mittlerweile zum festen Kanon des Le-Mans-Mythos

Und ewig lockt

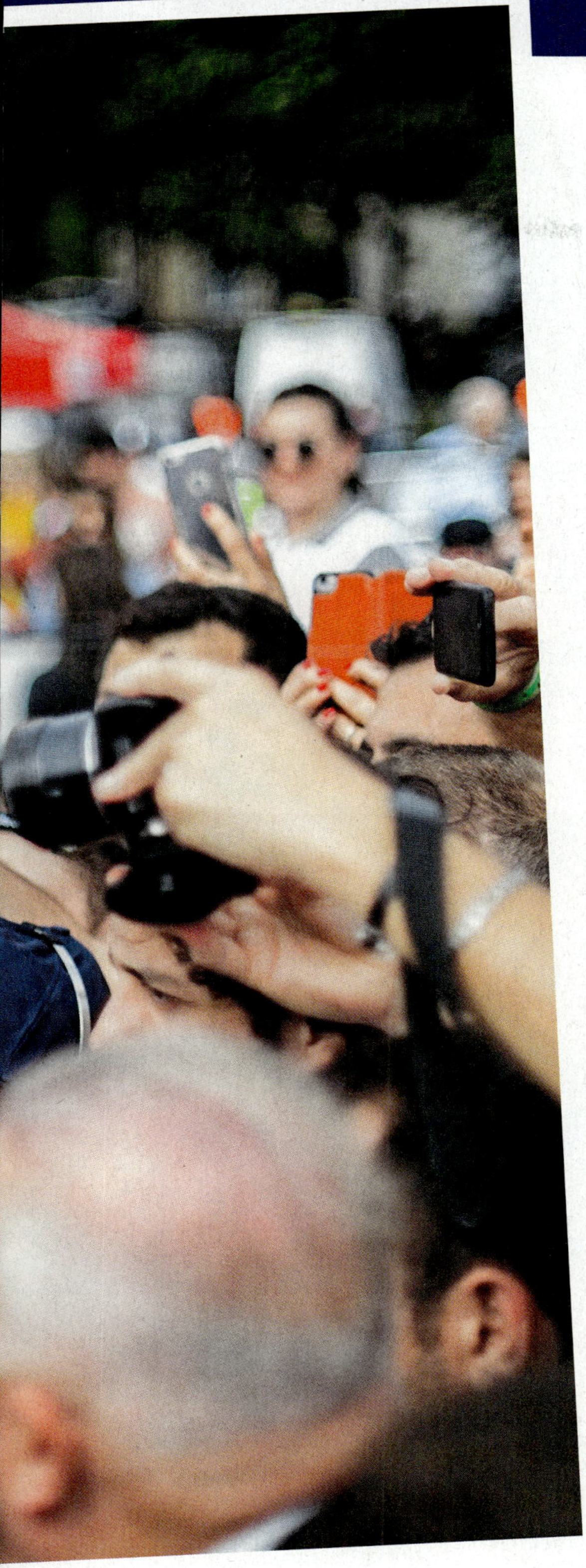

Le Mans

Die 24 Stunden von Le Mans sind vielleicht das einzige Rennen des Planeten, das keine Stars bräuchte. Doch regelmäßig teilt sich der Klassiker Aufmerksamkeit mit großen Namen – um am Ende selbst der Gewinner zu sein.

Wie ein Magnet zieht ein zunächst verborgener Punkt eine Menschenmenge an. Wo immer er sich hinzubewegen scheint, folgen ihm konsequent die gereckten Köpfe und interessierten Rufe. Erst bei genauerem Hinsehen stechen die 1,71 Meter von Fernando Alonso schließlich aus der vibrierenden Masse an Langstrecken-Fans hervor. Egal, was er tut: Der zweimalige Formel-1-Weltmeister steht im Mittelpunkt der Le-Mans-Feierlichkeiten des Jahres 2018. Obwohl die 24 Stunden seit jeher ihre eigenen Ikonen hervorbringen – teils auf Augenhöhe mit den überlebensgroßen Namen der Formel 1 –, zeigte das Debüt des Spaniers eines deutlich: Stars elektrisieren das Spektakel an der Sarthe immer noch ein bisschen mehr.

Historisch war der Motorsport-Marathon jedoch nie darauf ausgelegt, sich mit großen Namen aufzuplustern. Stattdessen sollte das 1923 begründete Rennen die alltagstaugliche Technik und die Party drumherum in den Mittelpunkt stellen – als bewusste Abkehr von der Grand-Prix-Vorgeschichte in der Region. Die Pionierjahre zwischen den Weltkriegen glichen in der Folge zwar nicht einer Amateur-Veranstaltung. Aber begeisterte Gentlemen wie die ikonischen Bentley Boys waren mehr die Regel als die GP-Stars der Zeit. Was nicht bedeutet, dass Rudolf Caracciola, Tazio Nuvolari und Co. nie die Reise nach Le Mans angetreten hätten.

Der „Fliegende Mantuaner" Nuvolari gewann sogar für Alfa Romeo das Rennen im Jahr 1933. Auch deswegen genießt er bis heute bei vielen den Ruf als bester Fahrer der Geschichte.

Die Ära der legendären Namen startete zusammen mit der Renaissance der Sportwagen-Kultur nach dem Zweiten Weltkrieg. Während sich die Formel 1 erst als Erbin des klassischen Grand-Prix-Sports beweisen musste, erlebten die immer fortschrittlicheren GT-Renner ein rasches Wachstum. Aston Martin, Ferrari, Jaguar und Co. schickten dementsprechend ihr bestes Fahrerpersonal dorthin, wo das meiste Prestige erstritten werden konnte: Le Mans. Für viele Piloten waren die großen Langstrecken-Rennen fester Bestandteil ihrer Jahresplanung. Im Gegensatz zu den heute fürstlichen Gehältern glichen die Fahrer ohne eine sorgenfreie noble Herkunft damals häufig besseren Tagelöhnern.

Das Ende der Allrounder

Besonders in den 1960er-Jahren boten die Felder der Formel 1 und die Startaufstellung von Le Mans so zahlreiche Überschneidungen. Ein perfektes Beispiel ist die Ausgabe 1961. Abseits weniger Ausnahmen hatten alle wichtigen Fahrer der Königsklasse ein Cockpit beim Klassiker gefunden – darunter: Wolfgang Graf Berghe von Trips, Stirling Moss, Jim Clark und Bruce McLaren. Ihnen voraus waren nach 24 Stunden die Ferrari-F1-Stallgefährten Phil Hill und Olivier Gendebien. Das Duo feierte seinen zweiten von insgesamt drei gemeinsamen Le-Mans-Siegen.

Für den US-Amerikaner wurde die Saison 1961 anschließend noch besser. Hill gewann als erster Sohn des „Land of the Free" die Krone der Königsklasse. Seit über 60 Jahren kam kein Pilot dem Glanzstück des Dop-

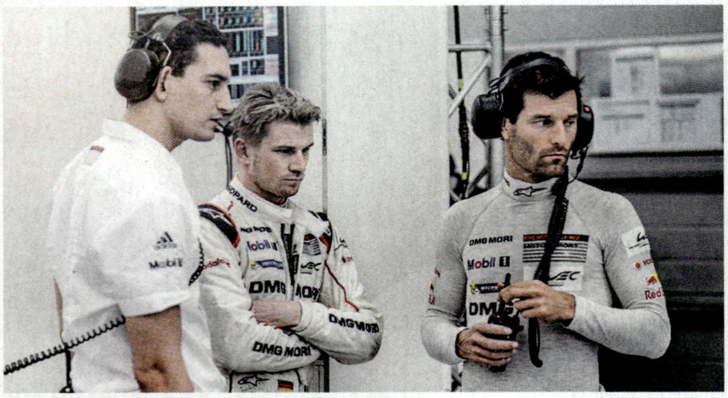

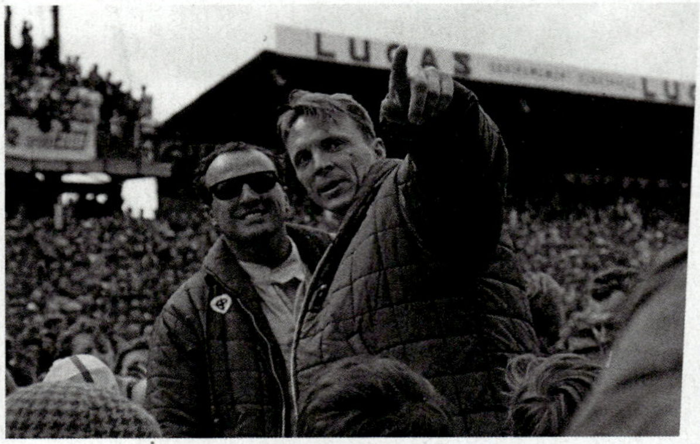

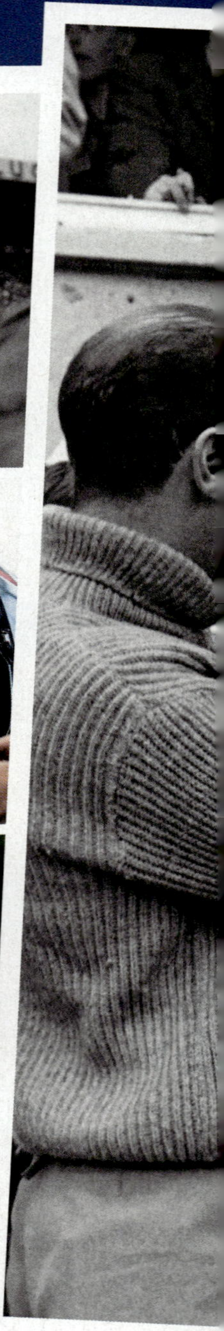

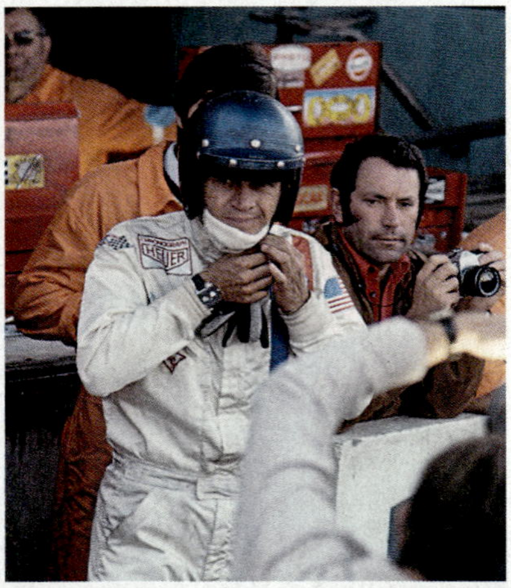

„Le Mans verlangt eine andere Art von Fahrer. Du musst das Talent, aber auch den Verstand haben"

Jenson Button, Formel-1-Champion

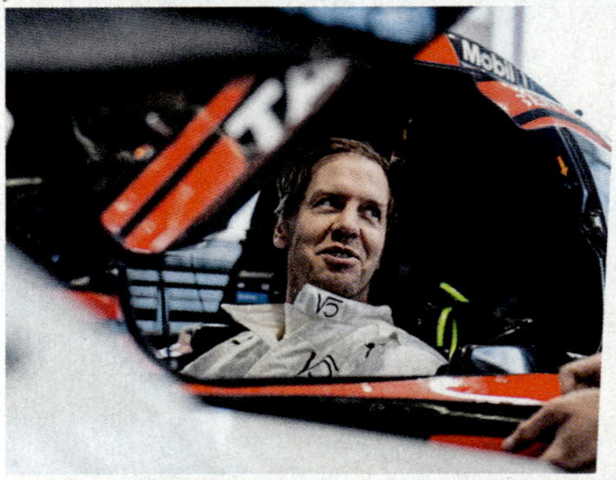

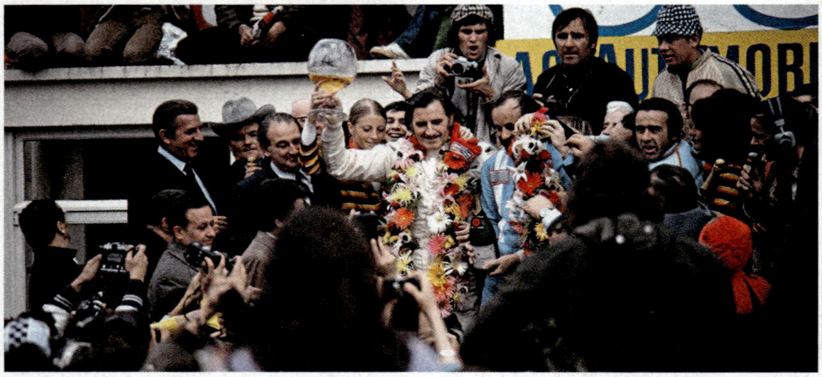

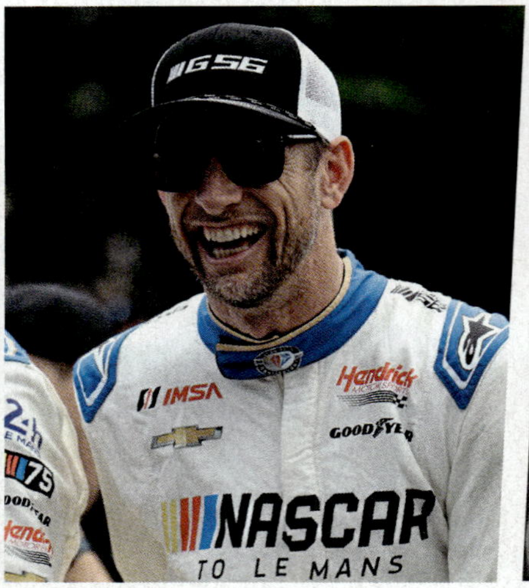

In der Vergangenheit war Le Mans meist ein wichtiges Zubrot für Ikonen wie Gurney oder Hill, heute entscheiden sich ihre modernen Gegenstücke der Kategorien Button oder Webber bewusster für die Teilnahme

pelerfolgs im Ansatz nahe. Der Grund hierfür findet sich schon im Laufe der 1970er-Jahre. Durch die massive Professionalisierung und Kommerzialisierung der Formel 1 schrumpfte der Spielraum für ihre nun auch so genannten Stars mit jedem Jahr mehr. Aus den vormals bunten Programmen, zu denen häufig Auftritte in US-Serien und in kleineren Formel-Rennen gehörten, wurden die modernen Exklusivitäts-Klauseln.

Heroes made in Le Mans

Auf Höhepunkte wie Graham Hills im Jahr 1972 vollendete Triple Crown nach vorherigen Siegen in Monaco und beim Indy 500 – zur damaligen Zeit im Übrigen nur eine Randnotiz – und die Husarenritte von Jacky Ickx folgte das Zeitalter der Langstrecken-Spezialisten. Viele brachten jedoch eine Formel-1-Ausbildung mit.

Andersherum gab es auch regelmäßig den Fall, dass aufstrebende Piloten die Langstrecke als Sprungbrett nutzten. Noch vor ihren ersten Grands Prix hatten beispielsweise Heinz-Harald Frentzen, Damon Hill und Michael Schumacher schon die Feuertaufe in der Sarthe bestanden. Wieder andere folgten einem Credo, welches der Überlieferung nach vom Weltmeister Emerson Fittipaldi stammen soll: „Le Mans ist ein Rennen für Autos, nicht für Fahrer. Ich werde nie dort starten." Sein Verlust.

Das gegenwärtige Verhältnis von Le Mans und seinen Stars gestaltet sich ambivalent. Obwohl durchaus internationale Größen wie der amtierende IndyCar-Champion Álex Palou 2024 genannt sind, handelt es sich bei den meisten Stars entweder um Szene-Ausnahmekönner oder Piloten, die bereits ihre Lorbeeren verdient haben. So entdeckten zahlreiche F1-Fahrer zuletzt wieder einen lukrativen zweiten Karriereweg in der Sportwagen-WM. Die Fallbeispiele von Nico Hülkenberg im Jahr 2015

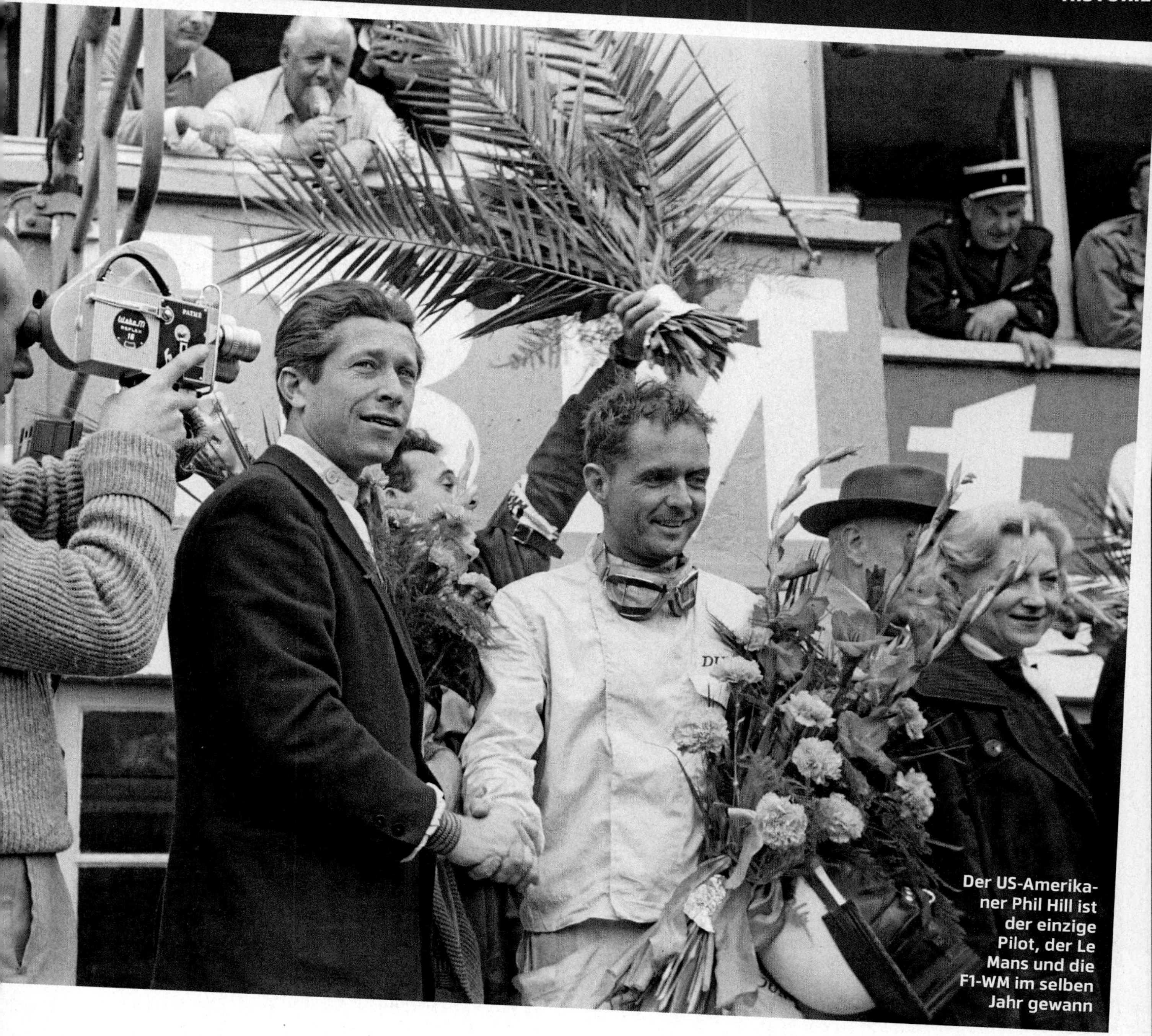

Der US-Amerikaner Phil Hill ist der einzige Pilot, der Le Mans und die F1-WM im selben Jahr gewann

und Fernando Alonso im Jahr 2018 zeigten zwar, dass beides in einer Saison funktionieren kann. Aber mit reichlich Aufwand und noch größeren Kompromissen verbunden ist. Dementsprechend vertrösten Verstappen, Leclerc und Co. gerne mit der Floskel: „Eines Tages …"

Kino ohne Leinwand

Wie vor bald 70 Jahren macht der Marken-Boom Le Mans aber wieder zu einer rennsportlichen Traumreise. Jenson Button, der vor zehn Jahren dem Rennen in Interviews noch eine schroffe Abfuhr erteilte, erklärt mittlerweile: „Jeder denkt, Le Mans ist nur ein Langstrecken-Lauf, und alle nehmen es leicht, aber das ist ein Trugschluss. Hier geht es 24 Stunden lang zur Sache. Und danach will man weinen – sei es aus Freude, aus Frust oder einfach nur aus Erleichterung nach dem Ankommen."

Für den Film-Fan ist wenig überraschend Steve McQueens „Le Mans" dabei die Inspiration. Obwohl der Schöpfer des laut Button „einzigen total realistischen Rennfilms" nie selbst teilnahm, prägte er ein weiteres Genre von Stars bei den 24 Stunden – die, die dort gar keine sein wollen. Allen voran Paul Newman, Patrick Dempsey und Michael Fassbender versuchten sich an der echten Herausforderung. Wie bei den rennsportlichen Stars war der größte Gewinner am Ende das Rennen selbst.

Text: Philipp Körner
Fotos: Getty, Motorsport Images, Porsche

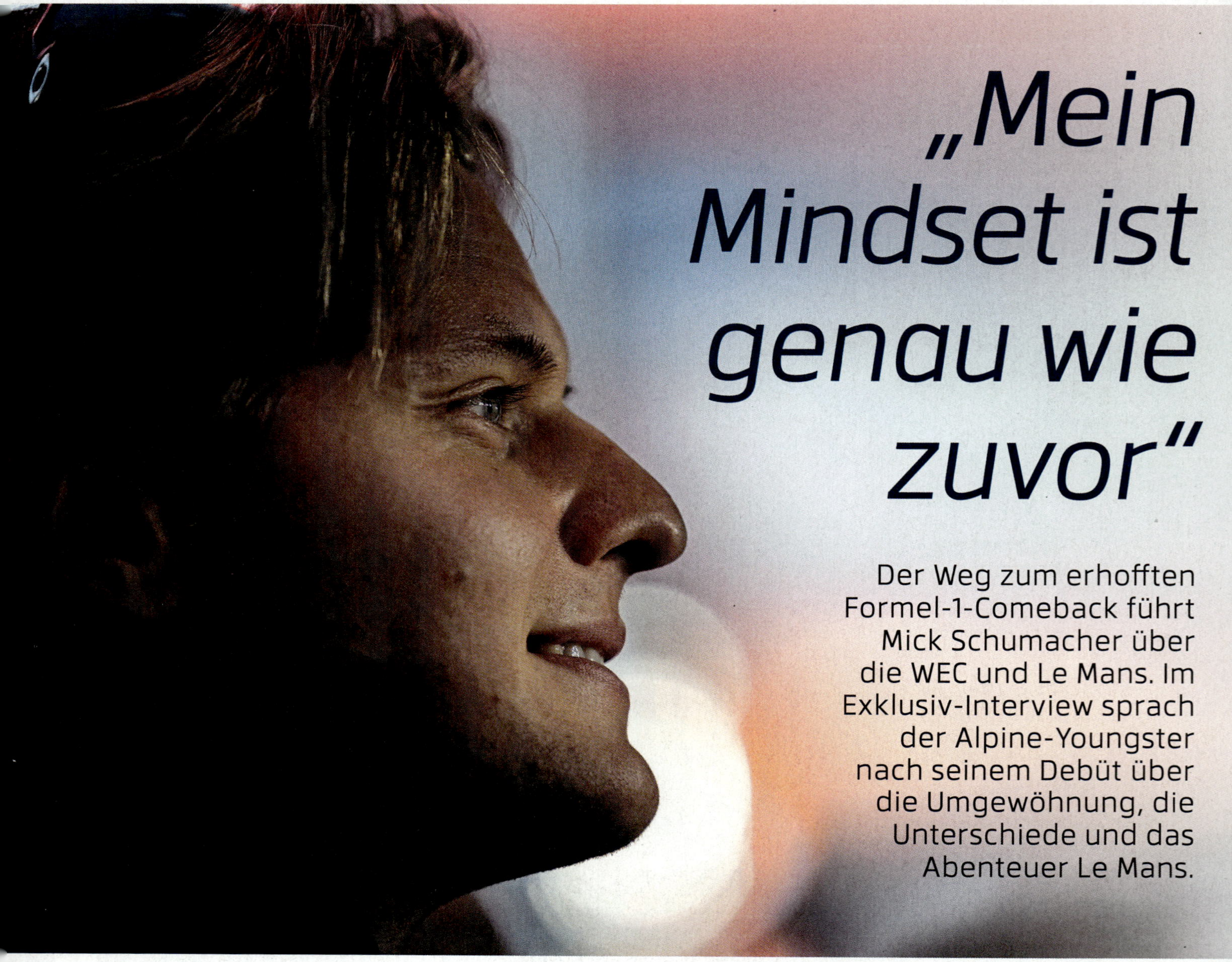

„Mein Mindset ist genau wie zuvor"

Der Weg zum erhofften Formel-1-Comeback führt Mick Schumacher über die WEC und Le Mans. Im Exklusiv-Interview sprach der Alpine-Youngster nach seinem Debüt über die Umgewöhnung, die Unterschiede und das Abenteuer Le Mans.

Bei Ihrem ersten WEC-Rennen standen Sie dank guter Rundenzeiten, aber auch durch einen unglücklichen Kies-Ausrutscher im Fokus. Wie blicken Sie auf den Erstkontakt mit der Langstrecke zurück?
Ich finde, dass er insgesamt recht positiv war. Wir haben das Rennen ohne größere Probleme zu Ende fahren können, wir waren mit einem Auto in den Punkten und wir hätten es sogar schaffen können, mit beiden Autos in den Punkten zu sein. Für den Auftakt können wir zufrieden sein. Das Projekt ist seit acht Monaten auf der Rennstrecke am Laufen, und das ist nicht allzu viel. Eine solche Leistung hinzulegen, das war von Alpine schon ein Ausrufezeichen.

Für Hypercar-Teams stellte es sich unglaublich schwer dar, in Katar frische Reifen zu Stint-Beginn auf Temperatur zu bringen, sie aber gleichzeitig nicht zu überbeanspruchen. War die Situation bei Alpine ähnlich kritisch?

VITA

Mick Schumacher, Jahrgang **1999,** ist seit **2008** im Motorsport aktiv und startet diese Saison erstmals in der Sportwagen-WM WEC. Der frühere **Meister der Formel 2 und 3** will über Le Mans zurück in die Königsklasse, wo er 2021 und 2022 für das Haas-Team antrat

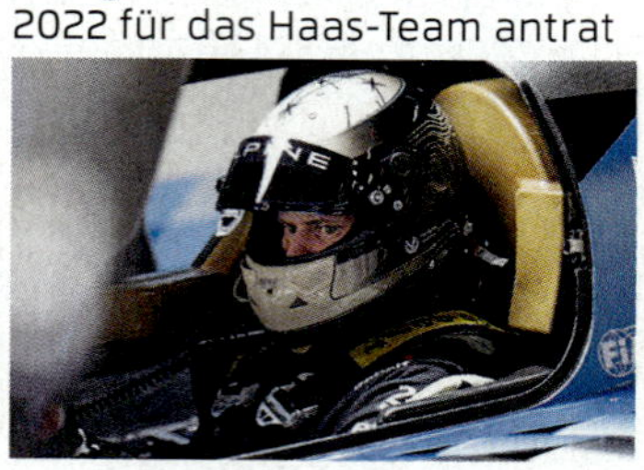

Das Thema Reifen-Warmfahren ist bei allen gleich. Wir haben keine Reifenwärmer, das bedeutet, dass man nie vorhersagen kann, wie viel Grip man hat. Daher fahren alle relativ vorsichtig los, und so haben wir das auch gemacht.

Die aktuellen Hypercars besitzen zwar ordentlich Leistung, aber haben auch relativ viel Gewicht, relativ wenig Abtrieb und relativ schmale Reifen. Das schien zu bedeuten, dass GT-Piloten damit sehr gut zurechtkommen. Wie haben Sie sich in dieser Welt als Single-Seater-Spezialist zurechtgefunden?
Ich kann verstehen, warum sich die GT-Fahrer in diesem Feld zu Hause fühlen. Wie angesprochen ist unser Auto relativ schwer und hat relativ wenig Downforce – ja, es ist schon ganz schön anders zu fahren als ein Formel-Auto. Glücklicherweise bin ich ein offener Mensch und kann mich recht gut an Neues anpassen. Für mich ist dies ein Rennauto, aus dem man das Beste rausholen will, wie sonst auch.

Vom Mindset ist das genauso wie bei den Kategorien, die ich vorher gefahren bin.

Was war für Sie die größte Umstellung als Rennfahrer – Stichwort: Multi-Class-Racing und GT-Fahrzeuge als „Hindernisse"?
Es hat Spaß gemacht, weil es immer etwas gab, was man tun musste oder worüber man nachdenken musste. Daher habe ich mich recht schnell zu Hause gefühlt. Natürlich ist es noch neu, und natürlich will ich mich noch besser daran gewöhnen und die Fahrweisen auch der GT-Autos noch besser einschätzen können, sodass ich in Le Mans genau weiß, was ich mit dem Auto machen kann und was nicht.

Wie lange brauchen Sie, um sich wieder auf die Tätigkeit als Mercedes-Test- und -Entwicklungsfahrer einzuschießen? Wie schwierig ist der Wechsel hin und her für Sie?
Der Wechsel ist gar nicht so schwierig für mich. Ich kenne das F1-Auto generell so gut, dass ich da sofort reinspringen könnte, und beim Hypercar ist das auch so.

In beiden Fällen treten Sie für Werke an. Können Sie beide Projekte vergleichen?
Der auffälligste Unterschied in der WEC ist natürlich, dass wir sechs Fahrer sind. Daher sind die Meetings meistens länger. Und dann ist das Hypercar-Engagement für Alpine ja noch neu, insofern gibt es überall Schrauben, an denen wir drehen können.

Zum ersten Mal sind Ihre Teamkollegen nicht die Hauptrivalen. Muss man sich die neue Mentalität immer wieder vor Augen führen?
Nein, denn im Endeffekt sitze ich ja trotzdem allein im Auto. Es ist ja nicht so, als ob einer Gas gibt, der andere bremst und der andere lenkt. Mein Ziel ist es natürlich, das Auto so weit vorn wie möglich und so schnell wie möglich an den nächsten Fahrer abzugeben. Klar ist das Gesamtbild anders, aber dennoch ist meine Leistung genauso wichtig wie sonst auch. Ich will das beste Ergebnis erreichen und meine beste Leistung geben.

Was waren die nützlichsten Rookie-Tipps von erfahrenen Kollegen wie Nicolas Lapierre?
Ich habe viele Tipps gekriegt, aber im Endeffekt geht es darum, das „Sprint-Race-Feeling" rauszukriegen, sich auf die Länge der Rennen einzustellen und sich die Zeit zu nehmen. Manchmal ist es besser, zwei, drei Zehntel durch Geduld zu verlieren als zwei, drei Sekunden durch Übereifer.

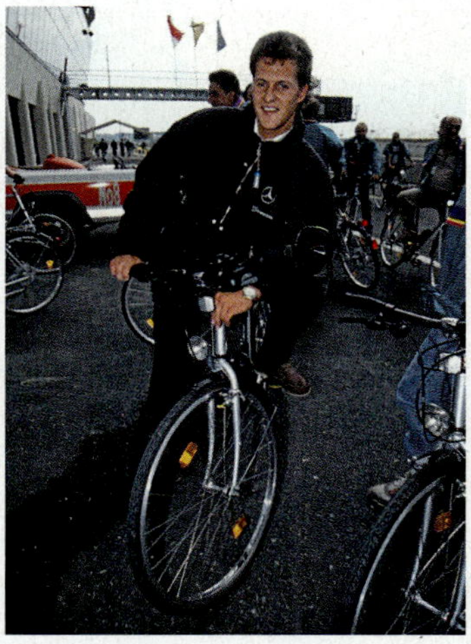

Michael Schumacher bestritt 1991 als Mercedes-Junior die 24 Stunden. Trotz Technik-Ärger sprang Platz fünf heraus

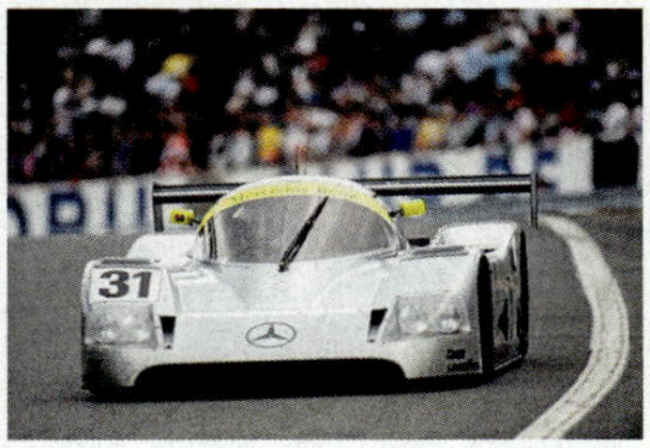

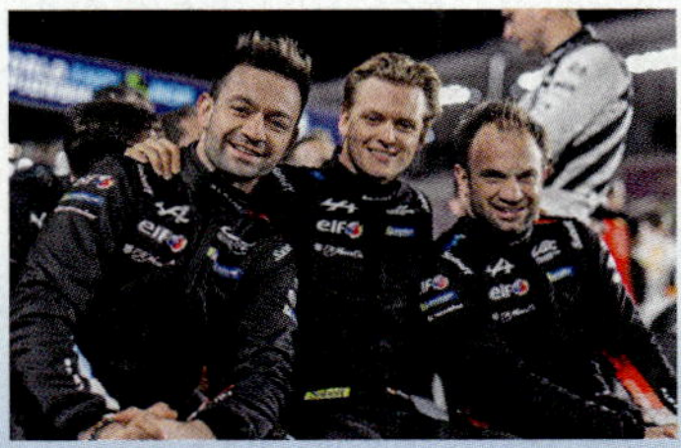

Wie unterscheiden sich die Hybrid-Philosophien der Formel 1 und der Hypercars?
Es sind andere Herangehensweisen. Im Hypercar ist der State-of-Charge kein so großes Thema. Wir kriegen eine gewisse Gesamtsumme an Energie, die wir verbrauchen können. Je mehr wir zurückhalten, desto länger können wir den Stint ziehen. Das verringert die Boxenstopps. In die Verteilung stecken wir viel Aufwand bei der Vorbereitung – speziell für Le Mans.

Auf Ihrem Weg in die Formel 1 war Le Mans naturgemäß nur eine Randnotiz. Wie empfinden Sie bislang das Einarbeiten in den neuen Kosmos? Und welchen Stellenwert hat Le Mans für Sie als Profipilot?
Für mich war das bisher offen gesagt nie so ein großes Thema, weil ich in der Formel-Welt unterwegs war und mein Ziel immer die F1 war. Aber klar, jetzt werde ich selber dort starten, und ich freue mich, dort starten zu dürfen. Denn natürlich weiß ich, dass das eines der ganz großen Rennen ist, und dort zu fahren wird sicher speziell.

Der Name Schumacher und die 24 Stunden haben zwar nur eine kleine, aber in der Szene durchaus geschätzte Verbindung. Hat auch das an Bedeutung für Sie gewonnen?
Die Autos sind schon sehr anders als damals die Autos der Gruppe C, aber natürlich ist es eine sehr schöne und witzige Anekdote.

Glauben Sie, dass Ihr Ausflug auf die Langstrecke zu einem Vorbild für andere Jungfahrer werden kann, die durch die wenigen F1-Plätze pausieren müssen?
Ich denke, jeder muss seinen eigenen Weg finden. Es gibt viele Optionen, um professionell Rennen zu fahren außerhalb der Formel 1. Die WEC ist aber auf jeden Fall auf der Top-Liste.

Das Interview führten die auto motor und sport-Redakteure Marcus Schurig und Philipp Körner
Fotos: Alpine, Motorsport Images

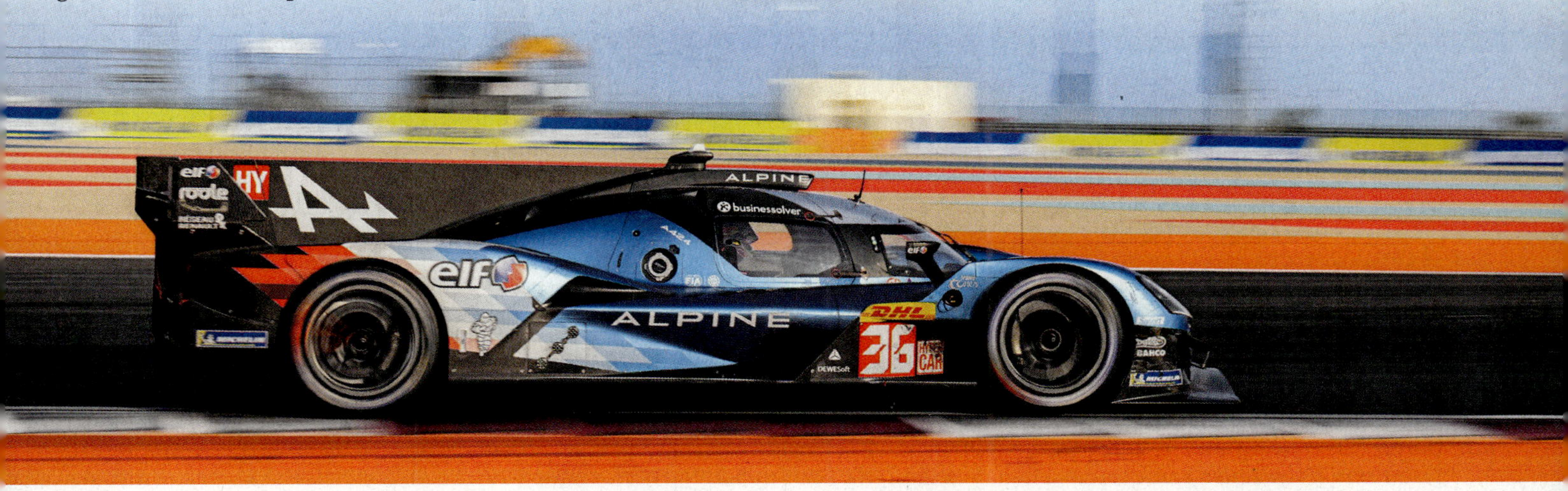

Alpine gelang in Katar das beste Debüt der drei neuen Hypercar-Hersteller – Mick Schumacher lobt es als „Ausrufezeichen"

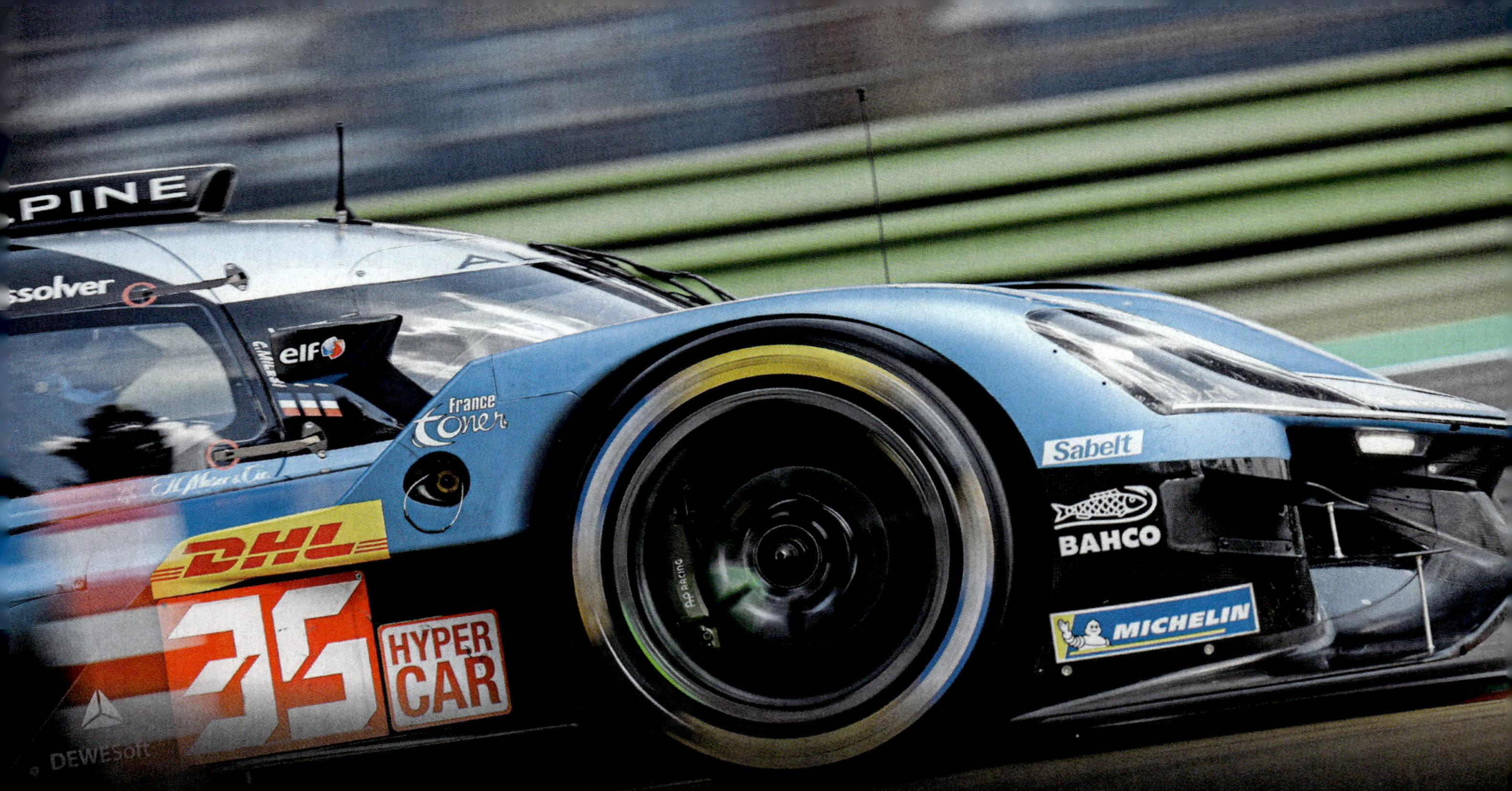

Bergfest

Schon seit mehreren Jahren bündelt Renault seine (motor-)sportlichen Ambitionen in der wiederbelebten Traditionsmarke Alpine. Der Fokus auf den speziellen Sport-Ableger ist wie bei der Konkurrenz wirtschaftlich getrieben, hat aber einen tieferen Sinn – wie der deutsche Brand-Direktor samt einem Versprechen erklärt.

Jean Rédélé mag zwar ein Kind der Alabasterküste gewesen sein, doch sein Herz schlug für die Berge. Dort holte der Normanne nicht nur seine ersten Erfolge bei zahlreichen Rallyes, sondern fand auch die Namensinspiration für die 1955 gegründete Manufaktur Alpine. Das Schicksal des technisch hochbegabten Rédélé war von Beginn an eng mit dem Renault-Konzern verbunden. Zum einen betrieb sein Vater eine Niederlassung im heimischen Dieppe, zum anderen erlaubte ihm ein bodenständiger Renault 4 CV den Start in der wilden Welt des Motorsports. „Ich hatte den meisten Spaß mit ihm in den Alpen. Ihre Straßen haben mir den Genuss des Fahrens beigebracht", blickte er zurück.

Die Treue des 1922 geborenen Konstrukteurs hatte jedoch einen Haken: Das sportliche Level, welches er sich wünschte, wurde von Renaults Modellpalette begrenzt. Aus anfänglichen Sonderversionen wurde schließlich die besagte eigene Manufaktur. Die beste Werbung für ihre Produkte präsentierte ein ausgiebiges Motorsport-Programm. Gekrönt wurde diese Pionierphase von der 1962 vorgestellten Stilikone Alpine A110.

Rallye und Le Mans

Trotz des Freiheitsdrangs blieb die Bindung an Renault immer eng. Die Zusammenarbeit auf technischer, wirtschaftlicher und sportlicher Ebene wurde während der Ölkrise dann zur Rettung des dramatisch in Schieflage geratenen Sportwagen-Start-ups. Ausgerechnet in dem Jahr, in dem Alpine mit dem Rallye-WM-Titel auf seinem vorläufigen sportlichen Höhepunkt ankam, erlitten die Franzosen bilanziellen Schiffbruch. Renault sprang in die Bresche und rettete 1973 die Firma.

Rédélé wechselte durch die Übernahme in die Beobachterrolle, in der er unter anderem den Le-Mans-Sieger des Jahres 1978 namens Renault Alpine A442B verfolgte. Bis zur vorläufigen Einstellung seines Herzensprojekts Mitte der 1990er-Jahre erlebte die Marke daraufhin eine wechselhafte Geschichte auf der Straße und auf der Rennstrecke. Alpine kehrte schließlich 2017 zurück. Im Fokus: das wiederbelebte Kürzel A110. Parallel wurden die Sportprogramme schrittweise unter das blaue Banner gebracht: erst die Langstrecke, dann 2021 auch die Formel-1-Equipe.

Aus Ehen werden Affären

„Wir als Marke wurden für und im Motorsport geboren“, fasst der deutsche Brand-Direktor Max Müller den Selbstanspruch zusammen und verweist unter anderem auf die Leichtbau-DNA. Doch warum braucht Renault dafür die eigene Marke? „Einen Sportwagen braucht am Ende keiner. Es geht darum, dass Menschen ihn haben wollen. Aus der strategischen Sicht des Konzerns konnten wir erkennen, dass das sportliche Segment zuletzt gewachsen ist. Das deutet grundsätzlich auf ein Interesse der Kunden hin. Andererseits sinkt auch die Loyalität zu den etablierten Volumen-Marken. Auf solche Präferenzen müssen wir reagieren.“

Was führte zum Bedeutungsverlust der früher noch so klassischen Beziehung zwischen Kunden und Marke? „Eine Erklärung ist, dass der Markt unter anderem hier in Deutschland in der Summe nicht mehr wächst und somit stabil bleibt. Die Anzahl der Marktteilnehmer wächst hingegen kontinuierlich. In den nächsten Jahren wird es durch neue asiatische Konkurrenten einen weiteren großen Sprung geben. Daraus resultieren ein großes Angebot und ein Preiskampf.“

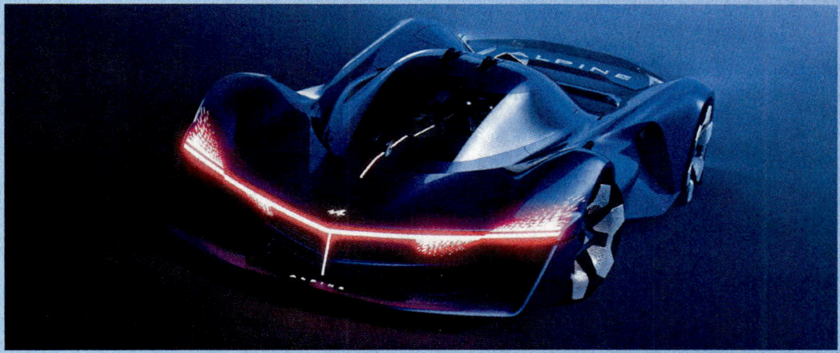

Große Bühne: Alpine stellte das Wasserstoff-Konzept Alpenglow (l.) beim WEC-Lauf in Spa vor, im Rahmen von Le Mans wird der finale Hot-Hatch-Stromer A290 (u.) präsentiert

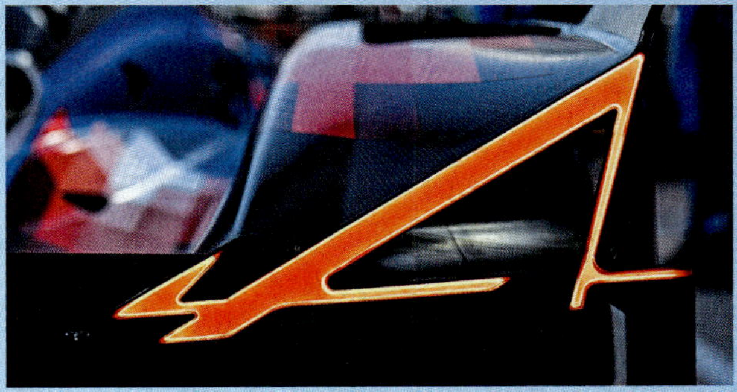

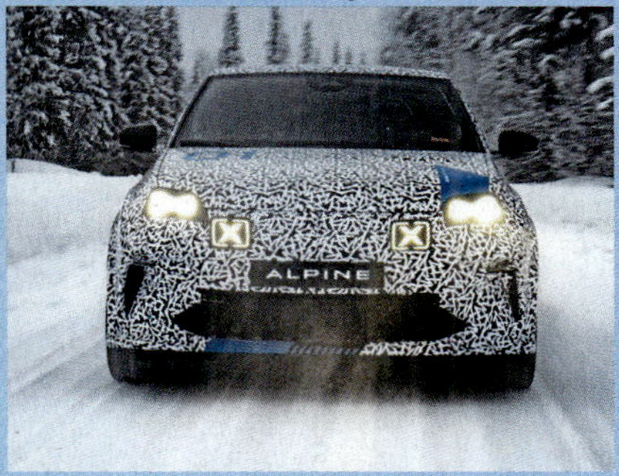

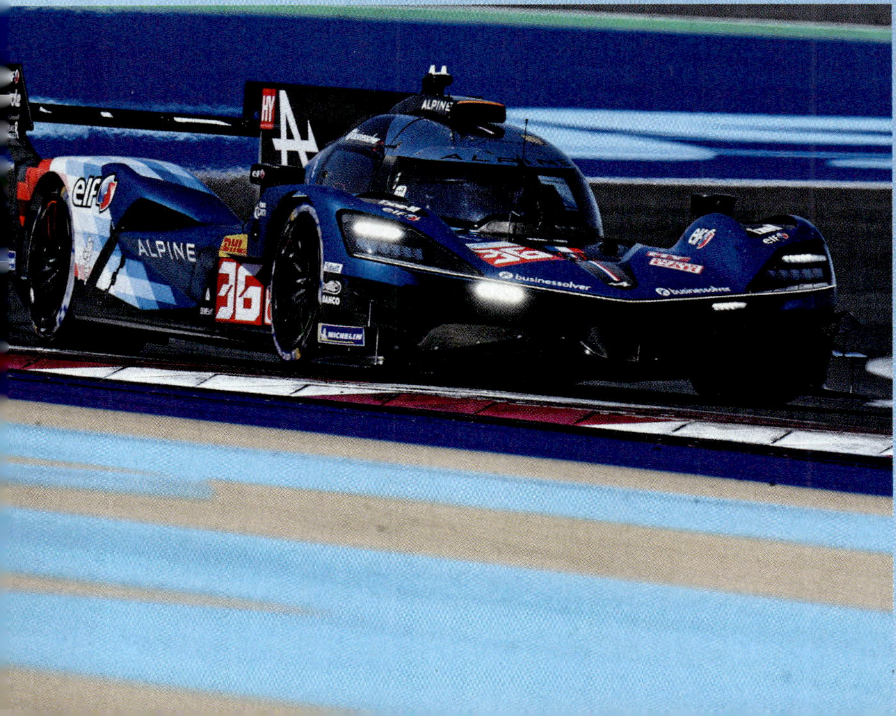

Laufsteg: Die Design-Freiheiten der LMDh-Regularien setzten die Franzosen vielfältig um – allen voran bei den Rückleuchten. Die Farbgebung ist mit dem F1-Projekt abgestimmt

Der heutige Kunde ist laut Müller auf der Suche nach einer Marke, mit der er sich identifizieren kann. Bei der Gestaltung des entsprechenden Ablegers gibt es für den Konzern jedoch etliche Fallstricke. Die Ziele müssen eine klare Positionierung und eine ausgefeilte Identität sein, die innerhalb der sonstigen Markenarchitektur abgegrenzt ist. „Sonst fährt die sportliche Tochter der etablierten Mutter davon“, sagt Müller.

Versprechen an den Sport

Auch wenn es zunächst widersinnig klingen mag, hat die Elektro-Mobilität als Markenkomponente einen positiven Einfluss auf den klassischen Motorsport. „Es ist heute relativ einfach, ein E-Fahrzeug mit 800 PS zu produzieren. Anbieter mit wenig Erfahrung können das genauso. Das ist aber nicht die Währung der Zukunft für Sportwagen. Umso wichtiger ist es, in diesem Bereich die Authentizität innerhalb der Kundengruppe – ganz speziell in Deutschland – zu behalten und sich in der Königsklasse des Rennsports mit Wettbewerbern zu messen. Sonst wird man nicht als Sportwagen-Marke wahrgenommen. Das ist unser fester Glaube. Zudem ist der sportliche Wettbewerb seit jeher integraler Bestandteil unserer Identität.“

Die Elektrifizierung bringt aber ebenso die Gefahr einer endgültigen Entkopplung von Straße und Strecke mit sich. Alpine plant beispielsweise sieben neue Modelle bis 2030 – bei allen stehen E-Antriebe im Mittelpunkt. Haben die Sportprogramme also ein Verfallsdatum? „Definitiv nein. Zum jetzigen Zeitpunkt ist es schwierig, mit den physikalischen Voraussetzungen eines Elektrofahrzeugs dauerhaft einen interessanten Sport zu bieten. Für die Zukunft sieht das anders aus. Wir werden uns nicht vom Motorsport verabschieden, egal was sich technologisch im Markt verändert.“

Auf potenzielle Veränderungen bereitet sich Alpine durch Projekte wie den Alpenglow vor. Das Konzeptfahrzeug mit einem wasserstoffbetriebenen Verbrennungsmotor hatte im Rahmen des Spa-Laufs der WEC seine Premiere. „Wir sind als Marke, aber auch als Konzern technologieoffen und denken in alle Richtungen. Wir dürfen nicht aufhören, Alternativen zu prüfen“, fordert Müller. Der Geist von Rédélé schwebt also weiter über dem zackigen A.

Text: Philipp Körner
Fotos: Alpine, Thomas Antoine, XPB

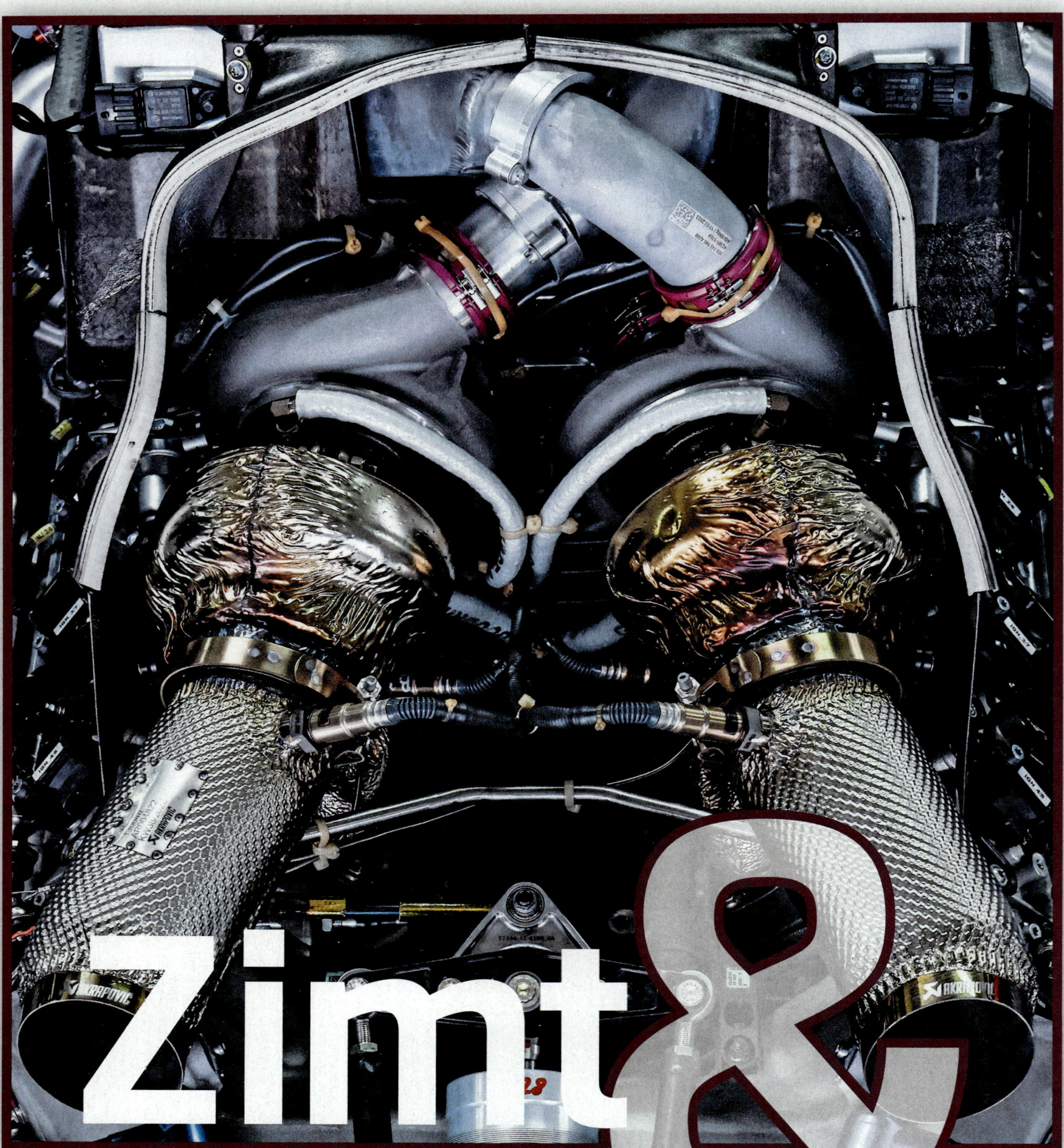

Zimt & Zunder

Was im Porsche 963 längst perfektionierter Standard ist, galt viele Jahre als der Wilde Westen des Rennsports. Zum 50. Geburtstag des ersten Serien-911-Turbo blicken wir auf ikonische Renner mit mächtigen Ladern zurück.

Den ersten großen Sieg errangen Porsche-Turbos nicht auf der Rennstrecke – sondern auf dem Reißbrett. Nachdem sich die US-amerikanische Can-Am-Serie als perfekte Anschlussbeschäftigung für den 1971 aus der WM geschmissenen Porsche 917 erwiesen hatte, stand das Team von Ferdinand Piëch nämlich vor einer harten Entscheidung: Erhöht man auf einen Sechzehnzylinder mit über sechs Litern Hubraum, oder wird der V12 fortan mit Turboladern aufgepustet?

Die heute nahezu absurd wirkende Abwägung hatte einen revolutionären Hintergrund, wie Motorenpapst Hans Mezger später im Fachbuch „turbo" erklärte: „In amerikanischen Ovalrennen wie Indianapolis wurde erstmals im Jahr 1965 mit Turbos gefahren. Die damalige Abgas-Aufladung war wegen ihres schlechten Ansprechverhaltens aber unbrauchbar für Straßenrennen vom europäischen Typ." Weil insbesondere die Formel 1 keine Anreize zur Nutzung und Weiterentwicklung gab, blieb die Technik in Europa lange braches Neuland. Porsches finale Wahl pro Turbo war dann zwar nicht einzigartig – unter anderem tüftelten der Schweizer Michael May an Tuning-Capri und BMW an Serienautos herum –, aber auf diesem sportlichen Level nahezu unerhört. Mezger erzählte: „Uns war klar, dass wir damit nicht gleich auf die Siegerstraße kommen würden."

Unaufhaltsame Revolution

Nach dem Debüt des rund 1000 PS starken Endresultats Porsche 917/10 am 11. Juni 1972 im kanadischen Mosport holte George Follmer am 9. Juli auf dem Traditionskurs Road Atlanta den ersten Sieg. Der US-Pilot, der den verletzten Mark Donohue ersetzte, marschierte im offenen 180-Grad-V12-Monster anschließend zum Titel und pulverisierte damit die vorherige McLaren-Dominanz. Für

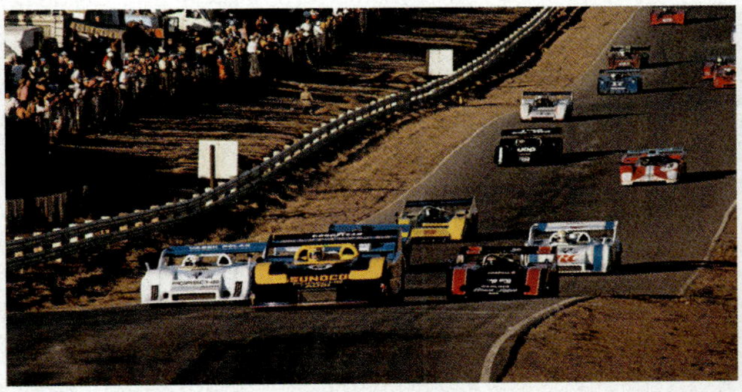

König der Monster: Als der Porsche 917/30 im Jahr 1973 die Can-Am-Bühne betrat, erschienen die ebenfalls radikalen McLaren-Renner und sein Vorgänger 917/10 nur noch wie Spielzeug. Pilot Mark Donohue bewegte den doppelt geladenen V12-Spyder meisterlich am Limit

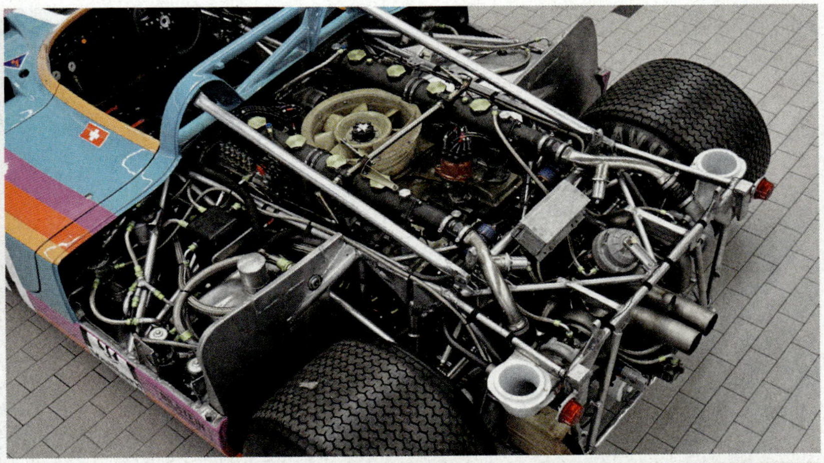

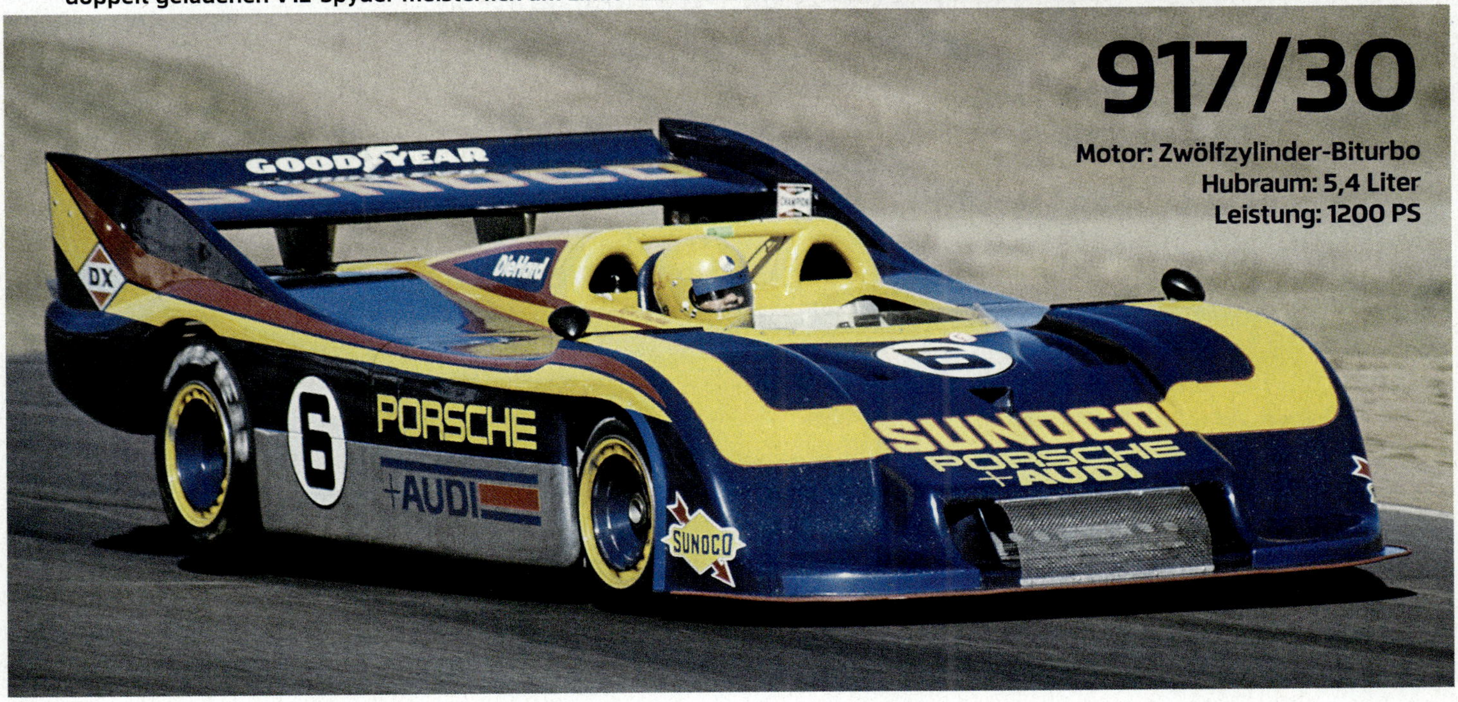

917/30

Motor: Zwölfzylinder-Biturbo
Hubraum: 5,4 Liter
Leistung: 1200 PS

Mezger und Co. war der größtmögliche Erfolg jedoch erst der Anfang. In Form des Porsche 917/30 brachten sie 1973 die nächste Eskalationsstufe. Neben einer verbesserten Aerodynamik zog dieser nun seine Kraft aus verfeinerten 5,4 Litern Hubraum. Gepaart mit dem auf Genugtuung ausgerichteten Mark Donohue wurde der 917/30 unantastbar. „1973 war die Dominanz mit ihm schon fast beängstigend", bilanzierte Mezger eine Saison, in der alle acht Siege an Porsche gingen. Der Erfolg zog Konsequenzen nach sich: Auch die US-Regelhüter hatten genug vom 917 und kegelten den mindestens mit 1200 PS angegebenen Spyder raus. Es war der passende Schlusspunkt für die Legende und der Höhepunkt für den maßgeblichen Praktiker hinter den Kulissen: „Turbo-Valentin" Schäffer.

Aus dem Freudentaumel wurde Ende des Jahres plötzlich bitterer Ernst. Die erste Ölpreiskrise erschütterte Europa und bedrohte die Zukunft des Motorsports. Doch glücklicherweise erholte sich die Lage schneller als gedacht – wodurch Porsche die Revolution endlich nach Europa brachte: 1974 debütierte nicht nur ein nun aufgeladener Porsche 911 Carrera RSR in Le Mans, sondern auch der Serienwagen Porsche 911 Turbo. Aus dieser Synergie heraus entstand eine Reihe legendärer Rennwagen. Ab 1976 schickten die Zuffenhausener den um Serienoptik bemühten 935 ins Rennen, der 1979 stark weiterentwickelt die 24 Stunden gewann. Parallel konstruierte die Sportabteilung den Prototyp 936. Dieser machte den geladenen Sechszylinder bereits 1976 zum Meilenstein, als er den ersten Turbo-Sieg der Le-Mans-Historie einfuhr. Für das Folgejahr entschieden sich die Verantwortlichen, den zwei Zylinderbänken jeweils einen eigenen Lader zu spendieren. Mezger erinnerte sich: „1977 kam es zu dem berühmten Vorfall, als das Fahrzeug mit großem Vorsprung führte und eine Dreiviertelstunde vor Schluss ein Zylinder ausfiel. Wir legten Zündung und Einspritzung still und ließen das Fahrzeug so lange stehen, bis es reglementsgemäß nur noch zwei Runden zu fahren brauchte und nach vier Uhr als Sieger die Ziellinie überquerte. Dieser Vorfall war für uns der Anlass, die wassergekühlten Vierventil-Zylinderköpfe zu entwickeln." Aus dieser Evolution heraus entstand der Porsche 935/78 „Moby Dick". Die Ikone mit 845 PS schaffte 366 km/h in Le Mans, aber nicht die Distanz.

Neue Gegner und wiederbelebte Ideen

Der Sieg ging so an Renault-Alpine. Die Franzosen, die parallel ihre Turbo-Bestrebungen in der Formel 1 ambitioniert nach vorne trieben, zeigten den Deutschen erst-

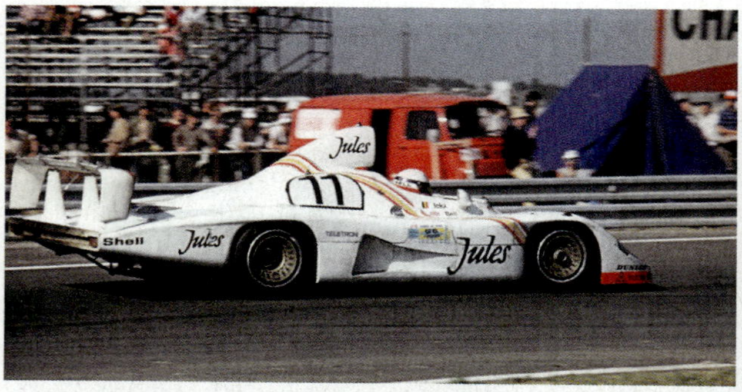

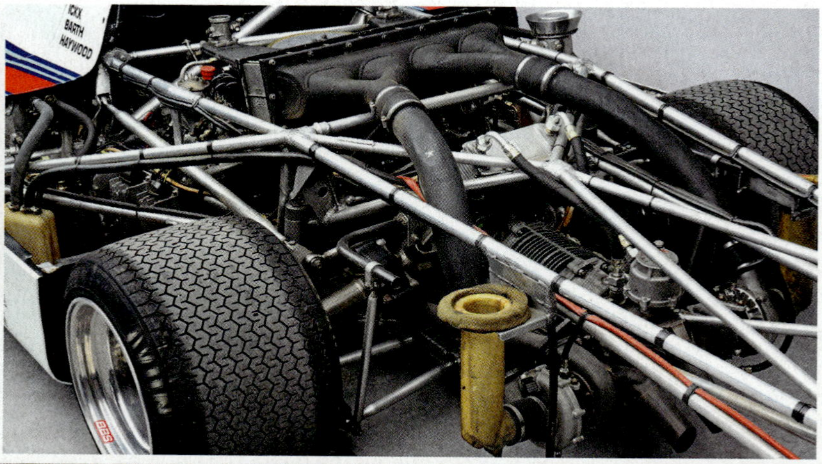

Dauerbrenner: Der Porsche 936 triumphierte gleich in dreifacher Ausführung bei den 24 Stunden. 1976 gelang ihm der erste Turbo-Sieg (u.), 1977 verdoppelte er dank Biturbo (r.), und 1981 wurde der reaktivierte Prototyp zum erfolgreichen Träger eines Indy-Boxer-Biturbos (o.)

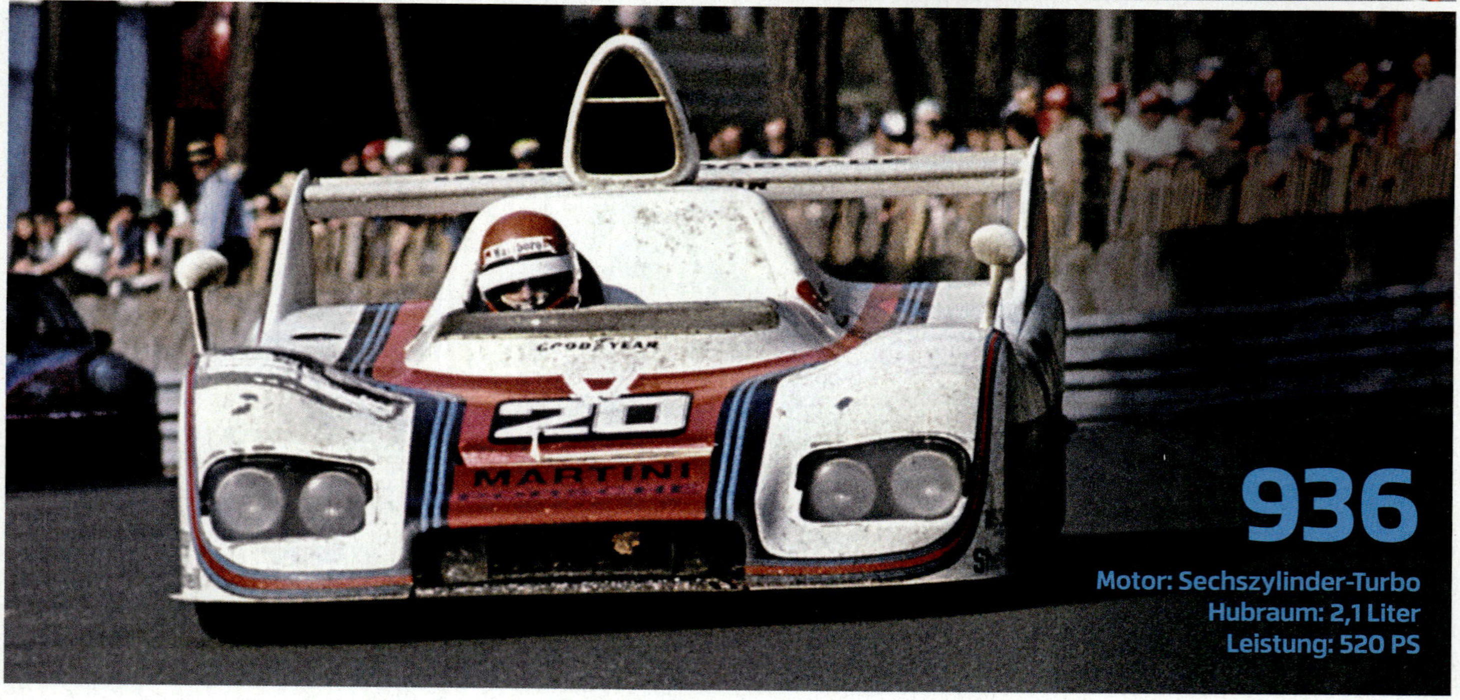

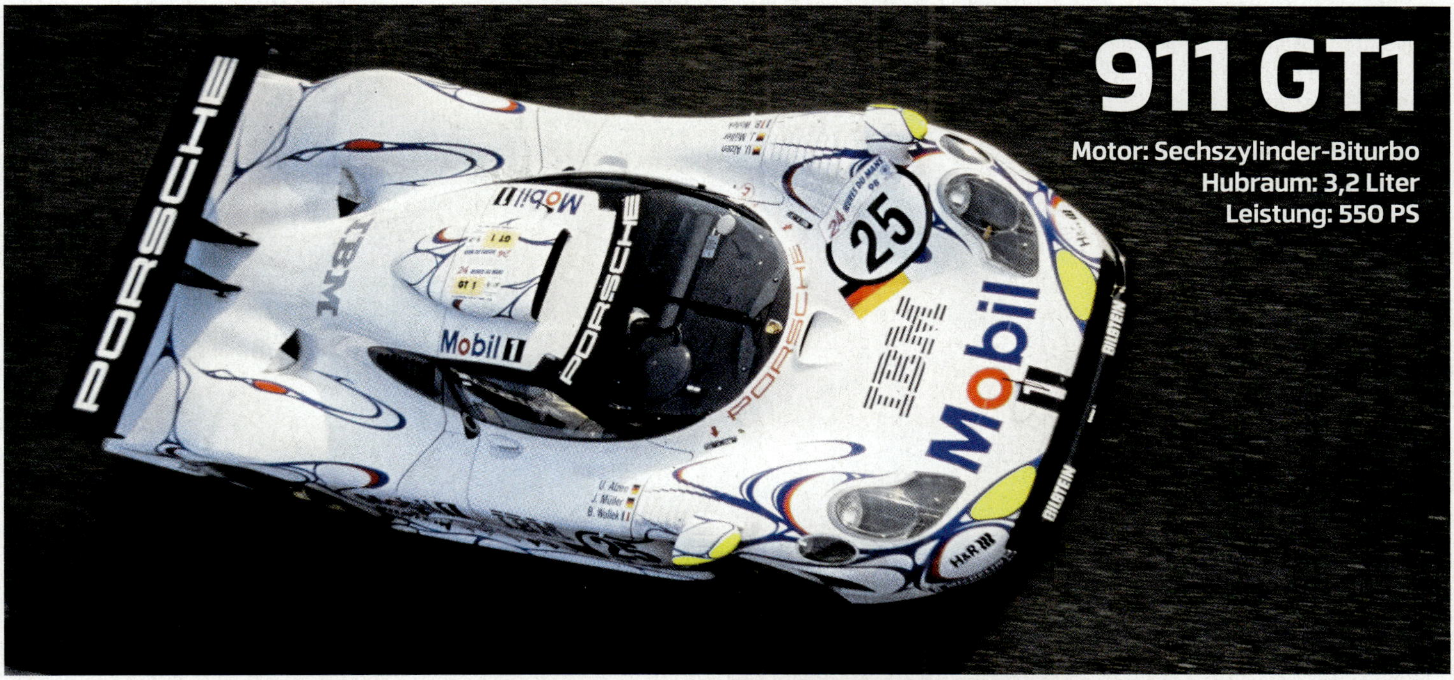

911 GT1

Motor: Sechszylinder-Biturbo
Hubraum: 3,2 Liter
Leistung: 550 PS

Trendsetter: Direkt auf mehreren Wegen führte der Porsche 911 GT1 seine Marke in die Gegenwart. So setzten die Werks-Ingenieure bei ihm erstmals auf ein komplettes Kohlefaser-Chassis und Kohlefaser-Bremsen, zudem trug er einen rein wassergekühlten Biturbo-Boxer-Mittelmotor in sich

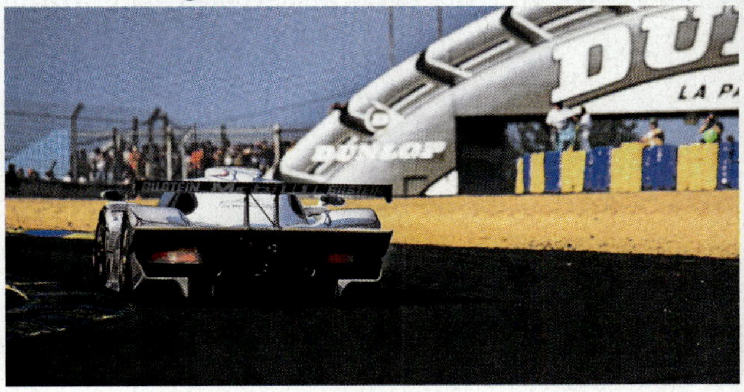

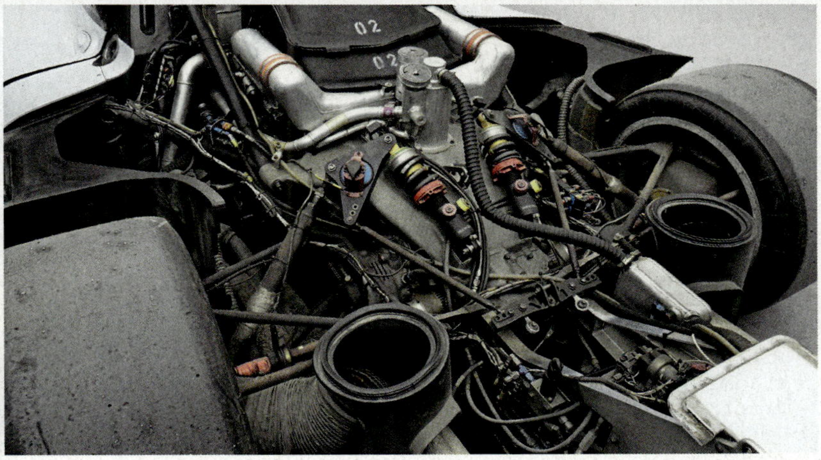

mals auf, dass die Vormachtstellung nicht automatisch gegeben war. Nach dem besagten 935-Sieg von Kremer Racing 1979 und dem Privatduell Rondeau vs. Joest 1980, das der Franzose märchenhaft für sich entschied, überlegte sich Porsche etwas Unkonventionelles. Die Idee dafür leitete man aus einem anderen Turbo-Entwicklungsfeld ab – der Indy-500-Szene. Dort war Porsche Ende des Jahrzehnts mit der Idee aufgeschlagen, dank eines Aluminiumblocks direkt aus dem 911 die Oval-Konkurrenz zu schocken. Da die amerikanischen Teams zu dieser Zeit schon unter sich bis aufs Blut zerstritten waren, wendeten sie alle denkbaren politischen Spielchen an, um Porsches Einstieg zu verhindern. Leider mit Erfolg. Doch in Weissach fiel den Machern ein, dass es einen Ort gibt, an dem sie immer geliebt werden.

Für den technischen Racheakt holten sie den Porsche 936 aus der eigentlich verdienten Renn-Rente zurück und passten das Indy-Aggregat an die rechtskurvigen Herausforderungen und europäische Sprit-Normen an. Der Sieg 1981 war die verdiente Belohnung, warf aber eine hypothetische Frage auf. Was hätte in Indy sein können? Hans Mezger, der mit Norbert Singer ein kongeniales Duo bei all den ursprünglichen Projekten gebildet hatte, blickte zurück: „Wenn man uns nicht kurz zuvor mit dem Reglement einen Strich durch die Rechnung gemacht hätte, halte ich den Sieg für nicht ausgeschlossen. Mit dem in Indianapolis vorgeschriebenen Methanol-Kraftstoff brauchten wir nicht einmal ein Kühlgebläse für die Zylinder." Aus dem zunächst gescheiterten Projekt wurde daraufhin nicht nur ein Sieger, sondern gleich eine ganze Dynastie. Denn im Anschluss an den dritten 936-Triumph gab der Porsche-Vorstand grünes Licht für die goldenste Ära der eh verwöhnten Sportabteilung.

Party in den 80ern

Obwohl in Zuffenhausen Innovationen zum täglichen schwäbischen Brot gehören, war die Gruppe C dennoch eine andere Hausnummer. Durch die Freiheiten bei der Aerodynamik und die zum damaligen Zeitgeist passende Verbrauchsformel mussten die Ingenieure mehrere Baustellen zu einem sportlichen Wolkenkratzer zusammenführen. Peter Falk, der mit Herbert Linge bei der Rallye Monte Carlo 1965 durch einen Klassensieg den ersten Motorsport-Erfolg für den 911 eingefahren hatte, wurde zum Leiter der Rennabteilung bestellt. Unter ihm entstanden allen voran der Porsche 956 und seine Evolution 962C. Allerdings unterstützte sein Team auch Rallye- und Breitensport-Projekte wie den 944 Turbo Cup. Der mitt-

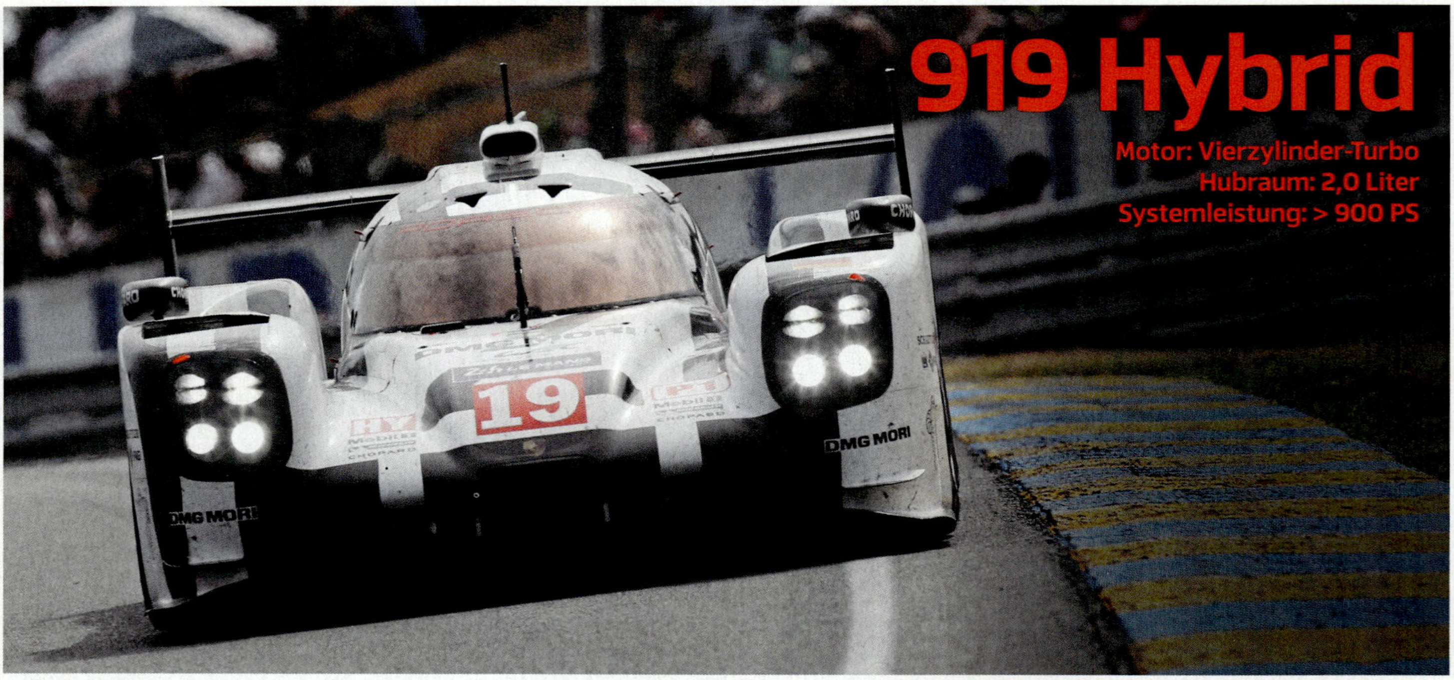

Meisterwerk: Angeschoben von einem massiven Elektro-Paket, holte der Porsche 919 Hybrid einen Le-Mans-Hattrick und damit absoluten Legendenstatus. Möglich wurde die Systemleistung durch einen Turbo-Compound-Motor, der über eine Turbine Energie aus Abgasen zog

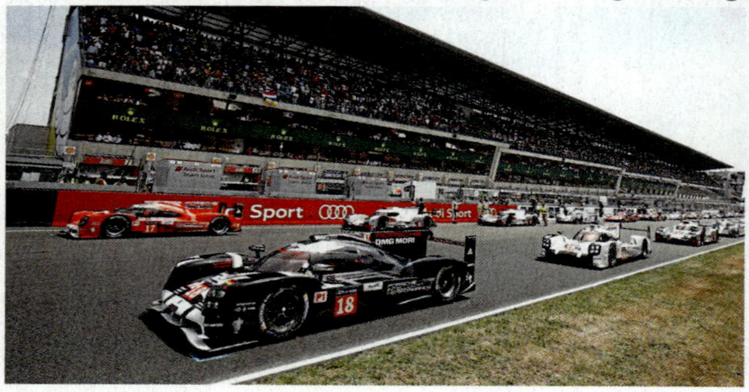

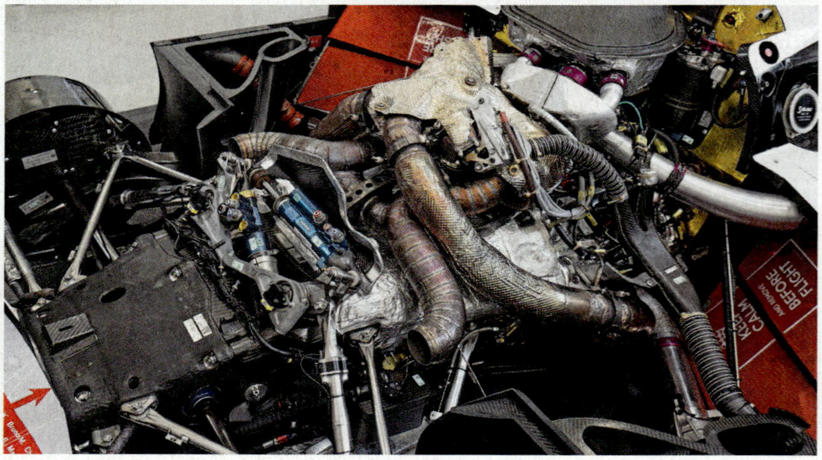

lerweile seiner Urschwächen bei Verbrauch und Gedenkzeit entledigte Power-Spender war nach den mächtigen Kunden-935 also final in der breiten Sport-Masse angekommen. Der Posterheld der aufstrebenden Markenpokal-Heldinnen und -Helden sollte der Gruppe-C-Renner werden. Das Groundeffect-Gefährt wurde dank einer fortlaufenden Weiterentwicklung des 2,65-Liter-Turbo-Triebwerks zum insgesamt sechsmaligen Le-Mans-Sieger.

Während Porsche an der Sarthe endgültig Rekordsieger-Status erlangte, machten sich die Weissacher Ingenieure an ein neues Projekt, das den Lauf der Motorsport-Zeit ebenfalls ändern sollte. In Kooperation mit McLaren und Mansour Ojjehs Investmentfirma Techniques d'Avant Garde (TAG) wurde ein Turbo-V6 entwickelt. Er sollte die Pioniere von BMW und Renault abfangen und überflügeln. Der dreifache Titelerfolg in der Formel 1 (1984, 1985 und 1986) rechtfertigte den Kraftakt. Das Aus war die Folge von Diskussionen um den auf Entwicklung beschränkten Porsche-Selbstanspruch.

Kurzes Loch für die Turbos

Ende der 1980er-Jahre begann für die Aufladung eine längere Dürreperiode. Nachdem Turbos aus der Formel 1 rausgekegelt worden waren, übernahmen Sauger auch in Le Mans die Vormachtstellung. Hans Mezger bedauerte die Entwicklung: „Es ist schade, dass die Abgas-Turboaufladung – eigentlich auf das Betreiben einiger weniger Leute und aus fadenscheinigen Gründen – verboten wurde. Bei den Motorleistungen, mit denen heute Rennsport betrieben wird, also zwischen 400 und 700 PS, ist sie unübertroffen." Recht gaben ihm weitere Erfolge bei den technologieoffenen 24 Stunden. So knüpften der Dauer-962 (1994) und der WSC-95 (1996/97) an die Erfolge der Gruppe C an und erhöhten das Porsche-Turbo-Erfolgskonto auf 13. Nummer 14 fuhr der extremste Renn-911 aller Zeiten heraus. Der GT1 aus dem Jahr 1998 verband eine konsequent umgesetzte Carbonfaser-Politik mit einem mittig verbauten wassergekühlten Biturbo-Sechszylinder.

Bis zum nächsten großen Le-Mans-Projekt aus Weissach vergingen daraufhin viele Jahre. Die Zeit vor dem langersehnten Comeback füllte trotzdem historische Turbotechnik. Konzernschwester Audi koppelte die Lader an Dieselmotoren und schuf so seine eigene – kurz von Peugeot unterbrochene – Dynastie. Doch mit der gestiegenen Konkurrenz durch Toyota sah sich Porsche gezwungen, endlich zu intervenieren.

Für die Rückkehr war der Turbo als Unterstützung eines ultra-downgesizten Vierzylinders in V-Anordnung zwar elementar. Der Hauptfokus der Ingenieure lag aber auf dem Hybridpaket, welches die Effizienz auf in den Siebzigern undenkbare Höhen heben sollte. Die Rückgewinnung basierte auf zwei Säulen: Beim Bremsen wurde an der Vorderachse kinetische in elektrische Energie umgewandelt, im zweigeteilten Abgastrakt saß neben dem Turbolader noch eine zweite Turbine, die überschüssige Energie ebenfalls nutzbar machte.

Die Folge waren eine Systemleistung von über 900 PS (2017) und der Le-Mans-Hattrick. In bester 917-Tradition ließ Porsche den 919 Hybrid nach dem Ausstieg völlig von der Reglementskette und schuf eine Evo-Version. Diese zog aus zwei Litern und flüssigkeitsgekühlten Lithium-Ionen-Batteriepacks 1160 PS. Am Limit agierende Fahrhilfen, eine radikale Aero und der Routinier Timo Bernhard sorgten auf der Nordschleife 2018 für einen Rekord: 5.19,55 Minuten.

Vom Weltveränderer zum Helfer

Porsches bislang letzter Triumph und eine vergleichbare doppelte Turbo-Verwendung in der aktuellen Formel 1 unterstreichen, dass die vor Jahrzehnten teuflisch komplizierte Technik mittlerweile Status quo ist. Das zeigt auch Porsches jüngster Prototyp 963. Der ebenfalls hybridisch unterstützte Renner schließt bei seinem Aggregat einen Kreis. Die Gene des LMDh-Autos liegen im LMP2-Renner RS Spyder. Aus dessen V8 wurde wiederum der 4,6-Liter-Motor aus dem Straßenhelden Porsche 918 Spyder. Der Umbau des Serienmotors auf Turbobetrieb gestaltete sich wenig kompliziert: Rund 80 Prozent aller Bauteile konnten vom 918 vererbt werden. Einige Komponenten erhielten zusätzliche Versteifungen, damit das Aggregat im 963 als tragendes Element fungieren kann. Weiterer Vorteil des 4,6-Liter-Motors: Im 918 Spyder hat Porsche den Antrieb bereits auf das Zusammenspiel mit Hybridzusätzen abgestimmt.

Für den aktuellen Motorsportchef Thomas Laudenbach bedeutete die Motoren-Renaissance ein Wiedersehen. Damals zeichnete er für den LMP2-Antrieb verantwortlich. Die doppelte Aufladung war bei der Fitnesskur für dieses Jahrzehnt unausweichlich. „Beim Ladedruck variieren zu können, gibt uns Flexibilität, wenn wir auf BOP-Anpassungen reagieren müssen", erklärt der Techniker zum neumodischen Nebeneffekt. Er und seine Truppe können sich nach über 50 Jahren so mehrfach glücklich schätzen, dass der Turbo als Gewinner geboren wurde.

Text: Philipp Körner **Fotos:** Motorsport Images, Porsche, XPB

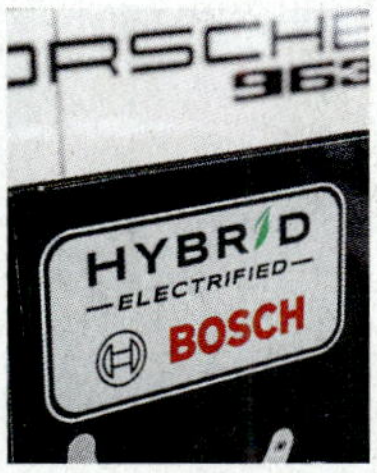

Der rund 700 PS starke Porsche 963 setzt auf einen 4,6-Liter-V8 mit doppelter Aufladung. Seine Wurzeln liegen im RS Spyder und Porsche 918

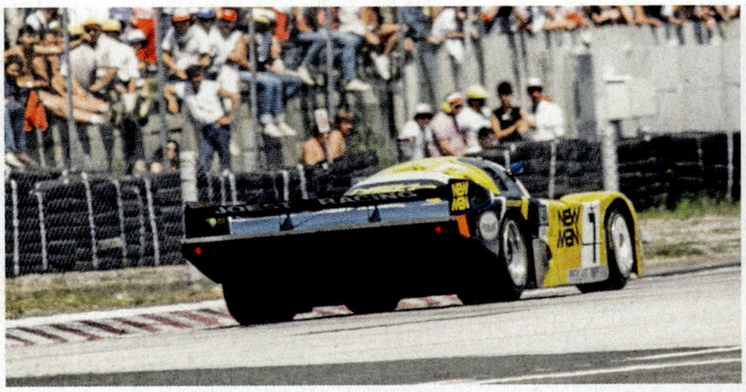

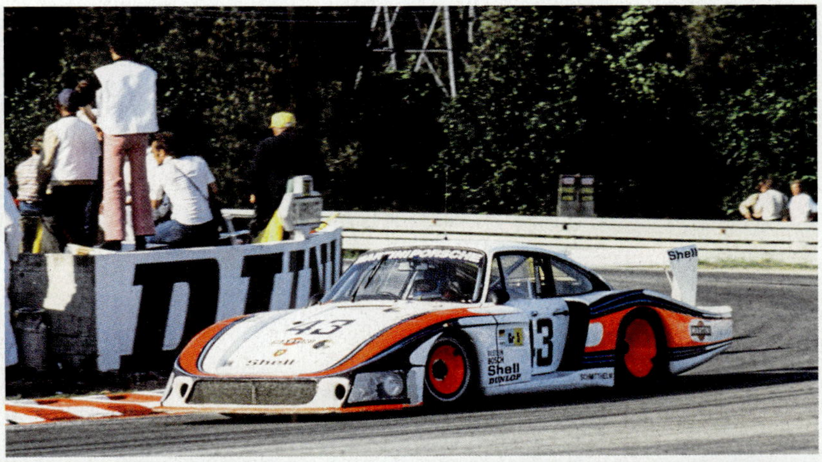

Übermacht und Machthunger: Mit kombinierten sechs Siegen sind der 956 (o.) und 962C Porsches erfolgreichste Turbo-Vertreter in Le Mans, der Porsche 935/78 „Moby Dick" (r.) und der Porsche 911 Carrera RSR (u.) gaben der Turbo-Revolution der Siebziger breit grinsende Gesichter

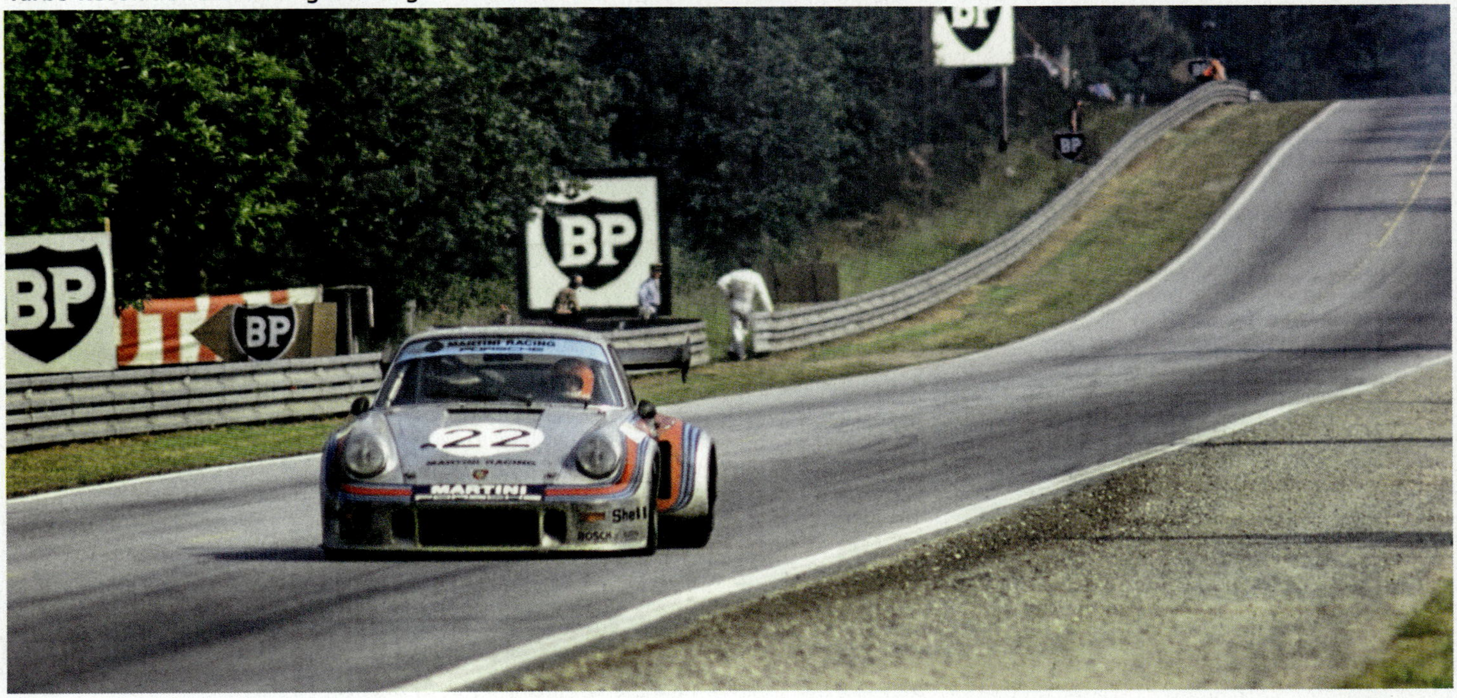

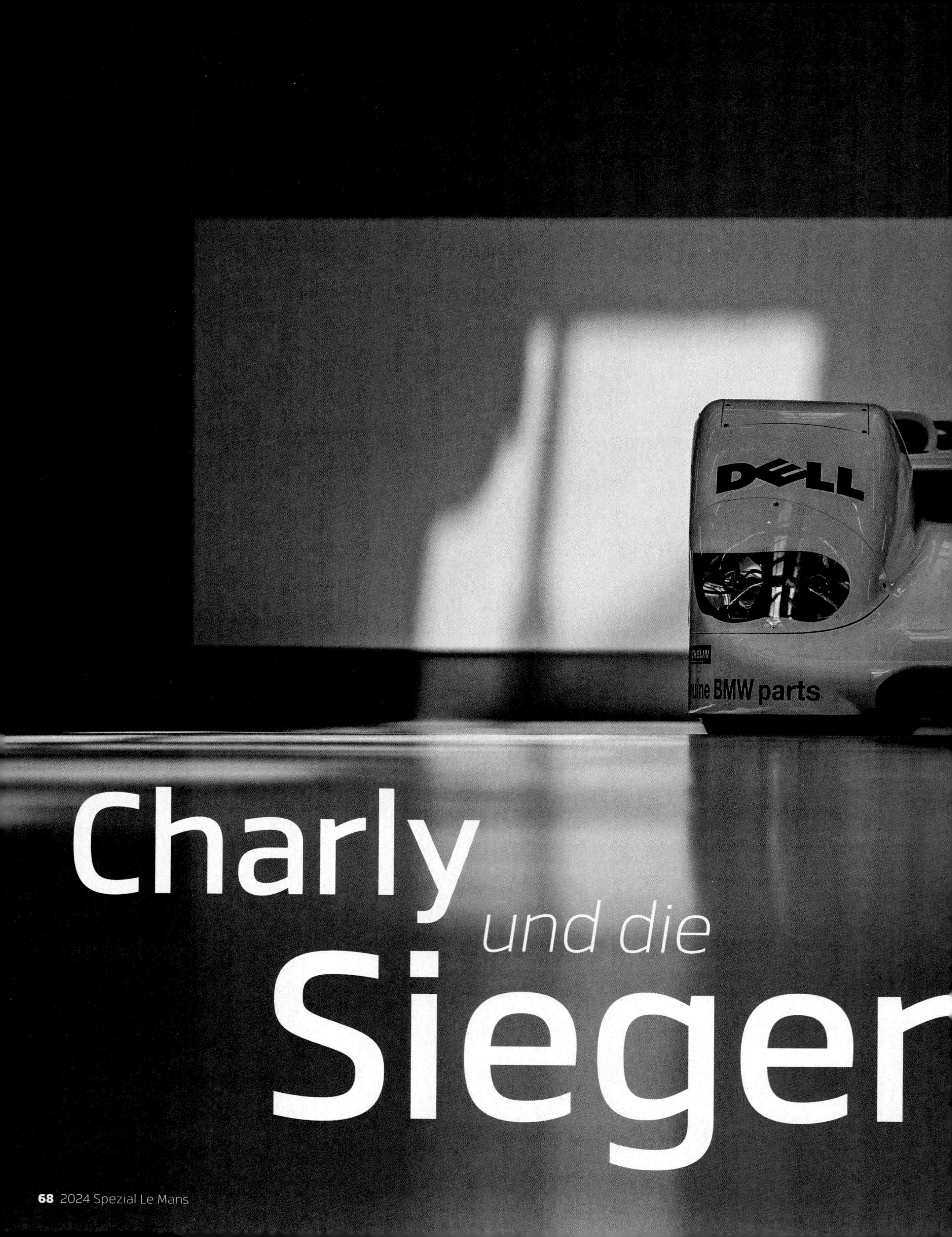

Charly *und die* Sieger

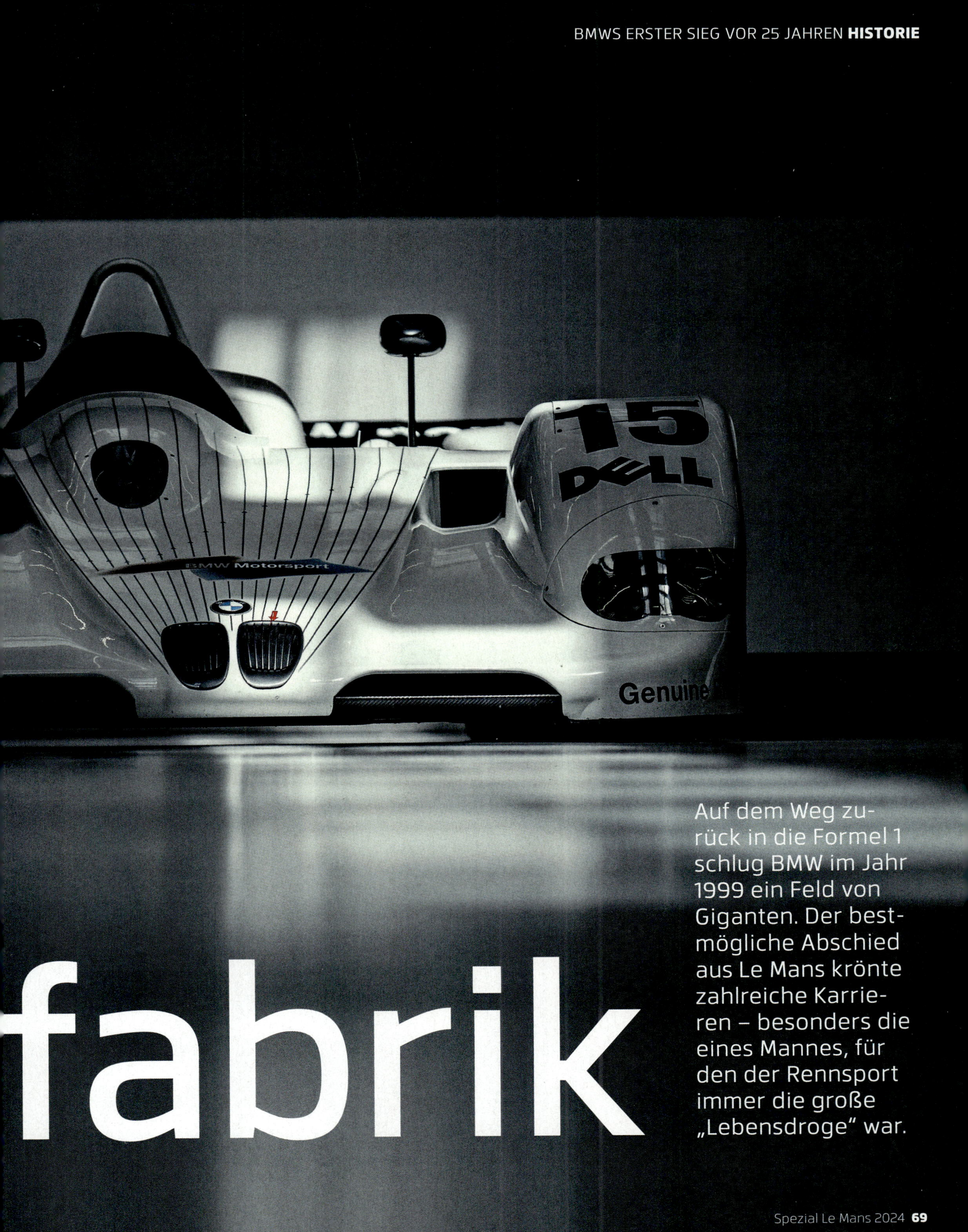

fabrik

Auf dem Weg zurück in die Formel 1 schlug BMW im Jahr 1999 ein Feld von Giganten. Der bestmögliche Abschied aus Le Mans krönte zahlreiche Karrieren – besonders die eines Mannes, für den der Rennsport immer die große „Lebensdroge" war.

Hollywood-Produzenten würden dieses Drehbuch mangels Realitätsnähe wohl schnell im Papierkorb versenken: Mehrere riesige Konzerne reisen zum wichtigsten Rennen des Jahres und wollen dort die Lücke schließen, welche der Abgang des größten Namens aus der Topklasse gerissen hat. Einer kämpft dabei mit einem tragischen historischen Trauma. Sein großer Gegner tut alles dafür, sich endlich auf der größtmöglichen Bühne beweisen zu können. Und der Dritte im Bunde, welcher eh schon als Underdog abgestempelt wird, bekommt noch vor dem Start die Hiobsbotschaft, dass es sein letzter Auftritt dort sein wird.

Das Schöne am Motorsport ist jedoch, dass keine Filmstudios über die Umsetzung von Action-Thrillern entscheiden – sondern immer noch die Wirklichkeit selbst. Genau die hatte für die 24 Stunden von Le Mans des Jahres 1999 etwas ganz Besonderes geplant. Entgegen der klassischen Erzählkunst wissen wir auch schon, für wen es das Happy End geben sollte: Am Nachmittag des 13. Juni stieg das BMW-Trio Joachim Winkelhock, Yannick Dalmas und Pierluigi Martini erschöpft auf die höchste Stufe des Podiums. Hinter ihnen und dem gesamten Team lagen zum einen 24 dramatische Stunden, zum anderen aber auch zahlreiche Monate Vollgas im Hintergrund.

Kernsanierung im Winter

Gerhard Berger, einer von mehreren Regisseuren des Erfolgs, erinnert sich: „BMW hat mich schon zu meiner aktiven Formel-1-Zeit kontaktiert und mir eine Führungsposition angeboten. Nach einem Jahr Pause kam es dann auch so. Für die Saison 1999 war ich bereits Teil des Le-Mans-Projekts. Die Entscheidung, vom Team Rafanelli aus Italien zu Schnitzer Motorsport zu wechseln, war von mir getrieben. Ich bin früher länger für die Schnitzer-Mannschaft gefahren und kannte deren Kompetenzen gut. Es war der richtige Schritt."

Neben der operativen Seite erlebte auch die Technik eine tief greifende Überarbeitung: Aus dem 1998 noch von Radlagerschäden geplagten BMW V12 LM wurde ein fast neues Auto. Der Konstrukteurs-Partner Williams musste nach dem frühen Ausfall beim Klassiker nämlich gleich mehrere Baustellen ausfegen. Der Hauptgrund für den enttäuschenden ersten Auftritt in Le Mans war eine viel zu hektische, weil deutlich zu kurze Vorbereitungszeit gewesen. Das sollte sich für 1999 gründlich ändern.

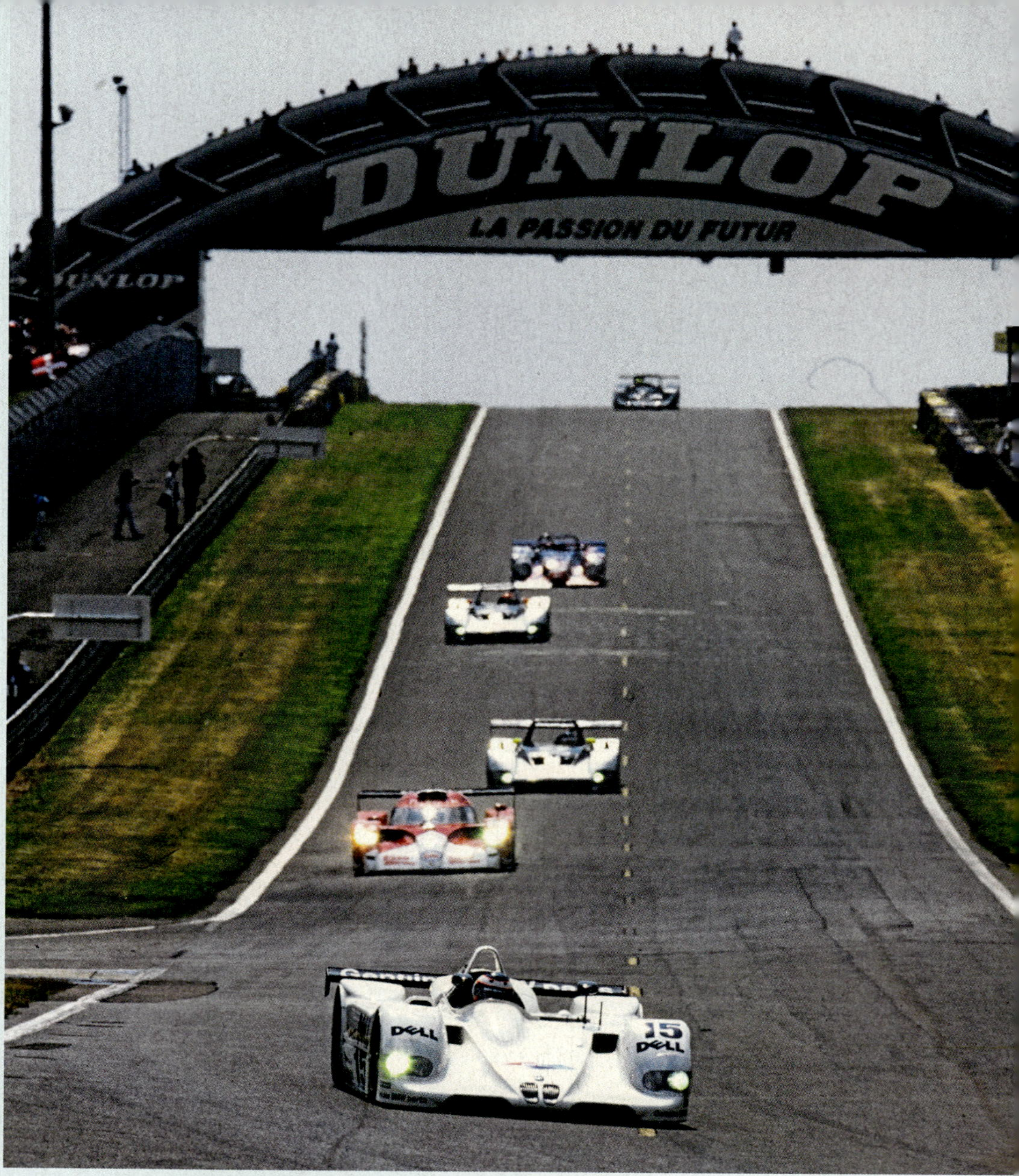

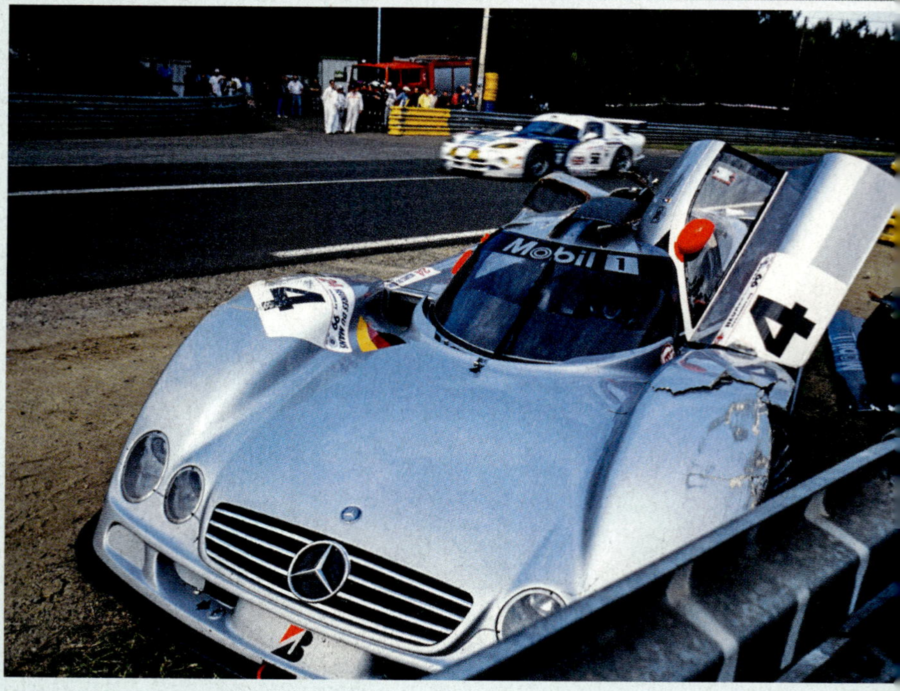

Große Gegner, große Namen und große Dramen: Die Ausgabe 1999 gehört zu den ikonischsten der letzten 100 Jahre. Kaum jemand hatte die BMW an der Spitze auf der Favoritenliste

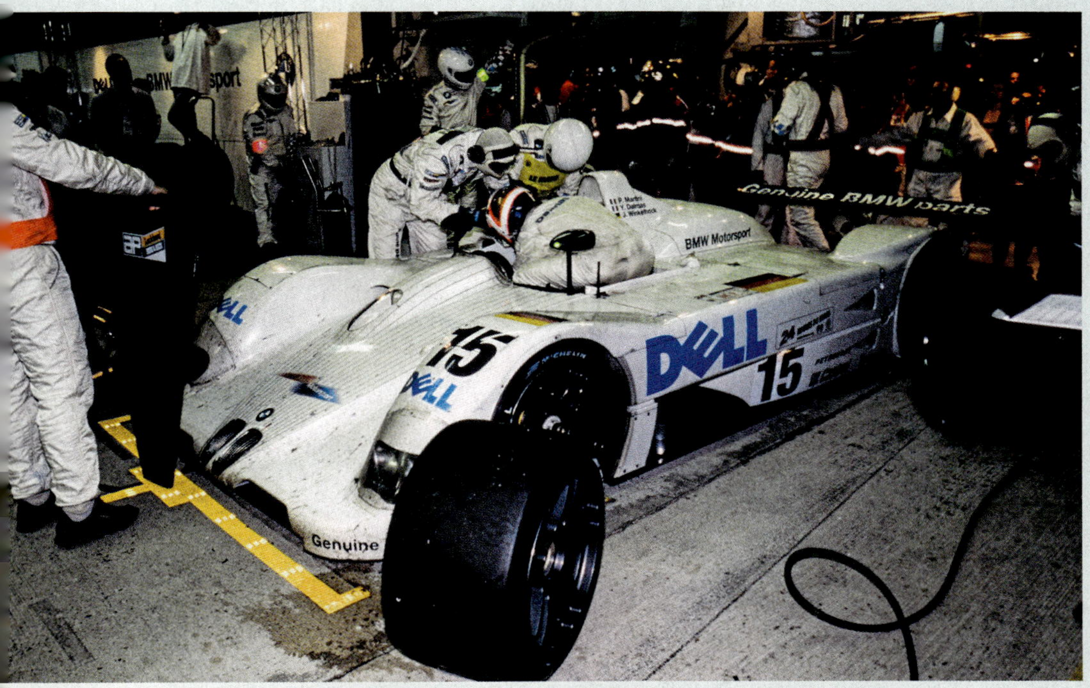

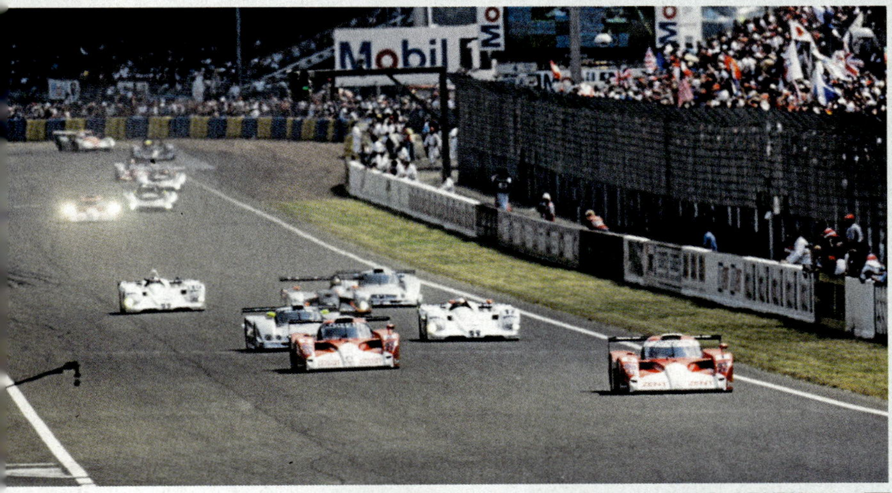

Im Vergleich waren die V12 LMR zwar nicht die schnellsten Autos, aber eine herausragende Boxencrew sowie die sicheren Fahrer Joachim Winkelhock, Yannick Dalmas und Pierluigi Martini (von links nach rechts) erfüllten den Traum

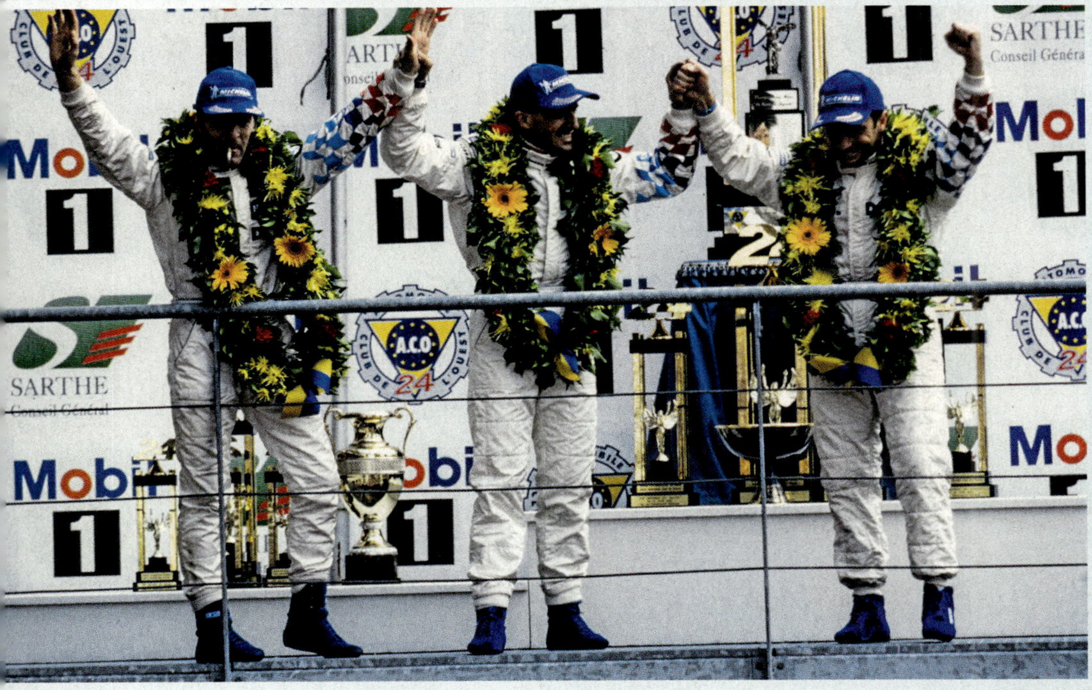

Die technischen Verantwortlichen wollten beim zweiten Anlauf allerdings nicht nur vorherige Probleme lösen. Gleichermaßen suchten die Briten in bayerischer Mission auch nach Lücken im Reglement. Beim Überrollbügel wurden sie schließlich fündig. Obwohl der Chefdesigner John Russell später von einem eher kleinen Vorteil sprach, setzte sein Team damit trotzdem den neuen Szene-Standard. Und auch sonst war das asymmetrische Design des ab da V12 LMR genannten Renners radikaler. Neben einer neuen Kühlungsarchitektur mit großen Lufteinlässen gestalteten die Aerodynamiker seine Front komplett neu, um die vorher schmerzhaften Effizienz-Einbußen zu eliminieren. Nur die Grundstruktur des Fahrzeugs und der Sechsliter-V12-Saugmotor mit Le-Mans-Siegergenen aus dem McLaren F1 GTR überlebten die Fehlersuche. Letzterer hatte durch den vorzeitigen Ausfall nämlich noch gar nicht seine Tugenden beweisen können. Zusätzlich zu massiv Drehmoment bot der Geniestreich von Motorenpapst Paul Rosche fantastische Verbrauchswerte und die notwendige Haltbarkeit – die Schlüssel zum späteren Sieg.

Gewonnene Generalprobe

Am 27. Dezember 1998 wurde schließlich mit dem Bau des ersten Chassis begonnen. Mitte Januar führte das Team dann den Roll-out in England durch. Nach ausgiebigen Tests gewann der LMR nur drei Monate später das legendäre 12-Stunden-Rennen auf dem erbarmungslosen (Ex-)Flugplatzkurs von Sebring und reiste dementsprechend mit den besten sportlichen Referenzen nach Le Mans. Übermut war der Truppe allerdings fremd. Der Teammanager Charly Lamm blickte kurz vor seinem Tod 2019 zurück: „Generell hatten wir schon ein wenig das Gefühl, dort die Underdogs zu sein, im Vergleich zu Toyota oder Mercedes.“ Sein guter Freund Gerhard Berger erwidert: „Der Charly hat immer die Underdog-Rolle aus seiner Persönlichkeit heraus gewählt. Er hat immer auf alle geachtet und war respektvoll. Beim Kampf auf der Strecke konnte er die Konkurrenz dann mit Know-how, Disziplin, Genauigkeit und Fleiß schlagen.“ Dazu passt die Anekdote, dass das Schnitzer-Urgestein Monate vorher das Fahrerlager nahe der Sarthe ausgekundschaftet hat, um jeden noch so kleinen Vorteil aufzuspüren.

All diese Kleinigkeiten sollten seinen Teamkollegen, die er bayerisch stilecht gerne als „Buam“ titulierte,

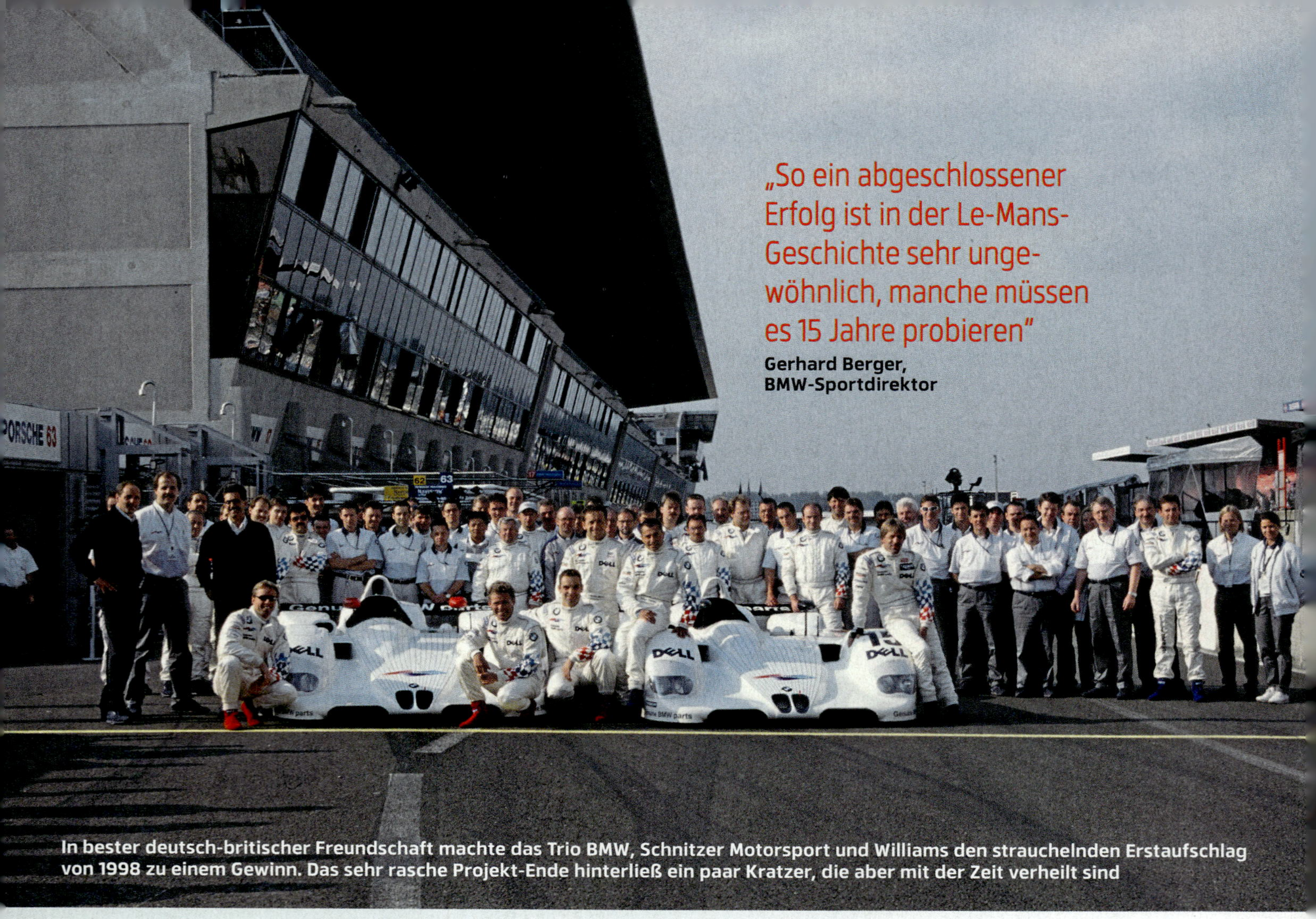

„So ein abgeschlossener Erfolg ist in der Le-Mans-Geschichte sehr ungewöhnlich, manche müssen es 15 Jahre probieren"

Gerhard Berger, BMW-Sportdirektor

In bester deutsch-britischer Freundschaft machte das Trio BMW, Schnitzer Motorsport und Williams den strauchelnden Erstaufschlag von 1998 zu einem Gewinn. Das sehr rasche Projekt-Ende hinterließ ein paar Kratzer, die aber mit der Zeit verheilt sind

BMW V12 LMR

Chassis: Kohlefaser-Monocoque, **Länge:** 4650 mm, **Breite:** 2000 mm, **Höhe:** 1020 mm, **Radstand:** 2790 mm, **Spur vorn:** 1641 mm, **Spur hinten:** 1596 mm, **Gewicht:** 900 kg, **Tankkapazität:** 90 l, **Getriebe:** Sechsgang, sequenziell mit Hinterradantrieb, **Motor:** V12-Saugmotor, 5990,5 cm³, 580 PS bei 6500/min, **Einsatzzeitraum:** 1999, 2000 (nur American Le Mans Series)

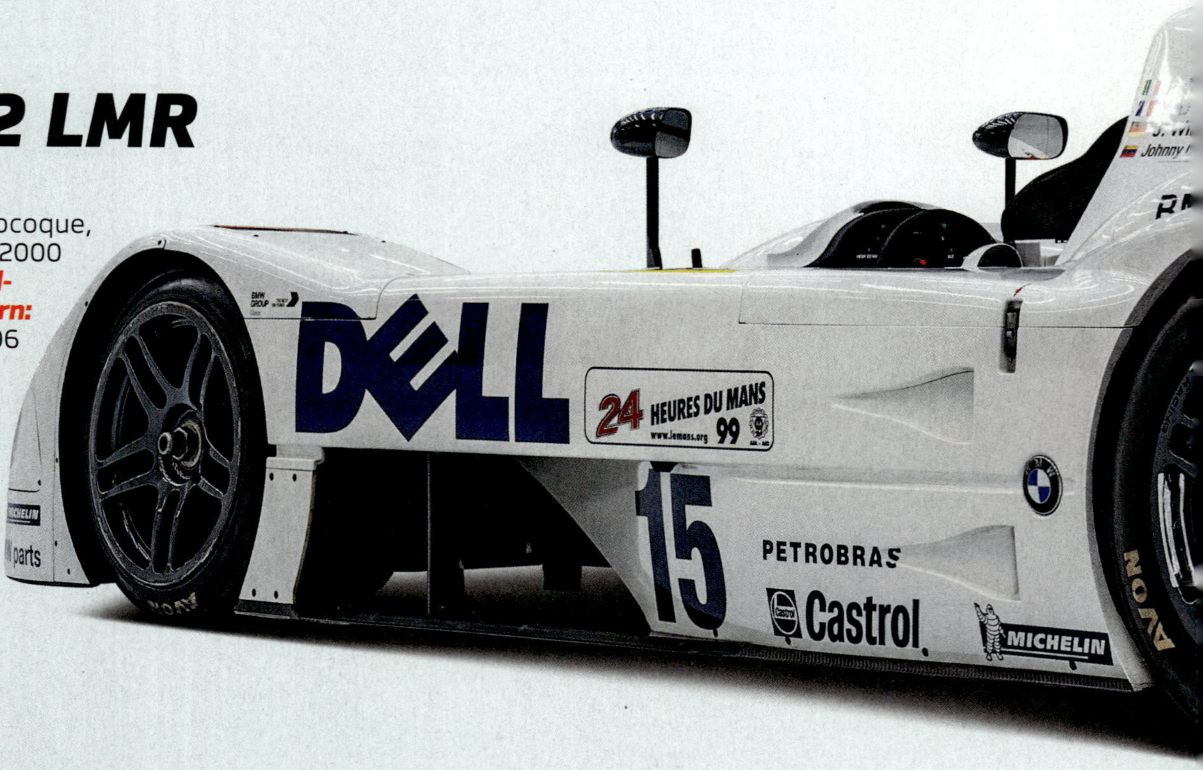

das Leben gegen die roten und silbernen Favoriten erleichtern.

Ende der Hundstage

Der Siegpilot Joachim Winkelhock fasst den Game-Plan zusammen: „Wir wussten, was bei uns durch den guten Spritverbrauch und die Strategie von Schnitzer ging. Technische Fehler wollten wir dabei so weit wie möglich ausschließen." Während sich BMW also auf die Kerntugenden konzentrierte, versuchten Mercedes und Toyota über die ganze Kraft der Werke zu kommen. Für die Sterne wurde es schon im Vorfeld zu einem Debakel. Der spätere F1-Star Mark Webber ging skurrilerweise gleich zweimal fliegen – im Donnerstagstraining und im Warm-up. Nach langen Debatten traute sich Mercedes trotzdem an den Start und wurde durch den brutalen Crash von Peter Dumbreck dafür bestraft. Vorstand Jürgen Hubbert erklärte geschockt nach dem Rückzug des dritten Autos: „Mercedes wird nie mehr hier fahren."

Winkelhock fühlt bis heute mit. „Die Situation um Dumbreck habe ich im Auto erlebt. Keiner wusste, was passiert war und wie es ihm ging. Über den Funk gab es erst keine Informationen. Wir hatten das Problem auch in Le Mans: Wenn wir zu dicht im Windschatten waren, gab es leichte Vibrationen. Dann haben wir uns im Team-Meeting entschieden, dass

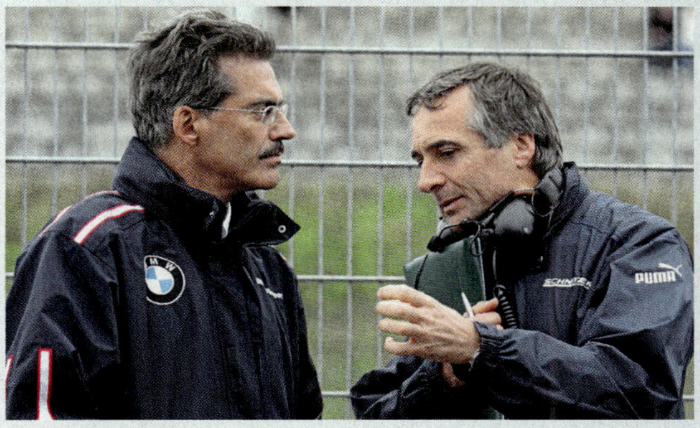

Zusammen mit Mario Theissen (l.) prägte Charly Lamm über etliche Jahre die Sport-Geschicke von BMW. Theissen sagte später: „Charly war der beste Mann, der mir im gesamten Motorsport begegnet ist"

„Wir hatten einige Vorteile bei Aero, Motor und Verbrauch auf unserer Seite, sind aber schon mit schlottrigen Knien nach Le Mans gegangen"

Charly Lamm, Teammanager Schnitzer Motorsport

wir nur verhältnismäßig weit weg und versetzt hinterherfahren." So kam es zum Duell der BMW gegen die Toyota. Doch auch hier spielte das Drama eine größere Rolle als der Sport. Toyota ärgerte sich mit (Reifen-)Schäden herum und schenkte dem Nummer-17-V12-LMR mit JJ Lehto/Jörg Müller/Tom Kristensen eine fast 19-stündige Führung.

Schließlich stoppte bei BMW ebenfalls die Glückssträhne: Ein Teil des Stabilisators hatte sich am Spitzenauto gelöst und drückte auf das Gasgestänge. Lehto verunfallte und zog sich eine Schnittwunde am rechten Knie zu. Nach einer starken, aber von einem aufgeschlitzten Pneu plötzlich beendeten Drangphase eines verfolgenden Toyota konnte sich der verbliebene BMW mit der Nummer 15 am Ende durchsetzen. Ohne das Problem wäre es aber womöglich noch knapp geworden, wie Charly Lamm damals mit Freudentränen gestand.

Darunter mischte sich schnell ein Wermutstropfen: Mit der F1 in Aussicht wurde das Le-Mans-Programm beendet. Allerdings durfte der Gewinner noch ein Jahr in der American Le Mans Series antreten. Berger, der das Projekt mit Mario Theissen verantwortete, resümiert: „So ein abgeschlossener Erfolg ist in der Le-Mans-Geschichte ungewöhnlich, manche müssen es 15 Jahre probieren." 2024 kommt es nun zur für unmöglich gehaltenen Fortsetzung des BMW-Blockbusters aus dem Jahr 1999.

Text: Philipp Körner
Fotos: BMW, Klittich, Motorsport Images

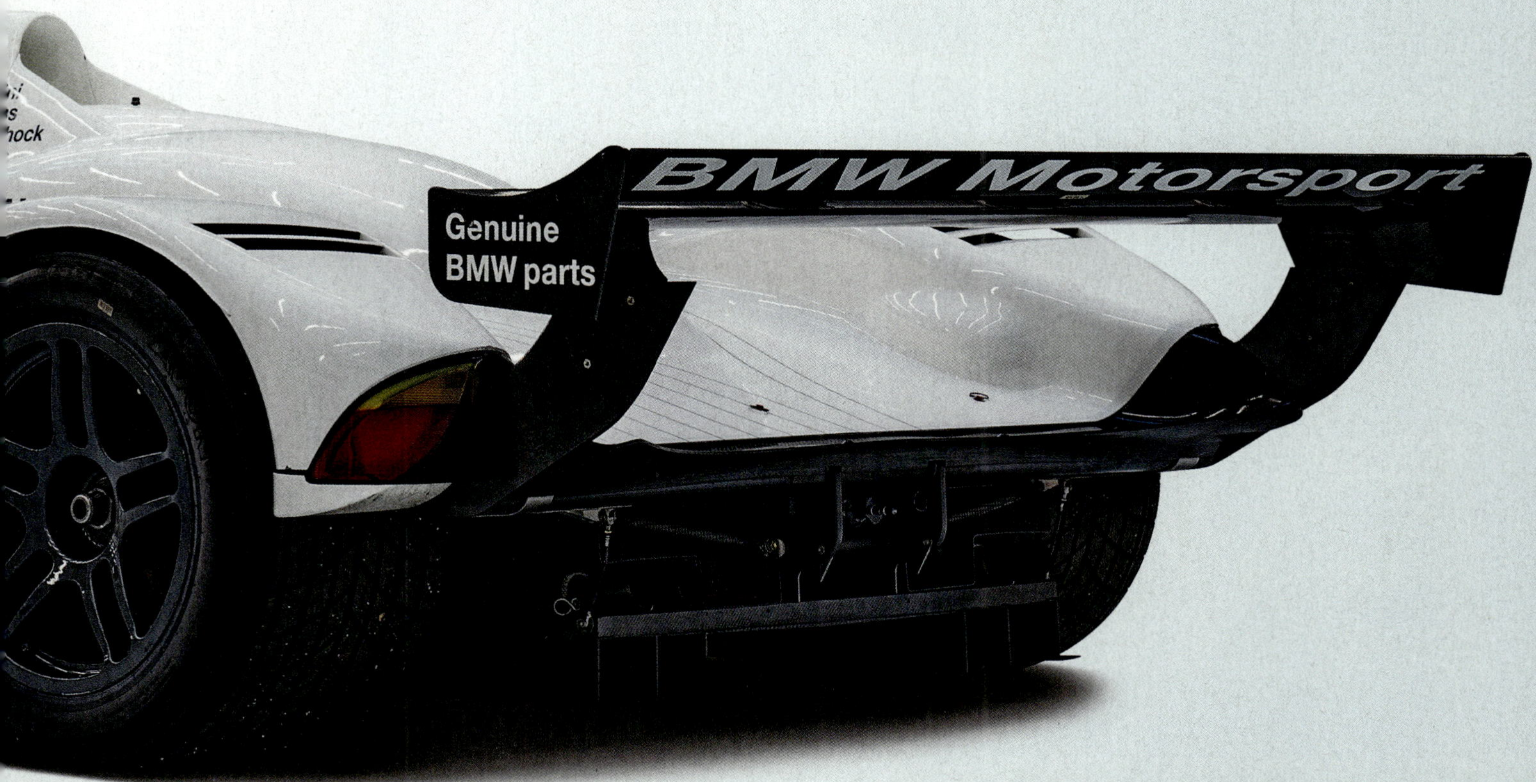

Evolutions

Ein neuer Heckflügel, dazugehörige neue Streben und ein neues Design: Der unangefochtene Sportwagen-Posterheld der letzten Jahre wagt 2024 den Image-Wechsel. Er nähert sich damit zwar dem Renn-Mainstream an, behält aber trotzdem die Loyalität zu seinen inneren Werten

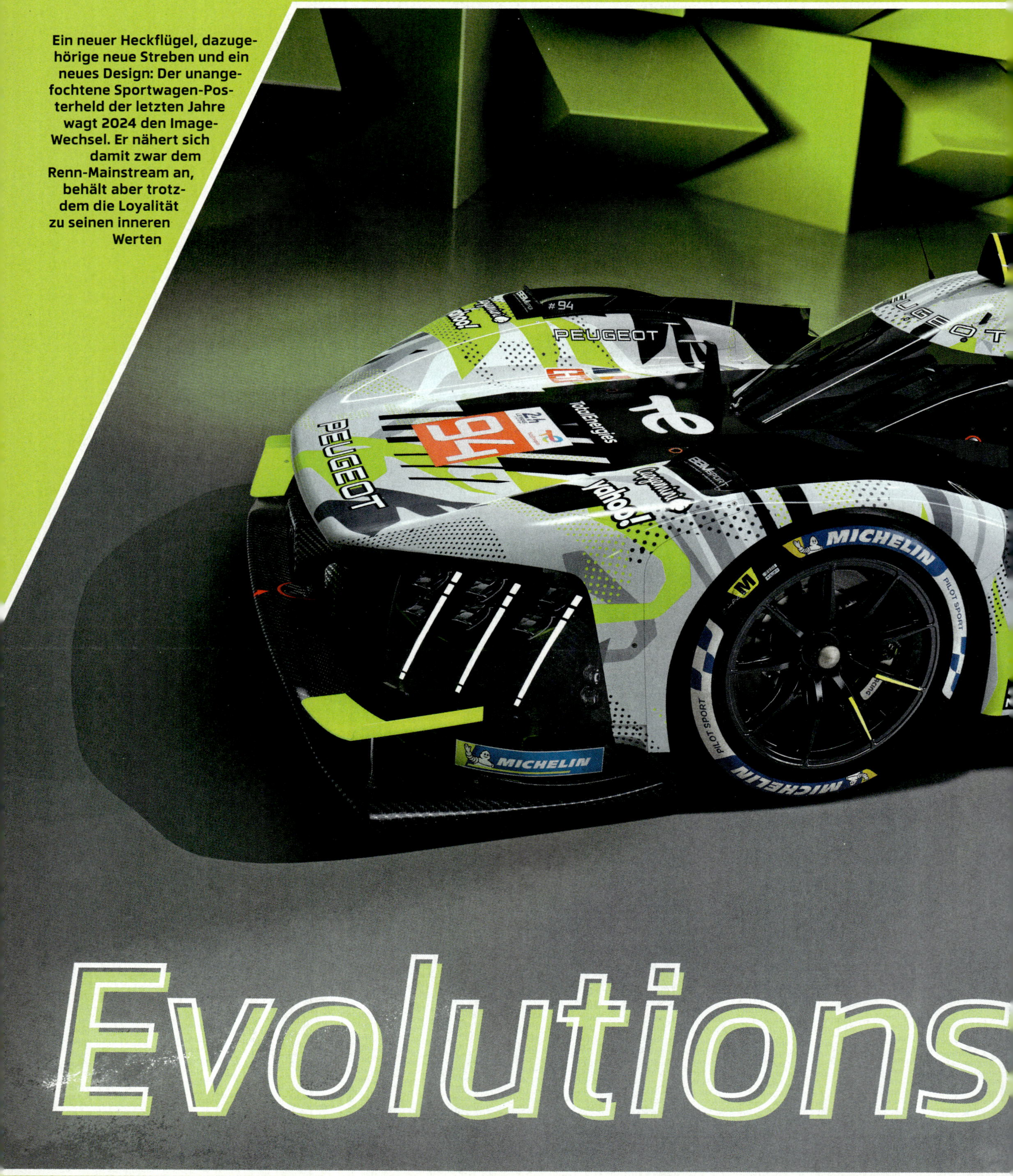

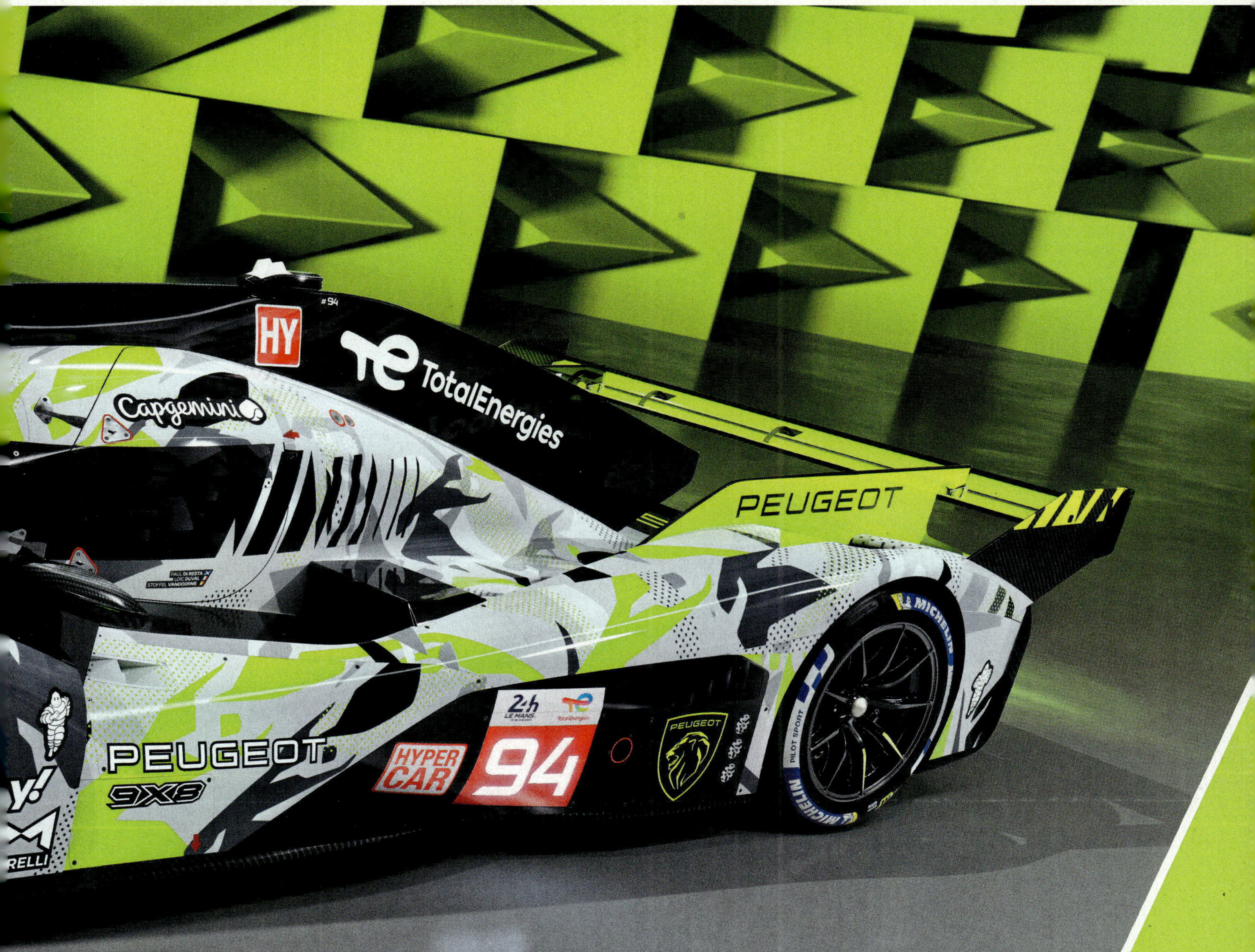

Dass selbst die schönsten Pläne an der Realität scheitern können, musste Peugeot zuletzt schmerzlich erfahren: Das Hypercar ohne Heckflügel hinkte Reglementsänderungen hinterher. Kurz vor seinem Heimspiel durchlief der 9X8 eine Metamorphose.

theorie

Die Ur-Philosophie arrangierte alles um eine bestmögliche Balance herum. Der mutige Verzicht auf den Heckflügel und die Betonung des Groundeffects erlaubten einen zentraleren Schwerpunkt, was jedoch an eine jetzt hinfällige Vorgabe gekoppelt war: überall gleich große Räder

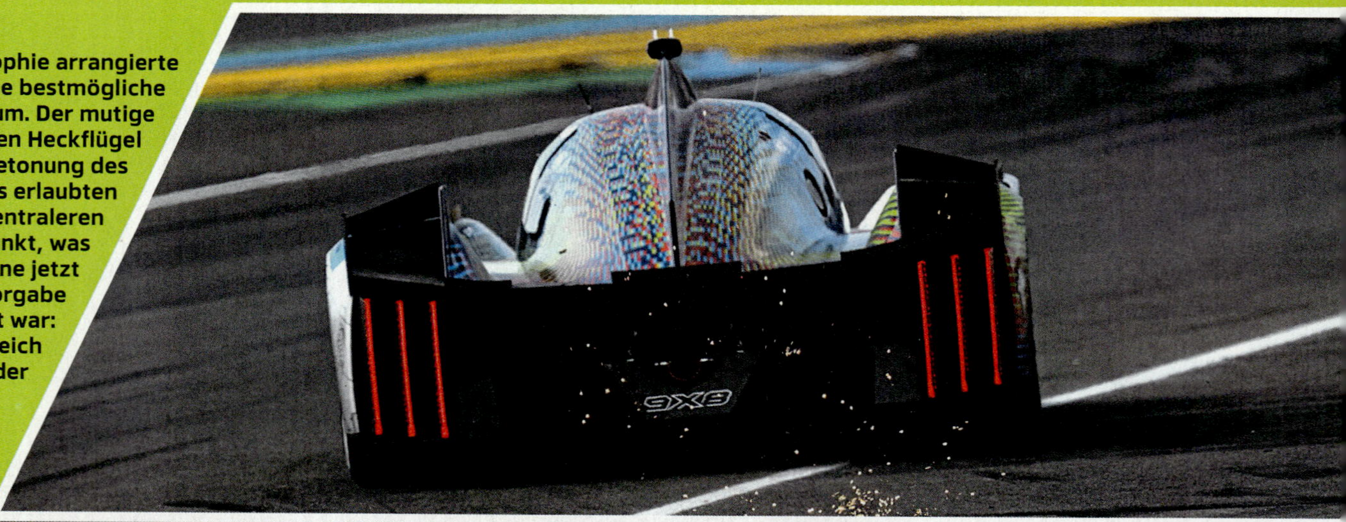

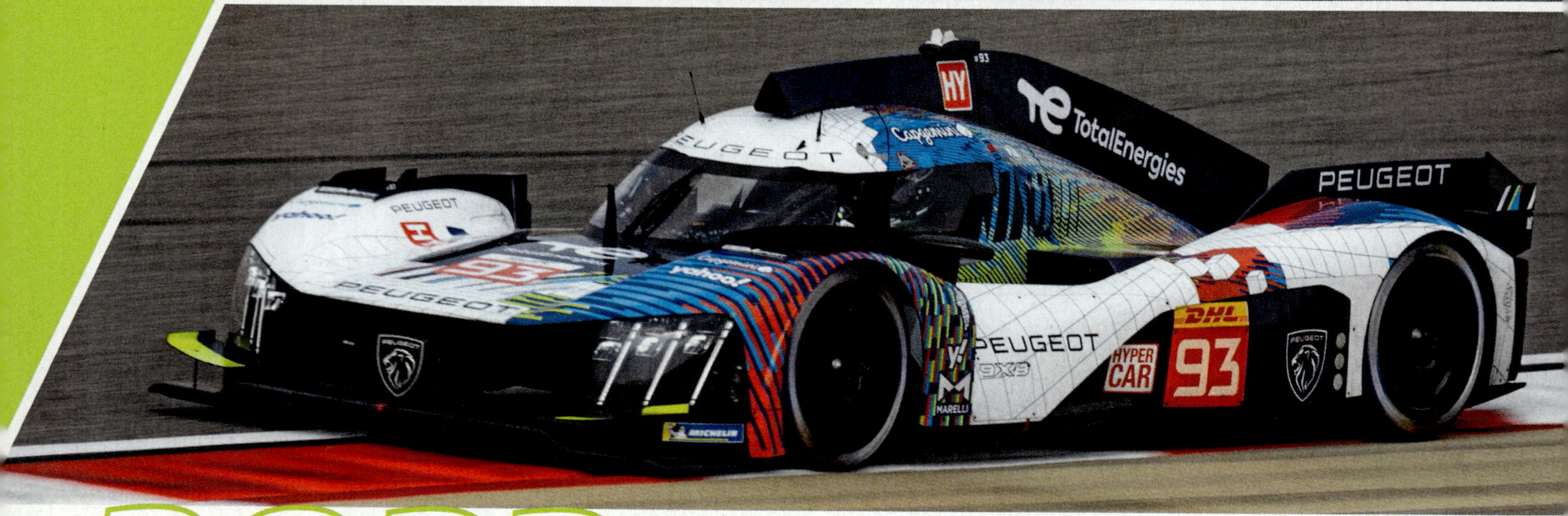

2023

Wenn jemand die Konsequenzen unangenehmer Wahrheiten kannte, ist es Charles Darwin. Als der britische Naturforscher im Jahr 1859 mit der Evolutionstheorie um die akademische Ecke bog, waren viele Zeitgenossen – vorsichtig formuliert – eher wenig angetan von seinen Gedanken bezüglich der Entstehung der Arten. Das kann doch nicht wahr sein, raunte es echauffiert durch das Viktorianische Zeitalter. Spoileralarm: ist es aber.

Obwohl sich das Peugeot-Team unter Technik-Direktor Olivier Jansonnie nie vor der Wahrheit verschloss, war die Erkenntnis der letzten 15 Monate dennoch keine schöne. Unter dem Selektionsdruck von Reglementsänderungen stand dem Peugeot 9X8 das Aussterben bevor. Dabei war der ursprüngliche Plan durchaus genetisch veranlagt: Dank eines ausgeklügelten Groundeffect-Unterbodens konnte die Luftführung über die Motorabdeckung minimalistisch gehalten werden. Die Idee hinter der Revolution war allerdings ein Stück weit glücklicher Zufall. Jansonnie blickt zurück: „Im Windtunnel haben wir gesehen, dass der erste Entwurf im Verhältnis zum Aero-Performance-Fenster zu viel Luftwiderstand und zu viel Downforce hatte. Dann haben wir den Heckflügel entfernt – und, Überraschung: Wir waren nicht weit weg von der Vorgabe."

Eine kleine, schnell abfallende Finne, die von Elementen auf den hinteren Radkästen unterstützt wurde, und ein wannenförmiger Spoiler gaben daraufhin nötige Extras bei der Stabilität und beim Abtrieb, um den Geistesblitz zu formalisieren.

Zum einen schenkte der Fokus auf die unteren Ströme dem Hypercar eine aus Marketing-Sicht gewollt extravagante Optik. Zum anderen ließ sich der Schwerpunkt möglichst zentral ansetzen. Kombiniert mit dem kompaktesten Hypercar-Motor – als Ausgleich für die schwere Front-MGU – und mit einheitlichen Vorder- und Hinterrädern (31 cm) zur gleichmäßigen Abgabe der Hybrid-Power hatte der Allrad-Renner reichlich gute Argumente für seine Form.

Veränderte Naturgesetze

In der freien Natur scheiterte der Plan jedoch häufiger, als er aufging. Ähnlich wie in der Formel 1 brauchten die Ingenieure eine längere Zeit, um die Feinheiten ihres Groundeffect-Konzepts zu verstehen. Besonders auf ebeneren Bahnen wie Katar und auch Monza, wo der 9X8 sein bislang einziges Podiumsergebnis einfuhr, konnten die Fahrer dann die

Stärken des Konzepts ausspielen. Des Weiteren hielten auch Probleme mit der konventionelleren Technik die Mannen von Jansonnie mehrmals zurück. So zeigte sich das Getriebe beispielsweise nicht immer sattelfest.

Der Tiefpunkt des Projekts waren die vorerst letzten 1000 Meilen von Sebring. Auf dem rustikalen Flugplatzkurs erlebte der Peugeot 9X8 sein Waterloo. Im Rahmen dieses März-Wochenendes 2023 fiel die Entscheidung, dass es einer Änderung bedarf. „Wir haben verstanden, dass die Bandbreite der Balance of Performance uns das Leben auf Dauer schwer machen könnte. So wie sie ausfiel, konnten wir nicht wettbewerbsfähig sein“, erklärte Jean-Marc Finot, Motorsport-Chef des gesamten Stellantis-Konzerns.

Die BOP war aber nur ein Symptom für eine größere regulatorische Schieflage. „Wir haben unser Auto im Jahr 2021 für die LMH-Regularien entworfen. Auf deren Basis nutzten wir gleich breite Reifen in den Simulationen. Hier liegt die Grundlage für den Fokus auf die ausgeglichene Balance. Wir waren stolz, ein Allrad-Konzept mit dem Verhältnis 50 zu 50 geschaffen zu haben.“ Zu diesem Zeitpunkt ging sein Team ebenfalls davon aus, dass die Schwelle für die Hybrid-Aktivierung bei 120 km/h liegen würde.

Neue und alte Fressfeinde

Doch dann kam die Zäsur durch die finale Konvergenz zwischen den LMH- und den amerikanisch geprägten LMDh-Regularien. „Nur wenige Monate später wurde die Speed-Schwelle leider hochgesetzt. Außerdem konnte Toyota eine Freigabe der Reifengrößen 29 cm vorn und 34 cm hinten durchsetzen. Für uns war es schon zu spät, um darauf noch zu reagieren.“ Weil der 9X8 seinem Balance-Konzept treu bleiben musste, geriet er allen voran in langsamen Sektionen in den Rückstand.

„Auf technischen Strecken mit engen Kurven fehlte uns Traktion. Als Folge davon litten die Fahrbarkeit und der Komfort für unsere Piloten, die damit kämpften, die Reifen am Leben zu halten.“ Für sein Team bedeutete diese unglückliche Lage eine doppelte Arbeitslast im letzten Jahr. Während man die erste volle Saison samt Le-Mans-Comeback so gut wie möglich absolvieren wollte, musste parallel das neue Paket entstehen.

Finot ärgert sich hinsichtlich des bis kurz vor Ende glänzenden Katar-Laufs im März nur kurz: „Wir hätten uns auch lieber die Zusatzarbeit erspart. Erst recht, wenn man sieht,

2024

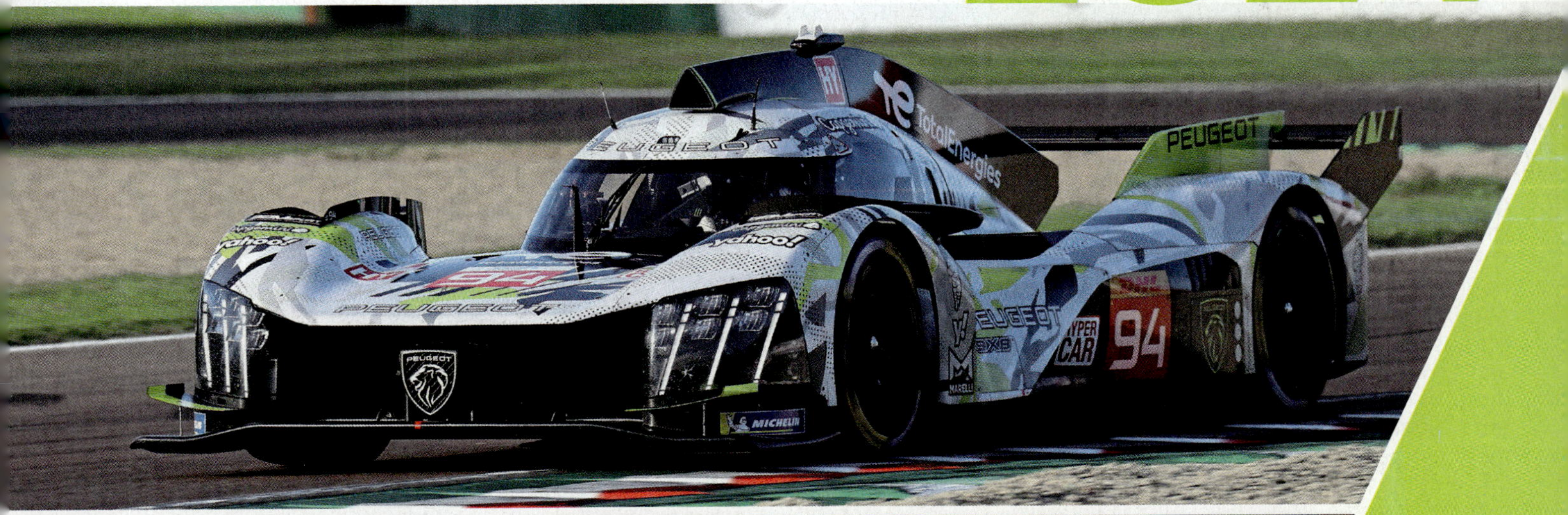

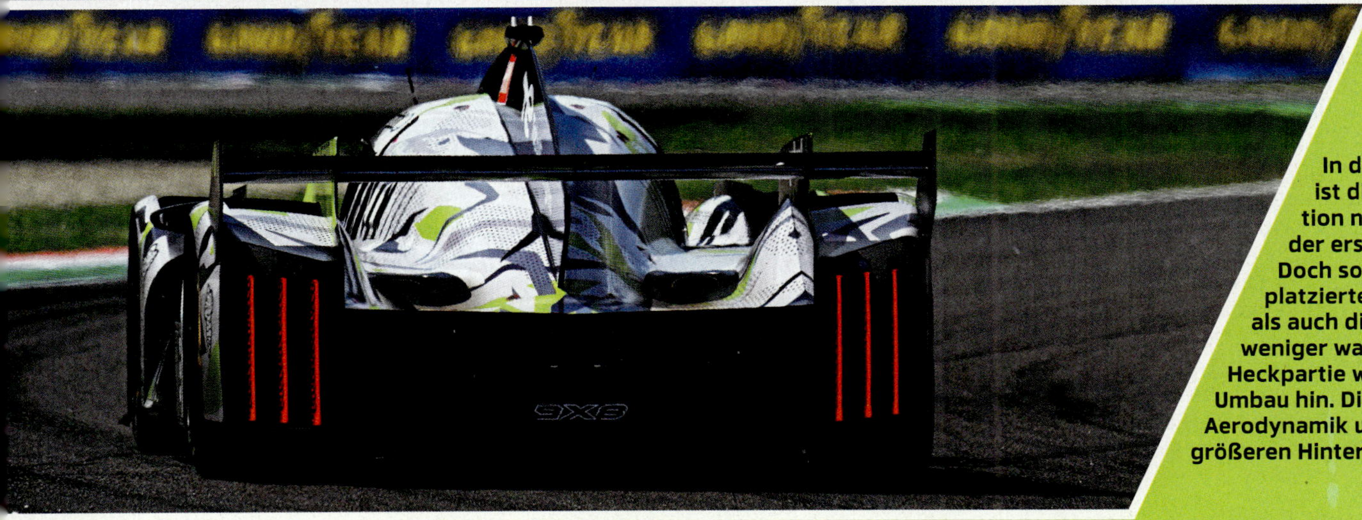

In der Grundform ist die Auto-Evolution noch nahe an der ersten Stufe. Doch sowohl die tief platzierte Flügelplatte als auch die etwas weniger wannenförmige Heckpartie weisen auf den Umbau hin. Die neue Aerodynamik unterstützt die größeren Hinterräder

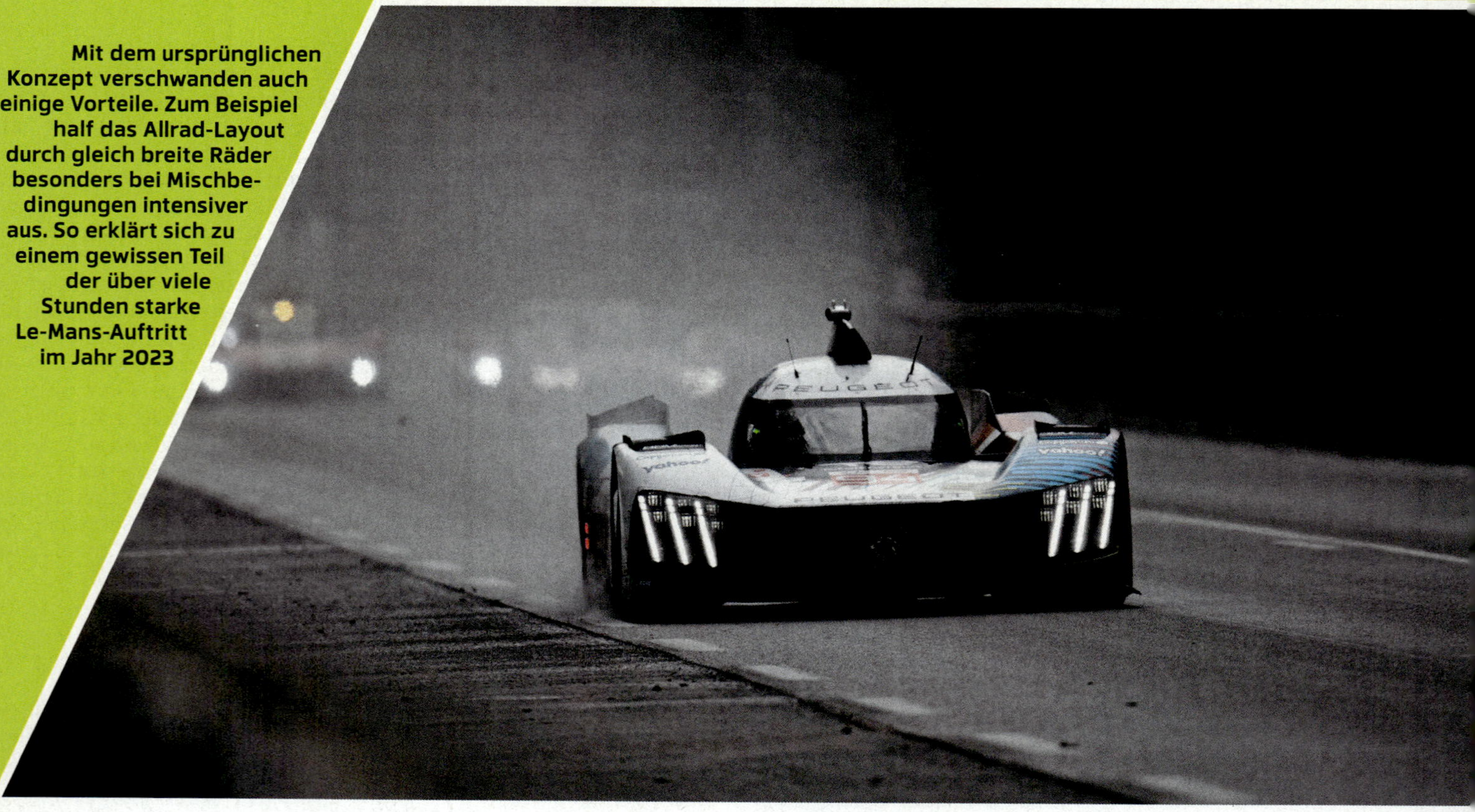

Mit dem ursprünglichen Konzept verschwanden auch einige Vorteile. Zum Beispiel half das Allrad-Layout durch gleich breite Räder besonders bei Mischbedingungen intensiver aus. So erklärt sich zu einem gewissen Teil der über viele Stunden starke Le-Mans-Auftritt im Jahr 2023

INTERVIEW MIT JEAN-MARC FINOT

Peugeot kündigte die Rückkehr zu einer Zeit an, als es regulatorisch noch viele größere Zweifel gab. Woher kam das Vertrauen?
Unser Comeback liegt auf drei Säulen. Erstens ist Le Mans in der DNA von Peugeot verankert. Dort haben wir mit Benzin- sowie Diesel-Technik gewonnen und wollen es jetzt um Hybrid ergänzen. Daraus leitet sich die zweite Säule ab – das Auto als Techniklabor. Hier findet sich auch die Begründung, warum wir uns für die LMH-Regularien entschieden haben. Drittens hat das neue Reglement ein deutlich besseres Verhältnis aus Kosten und Marketingwert geschaffen. Dieses müssen wir mit den anderen Herstellern nun erhalten.

Hat sich dadurch eine Art Kreis geschlossen, nachdem man vor über zwölf Jahren den Stecker beim ersten Hybrid-Projekt ziehen musste?
Wir haben noch Leute aus dem 908-Programm, die sich allen voran durch grauere Haare von früher unterscheiden (grinst). Außerdem konnten wir andere LMP1-Spezialisten für den 9X8 verpflichten.

Wie wichtig ist es, mit CEO Carlos Tavares einen Motorsport-Enthusiasten an der Spitze zu haben?
Obwohl das Projekt durch die von ihm verkörperte Emotion und Motivation angetrieben wird, steckt hinter der Entscheidung wirtschaftliche Vernunft. Deshalb soll das Programm effizient arbeiten. Denn wenn man mit zu viel Geld um sich wirft, schadet es dem Marketingwert im Endresultat. Mit einem nachhaltigen Ansatz kann man gegen Alternativen wie Fußball konkurrieren. Stellantis steht stark für diese Logik ein. Für uns ist außerdem wichtig, dass eine ökologische Botschaft damit verbunden ist.

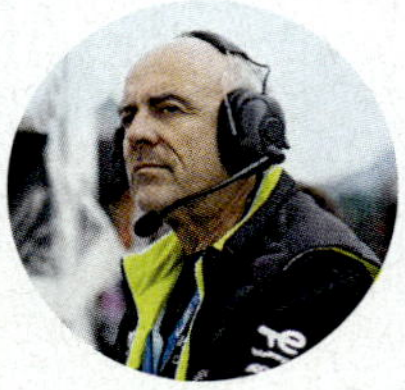

Jean-Marc Finot steht seit Januar **2016** dem Motorsport im Stellantis-Konzern vor. Neben dem **WEC-Programm** gehören auch die **Formel-E-Projekte** von DS und Maserati sowie die **GT2-Renner** der Dreizack-Marke zum Verantwortungsbereich des Franzosen

Geht es hier nur um die Schaffung einer sportlichen Identität oder „verkauft" Le Mans tatsächlich immer noch Autos?
Wir konnten im Jahr 2023 aus der Rückmeldung von Kunden herauslesen, dass sie vor der Kaufentscheidung die Teilnahme von Peugeot am Rennen wahrgenommen haben oder es sogar verfolgt haben. Zusätzlich zu diesem anekdotischen Wissen können wir es aber auch numerisch belegen. Aus der Gegenüberstellung der Verkaufszahlen von Peugeot und Citroën erstellen wir ab Jahresbeginn eine Relation und eine Prognose für die Monate. Daraus ergab sich im Juni tatsächlich ein positiver Le-Mans-Effekt bei Peugeot.

Spielten weitere Faktoren im Rahmen der 100-jährigen Jubiläumsfeier mit rein?
Ein Vorteil hierbei war ebenfalls die emotionale Stimmung rund um die Rückkehr von Peugeot und die positive Rolle, die wir lange spielen konnten. Das gab unserem Auto mit der gewollt markanten Marken-Optik beispielsweise sehr viel Fernseh-Repräsentation zur Prime Time. Dazu kam die riesige Zuschauermenge vor Ort.

dass es mit einer guten Einstufung wie in Katar ja doch ordentlich funktioniert. Aber da die BOP dort am Limit gewesen ist, blieb der Wechsel auf einen Heckflügel und größere Hinterräder ohne eine Alternative."

Mit der Platte allein war der Job jedoch nicht getan. „Wir mussten zur Unterstützung der Hinterräder die Aero-Balance verschieben. Aus diesem Grund wanderten Teile und Ballast zum Heck." Theoretisch wäre es sogar möglich gewesen, auch hierfür auf den Unterboden zu setzen, da das Fenster erneut passende Freiheiten geboten hätte. Neben zusätzlichen Kalkulationen hätte dies aber neue Crashtests erzwungen. So ist das Skelett des Renners, dessen Außenhaut laut Jansonnie zu 90 Prozent überarbeitet wurde, dasselbe.

Im Dezember ging das Evo-Konzept mit dem simplen Namen „9X8 2024" erstmals auf die Strecke. Darauf folgten zu Jahresbeginn Tests mit einer verfeinerten Philosophie. Vor der Homologation und dem Renn-Debüt gab Finot sich noch zurückhaltend. „Das Auto ist schneller, aber wir verraten das Ausmaß natürlich noch nicht. Wenn man bedenkt, dass die vorherige Form bei passender BOP schon wettbewerbsfähiger war, stehen die Vorzeichen gut." Im Anschluss an das Rennen in Imola haderte die Truppe mit der gewollt vorsichtigen Ersteinstufung, welche böse Überraschungen aus Sicht der Regelhüter verhindern sollte. So waren auch wegen schwieriger Bedingungen Punkte das höchste der Gefühle. Olivier Jansonnie sagte: „Wir haben die Strategie gut gehandhabt, um in den Top Ten zu landen, vor allem, was die Reifenwechsel betrifft."

Gefressen werden? Fressen!

Die Botschaft der Fahrer fiel ähnlich ambivalent aus. Das überarbeitete Auto sei zwar tatsächlich der erhoffte Fortschritt. Beim Set-up gäbe es aber noch ordentlich zu tun. Der Formel-1-Testfahrer Stoffel Vandoorne, dessen Nummer 94 erst eine Kollision und dann einen Reifenschaden erlitten hatte, erzählte über den eher als Generalprobe zu verstehenden Einstand: „Wir hatten nichts mehr zu verlieren, also haben wir verschiedene Dinge ausprobiert, um Daten für die Zukunft zu sammeln." Das Ziel der Truppe ist wenig überraschend, aus der kompetitiven Ursuppe zu entkommen und wieder gegen die Spitze der Nahrungskette zu kämpfen.

Dabei fällt uns natürlich auch wieder der gute alte Charles Darwin ein. Der revolutionäre Forscher fasste nämlich paraphrasiert zusammen, dass nicht die stärksten oder klügsten Artgenossen kategorisch überleben werden. Sondern die, welche sich am besten an veränderte Bedingungen anpassen können. Also optimale Voraussetzungen für die Löwen-Marke!

Text: Philipp Körner
Fotos: Motorsport Images, Peugeot

„Für die neue aerodynamische Balance haben wir 90 Prozent der Bodywork-Komponenten überarbeitet"

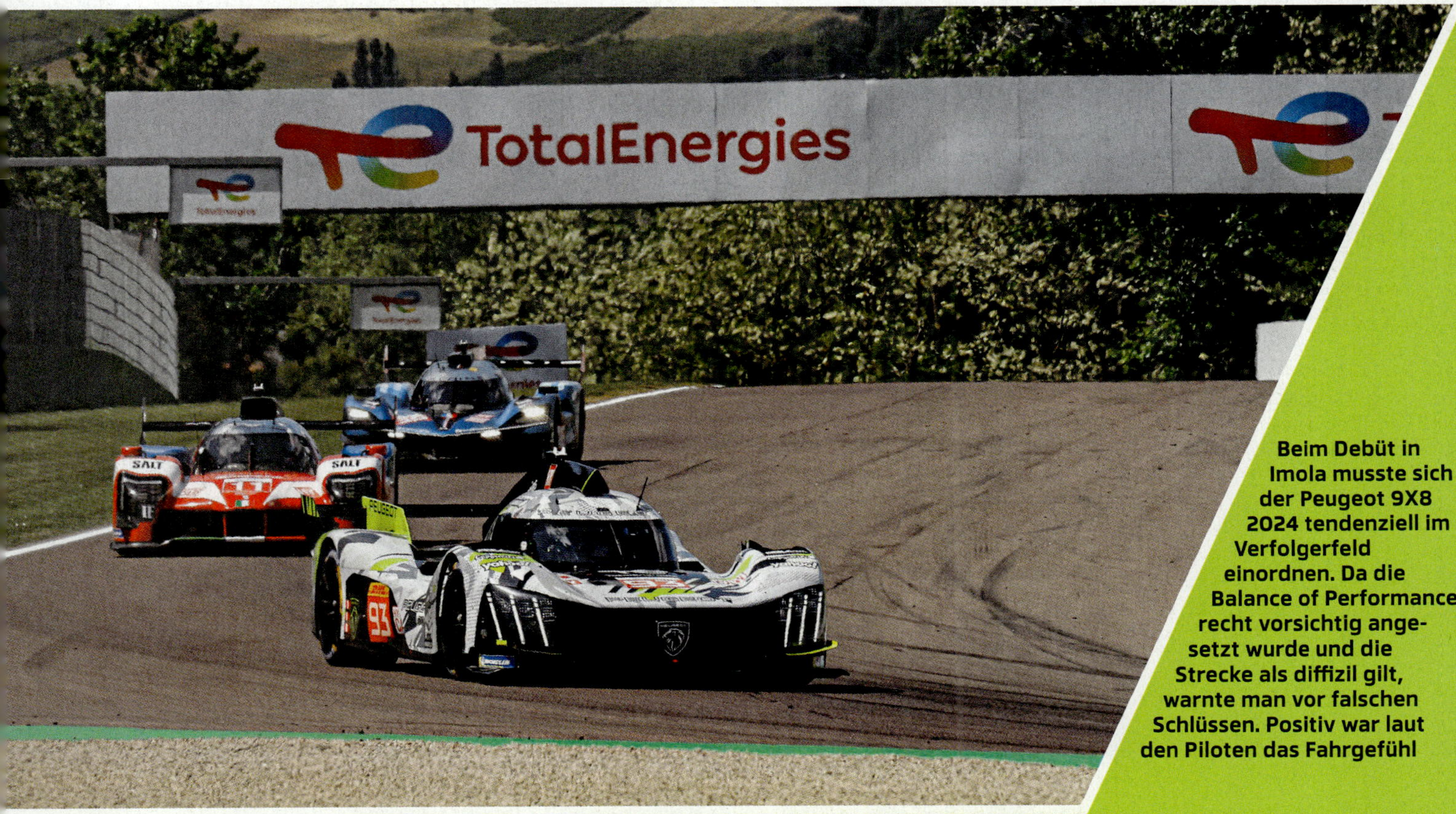

Beim Debüt in Imola musste sich der Peugeot 9X8 2024 tendenziell im Verfolgerfeld einordnen. Da die Balance of Performance recht vorsichtig angesetzt wurde und die Strecke als diffizil gilt, warnte man vor falschen Schlüssen. Positiv war laut den Piloten das Fahrgefühl

Licht ins Dunkel

Traditionell üben sich Hersteller gerne in Geheimhaltung. Details zu Personal, Technik oder auch Strategie werden mindestens genauso gut geschützt wie die Area 51 oder das Coca-Cola-Rezept. Urs Kuratle, früherer Porsche-LMP1-Manager und jetziger LMDh-Projektleiter, gewährte uns trotzdem größere Einblicke.

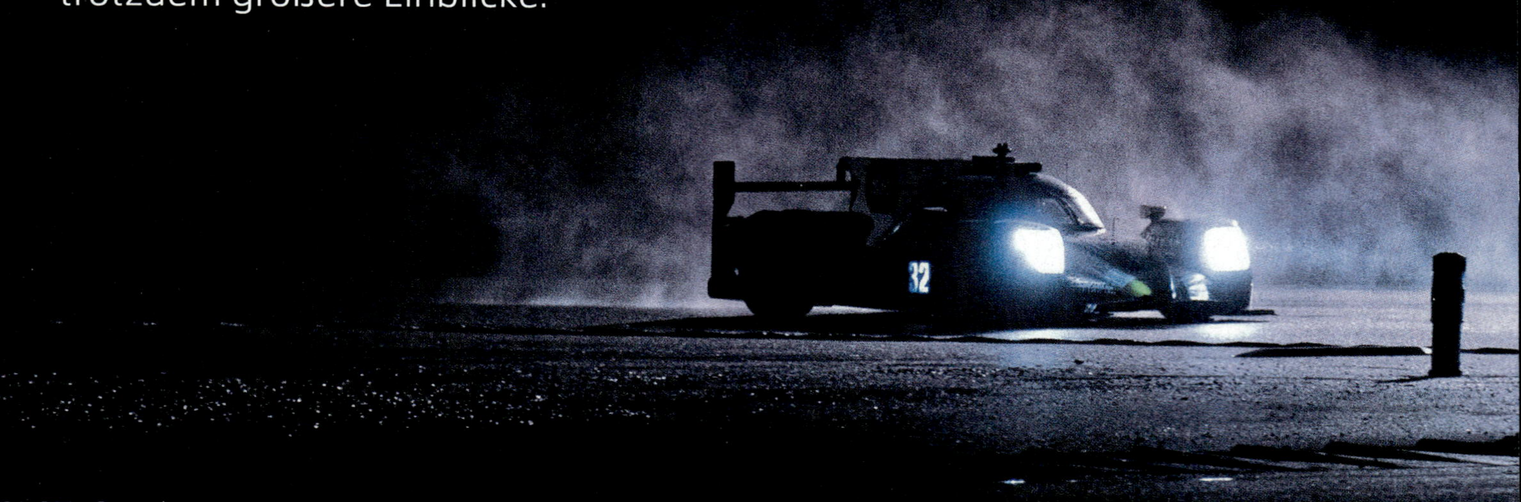

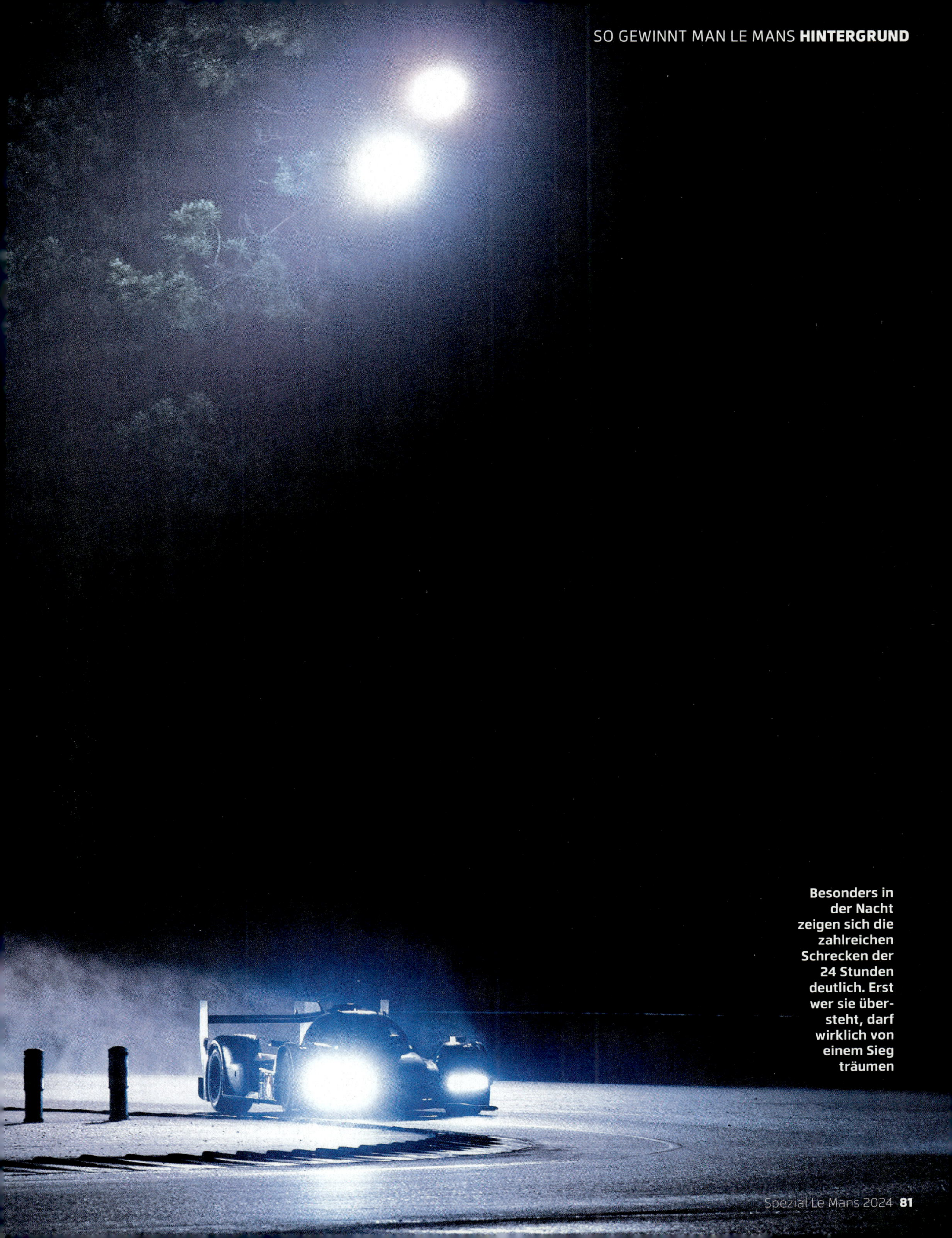

Besonders in der Nacht zeigen sich die zahlreichen Schrecken der 24 Stunden deutlich. Erst wer sie übersteht, darf wirklich von einem Sieg träumen

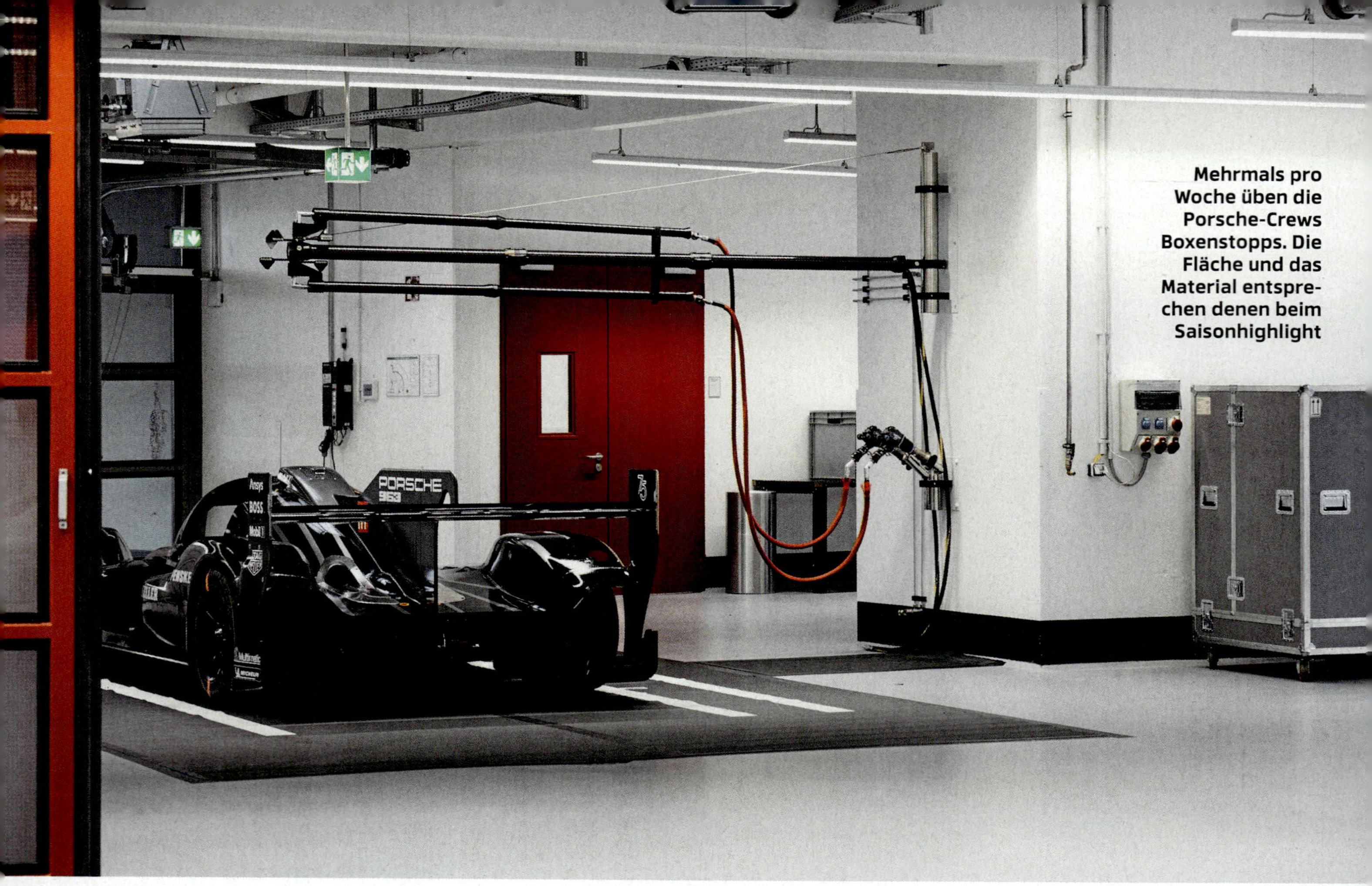

Mehrmals pro Woche üben die Porsche-Crews Boxenstopps. Die Fläche und das Material entsprechen denen beim Saisonhighlight

Herzlichen Glückwunsch, lieber Leser! Sie haben eine Milliarde Euro gewonnen. Für was Sie den Geldsegen nutzen sollen? Wie wäre es, mit einem eigenen Team die 24 Stunden von Le Mans zu gewinnen! Einer, der Ihnen genau sagen kann, was es für den ultimativen Langstreckenerfolg braucht, ist der Schweizer Urs Kuratle. Nach rund einem Vierteljahrhundert beim Traditionsrennstall Sauber wechselte er 2013 zum Porsche-LMP1-Projekt und holte als Operations Manager einen Sieg-Hattrick beim Herzstück. Seit über zwei Jahren ist der erfahrene Techniker nun an der Spitze des noch jungen LMDh-Programms, das er neu aufbauen musste. Also, Urs, was brauchen wir, um Porsche zu schlagen?

„Es ist schon mal gut, wenn genügend Geld vorhanden ist. Als Nächstes benötigt man die richtigen Partner beim Chassis und der Technik, dazu kommen die Ersatzteile. Von den zwei Startplätzen gehen wir einfach mal aus, obwohl das bei der aktuellen Menge an Herstellern schwer werden könnte." Auch beim nächsten Punkt auf der im Gespräch quasi sekündlich wachsenden Checkliste führt der Marken-Boom zu massiven Engpässen: Wer gutes Personal will, muss lange suchen. Wer es auch noch halten und auf Dauer zufriedenstellen will, muss sich noch mehr Mühe geben. „Es braucht einen sehr guten Plan bei der Zusammenstellung. Wie viele Leute – seien es die Mechaniker, Ingenieure, Truckies oder auch der Teammanager – nimmt man mit Erfahrung? Wie viele nimmt man ohne? Was seltsam klingen mag, hat einen entscheidenden Hintergrund. Wenn man nur Routiniers verpflichtet, holt man sich etliche Meinungen und Vergleiche mit vorausgegangenen Projekten hinein. Obwohl es gute

Hardware und Software: In der Mannheimer Teamzentrale (l.) werden die Fahrzeuge vorbereitet, die Ingenieure und Strategen an der Strecke stehen im stetigen Datenaustausch mit den Kollegen in Weissach

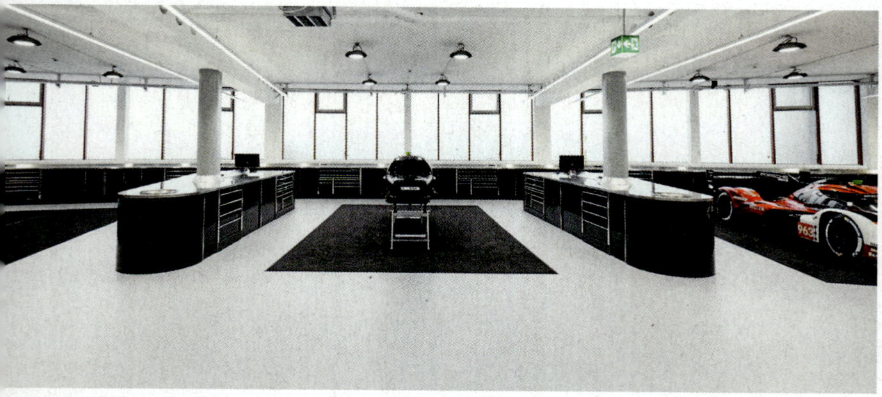

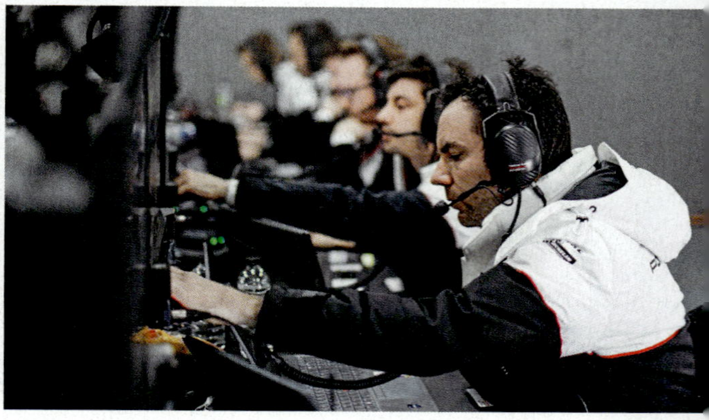

Referenzen sind, kann es zu viele davon geben." Obendrauf kommen Vorstellungen zur Größe der Truppe und Pläne, wie man mit Fehleinkäufen umgeht. „Man wird auch Leute einstellen, bei denen eine der zwei Seiten merken wird, dass die Zusammenarbeit nichts wird. Bei der Reduzierung solcher Fehler braucht es ein gutes Händchen", rät Kuratle.

Allen voran bei den Teammitgliedern gerät das prall gefüllte Konto also schnell an seine Grenzen. Bunte Scheine mögen zwar die besten Argumente haben, aber allein sie sind auf Dauer nicht nachhaltig. Wie wichtig das Zwischenmenschliche in einem vermeintlich technisch getriebenen Sport ist, zeigt ebenfalls eine politische Überlegung. „Es bietet sich an, jemanden zu haben, der sich in Le Mans spezifisch auskennt und entsprechend Französisch spricht." Beim stolzen Ausrichterclub ACO und bei der FIA kann es so manche Kommunikation erleichtern.

Das klingt alles extrem kleinteilig und damit aufwendig. Gibt es da keine Abkürzung? 2025 wäre doch ein schönes Debütjahr. „Wenn es ohne eine mindestens einjährige Eingewöhnung umgesetzt werden soll, spielt Erfahrung wieder die entscheidende Rolle. Da wäre es definitiv die bessere Wahl, eine existierende Truppe zu nehmen. Je näher am Sportwagengeschäft, desto besser. Selbermachen tut mehr weh." Ein aktuelles Beispiel ist das aus der IndyCar bekannte Ganassi-Team, welches die Cadillac-Einsätze bislang betreute.

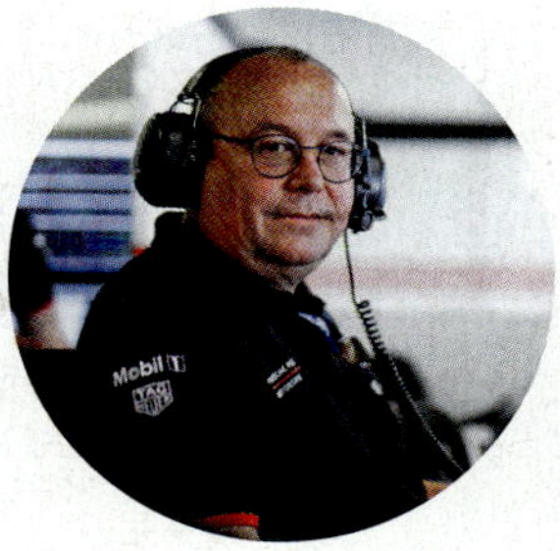

„Es gibt keine Rennen ohne Fehler, denn im Nachhinein findet man immer Dinge, die man besser lösen kann. Die Minimierung entscheidet über Erfolg"

Urs Kuratle, Leiter Porsche-Werksmotorsport LMDh

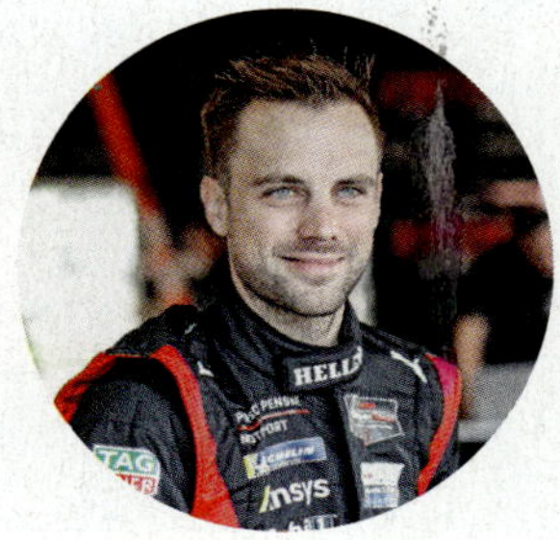

„Als Profis bereiten wir uns selbstständig vor. Dank meiner Erfahrung weiß ich, was ich brauche und tun muss. Jeder findet dabei seinen eigenen Weg"

Laurens Vanthoor, Pilot des #6-Porsche-963

Die Teile machen das Ganze

Vor der Überlegung, wie Lamborghini aus Prestigegründen einen eigenen Motor zu entwickeln, warnt der Experte: „Ein OEM der Kategorie BMW oder Porsche schafft das in rund zwei Jahren, weil Derivate vorliegen, die man abändern kann." Selbst die Zusammenarbeit mit Spezialisten wie Cosworth braucht bei der Entwicklung, der Integration und beim Testen eine gewisse Zeit. Und da selbst in der WEC ein relativ restriktives Testreglement vorherrscht, gilt es, Risiken zu vermeiden. Die bessere Lösung ist es folgerichtig, ein ausentwickeltes Gesamtpaket zu wählen. Oder Ressourcen in das Kombinieren von Komponenten zu stecken, die für sich allein womöglich Standfestigkeit bewiesen, aber noch nicht in einem speziellen Modell zusammengewirkt haben. Dazu ist Geld wie Heu auch bei der Hardware kein Allheilmittel.

„Die Logistik rund um die Ersatzteilorganisation in Le Mans ist enorm. Als wir dort vor über zehn Jahren in die Topklasse zurückgekehrt sind, war Audi der Platzhirsch. Die hatten Turbolader oder auch Achsen samt Werkzeugen zusammen vorbereitet – und das in dreifacher Ausführung für alle Autos!" So eine Organisation im Hintergrund auf die Beine zu stellen, ist die große Kunst. Dabei helfen Faustregeln wie das doppelte Vorbereiten der „Ecken", also der vier Räder samt erweiterten Aufhängungsteilen und Bremskomponenten, ungemein.

„Das waren Dinge, die in der Umsetzung zu Beginn für uns schwierig waren. Die generell angespannte Ersatzteillage und das Einarbeiten der Crew standen in der Saison 2023 noch im Fokus. Wir waren froh angesichts der Herausforderungen, das Daily Business erst mal hingekriegt zu haben." Eine Antwort auf die Fra-

Doppeltes Training: Im hauseigenen Fitnessstudio bereiten sich Fahrer und Mechaniker körperlich vor, der Simulator hilft nicht nur bei Set-ups, sondern stimmt die Piloten auch auf die kommenden Rennkurse ein

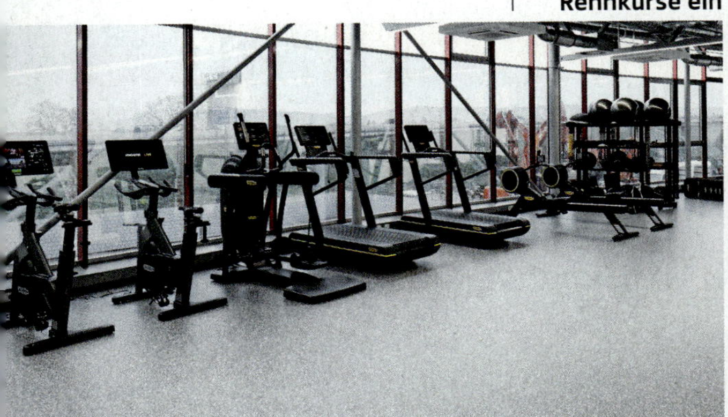

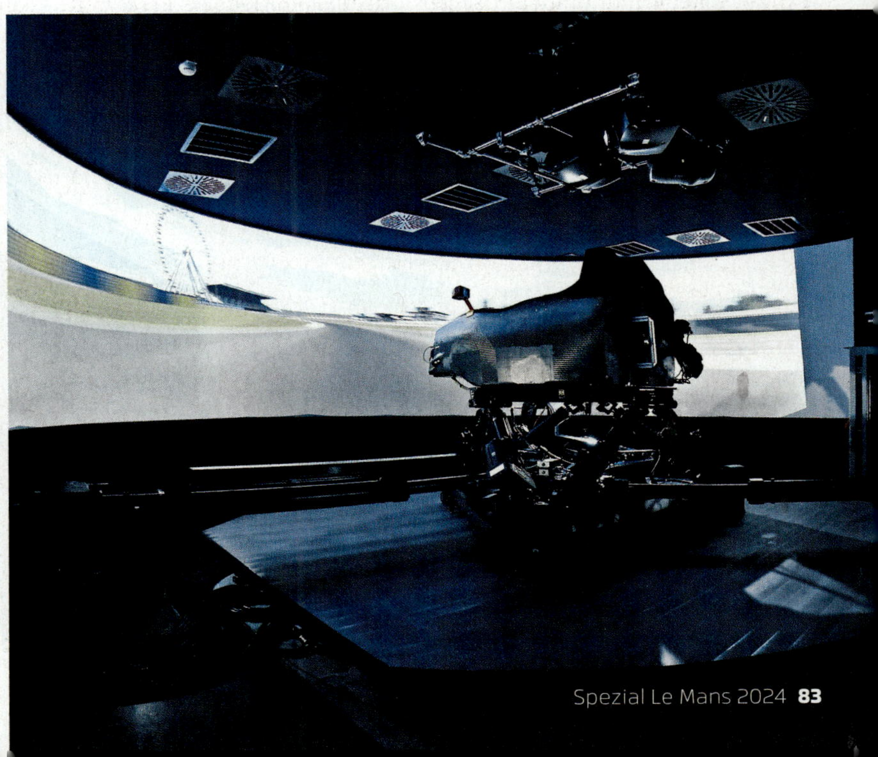

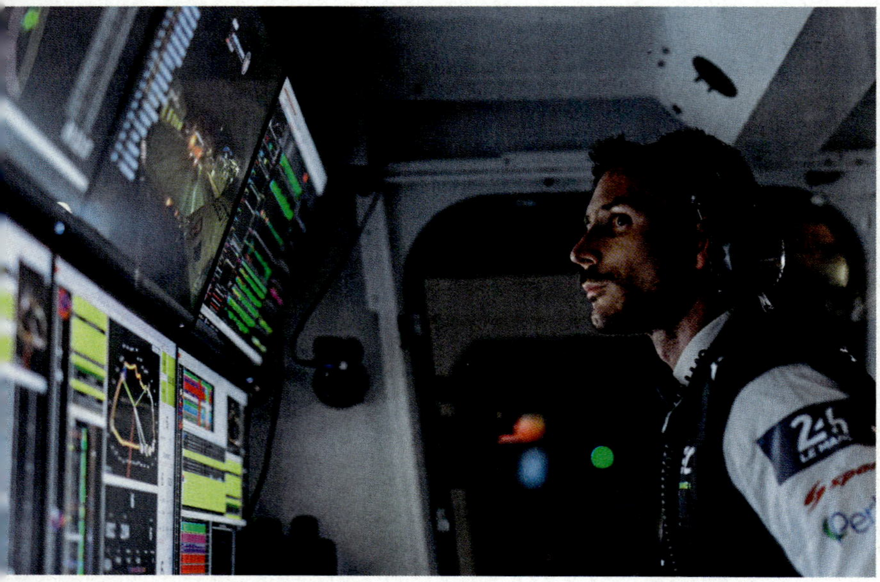

Über das Rennen hinweg sammeln sich Unmengen an Daten, ihre Interpretation braucht vor allem Erfahrung. Bei schwer Vorhersehbarem wie Wetteränderungen und riskanten Entscheidungen bei der Strategie können Rennschläue und Entscheidungswille den Unterschied machen

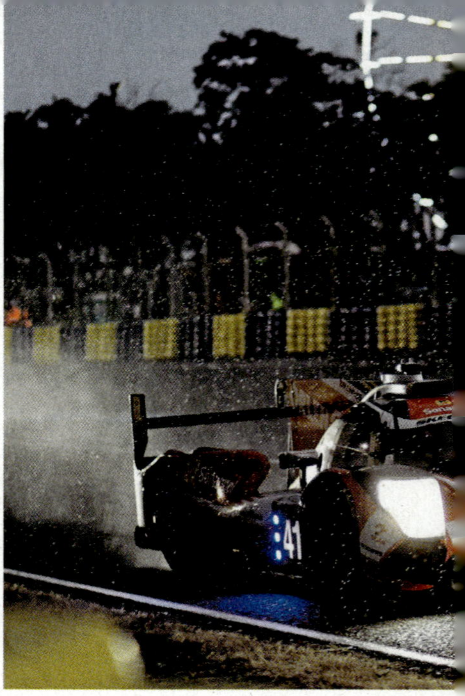

ge, wie man in Le Mans gewinnt, findet sich genau in solchen Fallstricken im Hintergrund.

Also gut, Urs, wir haben nun Monocoques, Motoren, Menschen, Material und den Mut nach einer massiven Test-Saison mit Dauerläufen und Reifenerprobungen. Auf dem Fahrermarkt haben wir ebenfalls zugeschlagen. Jetzt können wir endlich bei den 24 Stunden groß angreifen. Aber wie?

Glück der Tüchtigen

Zuallererst sollte man sich die kommende Herausforderung vor Augen führen. „Bei diesem Rennen gibt es extrem viele Möglichkeiten, extrem dumm auszuschauen. Das beste Beispiel sind die ersten Runden, in denen es immer kracht – trotz der Regel: Le Mans wird nicht am Start gewonnen.“ Andererseits kann man es den Piloten auch nicht komplett vorwerfen. Schließlich werden sie dafür bezahlt, als Egoisten alles zu geben. Hinter ihrer Vorbereitung steckt ebenfalls eine eigene durchdachte Logik. Porsche-Werksfahrer Laurens Vanthoor erzählt: „Als Profis bereiten wir uns sehr selbstständig vor. Dank meiner Erfahrung weiß ich, was ich zwischen den Rennen brauche und tun muss.“ Dazu gehören Trainingspläne, die Ernährung und Feedback-Bögen für die Ingenieure. Wie wichtig die Physis ist, zeigt eine einfache Rechnung: In Le Mans bringen zehn abgenommene Kilogramm vier Zehntel pro Runde. „Die Balance aus Gewicht und Kraft ist nicht einfach. Jeder Fahrer findet bei den Themen seinen eigenen Weg.“

Während Vanthoor und Co. ihren Job so schnell wie möglich erledigen, müssen die Strategen ihnen den passenden Rahmen geben. Kuratle erklärt zu den Stopps: „Es wäre sehr einfach zu sagen, dass man jedes Mal volltankt und bei jedem zweiten oder dritten Mal Fahrer sowie Reifen wechselt. Diese Standards hat jeder. Obendrauf kommen dann Themen wie das Management des Verkehrs und der Pace. Vollgas und Risiko auf den Curbs sind eine Illusion. Man muss den Stand, wie man das Auto kennt, mit der Strecke übereinbringen.“ Hier zahlt sich erneut die trainierte Kommunikation aus, um den Plan bis zum Gasfuß weiterzuleiten.

Besonders auf den 13,6 Kilometern von Le Mans wird häufig das Wetter zum entscheidenden Faktor. Rein auf

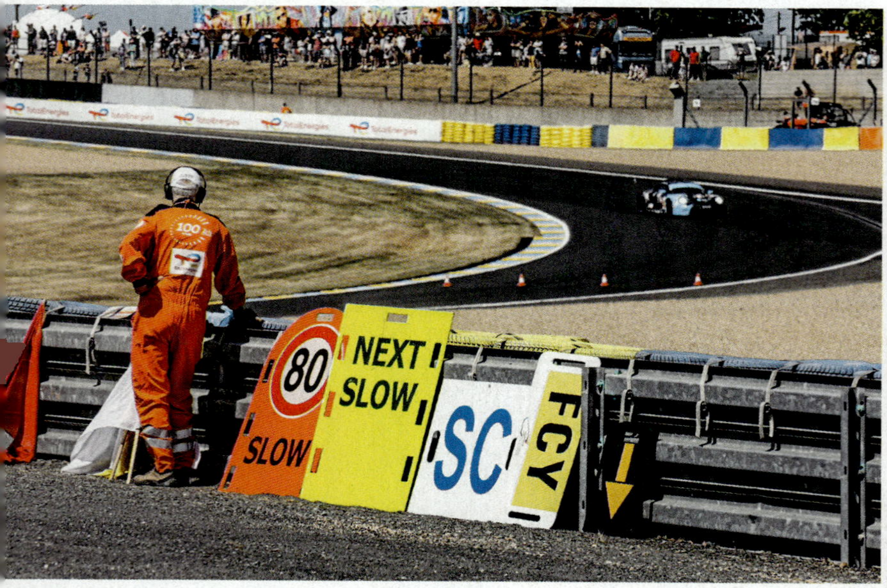

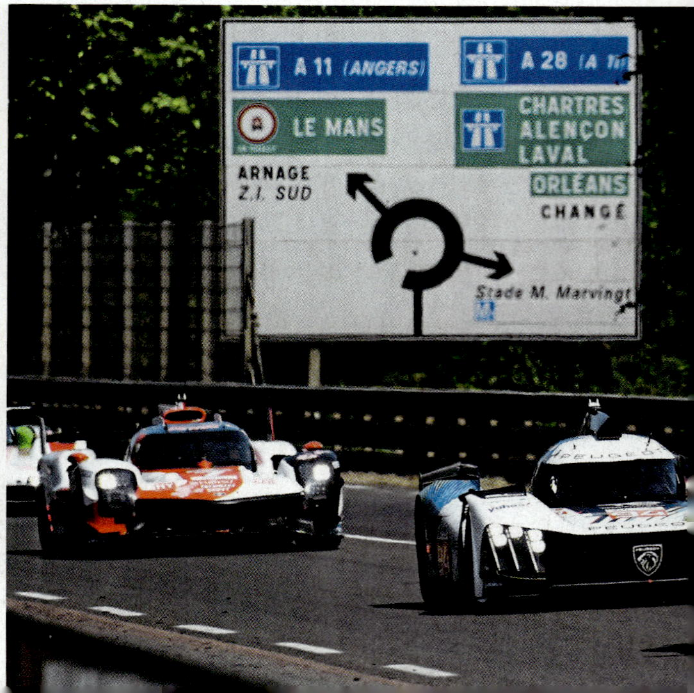

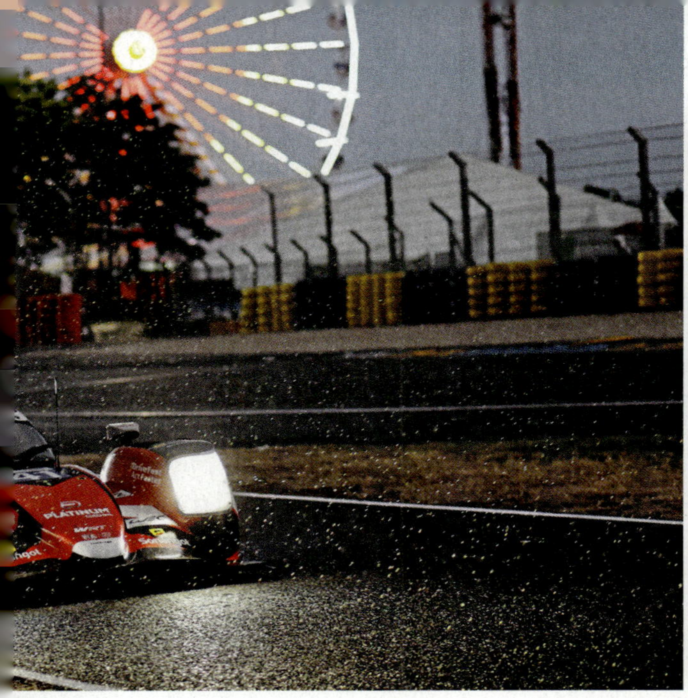

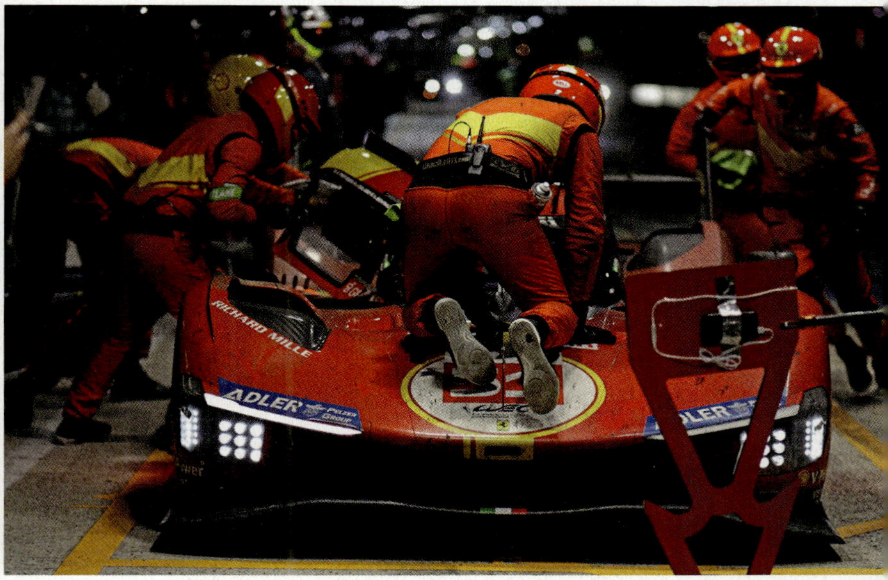

die Handy-App sollte man nicht vertrauen. „Seinen Wetterdienst kann man von sehr sinnvoll bis paranoid ausbauen. Auf einmal hat man aber statt 80 plötzlich 100 oder 120 Menschen vor Ort. Die muss man erst mal handeln." Die pure Menge an Daten erleichtert die Entscheidung aber nur bedingt. Beispielsweise kann es smart sein, das Risiko einer nassen Sektion hinzunehmen, wenn der Rest trocken bleiben soll. Spotter an verschiedenen Stellen und ein Vertrauensverhältnis zwischen Fahrern und Team müssen ineinandergreifen. „Auch dies kann man sich nicht kaufen."

Das Prinzip Chaos

Ähnlich unvorhersehbar präsentiert sich das Dauer-Thema Verkehr. „Dir wird im Verlauf der ersten zwölf Stunden mal einer in die Kiste fahren – oder auch andersherum. Muss man was wechseln? Oder kann man es sich ersparen? Das Treffen solcher Entscheidungen und der Mut dazu kann keine Aufgabe des höheren Managements sein. Das muss jemand mit dem klischeehaften Hintern in der Hose machen", führt Kuratle gegen Bürokratie aus. Auch wenn das Know-how vorhanden ist, glänzt in solchen Fällen die Rennschläue.

Gleiches gilt bei den unterschiedlichen Neutralisierungsarten. Safety-Car, FCY oder auch Slow Zones haben allesamt unterschiedliche Folgen für die Stopp-Strategien. Wie immer im Leben wird es sich lohnen, aus vorher gemachten Fehlern die entsprechenden Lektionen zu ziehen. Der Traum eines perfekten Rennens ist nämlich exakt das: eine Wunschvorstellung. „Es gibt keine Rennen ohne Fehler, denn im Nachhinein findet man immer Dinge, die man besser lösen kann. Die Minimierung entscheidet über den Erfolg."

Klingt ebenfalls nach mehr Stress als Spaß, oder? „Le Mans ist wie die anderen Rennen, nur länger. Es ist kein böser Ort, ganz im Gegenteil. Das Rennen ist einfach geil und voller Emotionen. Wenn es losgeht, sind alle gleich: Keiner weiß, was passiert", schwärmt Urs Kuratle. Einen Unterschied zu den Herstellern gibt es aber doch: Vielleicht sollten Sie, lieber Leser, danach erst mal nicht auf Ihr Konto schauen ...

Text: Philipp Körner
Fotos: Motorsport Images, Porsche

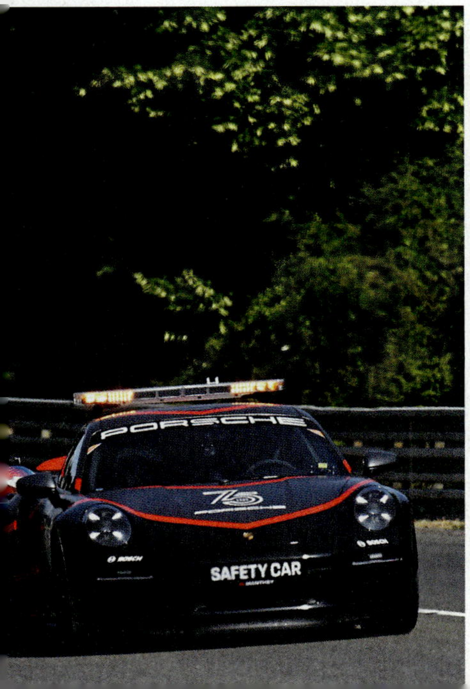

Der Highspeed-Charakter und der Verkehr machen Neutralisierungen zur Regel. Sie gibt es in diversen Ausführungen mit unterschiedlichen Zeitverlusten, welche die Strategie verschieden stark ändern. Eine perfekte Ersatzteilorganisation rettet, wenn man das Chaos mal selbst produziert hat

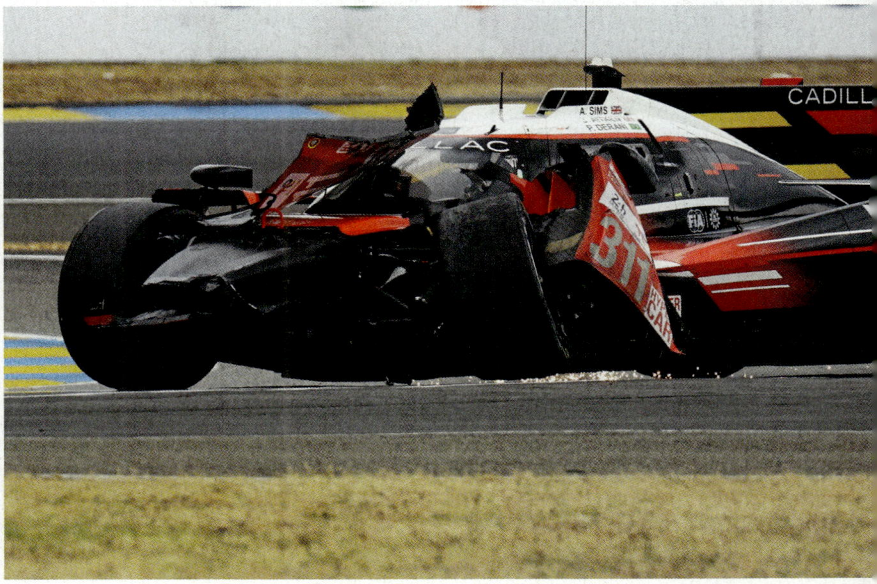

Der Kampf um Relevanz

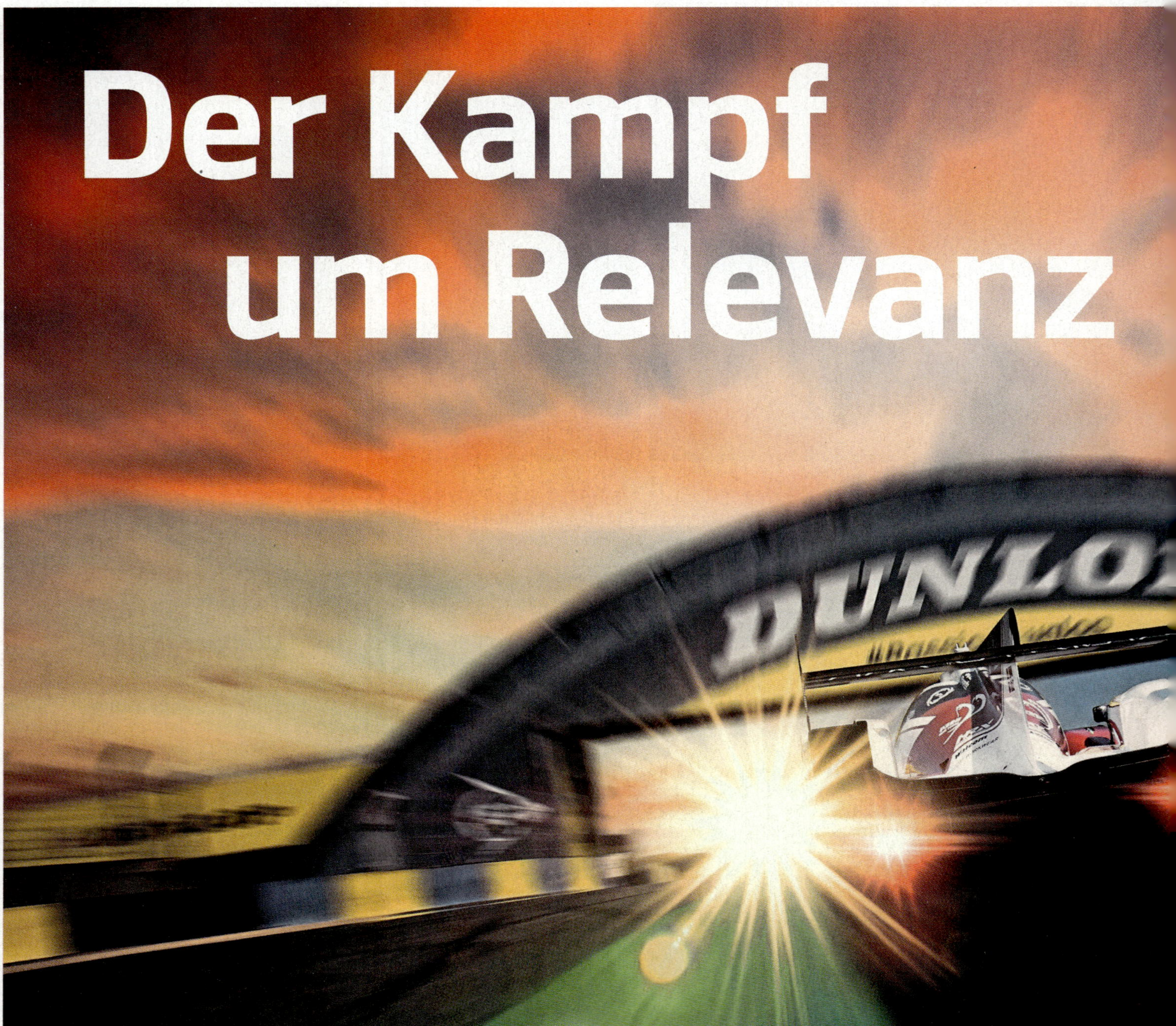

Ein schlauer Werksingenieur sagte mal: „Was auf der Rennstrecke im Kreis fährt, ist die Vergangenheit. Mein Job ist die Zukunft, also welche Technik in fünf Jahren zum Einsatz kommen soll." Die Zukunft hat im Motorsport einen langen Vorlauf: Die Hersteller und Regelgeber sitzen jahrelang in Meetings, um technische Optionen für die Zukunft auszuloten, dann muss alles in ein Reglement gegossen werden, und wenn die Technologie endlich debütiert, gilt sie auch wieder nur für ein paar Jahre.

Die letzten 70 Jahre dominierte im Motorsport das Streben nach Innovation. Der Motorsport war Vorreiter für neue Technologien, um die Straßenautos besser, schneller oder sicherer zu machen. Über Jahrzehnte blieb das technische Grundgerüst dabei stabil: ein Chassis, ein Verbrennungsmotor, immer mehr Abtrieb über die Aerodynamik. Neue Megatrends wie Nachhaltigkeit und Umweltschutz lösten in den letzten Jahren große Verwerfungen und Transformationen auf der Straßenseite aus. Die Elektrifizierung wurde von der Politik als Leitmotiv gesetzt, doch viele Motorsportdisziplinen können das aufgrund der Rennformate gar nicht umsetzen. Außerdem ändert sich das politische Koordinatensystem, das den Handlungsspielraum für den Motorsport absteckt, laufend.

Kosteneffizienz statt Innovation?

Da kann man sich schnell verlaufen: Porsche stieg 2017 aus der Langstrecken-Topklasse aus, um in die Formel E einzusteigen. Elektro sei die Zukunft, der Verbrenner die Vergangenheit. 2023 kehrte Porsche in die Hypercar-Klasse zurück, wo der Verbrenner im Zentrum steht – verbunden mit der mildestmöglichen Teilelektrifizierung durch einen Schmalspurhybrid.

Der Langstreckensport boomt, niemals zuvor waren mehr Hersteller in der Topklasse engagiert. Im Moment kommt die Relevanz primär über das Marketing, in Zukunft könnte die Technologie stärker in den Vordergrund rücken. Welche Trends und technischen Optionen zeichnen sich ab?

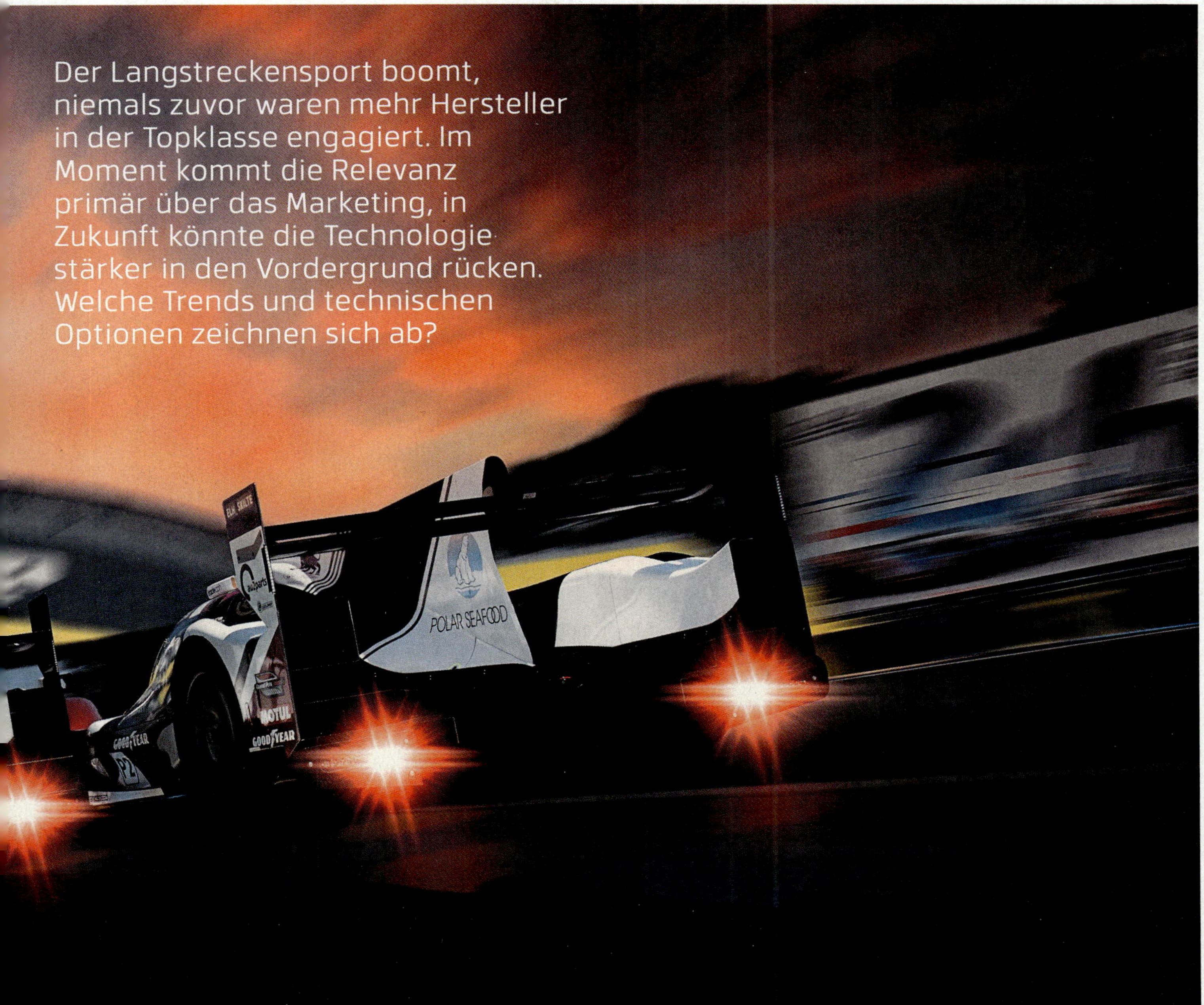

Mittlerweile kämpft die Elektrifizierung auf der Straßenseite sogar gegen die Kaufablehnung der Kunden, das EU-weite Verbrennerverbot für 2035 könnte verschoben oder aufgeweicht werden. Bei so einer unsicheren Gemengelage ist es natürlich knifflig, Zukunftsperspektiven für Technikreglements im Motorsport zu entwickeln. Der Kampf um die Zukunft hat trotzdem schon begonnen, und dabei rückt die Frage der technischen Relevanz wieder stärker in den Vordergrund: Wie kann der Langstreckensport den Trend zu mehr Effizienz und Nachhaltigkeit abbilden? Welche Lösungsansätze stehen dabei im Vordergrund?

Beginnen wir mit dem Status quo: Die Begrenztheit des aktuellen Reglements ist offensichtlich, es wurde als Kompromiss geboren. Der Erfolg beruht stärker auf Kosteneffizienz denn auf technischer Innovation. Es handelt sich um ein Übergangsreglement, das keine Effizienz vom Verbrenner incentiviert, weil das zu teuer wäre. Der Hybridantrieb taugt gemessen an seiner Leistung nur als grüner Anstrich: Weder bringt er Extraboost noch Reichweite. Der einzige Innovationsspielraum besteht darin, dass die Softwaresteuerung für die Wirkkombination aus Motor und Hybrid freigestellt ist – alle anderen Experimentierfelder wurden aus Kostengründen geschlossen.

Wo geht die Reise in der Topklasse hin? Neue Technologien machen den Sport relevanter, aber auch teuer. Andererseits hat die Kosteneffizienz den aktuellen Hypercar-Boom überhaupt erst ausgelöst

Doch die Regelgeber und Hersteller hatten keine Wahl: Der Megatrend Elektrifizierung lässt sich im Langstreckensport nicht abbilden. „Bei der Bewertung künftiger Antriebstechnologien sind wir zu der Einschätzung gekommen, dass der batterieelektrische Antrieb auf absehbare Zeit keine Lösung für den Langstreckensport sein kann", sagt ACO-Ingenieur Bernard Niclot. Ein vollelektrischer Langstrecken-Prototyp wäre viel zu schwer, die Nachladezeiten zu lang, die

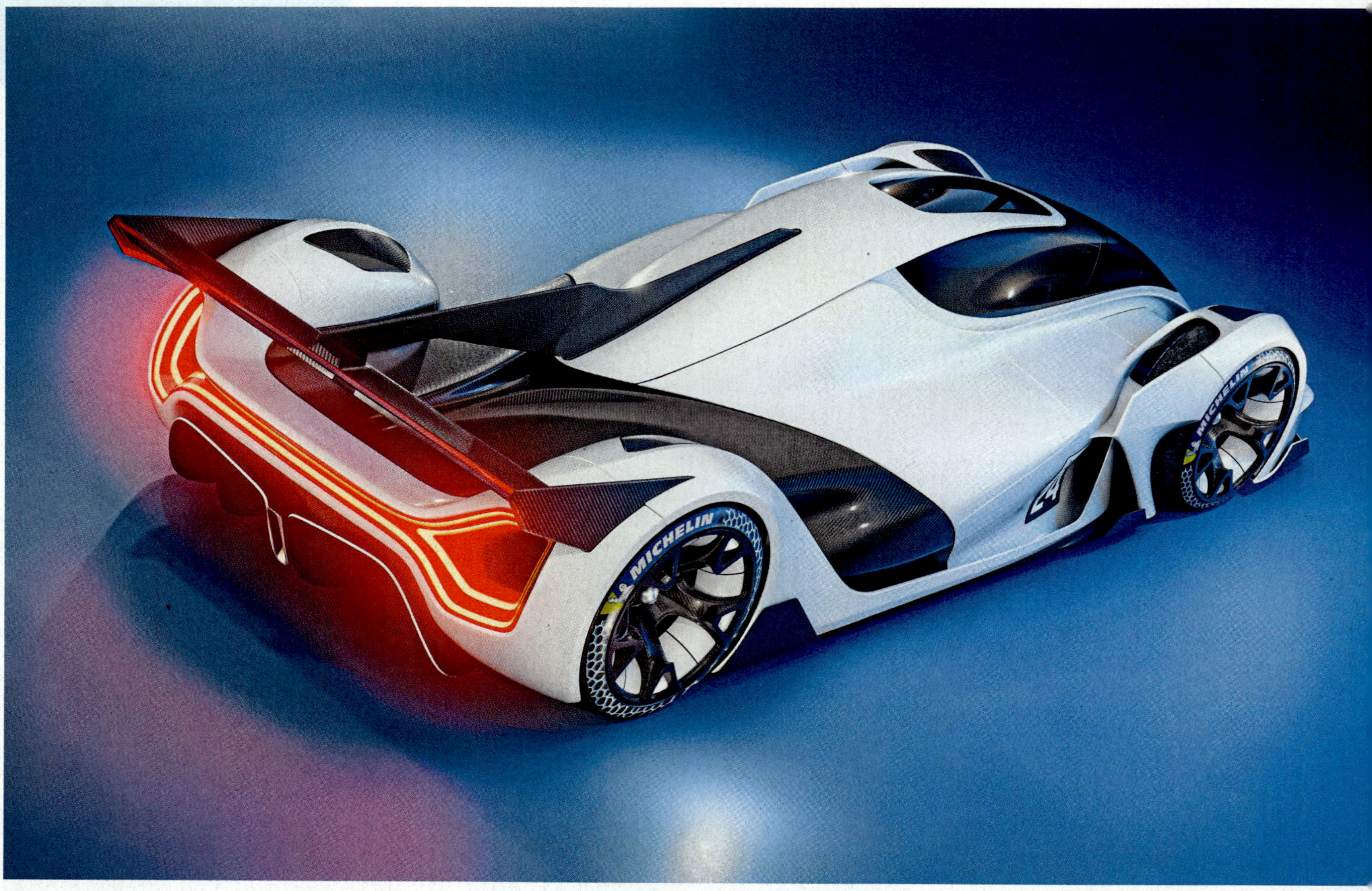

Der Le-Mans-Veranstalter ACO lancierte bereits mehrere Konzeptstudien für Wasserstoff-Prototypen. Das Ziel sind die Ablösung klassischer Verbrenner und die Reduzierung der CO_2-Emissionen

Gesamtperformance zu schwach. Deshalb stützen sich die aktuellen Hypercars beim Antrieb notgedrungen zu über 95 Prozent auf den klassischen Verbrenner

Das Fazit ist zwiespältig: Hybrid ist eigentlich ein alter Hut, die Technik ist in der WM seit 2012 im Einsatz, aber ohne Hybrid wären die Hersteller gar nicht eingestiegen. Es gibt zwar einen Plan, den elektrischen Anteil der Hypercars ab 2027 hochzufahren und relevanter zu machen. Doch zeitgleich sinkt die Bedeutung zum Beispiel der Plug-in-Hybride auf der Straße – die Technik ist aus vielen Gründen weder Fisch noch Fleisch. Die Rallye-WM hat den Hybrid mittlerweile aus völlig anderen Gründen gerade radikal entsorgt. Der mutige Schritt reduziert zwar die Kosten, erhöht aber die Angriffsfläche für den Motorsport – ein zweischneidiges Schwert.

Rückkehr der effizienten Verbrenner?

Ein weiterer zentraler Handlungspfad ist das Thema synthetische Kraftstoffe, mit dem Ziel, die CO_2-Emissionen zu reduzieren. 2022 führte die Sportwagen-WM einen Bio-Kraftstoff der zweiten Generation ein, der den CO_2-Ausstoß um 65 Prozent reduziert. Das war bestenfalls ein Etappenziel: „Wir benötigen so schnell wie möglich einen vollsynthetischen Kraftstoff mit geschlossenem CO_2-Kreislauf", fordert Toyota-Teamchef Rob Leupen. Mit geschlossenem Kreislauf ist gemeint, dass man bei der Herstellung der Kraftstoffe so viel CO_2 aus der Atmosphäre entnimmt, wie bei der Verbrennung wieder freigesetzt wird – eine Art Nullsummenspiel, aber mit Blick auf die Nachhaltigkeit ein wichtiger Schritt. Ein vollsynthetischer Kraftstoff könnte laut Experten frühestens ab 2026 zur Verfügung stehen. Die Produktion ist aufwendig und energieintensiv, aber daran führt kein Weg vorbei.

Womit wir beim nächsten Generalthema für die Zukunft angelangt sind: der Erhöhung der Gesamteffizienz, besonders beim Powertrain. Doch woher nehmen, wenn nicht stehlen? Die batterieelektrische Lösung scheidet aus, so bliebe nur die Erhöhung des elektrischen Hybridanteils. Oder eine komplett neue Motorenformel, bei der die Effizienz wieder stärker im Vordergrund steht, was aber automatisch die Kosten erhöht. Diese strategischen Überlegungen müssen permanent mit der Realität auf der Straßenseite zurückgekoppelt werden, denn die regulatorischen Rahmenbedingungen und die Marktrealität verändern sich laufend. Die Entwicklungen korrekt zu antizipieren, ist fast unmöglich – was die Gefahr erhöht, dass man in die falsche Richtung läuft.

Freilich gäbe es eine Option, um aus dem Kreislauf des ewigen Hinterherlaufens auszubrechen – nämlich die Wasserstoffantriebe. Bevor wir auf Details dieser Technik kommen, müssen vorab zwei Aspekte geklärt werden: Erstens stehen Wasserstoffantriebe überhaupt nur auf der Agenda, weil die Regulatorik in Europa ein Verbrenner-Aus für 2035 verkündet hat. Hersteller von sportlichen Fahrzeugen sagen völlig zu Recht: Ein Sportwagen ohne mechanisches Herz macht – Stand heute – keinen Sinn und wird auch nicht gekauft. Folglich suchen sie nach Alternativen, und die einzige mechanische Option wäre der Wasserstoff-Verbrennungsmotor. Wenn sich jedoch die Regulatorik oder auch nur die Zeitachsen der

Regulatorik nochmals verschieben, dann würde der aktuelle Hype um den Wasserstoff-Verbrenner sofort wieder erlahmen. Aktuell beteiligen sich zehn Hersteller an der Technischen Arbeitsgruppe Wasserstoff. Würde morgen das Verbrennerverbot gekippt, wären die alle sofort weg.

Zweitens dürften bei der geplanten Zulassung von Wasserstoff-Prototypen 2027 nur sehr wenige Straßenautos mit der gleichen Technik unterwegs sein, was automatisch eine neue Relevanzfrage aufwirft: Wenn der Kunde die Technik, die in Le Mans fährt und siegt, gar nicht kaufen kann, wo ist dann der Punkt?

H_2-Regelwerk: noch viele offene Fragen

Die Wasserstoff-Option gärt seit langer Zeit: Bereits 2012 wurden in Le Mans Wasserstoffkonzepte wie der GreenGT gelauncht, seit 2018 hat der ACO mit eigenen Mitteln drei H_2-Konzeptstudien unter dem Begriff „MissionH24" aufgegleist, was sogar zu fahrbereiten Demonstrations-Fahrzeugen führte. Das Ziel der Arbeitsgruppe Wasserstoff ist die Abfassung eines Technik-Reglements, perspektivisch für das Jahr 2027. Dann könnten theoretisch die aktuellen LMDh- und LMH-Fahrzeuge gegen Prototypen mit Wasserstoffantrieb in einer gemeinsamen Wertung gegeneinander antreten. Die unterschiedlichen Performance-Niveaus sollen über ein neues EOT-System (Equivalence of Technology) so angepasst werden, dass alle Untergruppen wettbewerbsfähig sind.

Die Aufgabenstellung ist komplex. Erstens stehen zwei Konzepte zur Auswahl: Bei der Brennstoffzelle werden Wasserstoff und Sauerstoff zu Strom, Wasser und Wärme umgewandelt. Dieser chemische Prozess wird als „kalte Verbrennung" bezeichnet, da er ohne echte Verbrennung abläuft. Brennstoffzellen sind also reine Stromlieferanten. Die heiße Verbrennung von Wasserstoff nutzt das Prinzip der Wärmekraftmaschine, wie beim klassischen Verbrennungsmotor, daher „heiße Verbrennung". Hier wird Wasserstoff in flüssiger oder gasförmiger Form in den Motor eingespritzt oder eingeblasen und verbrannt. Als Abgasprodukt entsteht dabei in der Regel nur unschädliches Wasser.

Zweitens muss geklärt werden, ob Wasserstoff in gasförmiger oder in flüssiger Form verwendet werden soll. Das ACO-Reglement favorisiert im Moment gasförmigen Wasserstoff. Der hat gegenüber der flüssigen Variante den Vorteil, dass der Kraftstoff nicht auf minus 253 Grad gekühlt werden muss. Der flüssige Wasserstoff verfügt dafür über eine höhere Energiedichte. Aber auch die gasförmige Speicherung ist komplex, denn sie erfordert eine Druckbeaufschlagung von 700 bar, was den Einsatz von Vorkühlern und Kompressoren notwendig macht. Dazu sind viele Detailprobleme wie die Gestaltung und Sicherheit der Tankanlagen, das Mehrgewicht von 200 bis 300 Kilogramm oder die hohen Schwankungen von Wasserstoff bei Temperatur und Druck zu lösen. Kein Wunder also, dass der Termin für das finale H_2-Regelwerk immer wieder verschoben wurde.

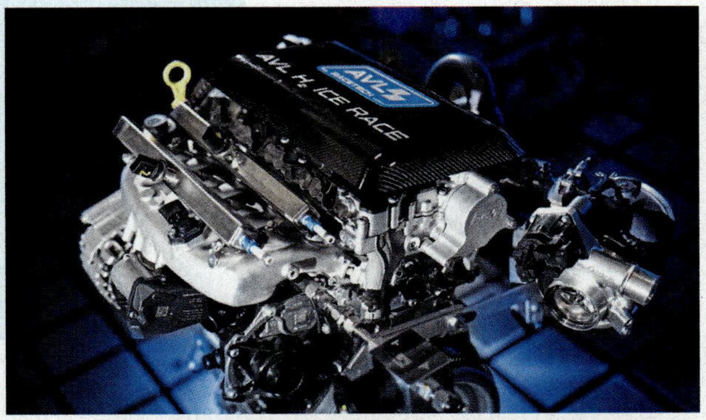

Boom dank Panik: Das drohende Verbrenner-Aus führte zu zahlreichen Projekten mit H_2-Verbrennern, wie bei AVL

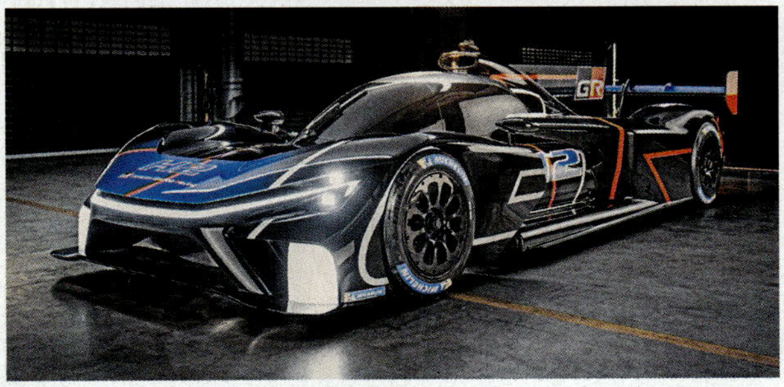

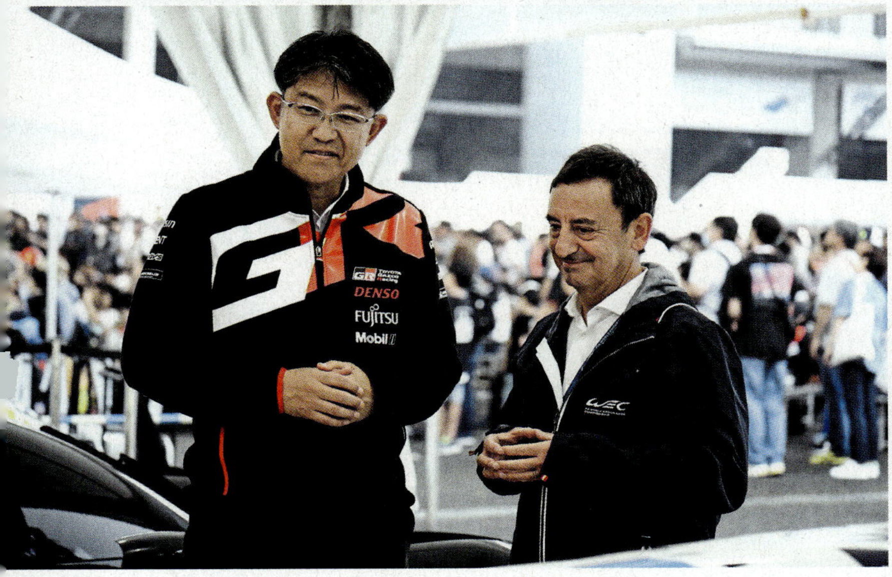

Toyota stellte 2023 eine Wasserstoff-Prototypen-Konzeptstudie (links) vor. Toyota-Chef Koji Sato (unten links) pusht für die Wasserstoff-Idee des ACO

Der Konflikt: Technologie oder Marketing?

Ob die Rechnung aufgeht, dass Wasserstoff in Zukunft zum Heilsbringer sowohl auf der Straße wie im Langstreckensport werden könnte, bleibt abzuwarten. Viel hängt daran, wie sich die globale Transformation im Automobilbereich entwickelt: Lockert die Regulatorik ihre harten Zielperspektiven? Verschieben sich die Zeitachsen? Oder schlägt am Ende die Realität – also das Kaufverhalten der Kunden – sogar die Regulatorik? Das kann im Moment niemand mit Sicherheit vorhersagen.

Der Zielkorridor für die nächste Dekade im Langstreckensport ist trotzdem definiert: mehr Effizienz, weniger Emissionen. Ein echter Fortschritt wäre aber nur dann möglich, wenn das Regelwerk wieder einen kontrollierten Technologie-Wettbewerb zulässt. Genau diesen Wettbewerb hat das aktuelle Hypercar-Reglement gezielt unterbunden, um dem Wunsch der Hersteller nach einer besseren Kostenstruktur zu entsprechen.

Das ist auch der Kern des Problems: Soll Motorsport auf Topniveau den Wettstreit von Technologien beinhalten? Oder geht es nur um niedrige Kosten, womit der Faktor Marketing die Überhand gewinnt? Das ist schon heute der Grundkonflikt des Hypercar-Regelwerks: Die LMH-Autos definieren sich über Technologie, die LMDh-Autos über niedrige Kosten. „Momentan läuft Marketing besser als Technologie", erklärt ein hochrangiger ACO-Experte. Aber das Pendel kann auch wieder zurückschwingen – das erleben wir gerade bei der Transformation auf der Straße.

Text: Marcus Schurig
Fotos: Motorsport Images, Xynamic, ACO, Toyota

Magisch, schnell

Obwohl die legendäre Sarthe-Schleife in den letzten 100 Jahren einige Male überarbeitet
teils welligen Straßen, auf denen über 300 km/h erreicht werden. Als Kontrast fungieren

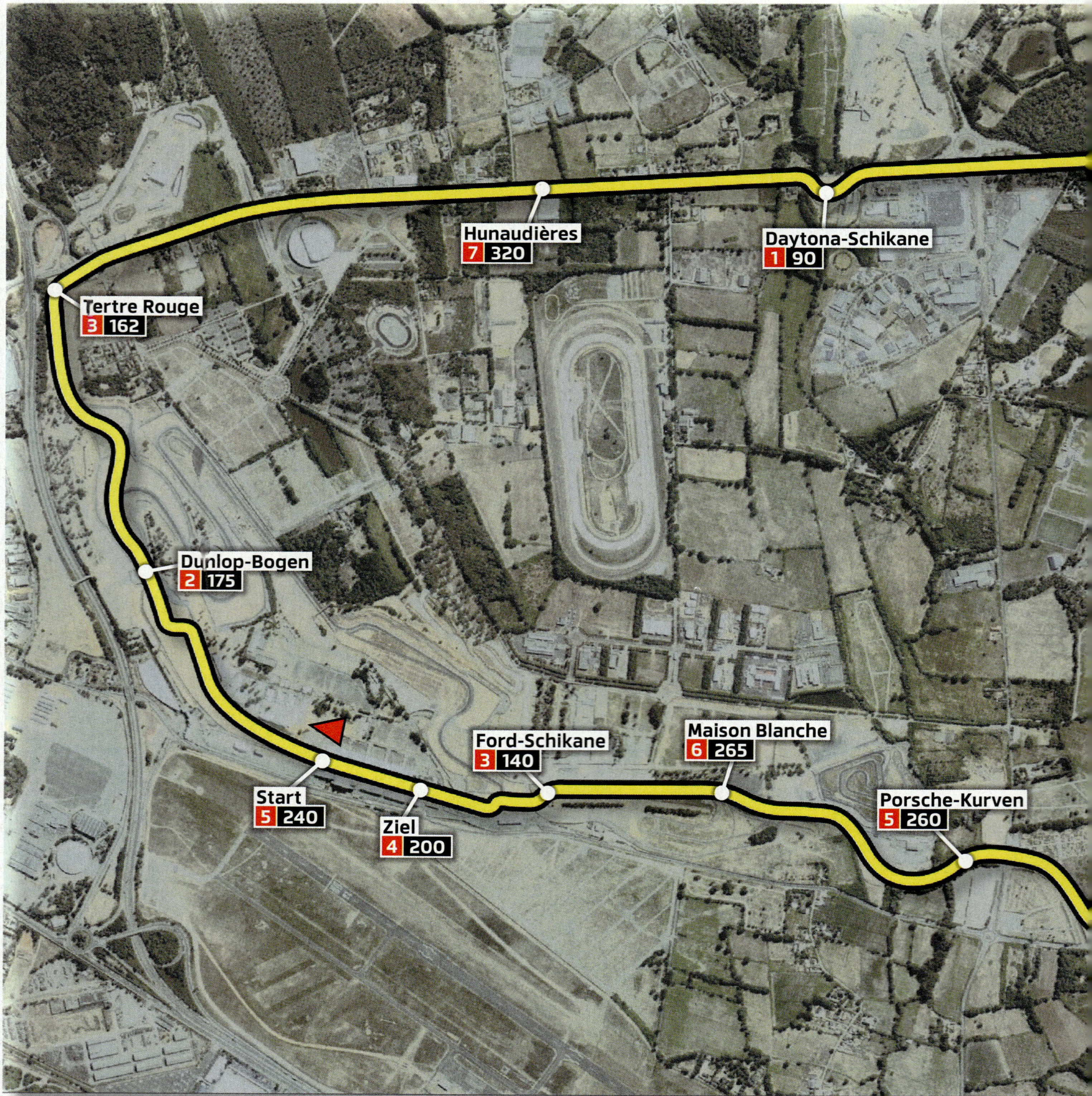

und risikoreich

wurde, blieb sie ihren Idealen bis in die Gegenwart treu. Das Herz sind die öffentlichen, die permanenten Teile, die aber weit von den Formel-1-Auslaufwüsten entfernt sind.

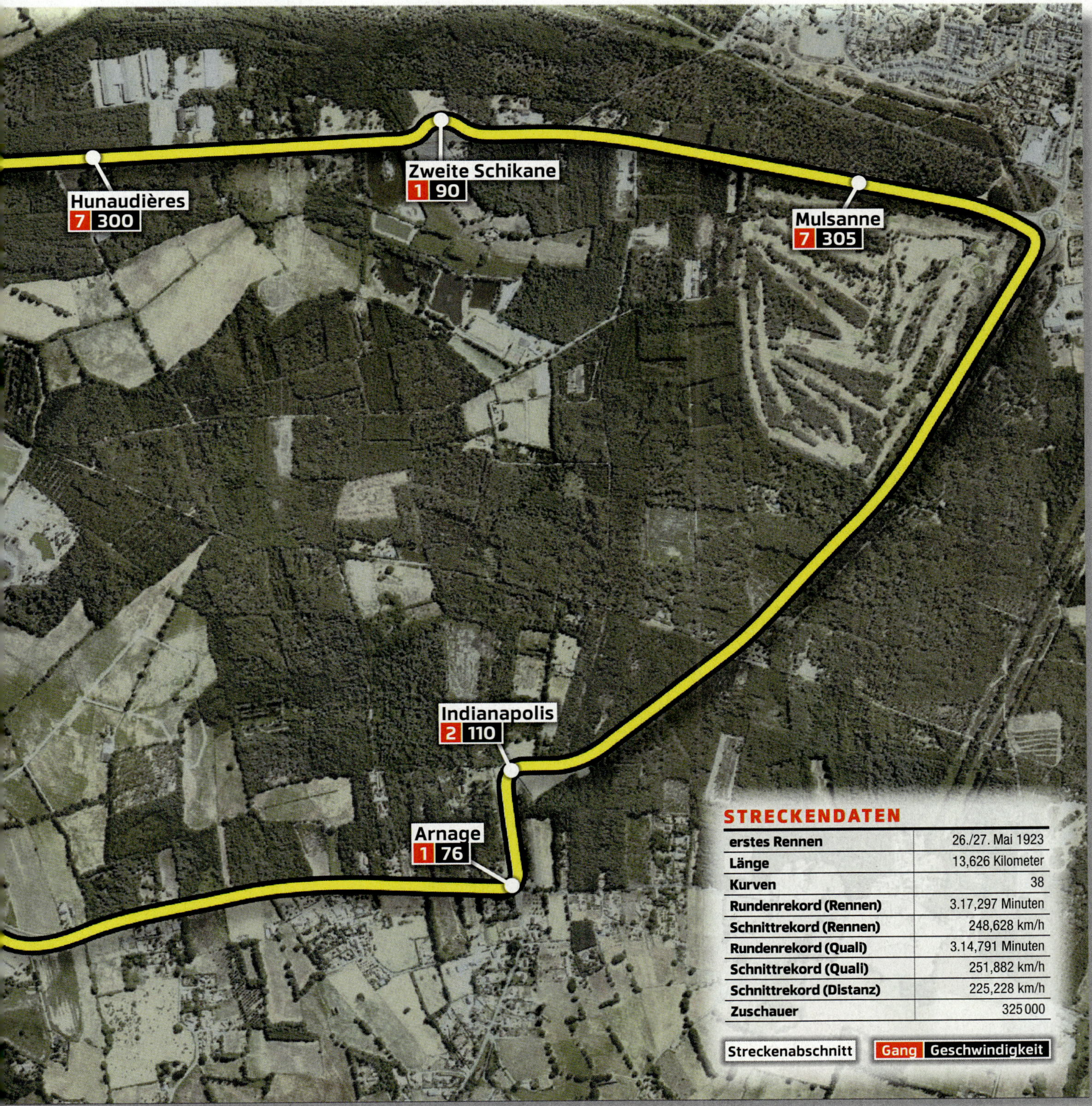

STRECKENDATEN

erstes Rennen	26./27. Mai 1923
Länge	13,626 Kilometer
Kurven	38
Rundenrekord (Rennen)	3.17,297 Minuten
Schnittrekord (Rennen)	248,628 km/h
Rundenrekord (Quali)	3.14,791 Minuten
Schnittrekord (Quali)	251,882 km/h
Schnittrekord (Distanz)	225,228 km/h
Zuschauer	325 000

„Immer am Limit, genial!"

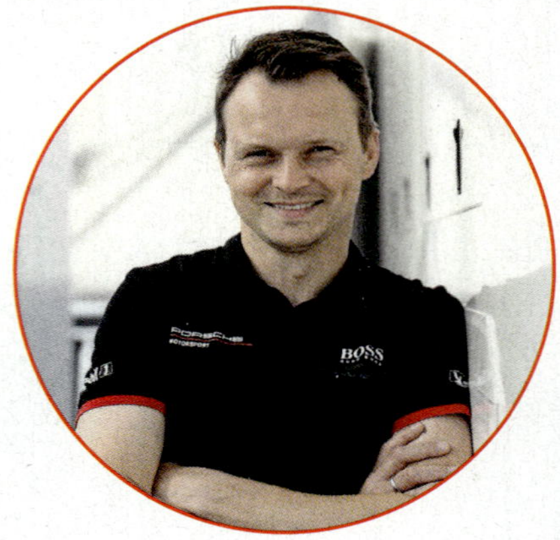

Der Porsche-Mann Marc Lieb kennt die 13,626 Kilometer sowohl aus der GT- als auch aus der Prototypen-Perspektive bestens. Was macht ihre Kurven so einzigartig?

VITA

Marc Lieb, Jahrgang **1980,** lernte als Sohn eines Porsche-Mitarbeiters früh den Mythos der Sportwagenschmiede kennen. Nach einer durch knappe Ressourcen geprägten Kart-Zeit schaffte er den Sprung in die Langstrecken-Szene und studierte parallel **Fahrzeugtechnik.** Der „fahrende Ingenieur" krönte seine Karriere 2016 mit dem **Gesamtsieg** bei den 24 Stunden von Le Mans.

Dunlop-Kurve

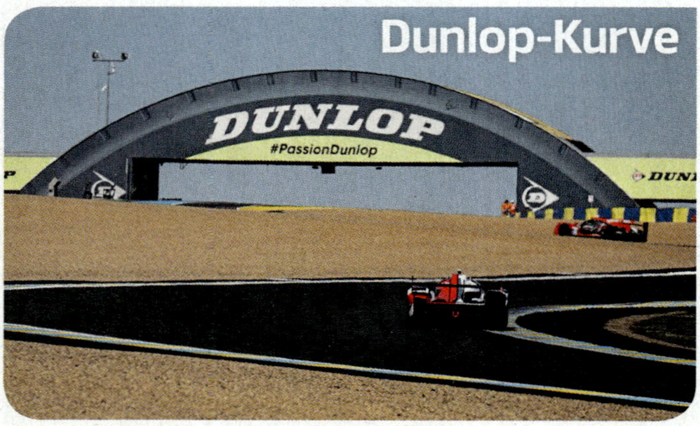

„Die erste Kurve verlangt durch den Rechtsknick davor eine gute Positionierung. Sonst steht schnell das Rad"

Tertre Rouge

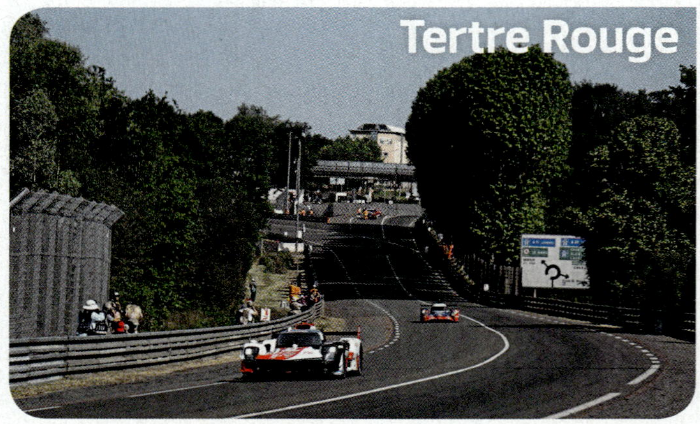

„Wer es hier verhaut, verliert eine halbe Sekunde. Dazu kommen Track-Limits. Es ist schwer, die richtige Linie zu treffen"

Hunaudières

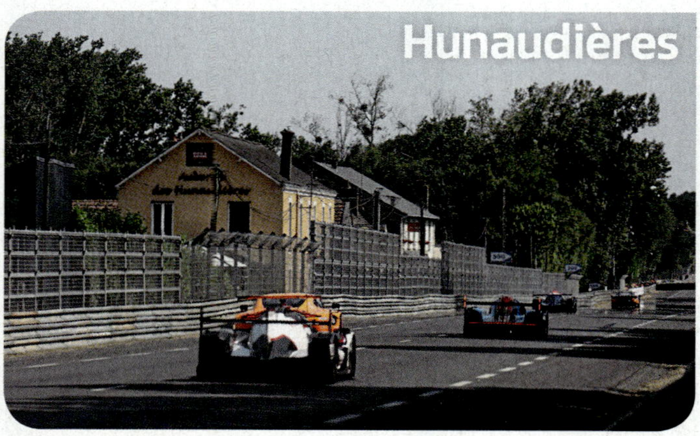

„Ein perfekter Bremspunkt macht durch die hohen Geschwindigkeiten alles aus. Gerade nachts durch Müdigkeit kritisch"

Mulsanne

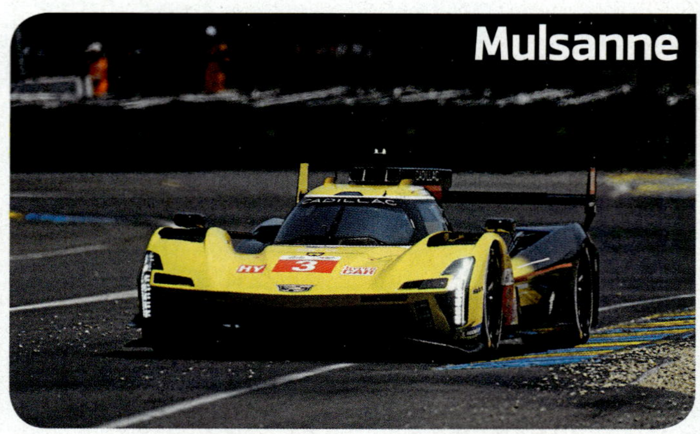

„Bei der Anfahrt wird es sehr eng, zwei Autos passen gerade so nebeneinander. Wegen des Kiesbetts häufig verschmutzt"

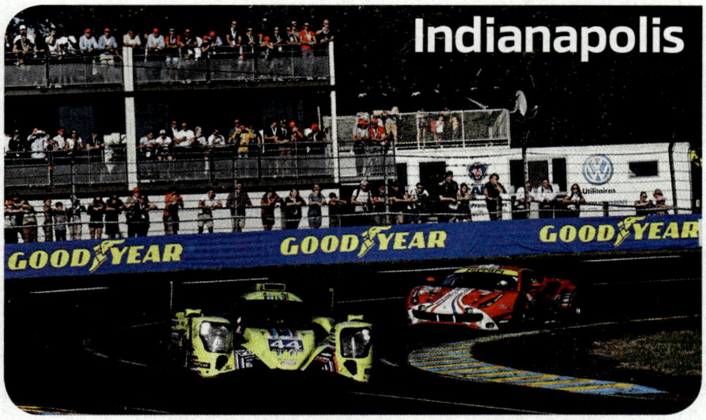

„Durch den schnellen Rechtsknick rollt man und bremst dann richtig positioniert hart für die folgende Linkskurve an"

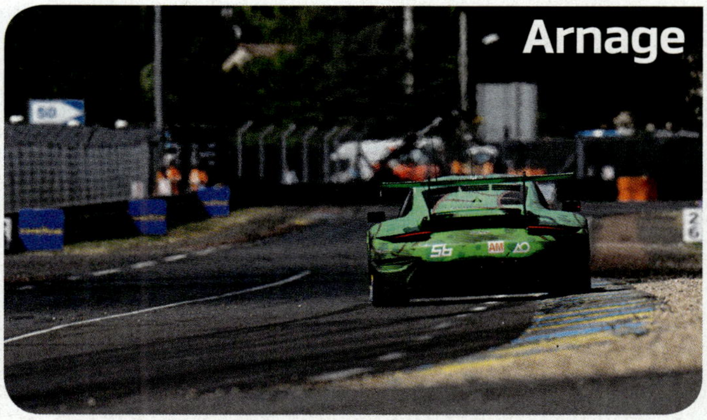

„Jedes Mal beim Bremsen kommt der Gedanke, dass es später gehe. Tut es aber nicht – unheimlich glatt und rutschig"

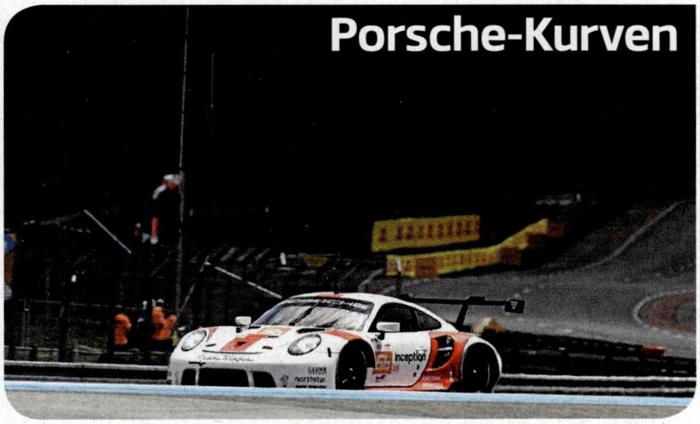

„Länge und hohe Geschwindigkeit machen diese Abfolge zur Mutprobe. Man fährt zum Teil direkt auf die Leitplanken zu"

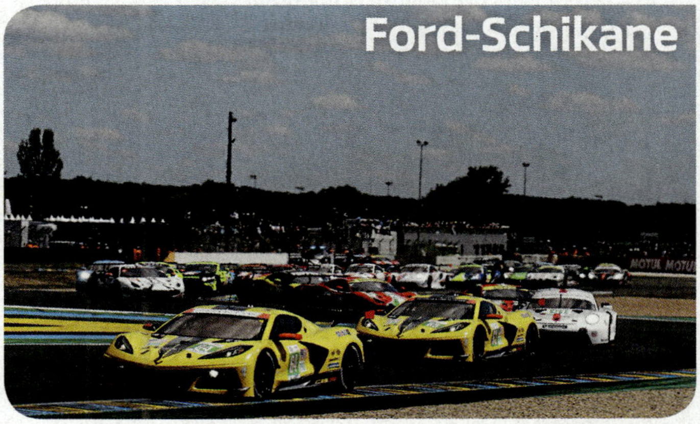

„In den Schikanen braucht es im Rennen Geduld. Die erste ist ein Kompromiss beim Speed, um die zweite besser zu erwischen"

DAS LE-MANS-PROGRAMM 2024

Freitag	Samstag	Sonntag	Dienstag	Mittwoch	Donnerstag	Freitag	Samstag	Sonntag
7. Juni	8. Juni	9. Juni	11. Juni	12. Juni	13. Juni	14. Juni	15. Juni	16. Juni
Ganztägig Abnahme im Stadtzentrum	**Ganztägig** Abnahme im Stadtzentrum	**Vormittag** Testtag, erste Sitzung	**9:00–20:00** Ausstellungen und Fan-Zonen	**14:00–17:00** Freies Training 1	**15:00–18:00** Freies Training 3	**9:00–13:00** Betrieb auf Strecke	**15:30–15:50** Eröffnungs-zeremonie	**16:00** Zieleinlauf
		Nachmittag Testtag, zweite Sitzung	**14:00–15:00** Autogramm-stunde	**19:00–20:00** Qualifikations-training	**20:00–20:30** Hyperpole-Qualifikation	**15:00–20:00** Strecke geöffnet	**16:00** Rennstart	
			14:00–18:00 Boxengasse geöffnet	**22:00–24:00** Freies Training 2	**20:35–21:15** Hyperpole-Zeremonie	**16:00–19:00** Fahrer-Parade (Stadt)		
			15:15–16:30 Pit Stop Challenge		**22:00–23:00** Freies Training 4			

Stand: 29. April; Änderungen vorbehalten

übertragen von WEC NITRO. EUROSPORT

Text: Philipp Körner **Fotos:** Eurosport, Google Maps, Motorsport Images, Porsche, RTL, WEC, XPB

Neue Dach-Konstru

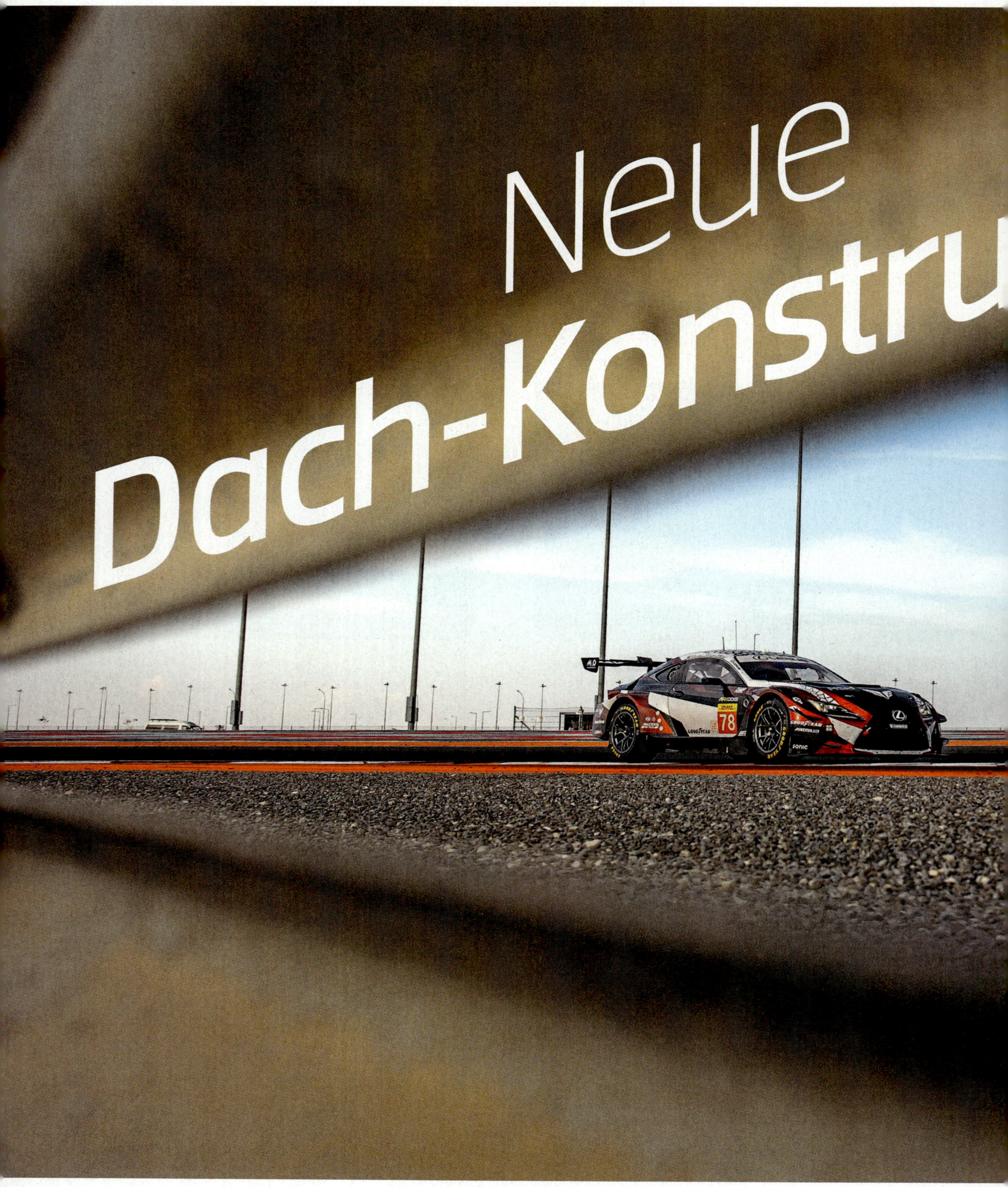

ktion

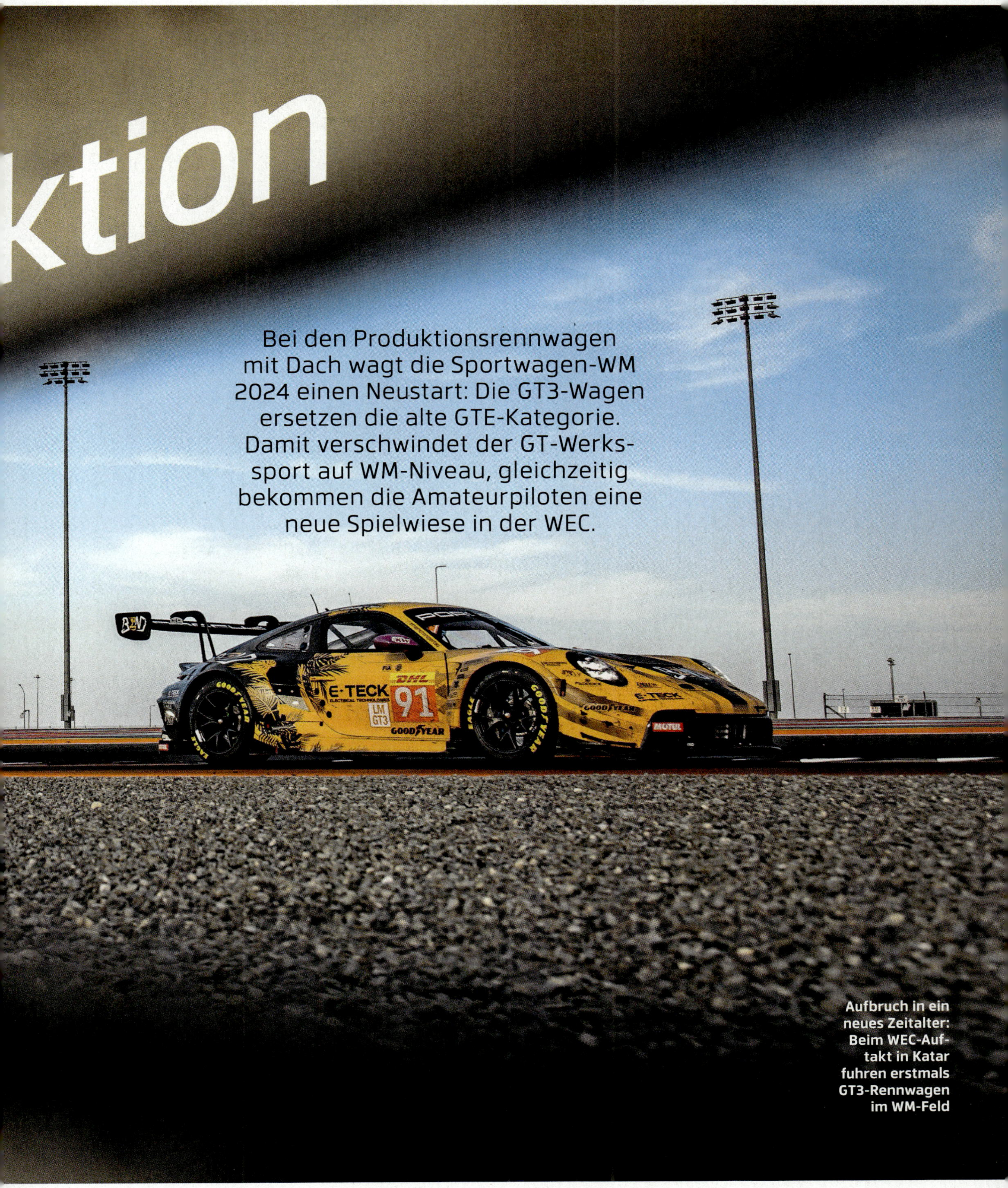

Bei den Produktionsrennwagen mit Dach wagt die Sportwagen-WM 2024 einen Neustart: Die GT3-Wagen ersetzen die alte GTE-Kategorie. Damit verschwindet der GT-Werkssport auf WM-Niveau, gleichzeitig bekommen die Amateurpiloten eine neue Spielwiese in der WEC.

Aufbruch in ein neues Zeitalter: Beim WEC-Auftakt in Katar fuhren erstmals GT3-Rennwagen im WM-Feld

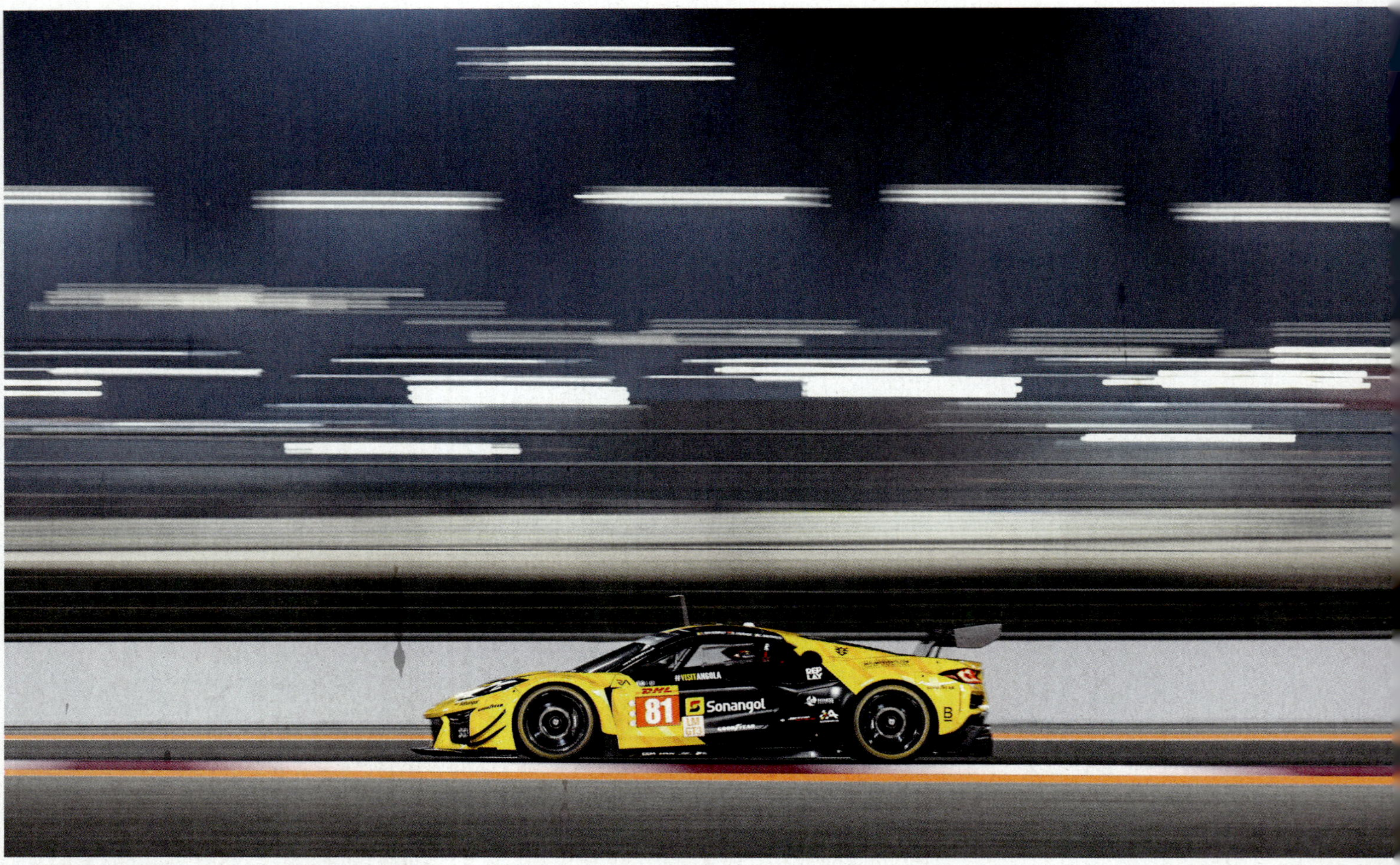

Corvette blieb trotz des Technikwechsels dem GT-Sport treu und baute erstmals ein GT3-Kundensportauto (oben). Weil BMW und Lamborghini (unten) in der Hypercar-Topklasse antreten, dürfen sie jetzt auch mit ihren GT3-Rennwagen in der WEC antreten

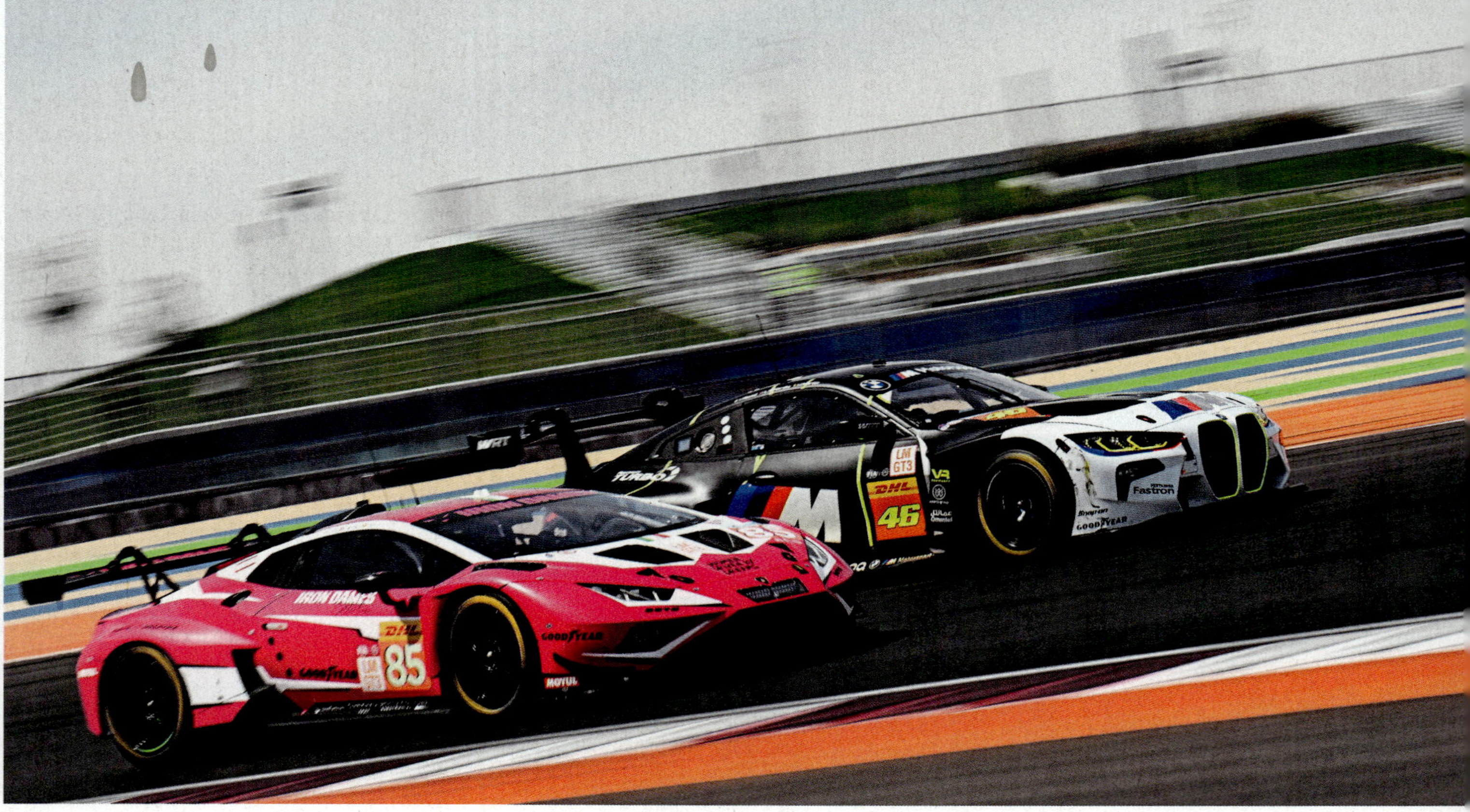

Die Sportwagen-Weltmeisterschaft hat sich in den letzten zwei Jahren neu erfunden: 2023 wurde mit den Hypercars eine neue Prototypen-Topklasse installiert, in der laufenden Saison sind die GT-Produktions-Sportwagen an der Reihe. Die alte GTE-Klasse ist Geschichte, die GT3-Autos haben das Zepter übernommen. Schließlich ist auch noch die LMP2-Klasse aus dem WM-Aufgebot verschwunden, auch wenn ein kleines Kontingent von 16 Autos beim WEC-Saisonhöhepunkt in Le Mans an den Start gehen darf.

Für diesen Umbau war neben Notwendigkeit auch Kalkül verantwortlich, dazu haben die Entscheidungen auf der Prototypen-Seite Rückwirkungen auf der GT-Seite ausgelöst. Nach fünf Jahren der Reglementfindung war es den WM-Machern ACO und FIA in Kooperation mit der amerikanischen IMSA-Serie gelungen, eine neue und attraktive Topklasse zu etablieren, die bisher acht große Autohersteller angelockt hat. Damit wuchs die Feldstärke in der Hypercar-Klasse auf gut 20 Fahrzeuge, was im Gegenzug zur Folge hatte, dass die LMP2-Kategorie notgedrungen entfallen musste. Somit verloren die zahlungskräftigen Amateurfahrer, die seit Jahrzehnten das Rückgrat des Sportwagensports gebildet haben, eine ureigene Spielwiese.

Das wiederum führte zu zwei Richtungsentscheidungen für die neue LMGT3-Klasse: Erstens sind dort Profi-Werksteams wie in der alten GTE-Pro-Klasse verboten, zweitens sind pro eingesetztem GT3-Auto mindestens zwei Amateure der Fahrer-Einstufungen Silber und Bronze vorgeschrieben, um sicherzustellen, dass Amateure Zugang zum WM-Sport und zu Le Mans haben. Damit führt man auch die Tradition der bisherigen GTE-Am-Klasse fort, die – neben den LMP2-Autos – seit Einführung der WM 2012 einen großen Anteil des Starterfeldes gebildet und das Überleben der WEC sichergestellt hatte.

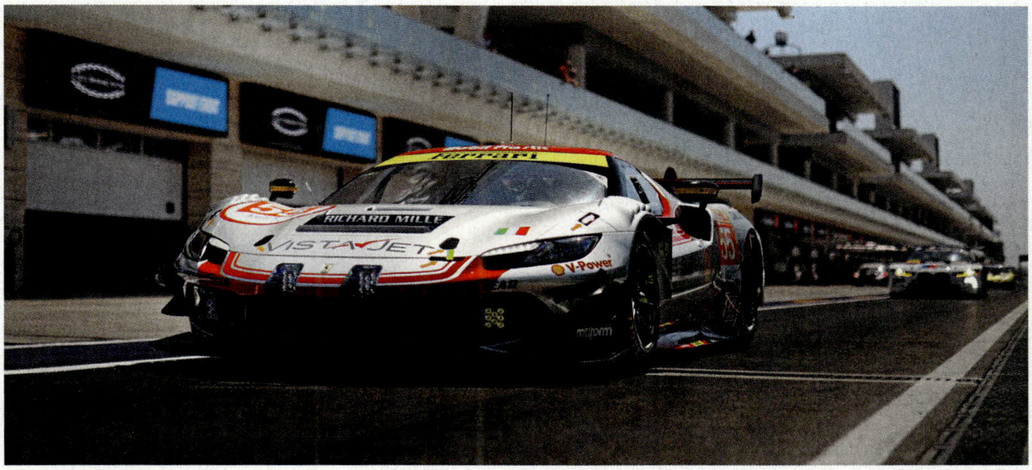

Aktuell sind 16 Modelle nach GT3-Reglement homologiert, was es ACO/FIA leichter machte, den Wechsel von GTE auf GT3 zu begründen. Die Nachfrage war größer als das Angebot: Es gab nur Platz für neun Marken

Als Geld keine Rolle spielte

Warum keine GTE-Autos mehr und warum jetzt GT3? Im Rückblick erscheint es heute fast als Widersinn, dass es in den letzten 18 Jahren eine Doppelung im GT-Sport gegeben hat: auf der einen Seite die GT2- und GTE-Wagen, die laut Definition für Werkseinsätze mit Profi-Piloten entwickelt wurden, auf der anderen Seite die GT3-Autos, die für den Kundensport mit Amateuren zuständig waren. Einige Hersteller wie Porsche und Ferrari waren sogar in beiden Kategorien vertreten! Die Doppelung war eine Folge der fetten Jahre im Motorsport, als Geld noch keine Rolle spielte. Nur am Rande sei erwähnt, dass es natürlich auch Werkseinsätze mit GT3-Wagen gab, ebenso wie Kundensport mit GTE-Wagen. Das gesamte System machte also schon lange keinen Sinn mehr, weshalb ACO und FIA beschlossen, ab 2024 auf die GT3-Rennautos als Produktionswagen-Klasse umzuswitchen.

Somit entstand binnen zwei Jahren eine komplett neue Struktur des WM-Starterfeldes: knapp 20 Autos in der Hypercar-Topklasse, dazu 18 Startplätze für die neue LMGT3-Klasse. Es gab ursprünglich klare Vergaberegelungen für die GT-Startplätze: Nur Hersteller, die auch in der Hypercar-Topklasse antreten, sollten zwei Fix-Startplätze in der GT3-Klasse erhalten. Später erhielten Aston Martin und Ford eine Ausnahmeerlaubnis, weil sie in der letzten Dekade in den GT-Klassen der WEC prominent vertreten waren. Damit waren neun Marken im Boot: Aston Martin, BMW, Corvette, Ferrari, Ford, Lamborghini, Lexus, McLaren und Porsche.

Mit der einfachen Übernahme der GT3-Klasse, die von der FIA reguliert wird, war es freilich nicht getan, denn die Franzosen haben bekanntlich ihren eigenen Kopf. So war ursprünglich geplant, dass die GT3-Autos mit einem speziellen Kit für die Einsätze in der WEC und in Le Mans aufgerüstet werden sollten. Die Pläne für dieses Technik-Update waren umfangreich, scheiterten aber letztlich am Widerstand der GT3-Hersteller. Der Grund: Veränderungen, zum Beispiel bei der Aerodynamik, hätten Entwicklungskosten in Höhe von mindestens zwei Millionen Euro produziert. Weil der Kit nur für die zwei in der WM eingesetzten GT3-Autos zugelassen gewesen wäre, hätte es keine realistische Refinanzierung für die Hersteller gegeben.

Kampf gegen Sandbagging

Im Prinzip fahren die GT3-Autos in der Weltmeisterschaft mit dem einheitlichen Technikbaustand, der weltweit gültig ist, womit eine Kosteneskalation im GT-Sport unterbunden wurde. Dennoch gibt es zwei wichtige Ausnahmen. Um den BOP-Prozess zu optimieren, müssen die GT3-Teams in der WEC erstens mit Torque-Sensoren antreten, die an den Antriebswellen montiert sind und die die abgegebene Leistung an die Hinterräder exakt messen. Die gleiche Technik kommt übrigens auch bei der Hypercar-Topklasse zum Einsatz.

Das hat den Vorteil, dass die Hersteller bei der Leistung nicht mehr schummeln können, weil der Ausrichter immer genau sieht, wie viel Motorleistung wirklich eingesetzt wird. Der Nachteil: Es gibt mit MagCanica aktuell nur einen Anbieter für Torque-Sensoren. Ein Satz kostet 80 000 Dollar, über eine volle WEC-Saison kommen mindestens vier Sensorpakete zum Einsatz, was die Einsatzkosten auf 300 000 bis 400 000 Euro erhöht. Dazu müssen die Steuergeräte der GT3-Motoren für den Einsatz der Torque-Sensoren angepasst werden.

Zweitens fahren die LMGT3-Autos in der WEC mit Goodyear-Reifen, während ansonsten im globalen GT3-Sport Reifen von Pirelli und Michelin zum Einsatz kommen. Damit beginnen die Teams beim Set-up der Fahrzeuge de facto wieder bei null, was wiederum den Testaufwand und die Kosten erhöht.

In diesem Technik- und Kosten-Kontext sollte aber das große Gesamtbild nicht aus den Augen verloren gehen: Es ist löblich, dass die unsinnige Doppelung aus GTE- und GT3-Klasse jetzt endgültig entfällt. Die GT3-Klasse ist nun die globale GT-Topklasse, womit für jeden der 16 engagierten Hersteller ein solides Geschäftsmodell entsteht. Denn neben der Sportwagen-WM haben ja auch die amerikanische IMSA-Serie oder die DTM die GT3-Kategorie adaptiert. „Wir können jetzt ein Auto für die ganze Welt entwickeln und bauen – das ist für uns als Hersteller perfekt", sagt beispielsweise BMW-Sportchef Andreas Roos.

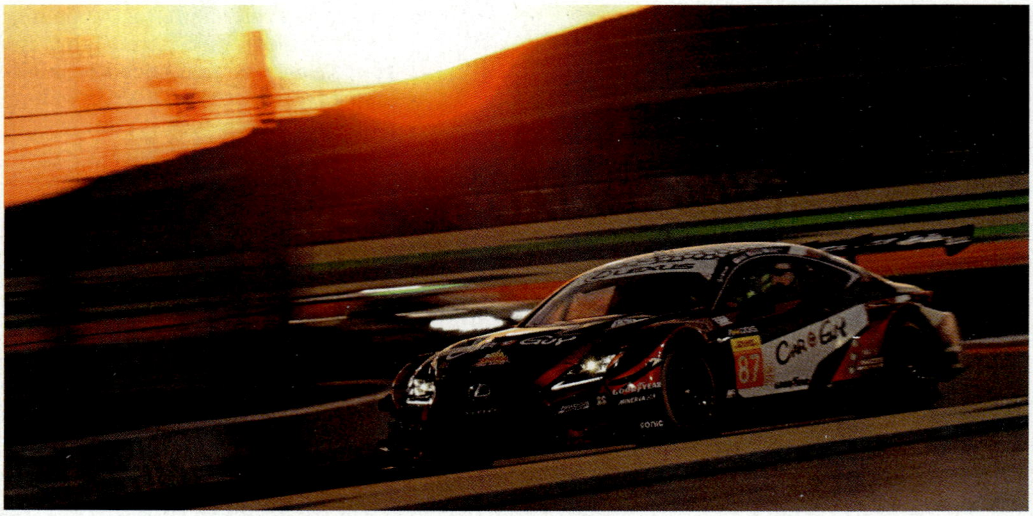

Exot als Platzhalter: Toyota fährt mit dem betagten Lexus RC F GT3 in der WEC, damit die Startberechtigung in der WM nicht verfällt. Der Nachfolger ist für 2026 avisiert

Die Kosten steigen weiter

Doch Licht produziert auch Schatten: Weil die Bedeutung der GT3-Klasse steigt, fließen mehr Ressourcen in die Entwicklung – und damit steigen die Preise. So hat Corvette ein GT3-Kundenauto auf Basis des GTE-Werksautos gebaut und ruft 800 000 Euro für das neue Modell Z06 GT3.R auf. Bisher lagen die meisten GT3 in einem Korridor zwischen 500 000 und 600 000 Euro. Auch der neue Ford Mustang GT3 oder der Ferrari 296 GT3 liegen über der alten Schamgrenze von 600 000 Euro. Der GT-Promoter und GT3-Erfinder Stéphane Ratel hat vor genau dieser Entwicklung immer gewarnt: „Je mehr sportlich auf dem Spiel steht, umso höher der Einsatz der Hersteller – und umso höher am Ende die Kosten."

Einen Teil der Mitschuld trägt allerdings auch das GT3-Reglement: Seit Start des letzten Homologationszyklus 2022 können alle Hersteller alle technischen Sondergenehmigungen (Waiver) in Anspruch nehmen, die in der Vergangenheit von der FIA jemals erlaubt wurden. Früher gab es Waiver nur, wenn man beispielsweise eine Limousine für den GT3-Sport homologierte, während viele Hersteller reinrassige Sportcoupés homologierten. Um die technischen Nachteile der Limousinen-Fraktion zu kompensieren, gab es Waiver – die jetzt aber auch Sportwagenmarken wie Ferrari, Porsche oder Lamborghini nutzen dürfen. Damit verschiebt sich die Grundachse im GT3-Sport weiter in Richtung Prototypen, was automatisch zu weiteren Kostensteigerungen führt.

Und was zu neuen Problemen an anderen Fronten führt wie bei der BOP oder Balance of Performance. Alle GT3-Autos unterliegen individuellen BOP-Einstufungen, auch in der Sportwagen-WM. Neben den übli-

RÜCKBLICK: DAS ENDE DER GTE-ÄRA

Die GTE-Klasse war seit Beginn der Sportwagen-WM im Jahr 2012 ein fester Eckpfeiler des globalen Langstreckensports – diese Ära endete beim WEC-Finale im November 2023 in Bahrain. Ursprünglich war die GTE-Klasse für Werkseinsätze konzipiert worden, weshalb die technischen Freiheitsgrade im Vergleich zur GT3-Klasse geringer ausfielen: Das Homologationsmodell von der Straße durfte für den Rennsport nur in streng definierten Teilbereichen modifiziert werden, um Überfliegerautos unmöglich zu machen. Zur Hochphase bauten Hersteller wie Ford mit dem GT-Modell von 2016 spezielle Straßenfahrzeuge, um sie in der WEC und der IMSA-Serie als GTE-Autos einzusetzen. Dabei handelte es sich de facto aber schon um halbe Prototypen. Die goldene Ära erlebte die Werksklasse in der Sportwagen-WM 2018 und 2019: In Le Mans standen jeweils 17 Fahrzeuge von sechs Herstellern am Start, der Wettbewerb war unglaublich eng und spannend. Obwohl die GTE-Autos bei Anschaffung, Ersatzteilen und Einsatzkosten deutlich teurer waren als ihre GT3-Brüder für den Kundensport, lag der Nettospeed nicht höher als in der GT3: Laut einer FIA-Simulation aus dem Jahr 2020 wären die GT3-Autos in Le Mans damals sogar vier Sekunden schneller gewesen als die GTE-Rennwagen.

Rechnet man die verschiedenen GT2-Vorgänger mit, so prägte das Konzept den GT-Sport über fast 25 Jahre. Mit entsprechend viel Wehmut blicken die Piloten auf den Entfall der Klasse zurück: „Als Rennfahrer bedaure ich das Ende der GTE-Ära", sagt der Niederländer Nicky Catsburg, der 2023 den letzten WEC-Titel mit einer GTE-Corvette einfuhr. „Die GTE-Autos hatten kein ABS, daher konnte man als Fahrer wirklich noch einen Unterschied machen." Porsche-Werksfahrer Kévin Estre stößt ins gleiche Horn: „Ich bin ja beides gefahren, GTE und GT3, daher kann ich die Autos ganz gut vergleichen. Die GTE-Autos waren noch viel mehr Rennwagen als die GT3-Autos, die näher am Straßenauto waren. Im GTE-Auto hatte man mehr Einstellungsmöglichkeiten, die Präzision war viel größer. Für mich als Pilot waren das eindeutig die besten GT-Rennautos aller Zeiten."

Porsche-Markenkollege Nick Tandy sieht es ähnlich: „Ich werde besonders die Le-Mans-Rennen 2018 und 2019 mit fast 20 Autos nie vergessen, das war für mich vielleicht der beste und engste Motorsport in meiner gesamten Rennkarriere."

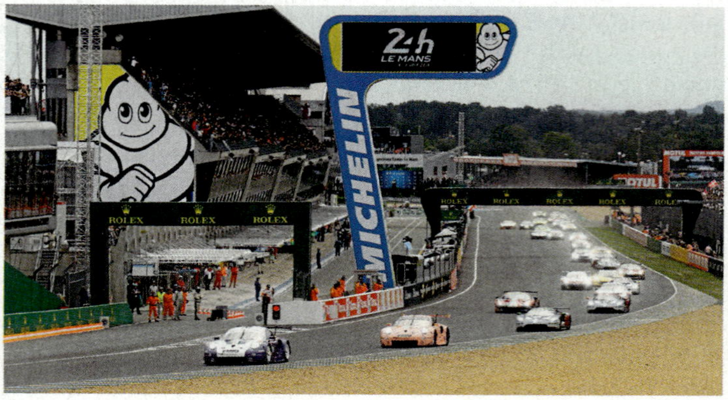

chen Stellschrauben wie Gewicht und Leistung gibt es auch BOP-Vorgaben bei der Aerodynamik (z. B. Anstellwinkel des Heckflügels) oder beim Set-up, wie der Fahrzeughöhe. Die in der Weltmeisterschaft verwendeten Torque-Sensoren sowie die neuen Goodyear-Reifen führen außerdem dazu, dass FIA und ACO nur begrenzt BOP-Daten von anderen Rennserien heranziehen können.

Trotz der komplexen Ausgangslage hat die WEC bei der BOP für die ersten WM-Läufe ein gutes Zeugnis verdient: Die Ersteinstufung für die neue LMGT3-Klasse beim WM-Debüt in Katar wurde von den meisten Teams und Herstellern prinzipiell gelobt, auch wenn noch nicht alles perfekt war. Dazu war die WEC beim Thema Beschleunigung im hohen Geschwindigkeitsbereich und Topspeeds innovativ: Erstmals kommt im globalen GT3-Sport eine Vergütung für Vor- oder Nachteile bei der Beschleunigung über 200 km/h zum Einsatz, womit erstens Differenzen beim Luftwiderstand ausgeglichen werden. Zweitens kann man dieses Phänomen nun gezielt und separat bewerten und ausgleichen, während früher viel Luftwiderstand zu viel Leistung, damit automatisch zu sehr hohen Einstufungsgewichten führte.

GT3: Freude vs. Zwiespalt

Trotz der insgesamt positiven Bestandsaufnahme nach den ersten WEC-Läufen ist aber auch klar: Mit der alten Pracht und Herrlichkeit der GTE-Pro-Kategorie kann die neue LMGT3-Klasse natürlich nicht mithalten. Warum? Erstens hängen die Resultate stärker an der Güte der Fahrerpaarungen. Weil jetzt zwei Amateurfahrer pro Auto vorgeschrieben sind, spielt die Fahrergüte eine größere Rolle als das Auto oder die BOP. Das ist der Preis dafür, dass man in der LMGT3-Klasse die Anzahl der Profis zugunsten der Amateure reduziert hat, weil sonst die Privatfahrer aus der WM vermutlich verschwunden wären.

Zweitens wäre es mit dem Wechsel von der GTE-Werksklasse auf das neue GT3-Kundensportformat logischer gewesen, die Autos auch von reinen Kundenteams einsetzen zu lassen. Stattdessen fahren jetzt Defacto-Werksteams wie WRT (BMW), Manthey Racing (Porsche), Iron Lynx (Lamborghini) oder AF Corse (Ferrari) mit zwei Amateurpiloten und einem Profi in einer Weltmeisterschaft – auch wenn die LMGT3-Wertung der WEC als FIA Endurance Trophy deklariert wird.

Und drittens bleiben die Kosten ein Thema: Die Teams kalkulieren eine WM-Saison inklusive Le Mans mit rund vier Millionen Euro pro Fahrzeug, die sie theoretisch auf dem freien Sponsormarkt oder über die Privatfahrer wieder erlösen müssen. Eine effektive Kontrolle, woher das Geld am Ende kommt, gibt es nicht, was theoretisch dazu führen könnte, dass Hersteller den Werkssport mit Amateuren mitfinanzieren.

Momentan scheint das jedoch nicht der Fall zu sein: Einige LMGT3-Teamchefs verweisen darauf, dass die Refinanzierung überhaupt nur möglich sei, weil zwei Amateurpiloten auf dem Auto sitzen. „Mit einem Amateur pro Auto lässt sich so ein Programm gar nicht abbilden", erklärt beispielsweise Christian Ried, der das deutsche Team Proton Competition (Ford) leitet.

Noch ein interessanter Quervergleich zu den Kosten: Eine LMP2-Saison kostete 2023 etwa ebenfalls vier Millionen Euro pro Auto; die Werkseinsätze in der letzten GTE-Pro-Saison 2022 beliefen sich auf 20 Millionen Euro für zwei Fahrzeuge. Damit liegen die Einsatzkosten in der LMGT3-Klasse ungefähr auf LMP2-Niveau, mit zwei Unterschieden: Die LMP2-Autos waren natürlich deutlich schneller, gleichzeitig konnten sich dort per Reglement zwei Profis das Auto mit einem Amateur teilen. Viele Experten sehen das weiterhin als die optimale Lösung: Die Qualität des Amateurs war wegen der vorgeschriebenen Mindestfahrzeit weiter sehr wichtig, entschieden wurden die Rennen aber im Finale durch die Profi-Piloten, was für mehr Aufmerksamkeit und eine größere sportliche Relevanz sorgte. Andererseits ist das GT3-Format nach dem Entfall der LMP2- und der GTE-Am-Klasse die einzige Chance, um Amateurfahrern einen Zugang zur Top-Rennserie des Langstreckensports zu bieten – einen Tod muss man immer sterben.

Am GT3-Thema führte für den ACO und die Sportwagen-WM am Ende also kein Weg vorbei: Die Kombination aus Produktionsrennwagen (GT3) und Prototypen (Hypercars) bildet prinzipiell die DNA von Le Mans und des Langstreckensports, dazu ist das Feld mit zwei Rennklassen (plus LMP2 in Le Mans) deutlich übersichtlicher für die Fans und Zuschauer.

Für den Moment sprechen die Zahlen dafür, dass der Neustart der Sportwagen-WM ein Erfolg ist: Mit acht Hypercar-Herstellern und neun GT3-Marken hat die WEC 2024 fraglos alle Argumente auf ihrer Seite.

Text: Marcus Schurig
Fotos: Motorsport Images, Porsche

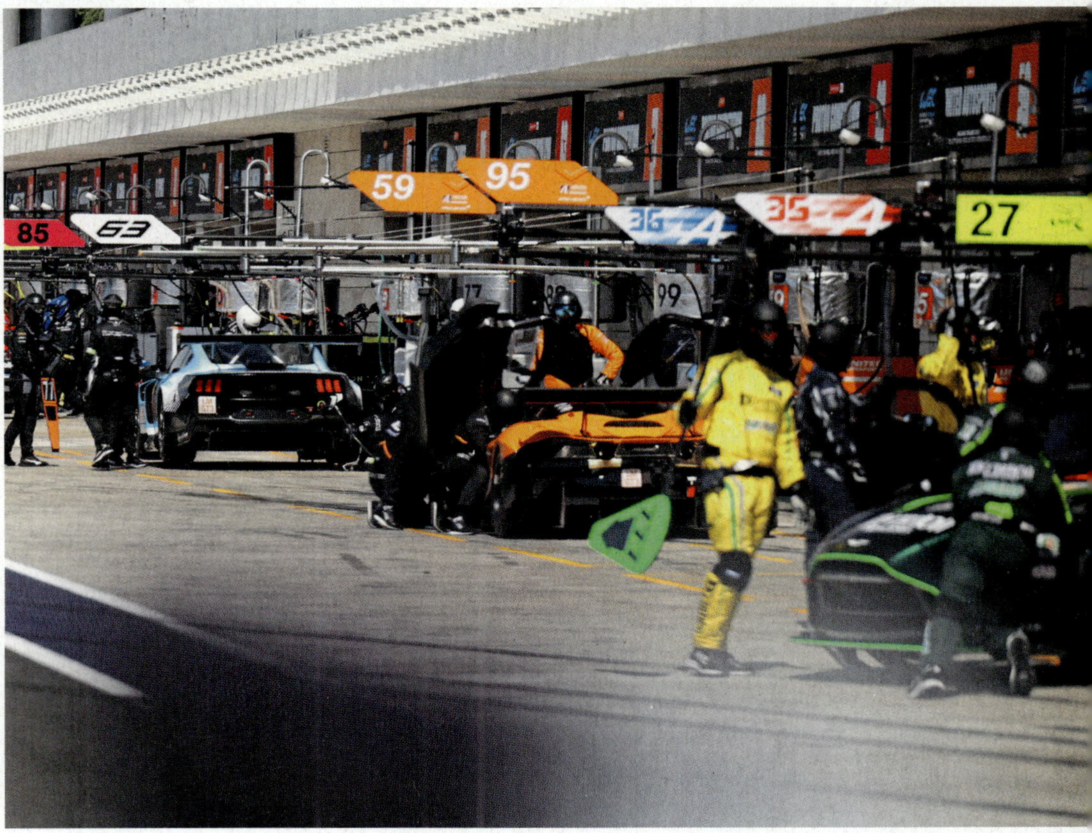

Hohe Herstellerdichte im Kundensport: Der Wechsel auf die GT3-Klasse lockte neue Marken wie McLaren und Ford an, die bisher nicht in der WM vertreten waren

LMGT3 2024

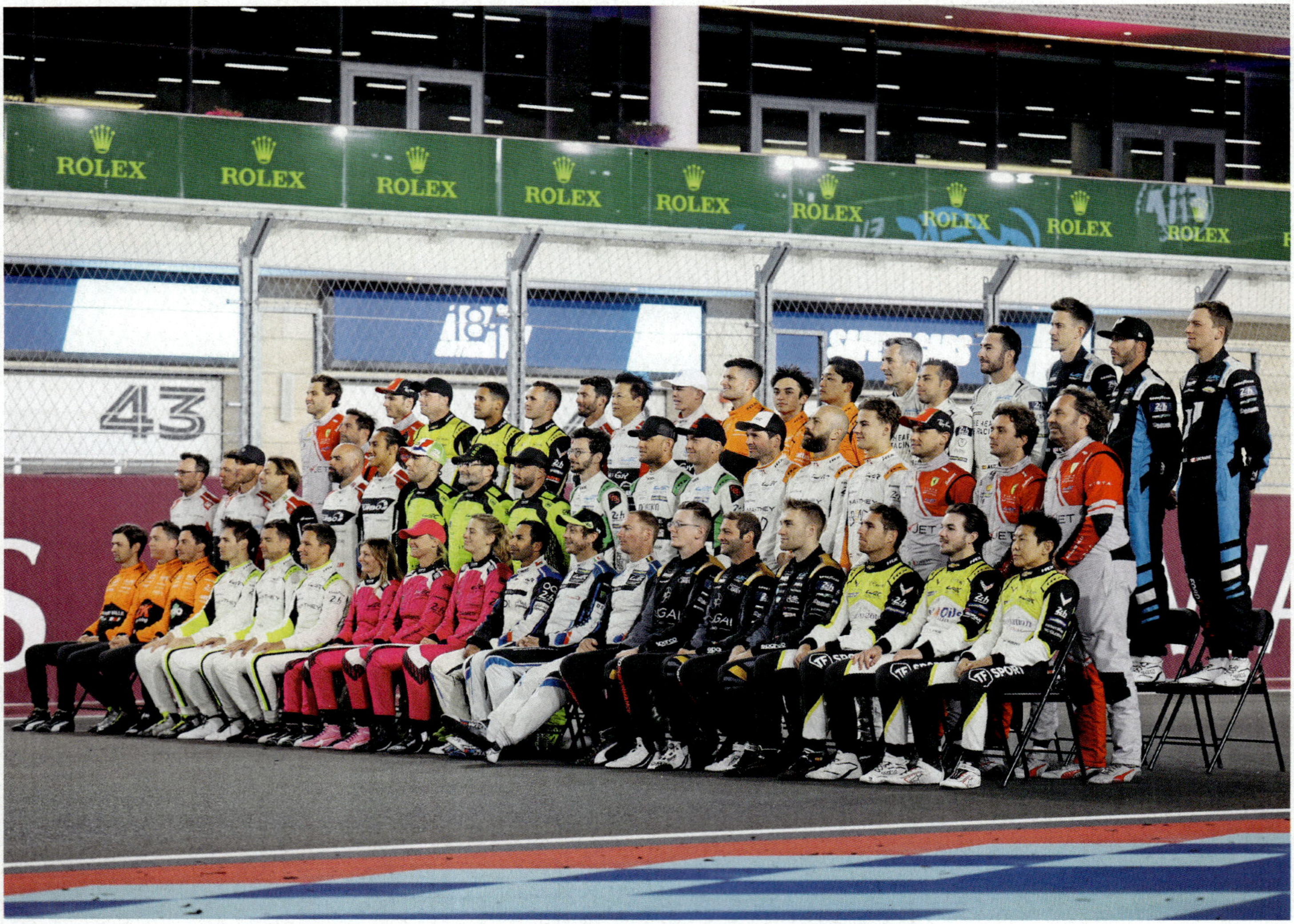

Für die Einschulung der LMGT3-Klasse bei den 24 Stunden von Le Mans hat sich ein buntes Feld versammelt. Über 20 Autos von insgesamt **neun Herstellern** treten bei ihrem Debüt an. In Form von **Aston Martin, Corvette, Ferrari** und **Porsche** kehren dabei alle vier GTE-Marken der Ausgabe 2023 mit GT3-Pendants zurück. **BMW** und **Ford** waren vor einigen Jahren noch mit GTE-Autos vertreten, pausierten zuletzt aber länger in der GT-Division. Klassische Newcomer sind hingegen **Lamborghini, Lexus** und **McLaren** – auch wenn die Engländer dank des F1 GTR im Jahr 1995 Sieger-Geschichte auf Produktionswagen-Basis geschrieben haben. Durch die Auslegung als **Amateur-Kategorie** mit reglementierter Profi-Unterstützung herrscht bei den großen Namen eine Begrenzung. Dennoch findet der geneigte Rennsport-Fan einiges an GT-Prominenz. Der größte Star stammt allerdings aus dem Zweirad-Kosmos: **Valentino Rossi** tritt erstmals bei den 24 Stunden an.

ASTON MARTIN Vantage AMR LMGT3

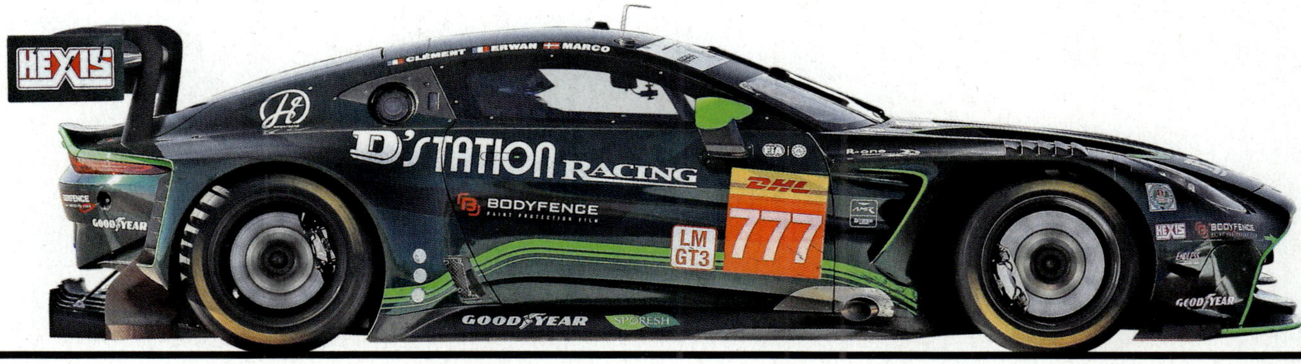

Fokus auf Aerodynamik

Die Evo-Version des GT3-Vantage produziert seit dem Daytona-Debüt Top-fünf-Platzierungen in Serie. Auch für Le Mans muss Aston Martin als Mitfavorit gelten.

Pressemitteilungen verwirren heute mehr, als sie aufklären. Aston Martin hat das beim neuen Vantage perfekt illustriert: Am 12. Februar 2024 wurde der jüngste Vantage für die Straße vorgestellt, kurz darauf der Vantage für die Rennstrecke, der auf den Namen AMR LMGT3 hört. Also auch hier alles neu? Mitnichten: Chassis, Motor, Getriebe und Differenzial blieben im GT3 identisch, die bisherigen Autos können mit dem Evo-Paket nachgerüstet werden. Aston Martin hat das Vantage-Facelift nur genutzt, um sein GT3-Auto technisch aufzupimpen.

Trotzdem haben sich die Schwerpunktsetzungen beim neuen Altwagen verschoben: Die Rennabteilung hat vor allem beim Fahrwerk und bei der Aero nachgelegt, um Schwachpunkte auszumerzen. Der Vorgänger litt an einer zu starken Gewichtsverschiebung bei harten Bremsmanövern, was das Einlenken erschwerte und zu Untersteuern führte. „Daher mussten wir bisher die Hinterachse sehr hart abstimmen, was schlagartiges Übersteuern und hohen Reifenverschleiß zur Folge hatte", so Adam Carter, Endurance-Chef bei AMR.

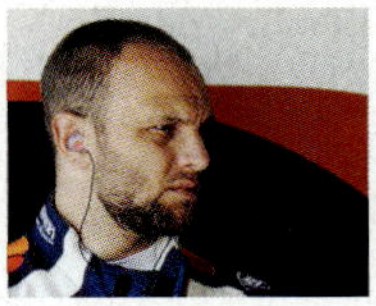

Alter Haudegen im neuen GT3-Vantage: Der Däne Marco Sørensen gehört auch 2024 wieder zum WEC-Aufgebot

Breiteres Set-up-Fenster

Mit dem neuen Aero-Layout und verbesserten Aufhängungen sollen die dynamischen Radlastverschiebungen besser unter Kontrolle gehalten werden. „Wir haben die Pitch-Anfälligkeit beim Bremsen über neue Dämpfer reduziert, gleichzeitig arbeitet der Abtrieb jetzt stabiler." Die auffälligste Neuerung bei der Aerodynamik sind die Strakes im Heckdiffusor und die neue Nase, die dem Modellwechsel auf der Straße geschuldet war, die aber auch die Bremsenkühlung an der Vorderachse massiv verbessert.

„Generell hatten wir beim GT3-Vorgänger ein sehr kleines Abstimmungsfenster, das nur schwer zu treffen war. Dadurch waren wir auf einigen Strecken schnell, auf anderen hoffnungslos unterlegen", so Carter. „Das neue Fahrwerk und die modifizierte Aerodynamik sorgen für ein breiteres Set-up-Fenster, gleichzeitig bleibt das Druckzentrum des Abtriebs stabiler und berechenbarer. Das gibt den Amateurfahrern mehr Vertrauen." Das Debüt des neuen GT3-Vantage in IMSA und WEC fiel mit vielen Top-Five-Platzierungen auf Anhieb vielversprechend aus.

Text: Marcus Schurig
Fotos: Aston Martin, DPPI

TECHNISCHE DATEN

Chassis	Aluminium-Chassis mit Kohlefaser-Verkleidung und -Karosserieblechen
Abmessungen	Länge 4568 mm Breite 2050 mm Höhe 1200 mm Radstand 2761 mm Gewicht (vor BOP) 1265 kg
Motor	Achtzylinder-V-Frontmotor mit zwei Turboladern in 90-Grad-Auslegung Hubraum 4,0 Liter Leistung (vor BOP) > 540 PS
Kraftübertragung	Hinterradantrieb Sechsganggetriebe von Xtrac
Debüt	2024

DIE KUNST EINES ALLROUNDERS

Ein GT3-Auto zu bauen, ist knifflig. Einerseits wollen die Profis maximale Performance, die Amateure bestmögliche Fahrbarkeit. Aston Martin hat beim neuen Vantage versucht, beides unter einen Hut zu bringen. „Simpel gesagt besteht die Kunst darin, die Verschiebungen von Druckzentrum (CoP) und Gewichtszentrum (CoG) so gering wie möglich zu halten, dann fühlt sich der Amateur wohl", so Aston-Endurance-Chef Adam Carter. „Dazu braucht man hinten stabilen Abtrieb, um die Reifen am Leben zu halten." Deshalb verwendet AMR beim neuen Vantage erstmals sogenannte Strakes im Heckdiffusor (rechts).

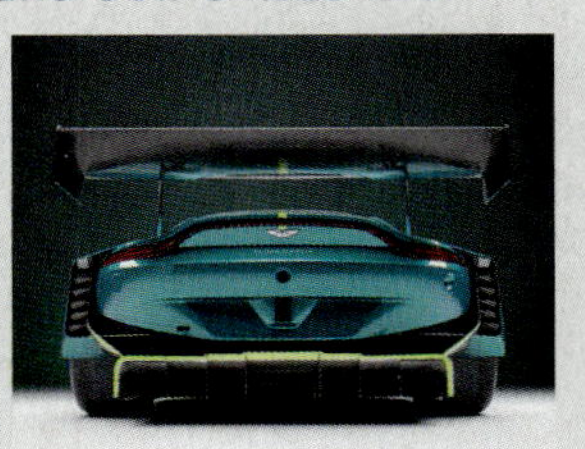

BMW M4 LMGT3

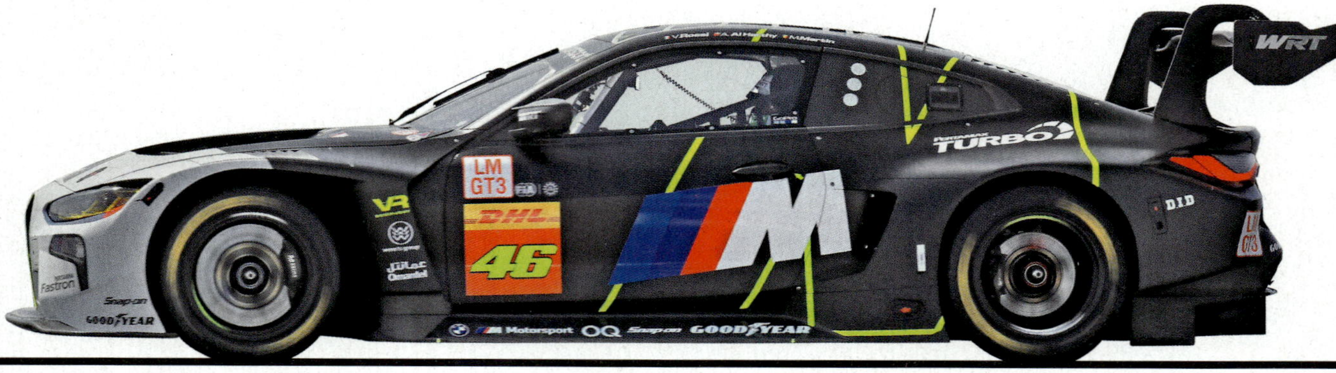

Bewährter Begleiter

Durch den M4 GT3 machte BMW technisch vieles richtig, was bei den Vorgängern nicht ganz optimal lief. Er gilt als standfest und zugleich schnell.

Mit dem BMW M4 GT3 startete bei den Bayern 2022 eine neue GT3-Ära. Das Vorgängermodell M6 GT3 war nicht nur sechs Jahre im Einsatz, sondern aufgrund seiner Größe und seines Gewichts auch umstritten. Genauso wie etwa der M8 GTE bei seinem letzten Le-Mans-Einsatz im Jahr 2019. Seitdem haben sich die Blau-Weißen nicht mehr an der Sarthe gezeigt.

Allein der Sechszylinder-Turbomotor trägt beim M4 GT3 dazu bei, dass 40 Kilogramm weniger auf der Waage erscheinen als beim Vorgänger. Insgesamt ist das aktuelle Modell deutlich athletischer. Diese Zielvorgabe war ein nicht so leichtes Unterfangen für die Techniker, denn im Gegensatz zu Ferrari, Lamborghini und Co. bringt der M4 aus der Serie ein bisschen andere Gene mit. Die Grundcharakteristik: großes Auto mit kleinem Motor. In München gelang es den Ingenieuren, auf dieser Basis einen konkurrenzfähigen GT-Renner zu konzipieren – das bestätigen Teams und Fahrer. Der M4 GT3 gilt in Sachen Fahrbarkeit und Handling vielmehr als Rennauto mit ausgereiftem Konzept. Er hat zudem den Ruf, sich bei Amateurfahrern nicht als zickige Diva zu präsentieren. Das große Plus auf der Langstreckendistanz: Bisher gab es kaum technische Probleme, der M4 gilt als haltbar auch beim Marathon zweimal rund um die Uhr.

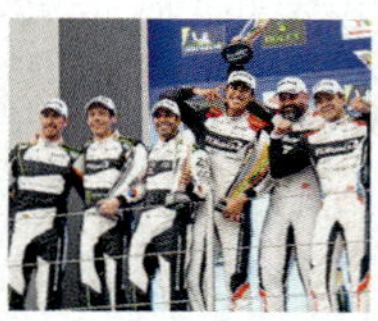

Ausgiebig gefeierter Doppelsieg für BMW und WRT in Imola in der neuen LMGT3-Klasse der Sportwagen-WM

24h-Spa-Sieg als Referenz

Den ersten großen Erfolg verbuchte man nicht etwa bei einem Langstreckenklassiker, sondern durch den Gewinn der DTM mit Sheldon van der Linde im Debütjahr des GT3-Renners. 2023 sollte mit dem Sieg bei den 24h Spa dank Rowe Racing der erste große Langstreckentriumph folgen.

In der WEC und bei den 24h von Le Mans setzt die belgische Mannschaft von WRT die beiden M4 GT3 ein. Sie hat bereits viel Erfahrung in Le Mans aufgrund der Vorbereitung für das LMDh-Projekt. Viel beachtet: das Auto mit der #46, in dem Valentino Rossi an der Seite von Maxime Martin und Ahmad Al Harthy sein Le-Mans-Debüt geben wird. Das zweite Auto mit der #31 pilotieren der Werksfahrer Augusto Farfus, Sean Gelael und Darren Leung. Beim zweiten Lauf in Imola feierte man einen Doppelsieg mit der #31 vor der #46 – der erste BMW-Sieg in der WEC.

Text: Bianca Leppert
Fotos: BMW, Getty, Xynamic

TECHNISCHE DATEN

Chassis	Aluminium-Chassis mit Kohlefaser-Verkleidung und -Karosserieblechen
Abmessungen	Länge 5020 mm Breite 2040 mm Höhe 1308 mm Radstand 2917 mm Gewicht (vor BOP) 1290 kg
Motor	Reihensechszylinder-Frontmotor mit zwei Turboladern Hubraum 3,0 Liter Leistung (vor BOP) 590 PS
Kraftübertragung	Hinterradantrieb Sechsganggetriebe von Xtrac
Debüt	2022

ECHTE RACER IM HINTERGRUND

Das Gesicht hinter dem Einsatzteam WRT ist Vincent Vosse. Der ehemalige Rennfahrer gründete es gemeinsam mit dem belgischen Unternehmer Yves Weerts. Jahrelang war der Name WRT untrennbar mit Audi in der GT3-Klasse verbunden. Mit dem LMDh-Projekt für BMW wechselte die Mannschaft logischerweise auch in der GT3-Kategorie. Vosse, der im Fahrerlager stets an seiner Schiebermütze zu erkennen ist, strebte zunächst eine Karriere im Formelsport an. 1999 startete er zum ersten Mal in Le Mans auf einem Porsche. Sein größter Erfolg: der Gesamtsieg im Jahr 2002 beim 24h-Rennen in Spa.

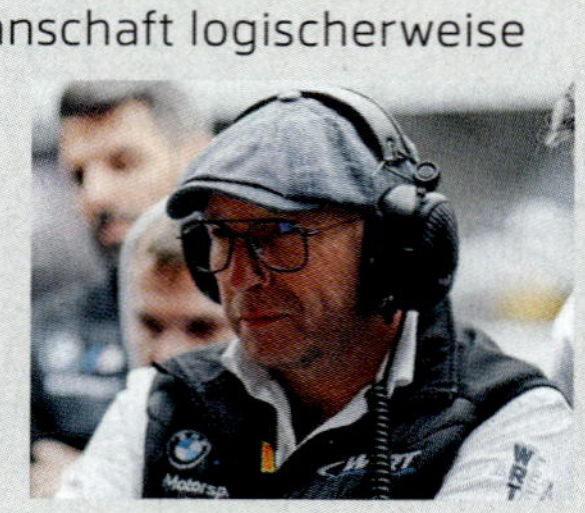

CORVETTE Z06 LMGT3.R

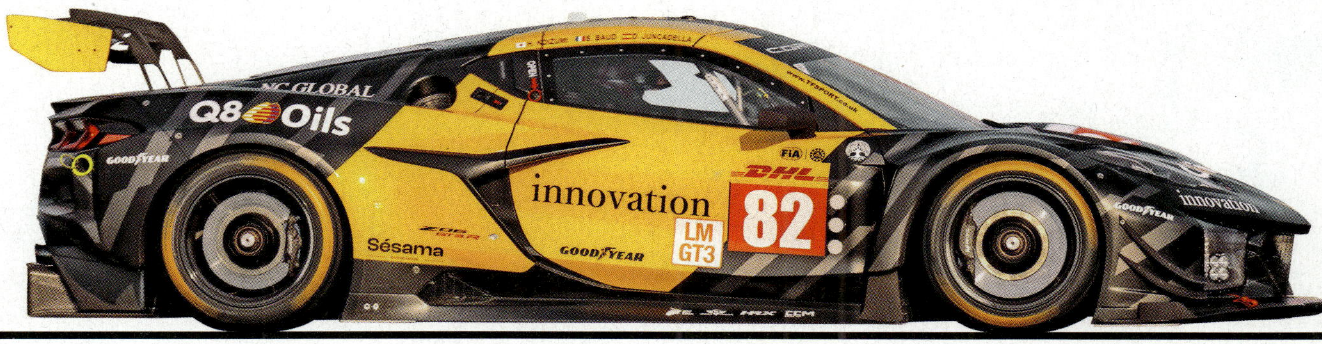

Dem Kunden ein König?

Corvette ist seit Jahrzehnten ein Gigant in den GT-Klassen an der Sarthe. Der Umstieg auf die Kundensport-orientierte GT3 entpuppt sich als große Umstellung.

Wenn man mit der Vorgeschichte von Corvette in der neu geschaffenen LMGT3-Klasse in Le Mans antritt, dürfte an der einen oder anderen Stelle das Wort „Druck" fallen.

Bereits 1960 holte eine Corvette C1 den ersten Klassensieg, als offizielles Werksteam donnerte man seit dem Jahr 2000 zu neun Klassensiegen. Statt der Werkstruppe ist nun jedoch TF Sport operativ am Ruder, und statt der GTE-Feile C8.R kommt die neu entwickelte, mit mehr Serienteilen ausgerüstete Z06 LMGT3.R erstmals zum Einsatz. Corvette rüstete mit der Umstellung von der C7 auf die aktuelle C8 von Front- auf Mittelmotor um. Schon die Konzeptumstellung war und ist als Absichtserklärung an den Rennerfolg zu verstehen. Und während man dem V8 im Renneinsatz treu bleibt, wechselte die Klangfarbe. Der 5,5-Liter-Sauger basiert auf dem Motor der Serien-Z06, verfügt über eine Flatplane-Kurbelwelle und erinnert im Klang an einen hubraumschwangeren Ferrari. Die Italiener bauen V8 mit ähnlicher Zündfolge, die ein spontaneres und schnelleres Hochdrehen des Motors ermöglicht.

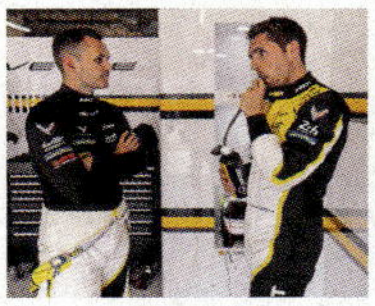

In Le Mans treten die beiden neu verpflichteten Werkspiloten Juncadella und Eastwood für Corvette an

Neue Namen hinterm Steuer

Und während im Parallelprogramm des neuen GT3-Renners in den Vereinigten Staaten die bekannten Corvette-Größen wie Tommy Milner, Antonio García, Nicky Catsburg und Alexander Sims ins Lenkrad greifen, übernehmen die Profi-Rollen bei TF Sport mit Charlie Eastwood und dem ehemaligen Mercedes-Piloten Daniel Juncadella zwei neu verpflichtete Werksfahrer. Das doppelte Line-up in Le Mans komplettieren die Silberfahrer Rui Andrade und Sébastien Baud sowie die Bronze-Piloten Tom van Rompuy und Hiroshi Koizumi.

Bis zum Start in Le Mans wartet aber noch viel Arbeit: Die neue GT3-Corvette ist nicht frei von Kinderkrankheiten. In Katar setzte man ein Ausrufezeichen mit der Pole-Position, kämpfte dann aber mit diversen Problemen. In Imola fehlte schlicht der Speed. Auch in der IMSA-Meisterschaft macht die Corvette in der GTD-Klasse bisher keinen hundertprozentig standfesten Eindruck.

Spätestens in Le Mans muss die neue GT3-Corvette abliefern, sonst wächst er, der Druck.

Text: Carl Nowak
Fotos: Prince/Chevrolet, Willgalis

TECHNISCHE DATEN

Chassis	Aluminium-Chassis mit Kohlefaser-Verkleidung und -Karosserieblechen
Abmessungen	Länge 4637 mm Breite 2050 mm Höhe 1102 mm Radstand 2722 mm Gewicht (vor BOP) k. A.
Motor	Achtzylinder-V-Mittelmotor in Flatplane-Auslegung Hubraum 5,5 Liter Leistung (vor BOP) 600 PS
Kraftübertragung	Hinterradantrieb Sechsgang-Getriebe
Debüt	2024

VON DER RENNSTRECKE AUF DIE STRASSE

Für den Rennsport baute GM 2020 erstmals in der Geschichte die Corvette von Front- auf Mittelmotor um. Statt eines kompressorgeladenen Zweiventil-Urviehs arbeitet in der neuen Z06 ein frei saugender Vierventil-Flatplane-V8. Der bestimmt auch die größte charakterliche Veränderung: Drehzahl statt Drehmoment, dazu der kehlige Klang. Statt des sequenziellen Renngetriebes sorgt ein Achtgang-Doppelkupplungsgetriebe für schnelle, aber zivile Gangwechsel. Sonst ist die Z06 ein äußerst performanter Sportwagen mit einem Interieur, das Luxus und Features vor das letzte Gramm Gewichtsersparnis stellt.

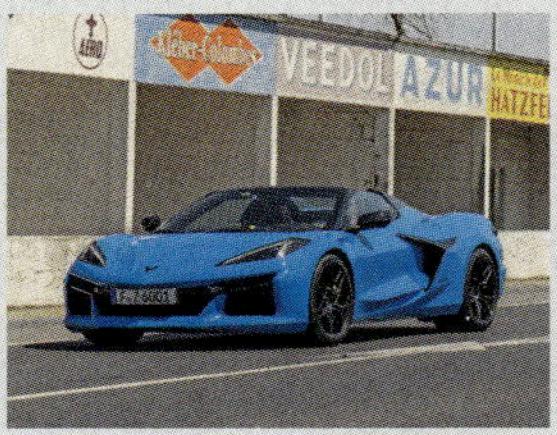

FERRARI 296 LMGT3

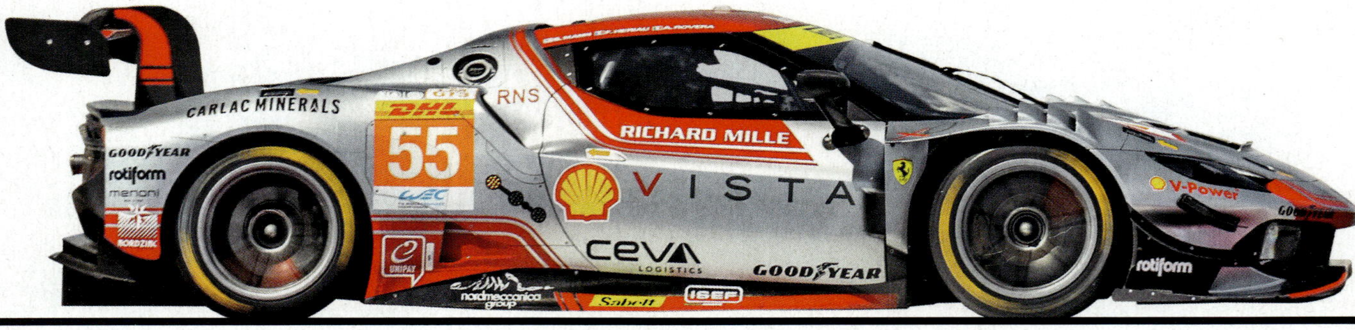

Schon ein Siegertyp

Mit fünf Fahrzeugen ist Ferrari der zahlenmäßig größte Hersteller unter den GT-Vertretern. Vor allem die WEC-Stammstarter von AF Corse haben Siegchancen.

Nicht nur BMW und Lamborghini, sondern auch Ferrari fährt in der Sportwagen-WM die Strategie eines einzelnen Teams für Hypercar- und LMGT3-Klasse. Bei den Italienern stemmt Vista AF Corse (siehe unten) diese Doppelbelastung. Zum 24h-Marathon stoßen noch drei weitere der von Spezialist Oreca aufgebauten Fahrzeuge dazu. Sie werden von den Teams JMW Motorsport, GR Racing und dem Schweizer Team Spirit of Race eingesetzt.

Der bis zu 600 PS starke, im Gegensatz zur Serie rein Verbrennerbetriebene 296 (LM)GT3 hat seit seiner Einführung 2023 bereits einige Erfolge vorzuweisen. In der DTM wurde er dank Jack Aitken und Emil Frey Racing im Premierenjahr direkt zum Gewinner. Außerdem sorgte er mit dem Frikadelli Racing Team für den ersten Ferrari-Gesamtsieg beim 24h-Rennen am Nürburgring. Erst im Januar fuhr er zudem – eingesetzt von Risi Competizione – den GTD-Pro-Klassenerfolg beim 24h-Rennen in Daytona ein. Jetzt fehlt also „nur" noch Le Mans, um das 24h-Triple schon zu Beginn seiner Rennwagen-Laufbahn perfekt zu machen.

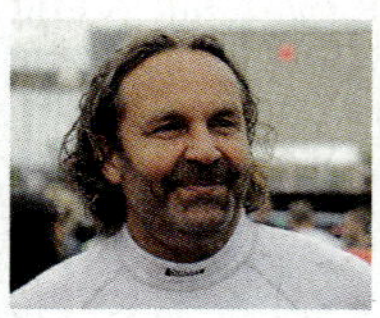

Der Schweizer Thomas Flohr ist nicht nur Fahrer, sondern mit seiner Firma VistaJet auch Namensgeber des GT3-Teams

Gleiches Trio wie 2023

Mit fünf Autos stellt man das größte Kontingent innerhalb der LMGT3-Klasse und hat damit zahlenmäßig die besten Chancen. Siegverdächtig sind natürlich vor allem die beiden Stamm-Autos. Die Nummer 54 ist mit den Italienern Davide Rigon und Francesco Castellacci sowie dem Schweizer Unternehmer Thomas Flohr wohl am besten aufgestellt. Rigon ist Werksfahrer und Ex-Vizeweltmeister, Castellacci und der 63-jährige Flohr sind ohnehin seit Jahren unzertrennlich. Das Trio fuhr im letzten Jahr auf Platz 5 der GTE-Am-Klasse. Fun Fact: Alle drei warten noch auf ihren ersten Le-Mans-Klassensieg, waren aber jeweils schon einmal Zweiter in ihrer Wertung.

Das von Werkspilot Alessio Rovera (GTE-Am-Klassensieger in Le Mans und Klassen-Meister 2021) angeführte Auto mit der Nummer 55 ist fahrerisch ebenfalls gut aufgestellt. Der Italiener schrammte in Imola gemeinsam mit seinen Teamkollegen François Hériau und Simon Mann nur knapp am Podest vorbei. Für Ferrari winkt der zwölfte GT-Klassensieg seit der Jahrtausendwende.

Text: Michael Bräutigam **Fotos:** AF Corse, Ferrari, Motorsport Images

TECHNISCHE DATEN

Chassis	Aluminium-Chassis mit Kohlefaser-Verkleidung und -Karosseriebleche
Abmessungen	Länge 4565 mm Breite 2050 mm Höhe k.A. Radstand 2660 mm Gewicht (vor BOP) 1250 kg
Motor	Sechszylinder-V-Mittelmotor mit zwei Turboladern in 120-Grad-Auslegung Hubraum 3,0 Liter Leistung (vor BOP) 600 PS
Kraftübertragung	Hinterradantrieb Sechsganggetriebe von Xtrac
Debüt	2023

EIN SCHICKSALHAFTER NAME

Hinter dem Kürzel AF Corse des Ferrari-Werksteams steht auch ein passender Familienname. Amato Ferrari ist zwar weder verwandt noch verschwägert mit Enzo Ferrari, seiner Passion für italienische Sportwagen tut das jedoch keinen Abbruch. Nachdem er seine aktive Fahrer-Karriere 1995 beendet hatte, gründete er das Team, das erst bei Tourenwagen und dann mit Maserati sehr aktiv war.

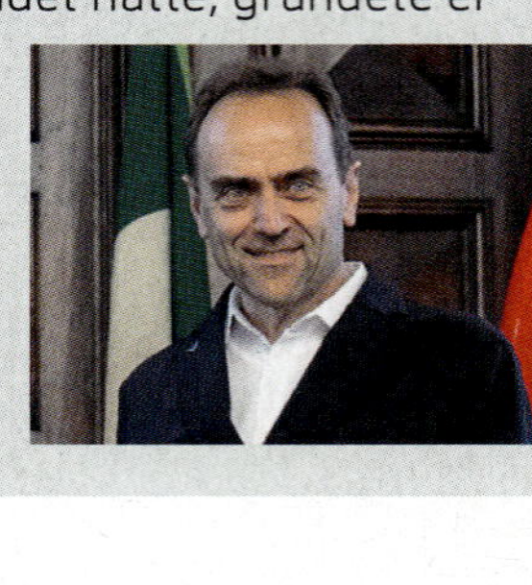

2006 wechselte er zu Ferrari und sammelt seitdem viele Pokale. Seit 2023 betreut man auch die Hypercar-Einsätze der „Roten". Der Gesamtsieg letztes Jahr war gleichzeitig der siebte Klassenerfolg eines AF-Corse-Ferrari in Le Mans.

FORD Mustang LMGT3

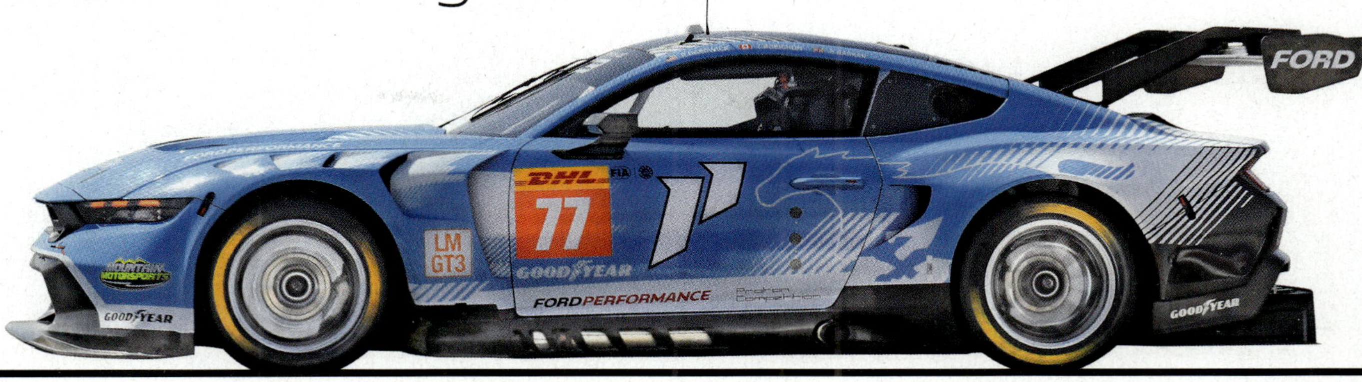

Der GT3-Newcomer

Mit der Rückkehr von Ford nach Le Mans flammt auch die bald 60-jährige Fehde mit Ferrari dort wieder auf. Als Neulinge haben sie jedoch keinen leichten Job.

Manche Zufälle kann man gar nicht konstruieren. Klar, Ferrari und Ford liegen im Alphabet der Autohersteller nicht weit auseinander. Aber dass sie auf der gleichen Doppelseite landen und wir noch zwei Mitzieher-Bilder finden, die perfekt gegeneinander „fahren", ist ein redaktioneller Glücksfall.

Das Schnauze-an-Schnauze-Layout steht nämlich als schönes Symbolbild für ein Duell, das Le-Mans-Geschichte schrieb. Wenn Ihnen diese nicht geläufig ist, schauen Sie sich unbedingt den Film „Le Mans 66" an. Die erste Neuauflage des epischen Kampfs aus den 60er-Jahren gab es 2016. Damals kehrte Ford mit dem GT nach Le Mans zurück und lieferte sich mit dem Ferrari-Team Risi Competizione einen harten Kampf um den GT-Sieg – mit dem besseren Ende für Ford.

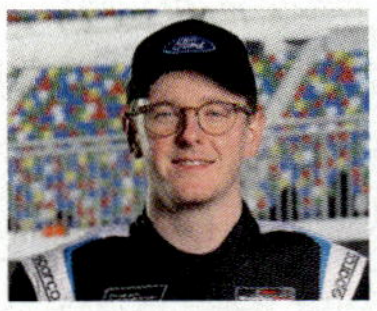

Der Norweger Dennis Olsen war schon Meister im Porsche Carrera Cup (D), IGTC-Champion und DTM-Rennsieger

Ob es auch in diesem Jahr dazu kommt? Dagegen spricht, dass der Mustang der einzige komplette Modellneuling im Feld der LMGT3-Fahrzeuge ist. Sein Renndebüt gab er erst dieses Jahr bei den 24h von Daytona. In Le Mans fuhr man noch gar nicht. Und auch die Einstufung über die BOP wird wohl eher konservativ bleiben. Trotzdem ist die Ford-Rückkehr in die Region Sarthe ein Gewinn.

Zwei oder drei Autos?

Der brandneue Mustang hat abgesehen vom aus der Serie abgeleiteten Coyote-Motor und der optischen Nähe zum Straßenrennpferd wenig mit dem Serienfahrzeug zu tun. Vielmehr hat man gemeinsam mit Multimatic ein Rennauto entwickelt, das sich in wichtigen Punkten wie der Getriebe- und Motorplatzierung vom Straßen-Mustang unterscheidet. Das neue Straßenmodell GTD nimmt diese Änderungen zwar auf, ist aber kein klassisches Homologationsauto.

Noch nicht ganz klar ist die Anzahl der in Le Mans startenden Autos. Falls Proton-Teamchef Christian Ried sich dazu entscheidet, den LMP2 und den auf der Warteliste befindlichen LMDh-Porsche antreten zu lassen, würde das zu Redaktionsschluss gemeldete dritte Auto rausfallen.

Auf den zwei Proton-Stammautos sind mit Dennis Olsen (Startnummer 88) und Ben Barker (Startnummer 77) erfahrene Lead-Fahrer an Bord. Sollte der potenzielle dritte Mustang antreten, würde das die Chancen im Duell gegen Ferrari um 50 Prozent steigern.

Text: Michael Bräutigam **Fotos:** Ford, Getty Images, Motorsport Images

TECHNISCHE DATEN

Chassis	Aluminium-Chassis mit Kohlefaser-Verkleidung und -Karosserieblechen
Abmessungen	Länge 4872 mm Breite k.A. Höhe 1229 mm Radstand 2777 mm Gewicht (vor BOP) 1288 kg
Motor	Achtzylinder-V-Frontmotor auf Basis des Coyote-V8 in 90-Grad-Anordnung Hubraum 5,4 Liter Leistung >500 PS
Kraftübertragung	Hinterradantrieb Sechsganggetriebe von Xtrac
Debüt	2024

EINE IKONE WIRD 60

Seit dem Frühjahr 1964 bereichert der Ford Mustang nun schon das Straßenbild. Filme wie „Bullitt" und „Die Blechpiraten" oder auch James Bond verhalfen dem Begründer der Pony-Car-Klasse schnell zu großer Beliebtheit. Während Chevrolet den Camaro und Dodge den Challenger in den jeweiligen Neuauflagen mittlerweile schon wieder beerdigt haben, hält der Mustang sich tapfer – und das bereits in seiner siebten Generation.

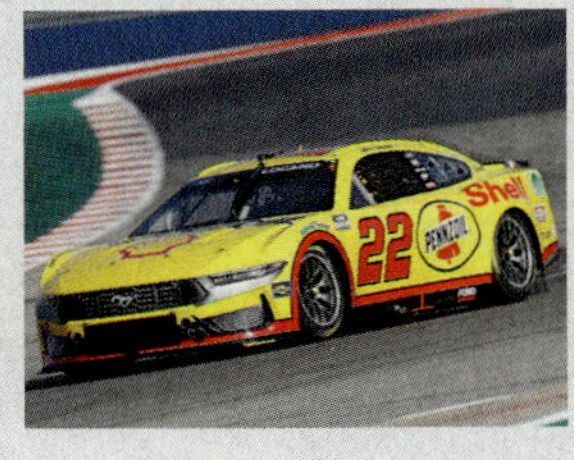

Auch im Rennsport fährt Ford voll die Mustang-Schiene. Das aktuelle Modell ist bei der NASCAR (USA, siehe rechts), den Supercars (Australien) sowie als GT3- und GT4-Version unterwegs.

LAMBORGHINI Huracán LMGT3 Evo 2

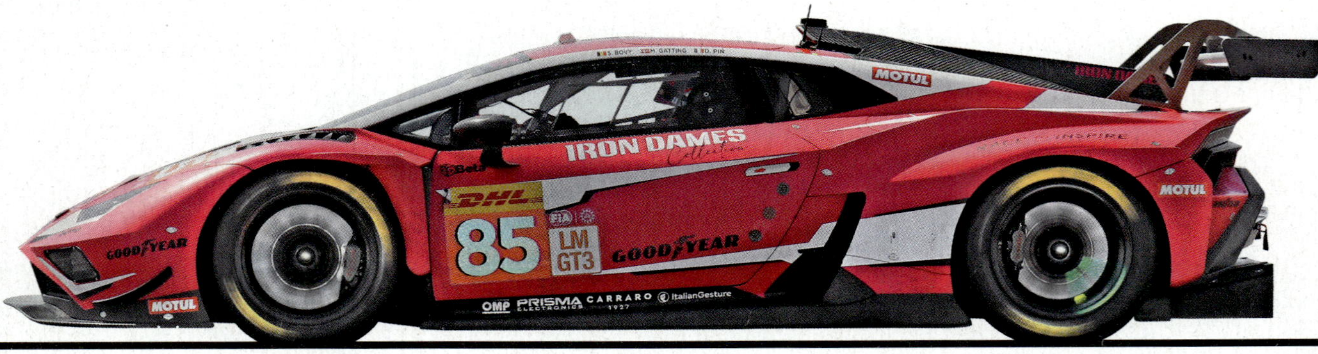

Der evolutionierte Stier

Der Lamborghini Huracán debütierte einst im Jahr 2015 in der GT3-Klasse. Das Modell ist international erfolgreich, aber in Le Mans hat die Marke kaum Geschichte.

Zugegeben, man kann beim Lamborghini Huracán schon mal den Überblick verlieren. 2015 kam der GT3-Renner auf den Markt, 2019 schließlich eine Evo-Version und zur Saison 2023 die zweite Evo-Version. Die hat verschiedene Neuerungen an Bord. Etwa die auffällige Lufthutze auf dem Dach, die gemeinsam mit einem anschließenden Schnorchel die Luftansaugung verbessern soll. Auch an der Aerodynamik wurde gefeilt. Dazu kam etwa der Hersteller-Wechsel zu Brembo-Bremszangen und ein angepasster Durchmesser der vorderen Bremsscheiben. Eine Klimaanlage soll den Fahrern mehr Komfort bieten.

Einerseits könnte der italienische Renner aufgrund seiner Ausgereiftheit einen Vorteil haben. Die Basis ist schließlich bekannt. Zudem hat der Mittelmotor-Sportler eine Stärke in Sachen Traktion. Andererseits ist Lamborghini trotz der vielen Erfolge im GT3-Sport auch immer mit einer Prise Unberechenbarkeit versehen gewesen.

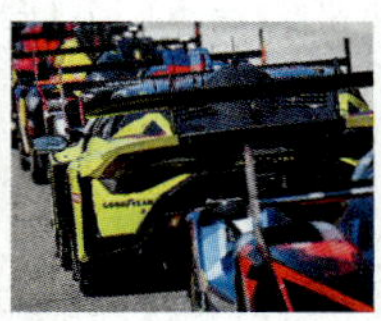

Bislang musste sich das Lambo-Duo hinten anstellen, statt „nur" Punkten will man zügig wieder Podien

Nicht Top-Favoriten

Auch wenn die beiden von der erfahrenen italienischen Iron-Lynx-Mannschaft eingesetzten Huracán GT3 Evo 2 (einer unter der Bewerbung von Iron Dames) fahrerisch gut besetzt sind, würde man sie nicht auf Anhieb zu den Top-Favoriten beim Rennen zwei Mal rund um die Uhr zählen. Für Iron Lynx greifen die Italiener Claudio Schiavoni und Matteo Cressoni sowie der Franzose Franck Perera ins Lenkrad, bei den Iron Dames teilen sich Doriane Pin, Michelle Gatting und Sarah Bovy das pinke Auto.

Überhaupt ist Le Mans mehr oder weniger Neuland für die Marke aus Sant'Agata Bolognese. Zumindest was Werkseinsätze angeht. Es gab in der Vergangenheit hier und da den einen oder anderen Start eines Lamborghini bei dem Saisonhighlight, doch von Erfolg waren diese sporadischen Auftritte bisher nie gekrönt. Blickt man auf die zahlreichen Rennsiege, die die Italiener im GT3-Sport international eingefahren haben, muss man eigentlich davon ausgehen, dass sie auch in Le Mans früher oder später erfolgreich sein könnten. Nicht zu vergessen, dass vor allem auch das Debüt in der Hypercar-Klasse im Fokus steht, das ebenfalls von der Iron-Lynx-Mannschaft betreut wird.

Text: Bianca Leppert
Fotos: Getty, Lamborghini, XPB

TECHNISCHE DATEN

Chassis	Aluminium-Chassis mit Kohlefaser-Verkleidung und -Karosserieblechen
Abmessungen	Länge 4551 mm Breite 2221 mm (mit Spiegeln) Höhe k. A. Radstand 2648 mm Gewicht (vor BOP) 1230 kg
Motor	Zehnzylinder-V-Saugmittelmotor in 90-Grad-Auslegung Hubraum 5,2 Liter Leistung >500 PS
Kraftübertragung	Hinterradantrieb Sechsgang-Getriebe von Hör
Debüt	2023

SCHNELLSTER MARKENPOKAL

Zum ersten Mal gehört die Lamborghini Super Trofeo Europe zum Rahmenprogramm beim 24h-Rennen von Le Mans und trägt an der Sarthe das 200. Rennen der erfolgreichen Rennserie aus. Es ist das dritte Rennwochenende von insgesamt fünf in dieser Saison. Zum Saisonauftakt in Imola knackte man mit über 50 Startern einen neuen Rekord.

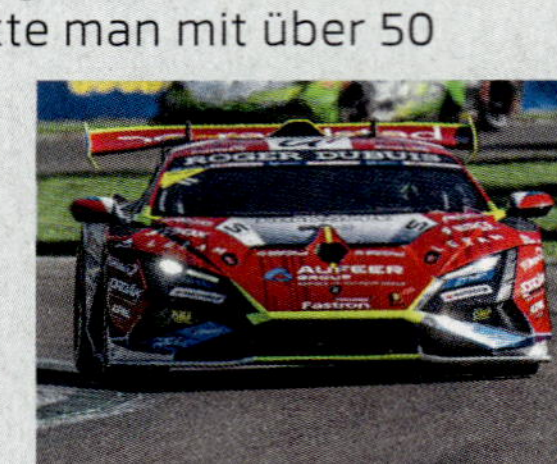

Traditionell gilt die Lamborghini Super Trofeo als wichtiges Sprungbrett für Nachwuchstalente, es tummeln sich hier aber auch viele Amateur-Fahrer. Der V10-Saugmotor mit 5,2 Litern Hubraum im Huracán Super Trofeo Evo 2 leistet 620 PS – mehr als im GT3-Pendant.

LEXUS RC F LMGT3

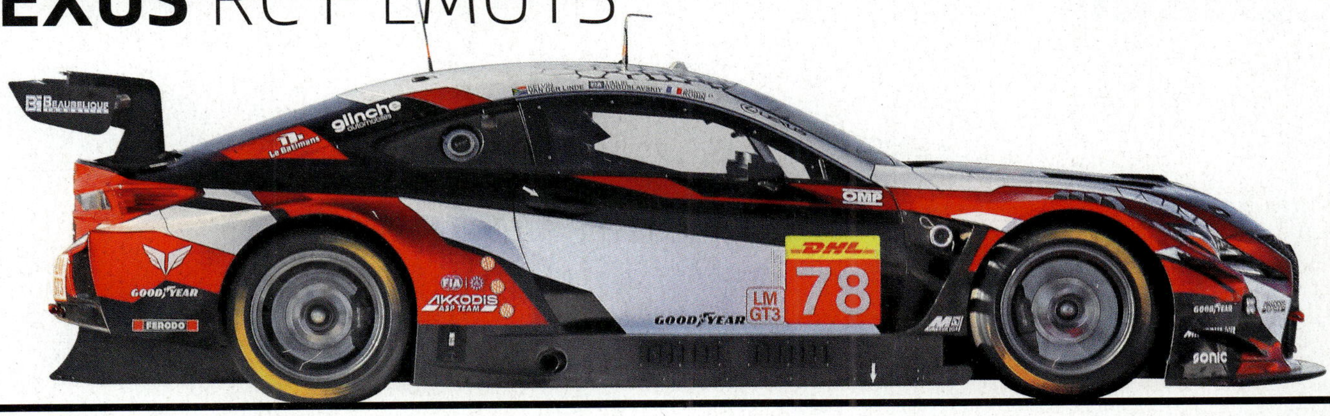

Der Oldie ist ein Goldie

Der Lexus RC F zählt im LMGT3-Feld eigentlich zum alten Eisen. Sein IMSA-Titel 2023 zeigt jedoch, dass man den V8-Renner keinesfalls unterschätzen darf.

Die Geschichte des RC F in seiner Rennversion beginnt 2014 mit einem Konzeptfahrzeug auf dem Genfer Automobilsalon. Es folgen Einsätze in der japanischen Super-GT-Serie sowie sporadische Starts auf der Nürburgring-Nordschleife. Die vollständige GT3-Homologation bekommt das V8-Coupé erst zum Jahr 2017. In Europa wird Emil Frey Racing das Einsatzteam in der GTWC – bis zur Beendigung des Hersteller-Supports nach der Saison 2020.

In Japan hat der LC den RC längst abgelöst, in den USA ist der „Oldie" aber nach wie vor ebenso gefragt wie konkurrenzfähig. Unter der Flagge von Vasser Sullivan Racing gewann man 2023 noch die GTD-Pro-Meisterschaft in der amerikanischen IMSA-Serie. Im Jahr zuvor war man als Vizemeister auch schon ganz vorne dabei. Vor allem der starke Topspeed lässt den einzigen Japaner im GT3-Feld zu einem Geheimfavoriten bei den 24h von Le Mans werden. Aber auch die über die Jahre quasi bombensicher gewordene Technik dient als starkes Pfund beim Vollgas-Fest.

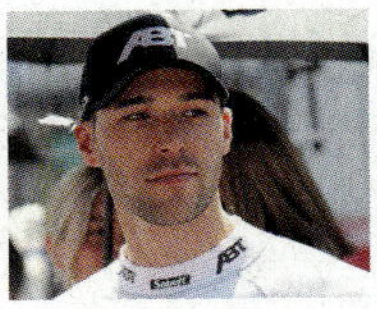

GT3-Allrounder: Kelvin van der Linde fährt in der DTM Audi, auf der Nordschleife Lamborghini und in der WEC Lexus

Einsatzteam mit Jubiläum

Als Einsatzteam für die Toyota-Schwestermarke fungiert das Team Akkodis ASP. Der erste Teil des etwas unhandlichen Namens leitet sich vom Hauptsponsor ab, ASP ist die Abkürzung für „Auto Sport Promotion" – jene Firma, die 1999 von Motorsport-Urgestein Jérôme Policand gegründet wurde. In den vergangenen Jahren räumte man vor allem beim Europa-Ableger der GT World Challenge (GTWC) mächtig ab. Sowohl 2022 als auch 2023 krönte man sich zum Meister der Endurance- sowie übergeordneten Gesamtwertung.

Pünktlich zum 25-jährigen Teamjubiläum sowie zehn Jahre nach dem ersten (und einzigen) Le-Mans-Start geht die eigentlich fest mit Mercedes verheiratete Mannschaft in ein neues Abenteuer. Als Einsatzteam für Lexus vertritt man nun also eine Marke, die in der GT3-Szene diesseits des Atlantiks aktuell unter dem Radar fliegt.

Wie gut das Paket wirklich ist, werden vor allem die beiden Vollprofis auf den Autos zeigen: Kelvin van der Linde auf der Nummer 78 fährt regelmäßig in der DTM um Siege. Der langjährige Toyota-Werksfahrer José María López (siehe unten) führt das Fahrertrio auf der Nummer 87 an.

Text: Michael Bräutigam
Fotos: Getty Images, XPB

TECHNISCHE DATEN

Chassis	Aluminium-Chassis mit Kohlefaser-Verkleidung und -Karosserieblechen
Abmessungen	Länge 4846 mm Breite 2030 mm Höhe 1271 mm Radstand 2770 mm Gewicht (vor BOP) 1300 kg
Motor	Achtzylinder-V-Frontmotor in 90-Grad-Auslegung Hubraum 5,4 Liter Leistung > 500 PS
Kraftübertragung	Hinterradantrieb, Sechsganggetriebe
Debüt	2017 (Update-Version)

MEISTER ALLER KLASSEN

José María López, genannt „Pechito", stand 2010 schon mit einem Fuß in der Formel 1. Doch das USF1-Team kam nicht zustande. Der Argentinier, der zuvor erfolgreich in kleineren Formelklassen unterwegs war, ging zurück in seine Heimat, wo er 2008 und 2009 bereits zweimal in der heiß umkämpften TC-2000-Serie siegen konnte – und gewann sie 2012 erneut.

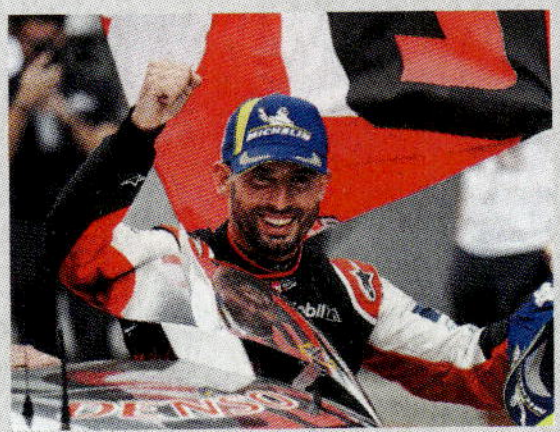

So wurde Citroën auf ihn aufmerksam und verpflichtete ihn von 2014 bis 2016 in der Tourenwagen-WM (WTCC), wo der „Tourenwagen-Senna" auch jeweils deutlich Weltmeister wurde. Mit Toyota gewann er ab 2017 in der WEC u. a. die 24h von Le Mans und zwei WM-Titel.

MCLAREN 720S LMGT3 Evo

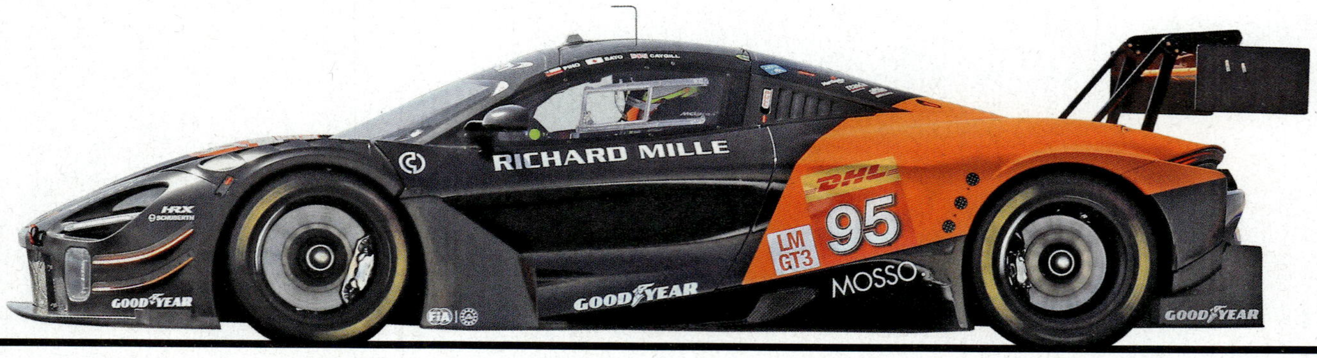

Britische Wundertüte

GT3-Modelle aus dem Hause McLaren eint seit vielen Jahren der Ruf, ziemlich schnell, aber anfällig zu sein. Das Evo-Paket des 720S soll Letzteres final abstellen.

Für die Fairness sei zunächst erwähnt, dass McLaren mit GT3-Autos durchaus Erfolge einfahren konnte: Neben einer legendären Pole-Position für die 24 Stunden auf dem Nürburgring 2014 bejubelten die Briten 2016 sowohl einen Triumph beim 12h-Klassiker im australischen Bathurst als auch den Langstreckentitel in der GT3-Europaserie. Hinzu kamen seitdem viele Rennsiege. Doch bei den 24-Stunden-Leuchttürmen der Szene herrschte am Ende in den meisten Fällen Ernüchterung.

Der ab 2019 eingesetzte McLaren 720S GT3 bemühte sich redlich, diese Schwäche abzustellen. Beispielsweise sprang der optisch wohl radikalste GT-Vertreter 2021 und 2022 in die Top 10 der 24 Stunden von Spa. Ein kleiner technischer Schluckauf und im Vergleich zur Konkurrenz schwächer besetzte Autos verhinderten größere Ambitionen. Für das Le-Mans-Comeback des Gesamtsiegers von 1995 hat man mehrfach nachgerüstet. Das beginnt beim 2023 eingeführten Evo-Paket für den V8-Mittelmotor-Sportler. Nahezu überall legten die Ingenieure sanft, aber nachdrücklich Hand an. So wurden die robusteren Aufhängungen auf weniger Reifenverschleiß getrimmt und die Aero effizienter gestaltet.

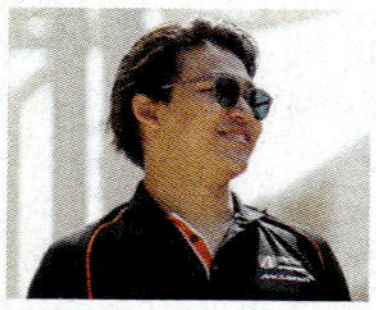

Formel-2-Absolvent Marino Sato wechselte erfolgreich in die Sportwagen-Szene. 2023 gewann er drei ELMS-Rennen

Der Traum vom Hypercar

Auf der operativen Seite hat McLaren eine der besten Sportwagen-Truppen für das LMGT3-Projekt gefunden. Jedoch brauchte es keine echte Überzeugungskraft: Die weltweit erfolgreiche LMP2-Meistermannschaft von United Autosports gehört anteilig Zak Brown – dem McLaren-Sportboss.

Ebendieser träumte immer wieder öffentlich von der Topklasse der 24 Stunden. Als geneigter Mit-Träumer könnte man in dem GT3-Projekt die Anfänge sehen. Dazu passt auch, dass der ACO und die FIA nur GT-Marken mit Hypercar-Projekt oder aktueller Le-Mans-Historie wollen. Beides ist bei McLaren (noch) nicht zu finden.

United half auch beim Kader und brachte den früheren japanischen Formel-2-Fahrer Marino Sato ein. Er teilt sich die Nummer 95 mit Landsmann Hiroshi Hamaguchi und Talent Nicolás Pino. Die Nummer 59 pilotieren James Cottingham, Nicolas Costa und Grégoire Saucy. Dazu kommt ein drittes Auto des aus der IMSA bekannten Teams Inception Racing.

Text: Philipp Körner
Fotos: Getty, Motorsport Images

TECHNISCHE DATEN

Chassis	Aluminium-Chassis mit Kohlefaser-Verkleidung und -Karosserieblechen
Abmessungen	Länge 4664 mm Breite 2040 mm Höhe k.A. Radstand 2696 mm Gewicht (vor BOP) < 1300 kg
Motor	Achtzylinder-V-Mittelmotor mit zwei Turboladern in 90-Grad-Auslegung Hubraum 4,0 Liter Leistung > 500 PS
Kraftübertragung	Hinterradantrieb Sechsgang-Getriebe
Debüt	2023

DEBÜTANT ALS PROTOTYPEN-SCHRECK

Im bislang einzigen Gesamtsieg von McLaren stecken gleich fünf Märchen. Das offensichtlichste ist der Erfolg selbst: Der F1 GTR gewann beim Debüt. Da in der Ausgabe 1995 Prototypen zugelassen waren, schlug man zweitens die Favoriten dank schwieriger Bedingungen. Drittens galt die Sieger-Mannschaft Kokusai Kaihatsu Racing im Kreise der sieben V12-Renner von Gordon Murray als Underdog. Durch spätes Timing bekam diese viertens nur den Testträger.

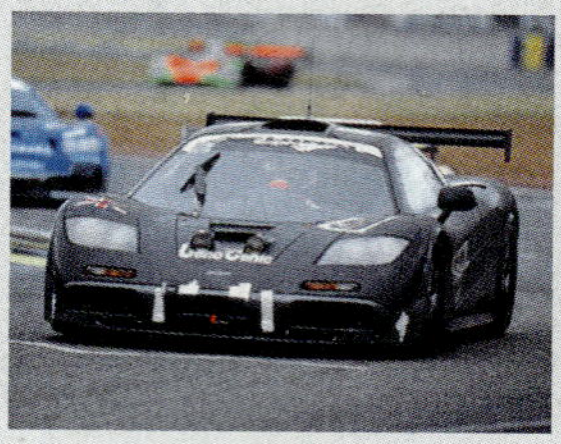

Die Krönung eines legendären Le-Mans-Rennens: Masanori Sekiya wurde unterstützt durch Dalmas und Lehto der erste japanische Sieger.

PORSCHE 911 GT3 R LMGT3

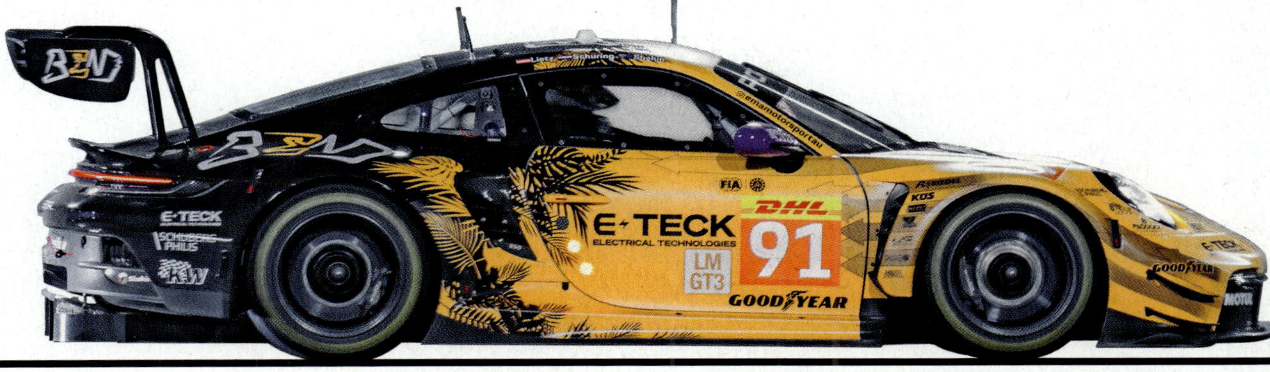

Historisch verpflichtet

Fast 60 Jahre ist es her, seit erstmals ein Porsche 911 in Le Mans gewann. Neben dem Angriff auf den 20. Gesamtsieg will man auch um den GT-Triumph kämpfen.

Der Porsche 911 ist der Dauerbrenner unter den Sportwagen. Schon 1966 trat erstmals ein „Elfer“ in Le Mans an und konnte dabei – vier Jahre vor dem ersten Porsche-Gesamtsieg – gleich seine Klasse gewinnen. Seitdem sind noch 108 weitere Klassensiege dazugekommen, viele dank der Heckmotor-Ikone. Damit ist Porsche auch in Sachen Klassensiege die mit Abstand erfolgreichste Marke beim weltberühmten 24h-Rennen. Der Distanzrekord, den man beim GT-Triumph 2022 aufstellte, hat ebenfalls noch Bestand.

Diese Historie verpflichtet regelrecht zu weiteren Erfolgen. Dabei kommt die seit 2023 im Rennbetrieb befindliche aktuellste Generation des 911 GT3 R zum Einsatz, der im vergangenen Jahr auch gleich zum DTM-Titel fuhr. Sowohl in der DTM als auch der WEC setzt Manthey Racing (siehe unten) die Autos ein.

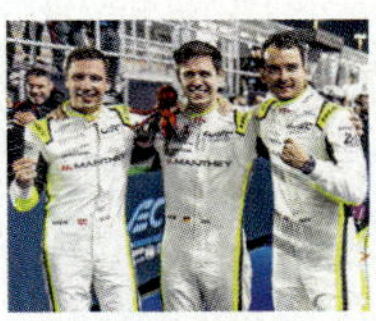

Auf Anhieb Sieg: Beim Auftakt in Katar bezwangen Bachler/Sturm/Malykhin die versammelte GT-Konkurrenz

Die Optik auf Basis der Baureihe 992 kommt sichtlich bulliger daher als noch beim Vorgänger. Das erlaubt größeren Spielraum bei der Gestaltung einer effizienteren Aerodynamik. Ebenfalls wichtig: Dank mehr Hubraum können aus dem frei saugenden Sechszylinder-Boxermotor nun bis zu 565 PS gekitzelt werden. Die Mehrleistung hilft vor allem auf Highspeed-Kursen wie in Le Mans.

Erste Sieger der GT3-Ära

„Für uns ging es in erster Linie darum, dass unsere Kunden mit dem Rennwagen länger schnell fahren können. Konstanz ist gefragt“, nennt Porsches GT3-Projektleiter Sebastian Golz einen der wesentlichen Punkte, wenn sich Profis und Amateure, wie in der WEC, ein Auto teilen müssen. Eine bessere Balance hilft zudem beim Thema Reifenmanagement.

Dass man direkt von Anbeginn der GT3-Ära in der Sportwagen-WM ganz vorne mitmischen kann, zeigte man mit einem Sieg beim WEC-Auftakt in Katar. Dort setzten sich Klaus Bachler, Joel Sturm und Alexander Malykhin mit der Nummer 92 gegen die versammelte GT-Konkurrenz durch.

Auch das Schwesterauto (#91) von Porsche-Urgestein Richard Lietz, Youngster Morris Schuring und Gentleman Yasser Shahin zeigte sowohl in Katar als auch in Imola großes Potenzial. Mit dieser Historie und unter diesen Vorzeichen gilt Porsche als ein GT-Mitfavorit in Le Mans.

Text: Michael Bräutigam
Fotos: Motorsport Images, Porsche

TECHNISCHE DATEN

Chassis	Aluminium-Chassis mit Kohlefaser-Verkleidung und -Karosserieblechen
Abmessungen	Länge 4619 mm Breite 2050 mm Höhe k.A. Radstand 2507 mm Gewicht (vor BOP) 1250 kg
Motor	wassergekühlter Sechszylinder-Boxer-Heckmotor Hubraum 4,2 Liter Leistung (vor BOP) 565 PS
Kraftübertragung	Hinterradantrieb Sechsgang-Klauengetriebe
Debüt	2023

AUS MEUSPATH IN DIE WELT

Wer an Porsche denkt, der denkt schnell auch an Manthey. Die MR-Kits für die sportlichsten Porsche-Straßenmodelle sind längst legendär. Das Rennteam aus der Eifel ist seit Jahren mit Autos aus Zuffenhausen erfolgreich unterwegs. Am heimischen Nürburgring gewann man u. a. siebenmal das 24h-Rennen.

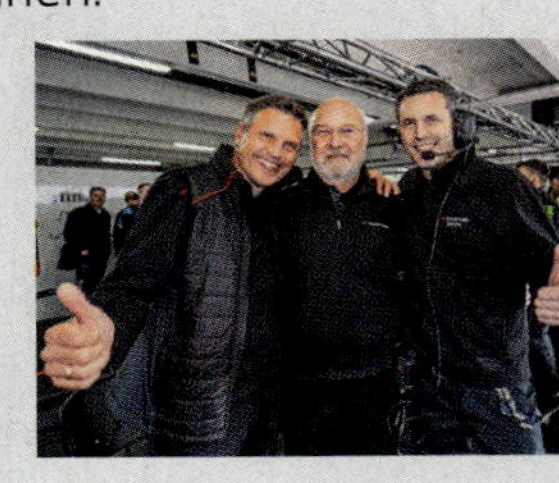

Teamgründer Olaf Manthey (M.) hat die Geschicke mittlerweile an die Zwillinge Martin (l.) und Nicolas „Nicki“ Raeder weitergegeben. In der WEC zeichnete man von 2013 bis 2022 für Porsches erfolgreiche GT-Werkseinsätze verantwortlich. Im GT3-Zeitalter möchte man die Pokalsammlung weiter vergrößern.

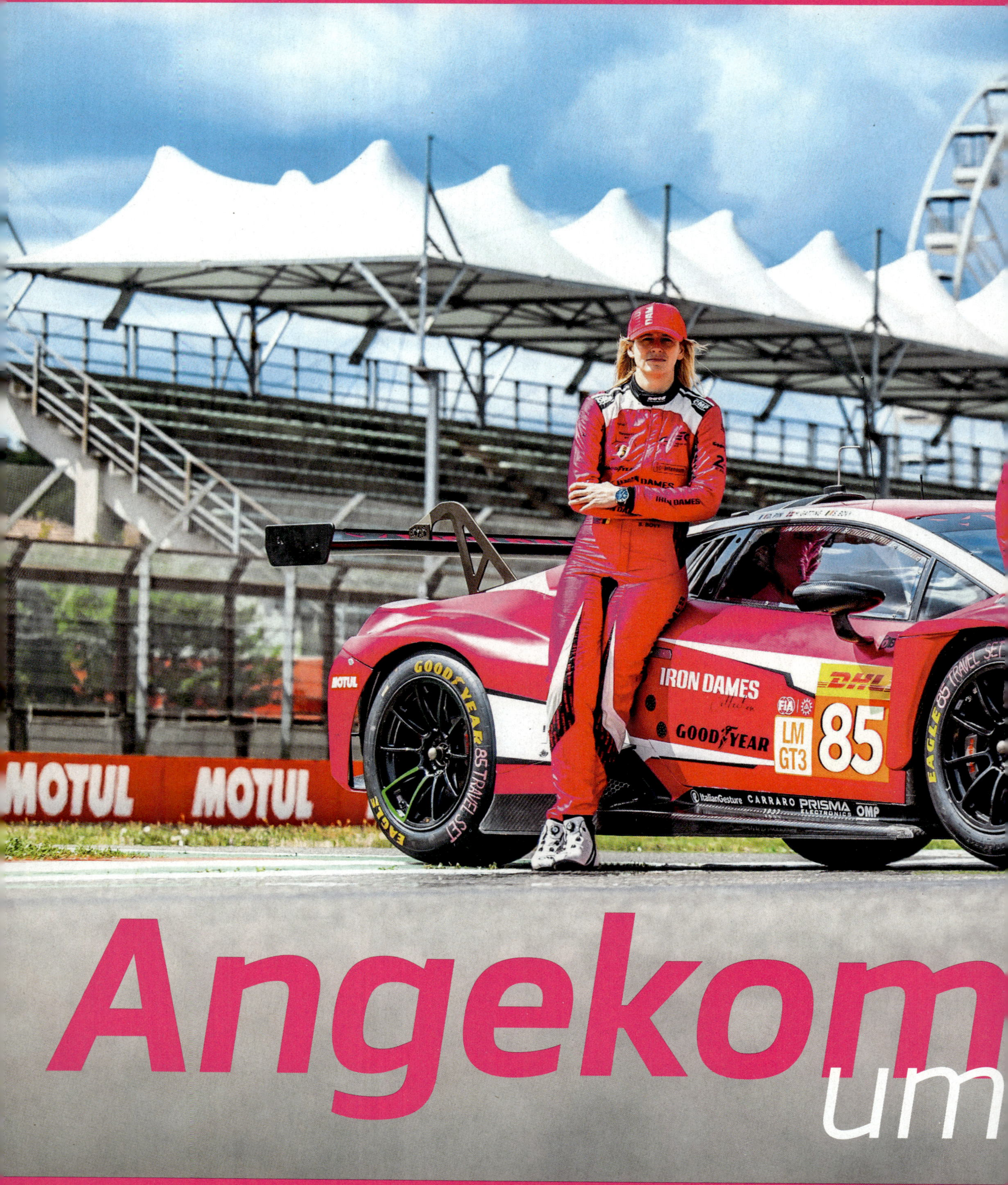
MOTUL
MOTUL
IRON DAMES
GOODYEAR
DHL
LM GT3
85
CARRARO
PRISMA
OMP

Angekom
um

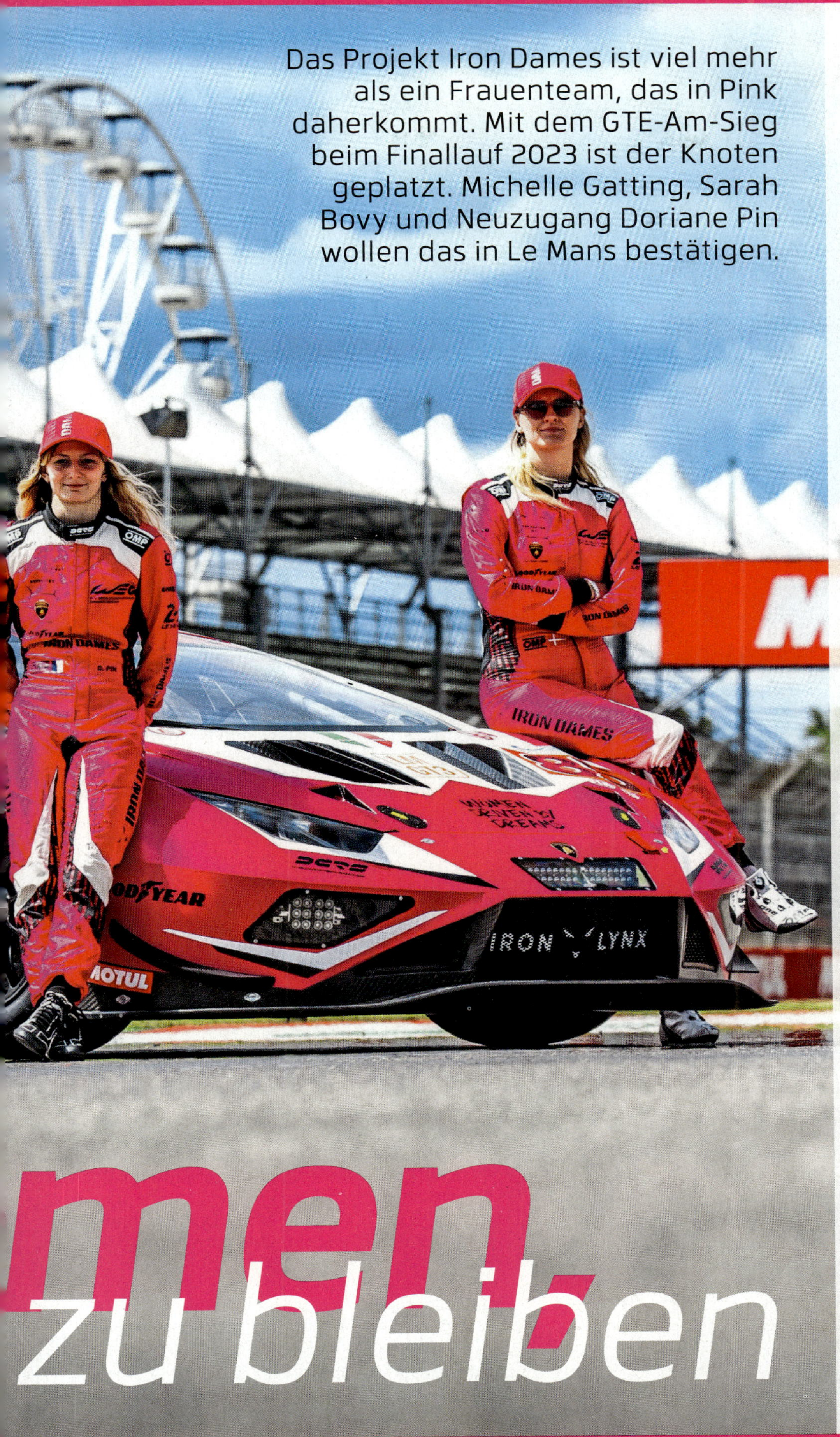

men, zu bleiben

Das Projekt Iron Dames ist viel mehr als ein Frauenteam, das in Pink daherkommt. Mit dem GTE-Am-Sieg beim Finallauf 2023 ist der Knoten geplatzt. Michelle Gatting, Sarah Bovy und Neuzugang Doriane Pin wollen das in Le Mans bestätigen.

Als Michelle Gatting im November 2023 in Bahrain die Ziellinie überquert, schreibt sie gemeinsam mit Rahel Frey und Sarah Bovy im doppelten Sinn Geschichte. Es ist mit dem Porsche 911 RSR der letzte Sieg in der GTE-Ära der Sportwagen-WM und zugleich der erste eines Frauenteams in der Serie. „Ich musste mir das Rennen hinterher noch mal anschauen, um zu begreifen, was passiert ist“, erinnert sich Gatting. „Ich war so konzentriert im Auto. Ich hatte nur im Kopf: Ich werde dem Druck standhalten, und wir werden Geschichte schreiben.“ Die Dänin ist oft sehr selbstkritisch. In diesem Moment ist sie stolz auf sich. Auf ihre Teamkolleginnen. Auf das gesamte Team.

Es ist der vorläufige Höhepunkt einer Art Heldenreise. Einige Jahre zuvor wäre ihre Karriere beinahe zu Ende gewesen. Gatting ist schon im Kartsport ein vielversprechendes Talent. Wie bei so vielen anderen Rennfahrern auch gilt es, zur richtigen Zeit am richtigen Ort zu sein. Nach einer Station im VW Scirocco Cup fährt sie nur noch in ihrer Heimat Dänemark nationale Rennen, ehe sie nach einem erfolgreichen Test in Misano 2018 Teil der Iron Dames wird.

Es ist ein Projekt, mit dem sich Deborah Mayer, Finanzmanagerin und Teilhaberin des Iron-Lynx-Teams, 2017 einen Traum erfüllt. Sie selbst nimmt an Rennen in der Ferrari Challenge teil, als sie bemerkt, dass es kaum Unterstützung für junge weibliche Fahrerinnen gibt. Das will sie ändern. Heute liegt der Fokus nicht mehr nur im GT-Bereich. Mit F1-Academy-Nachwuchshoffnung Doriane Pin engagiert man sich auch im Formelsport, mit einem weiteren Projekt im Rallyesport und mit viel Engagement an der Basis im Kartsport. „Es hat mein Leben verändert. Sie haben an mich geglaubt. Ich habe Deborah alles zu verdanken“, sagt Gatting.

Die Statistik überlisten

Bei ihrer Teamkollegin Sarah Bovy war es ähnlich. Die Karriere der Belgierin, deren Vater ebenfalls Rennen fuhr, pausierte aufgrund mangelnden Budgets. 2021 stieß sie zu den Iron Dames. Mit der Pole-Position in Monza in der 13 Autos starken GTE-Am-Klasse der Sportwagen-WM setzte sie 2022 das erste Ausrufezeichen und machte sich fortan einen Namen als Top-Qualifyerin. ▷

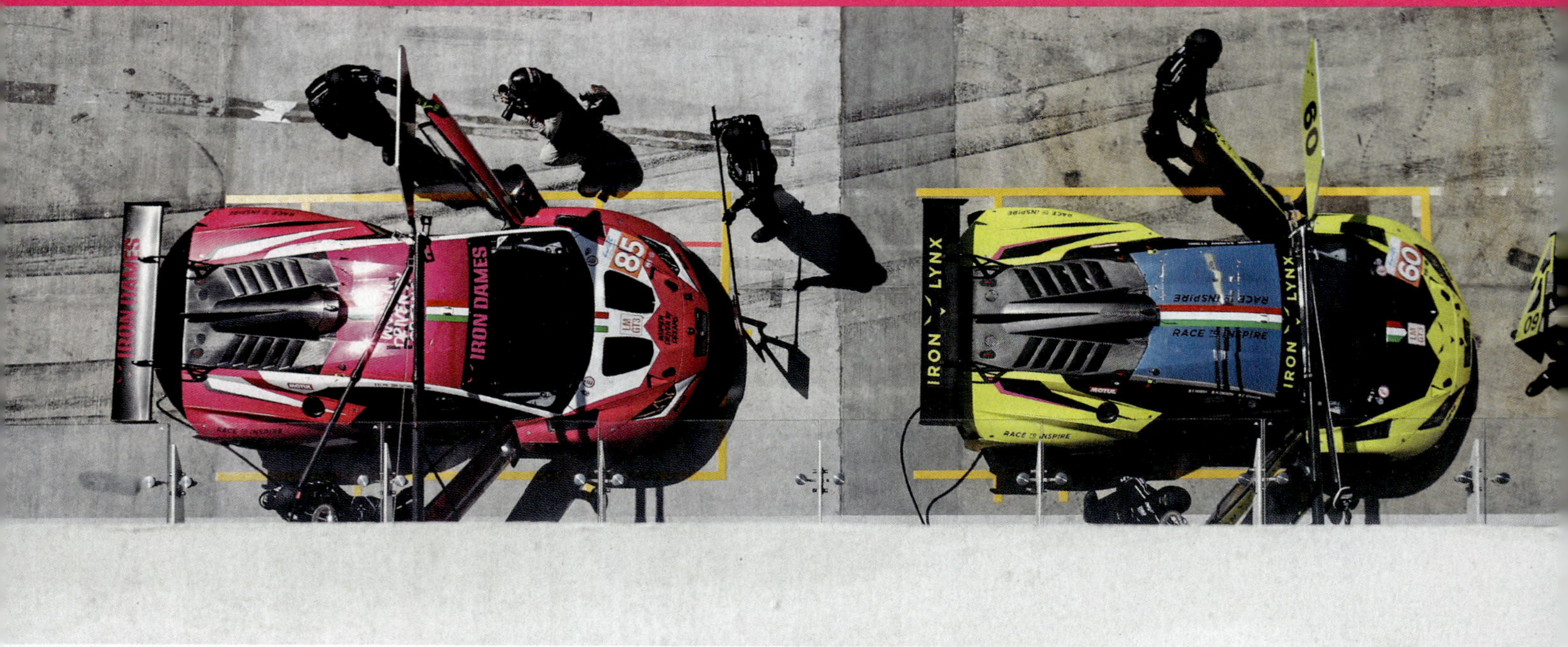

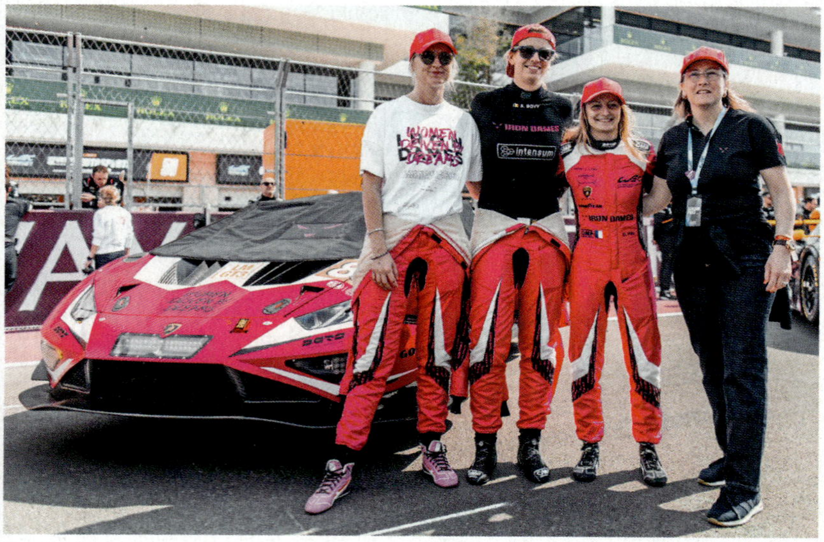

Oben: Iron Lynx betreut den pinken Iron-Dames-Huracán und das gelbe Schwesterauto. Links: Michelle Gatting, Sarah Bovy, Doriane Pin und Iron-Dames-Gründerin Deborah Mayer (v. l.)

Warum es diese Förderung überhaupt braucht? Die Erklärung ist einfach: Sie beruht auf Statistik. Schaffen es von 50 männlichen Nachwuchstalenten aus dem Kartsport mit entsprechender Unterstützung vielleicht vier zu einer Profikarriere, bleibt bei so wenigen im Kartsport antretenden Rennfahrerinnen keine mehr übrig. „Mit dem, was wir tun und erreichen, wollen wir Mädchen und junge Frauen inspirieren", sagt Rahel Frey.

Neben ihren Einsätzen auf der Strecke arbeitet sie mit all ihrer Erfahrung auch als Projektmanagerin bei den Iron Dames. Sie kümmert sich um die Einteilung der Fahrerin-

LILOU WADOUX

Die erste Ferrari-Werksfahrerin

Es scheint, als mache man in Frankreich irgendetwas anders. Denn wie Doriane Pin gilt auch die 23-jährige Französin Lilou Wadoux als vielversprechendes Nachwuchstalent in der Sportwagen-Szene.

Sie holte 2023 als erste Frau einen WEC-Klassensieg in Spa und schrammte beim Test mit dem Ferrari-Hypercar 499P beim Rookie-Test nur knapp an der Referenzzeit vorbei. Der Fokus von Lilou Wadoux liegt derzeit noch im GT-Sport, doch sie könnte sich auch gut vorstellen, eine Kategorie höher anzutreten.

Das ist nicht ganz unwahrscheinlich, denn Ferrari hat das Talent zum richtigen Zeitpunkt erkannt und verpflichtete sie im Jahr 2023 als erste Frau im Ferrari-Werksfahrer-Pool. Ihre Karriere begann sie mit 14 Jahren erst recht spät im Kartsport. Wadoux brannte zunächst mehr für ihr Hobby Tennis. Die frühen Erfolge im Peugeot 208 Racing Cup und bei Nachwuchssichtungen ließen sie aber am Ball bleiben. Nach Stationen im Alpine Elf Europa Cup und einem Überraschungssieg in der Porsche Sprint Challenge France im Rahmen der 24h Le Mans 2021 absolvierte sie 2022 eine komplette Saison beim Richard Mille Racing Team in der LMP2-Klasse – unter anderem in Le Mans mit Sébastien Ogier. In diesem Jahr wird sie allerdings nicht in der WEC starten. Wadoux fährt die komplette Saison in der Super GT in Japan für Ferrari, dazu Einsätze in Amerika.

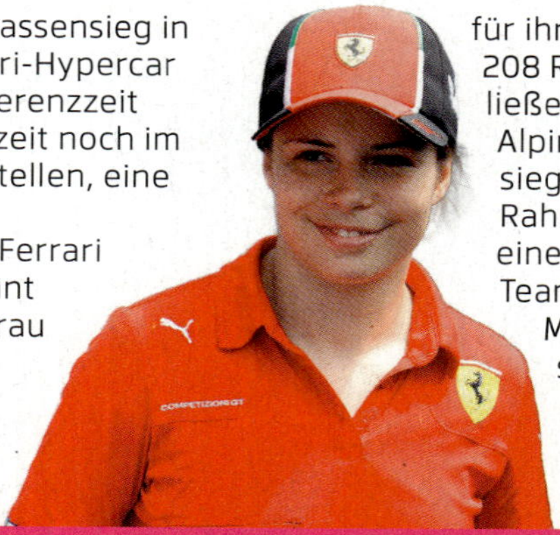

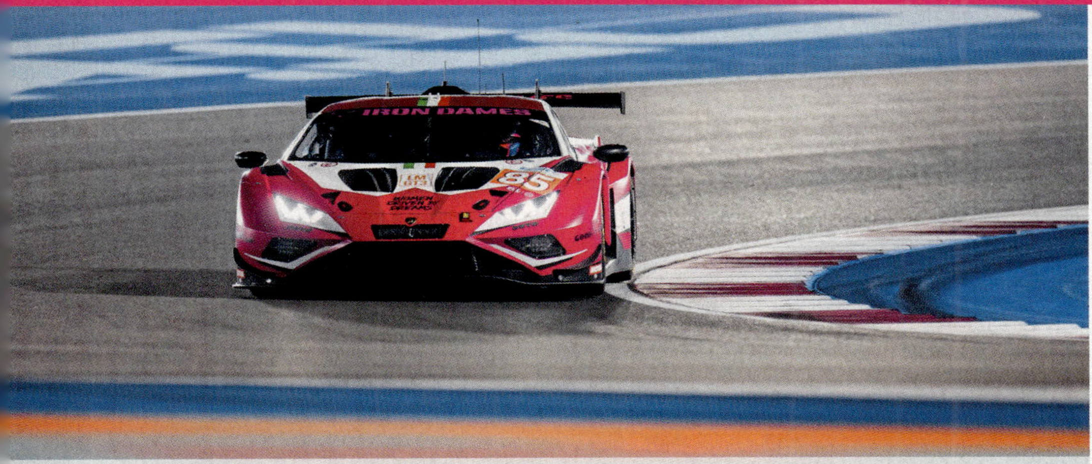

„Es hat mein Leben verändert. Sie haben an mich geglaubt. Ich habe Deborah alles zu verdanken"

Michelle Gatting

nen und ist gemeinsam mit der ehemaligen Rennfahrerin Cathy Muller, Schwester von Tourenwagen-Pilot Yvan Muller, für die Nachwuchssichtungen verantwortlich. Im Cockpit sitzt Frey in der European Le Mans Series (ELMS) und in der IMSA Endurance. Nach dem 24h-Rennen in Le Mans steigt die 38-Jährige anstelle ihrer Fahrerkollegin Pin wieder dauerhaft in die Sportwagen-WM ein.

Ist das die pinke Revolution im Motorsport? Sagen wir einmal so: Es ist ein schmaler Grat. Einerseits fährt man in pinkem Design und braucht die besondere Aufmerksamkeit für das Thema Frauen im Motorsport, auf der anderen Seite wollen Gatting, Frey, Bovy, Pin und Co. nicht ständig durch die Brille „Frauen im Motorsport" bewertet werden. Sondern einfach nur Rennen fahren und sich mit allen anderen messen. „Wir wollen auf demselben Level gegen Männer antreten", sagt Gatting.

Fokus auf Leistung

Die ehemalige Audi-Werksfahrerin Frey ergänzt: „Es geht darum, authentisch zu sein. Wir haben diesen Bonus und nutzen ihn, weil es die Leute interessiert – zum Beispiel mit dem pinken Overall und dem pinken Auto. Das hätte ich früher nie gemacht. Wir müssen aber auch performen. Die Resultate und Meilensteine haben uns geholfen, authentisch rüberzukommen und akzeptiert zu werden. Der Fokus muss auf der Rennstrecke liegen."

Mit dem Wechsel von der GTE zur GT3 sprangen die Iron Dames in der Sportwagen-WM in dieser Saison von Porsche zu Lamborghini. Mit Pin kam eine neue Fahrerin dazu. Die 20-Jährige gilt als Wunderkind, war 2019 noch im Kartsport unterwegs, wechselte in den Clio Cup und gewann die Ferrari Challenge Europe im Jahr 2022. Bei all ihren bisherigen Einsätzen, wie etwa in der LMP2 in der Saison 2023 an der Seite von Mirko Bortolotti und Daniil Kvyat, hinterließ sie einen bleibenden Eindruck. Beim Debüt fuhr das Trio in Sebring auf Anhieb auf das Podium.

Der Saisonauftakt in Katar in diesem Jahr lief mit Platz acht allerdings nicht zufriedenstellend für die Iron Dames. Beim zweiten Lauf in Imola fiel man nach einem Zwischenfall beim Start aus. „Es war sehr enttäuschend für uns, wenn man bedenkt, dass wir letztes Jahr ein Wörtchen um den Titel mitgeredet haben", sagt Gatting. „Der Lamborghini ist anders. Du setzt dich nicht rein und bist sofort schnell. Mit dem Lamborghini kämpfst du immer ein bisschen. Es kann ein sehr schnelles Auto sein, mit dem man viel erreichen kann. Aber wir haben als Team bei Set-up und Co. ein bisschen Arbeit vor uns."

Der Traum von Le Mans

Das gilt auch für Le Mans. Ein Sieg wäre die Krönung für das Projekt. Bisher kam man in Le Mans immer in den Top 10 an. Mit dem aktuellen Fahrer-Line-up ist man definitiv wieder konkurrenzfähig. Ob es zu einem Sieg reichen könnte, hängt aber sowohl davon ab, wie die Balance of Performance dem Lamborghini gewogen sein wird, als auch wie sehr man das Thema Set-up weiterentwickelt.

Sollte das Kunststück gelingen, geht es natürlich darum, der Welt zu zeigen, was trotz der Vorurteile in einem männerdominierten Sport für Frauen möglich ist. In erster Linie wäre aber etwas anderes entscheidend: Das Trio hätte einfach einen besseren Job als alle anderen gemacht und sich einen Traum vieler Fahrer erfüllt. In Le Mans zu gewinnen.

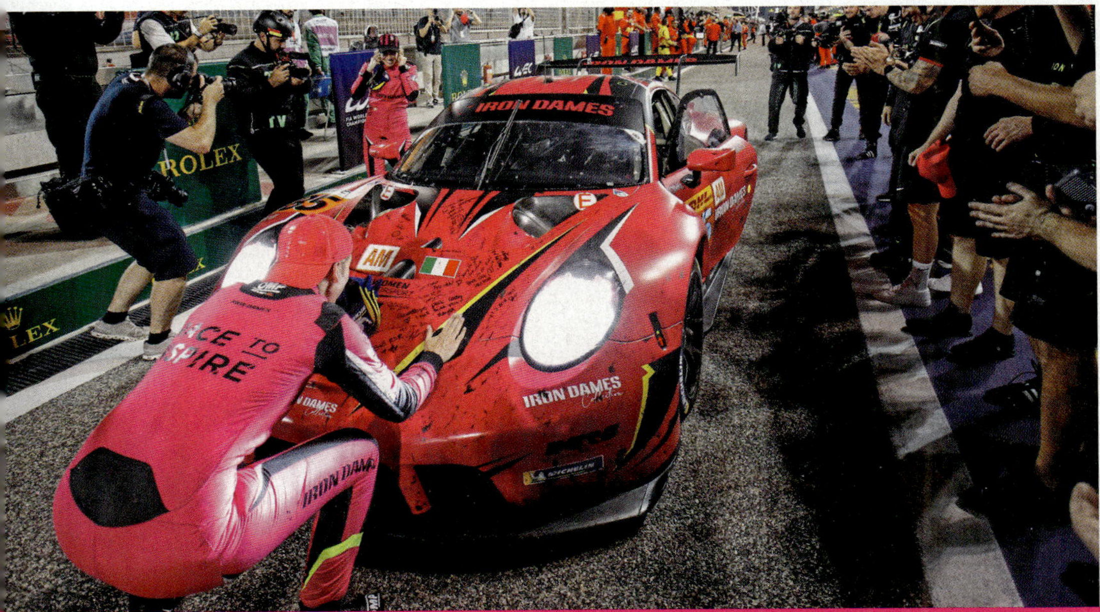

Historischer Moment: Sarah Bovy nimmt den Porsche 911 RSR nach dem Sieg in Bahrain in Empfang

Text: Bianca Leppert
Fotos: Iron Dames, Motorsport Images, Porsche

Fresst! meinen Staub!

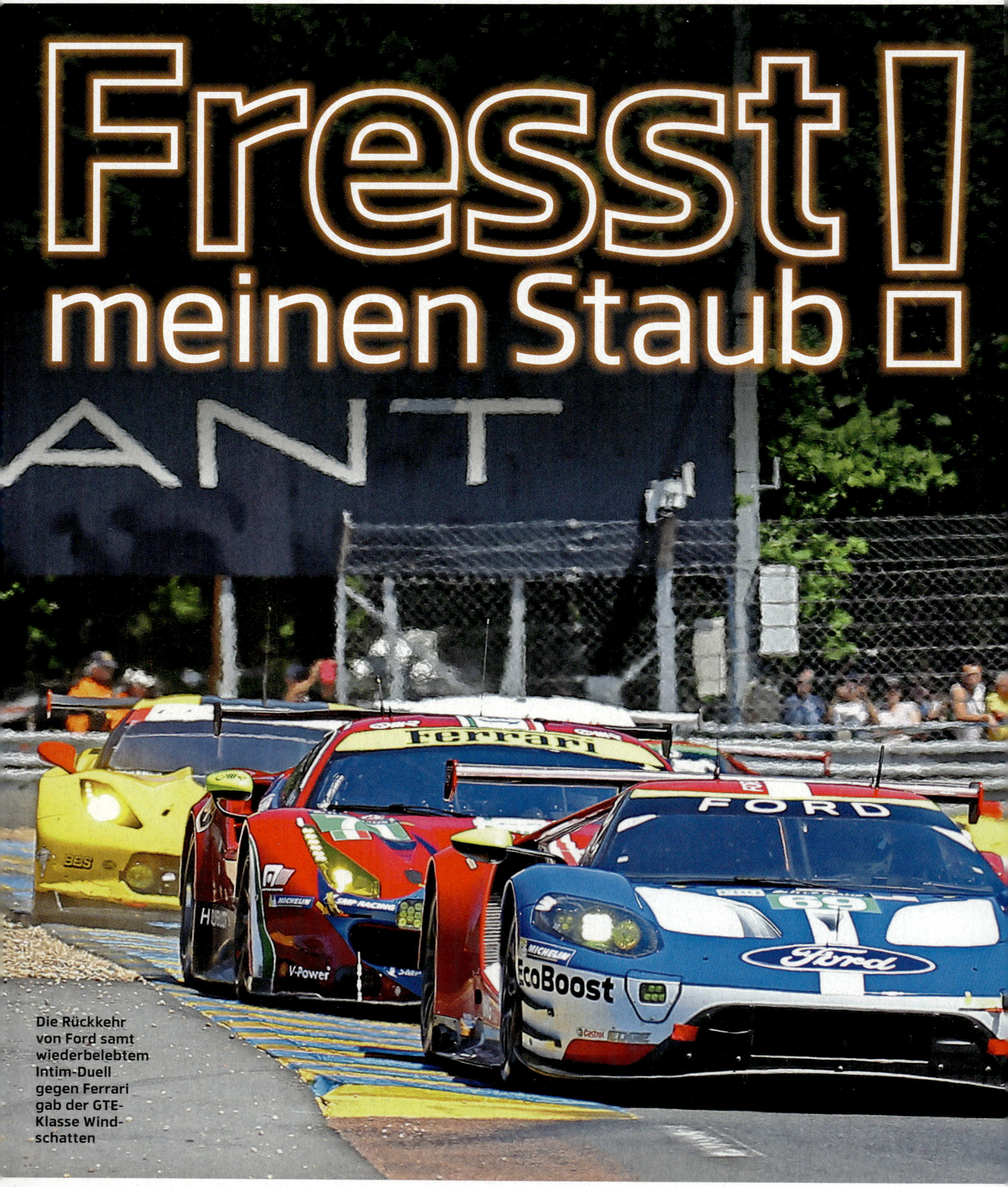

Die Rückkehr von Ford samt wiederbelebtem Intim-Duell gegen Ferrari gab der GTE-Klasse Windschatten

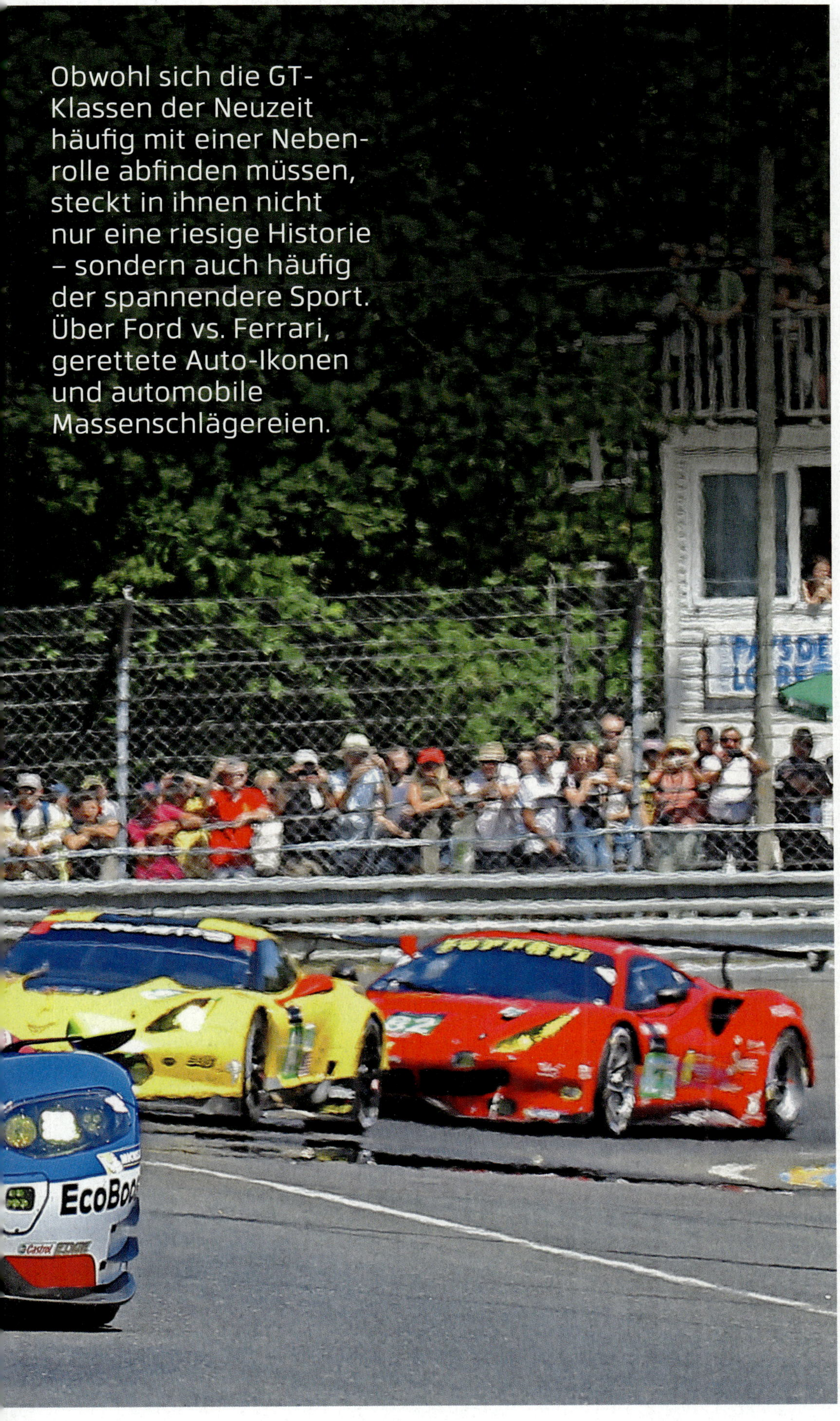

Obwohl sich die GT-Klassen der Neuzeit häufig mit einer Nebenrolle abfinden müssen, steckt in ihnen nicht nur eine riesige Historie – sondern auch häufig der spannendere Sport. Über Ford vs. Ferrari, gerettete Auto-Ikonen und automobile Massenschlägereien.

Im Sport gibt es naturgemäß zwei Gegner: den im Wettbewerb und sich selbst. Auch wenn die Rennerei so manches anders angeht als die Aktivitäten, die die US-Amerikaner so passend als „stick and ball sports" zusammenfassen, findet sich hier der große gemeinsame Nenner. Nicht umsonst wird die Genesis des Motorsports gerne mit der beliebten Phrase beschrieben: „Er begann, als das zweite Auto gebaut wurde."

Die Erfinder des 24-Stunden-Rennens hatten zunächst hauptsächlich das Duell zwischen Maschinen im Kopf. In ihrer damals einzigartigen Marathon-Veranstaltung sollten die etlichen ambitionierten Manufakturen der „Roaring Twenties" nämlich unter Beweis stellen, dass deren Erfindungen keine Bastelbuden waren. Zum Inbegriff dieser Pionierzeit wurden die Bentley Boys, die im Anschluss an ihre Siege nach London aufbrachen und dort gigantische Partys schmissen. Die motorsportliche Antwort auf „The Great Gatsby"!

Vierkampf um GT-Krone

Doch auch andere Hersteller nutzten die 24 Stunden, um sich selbst zu beweisen und ihre Technik als überlegen zu präsentieren. Vor dem Krieg trugen sich so Alfa Romeo und Bugatti mehrfach in die Gewinnerlisten ein. Legendäre Rivalitäten, wie wir sie heute definieren würden, waren damals aber eher Mangelware. Obwohl man durchaus misstrauisch die Boxen der Konkurrenz beäugte, war die eigene Technik der erste Gegner.

Mit der Renaissance von Le Mans in den 1950er-Jahren sollte sich das grundlegend ändern. Ferrari, Mercedes sowie das britische Duo Aston Martin und Jaguar stritten sich regelmäßig in unterschiedlichen Konstellationen um die Langstrecken-Krone. Das Resultat waren technische Innovationen an allen Ecken und Enden. Manche wie die Luftbremse von Mercedes – quasi ein Anti-DRS – gingen eher als Kuriosität in die Motorsport-Geschichte ein. Andere wie Jaguars Scheibenbremse wurden zum Standard der Autowelt.

Den Höhepunkt aller rennsportlichen Rivalitäten brachten daraufhin die 1960er-Jahre hervor. Dabei begann alles noch mit eher liebevollem Anbandeln. Ford-Enkel Henry II. sah in der damals dominierenden roten Göttin den passenden Reiz, um sportlich denkende Kunden für den grauen Konzernriesen zu begeistern. Sein späterer Gegenspieler Enzo Ferrari erhoffte sich vom potenziellen Deal mit Detroit reichlich Geld für seine

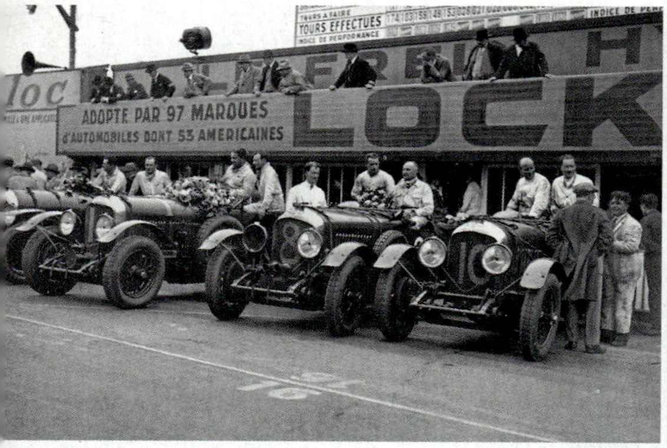

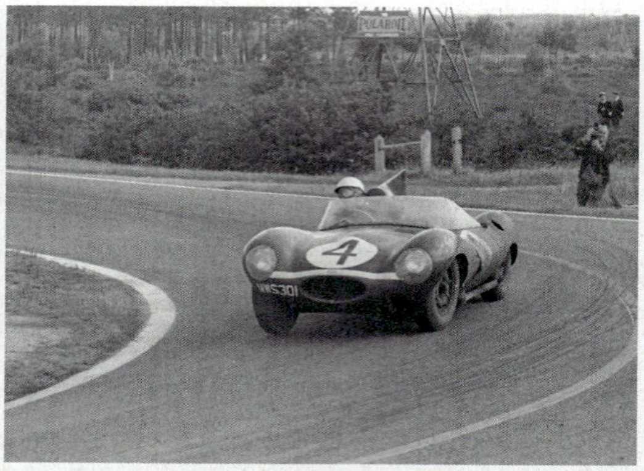

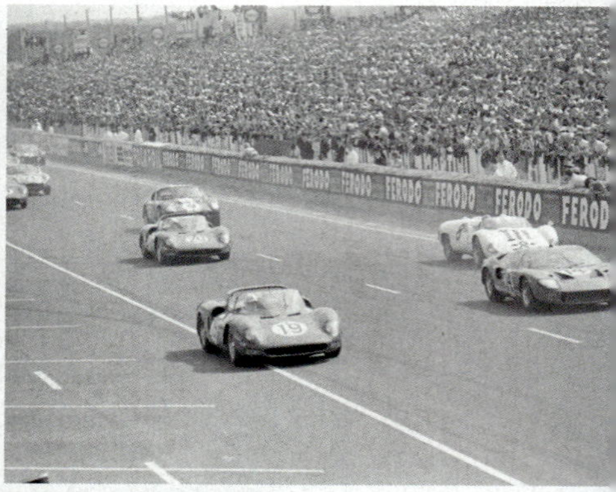

nicht immer ganz solide ausgestattete Renn-Leidenschaft. Genau darin lag dann der Bruch zwischen den Blauen und den Roten: Ford wollte alles haben, Ferrari wollte hingegen, dass der Amerikaner sich nie wieder in Maranello blicken lässt. Von den vorherigen Heiratsplänen blieben nur noch Rachegelüste und die Basis für Le Mans' zweiten großen Hollywood-Blockbuster nach dem Klassiker von Steve McQueen.

Klimax als GT-Zäsur

Auf der anderen Seite des Atlantiks versammelte der „Hank the Deuce“ titulierte Ford-Erbe ein Dreamteam, mit dem Ziel, Ferrari dort die Grenzen aufzuzeigen, wo es am meisten schmerzt: in Le Mans. Einer, der sich besonders gut dort auskannte, war der Texaner Carroll Shelby – Gesamtsieger 1959 für Aston Martin im Duell gegen Ferrari. Der Schöpfer des Shelby Cobra Daytona Coupés half dem Ford-GT40-Projekt nach Anlaufschwierigkeiten auf die Räder und trug so maßgeblich dazu bei, die Ferrari-Dominanz nachhaltig zu stoppen. Erst 2023 endete die durch das blaue Oval eingeleitete Siegdürre von Ferrari. Ford erklärte: „Mission accomplished“, überließ den Kundenteams die Oberhand und konzentrierte sich auf den jungen Mustang. Schon 1967 betonte der ikonische Manager Lee Iacocca in einem internen Memorandum: „Der Mustang ist noch wichtiger als Le Mans.“

Das historische Duell bedeutete gleichzeitig auch das Ende der Regentschaft des klassischen GT-Sports an der Sarthe. Zwar lässt sich zu Recht einwerfen, dass die Rennwagen bereits vorher kaum noch was mit den Serien-Gegenstücken zu tun hatten. Doch die nächsten Eskalationsstufen namens Porsche 917 und Ferrari 512S änderten das Bild der 24 Stunden komplett. Die guten alten Gran-Turismo-Formate wurden von reinrassigen Prototypen endgültig in

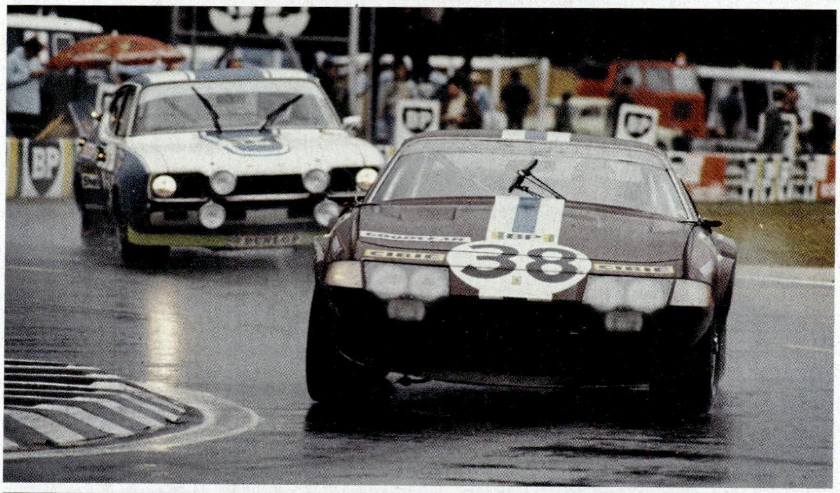

Ursprünglich stellte sich Le Mans in den Dienst der Weiterentwicklung von Straßenautos. Doch der Geist der Bentley-Tourer und der innovativen Nachkriegs-Sportler wich ab den Sechzigern Spezialbauten. In den GT-Divisionen blieb die DNA erhalten

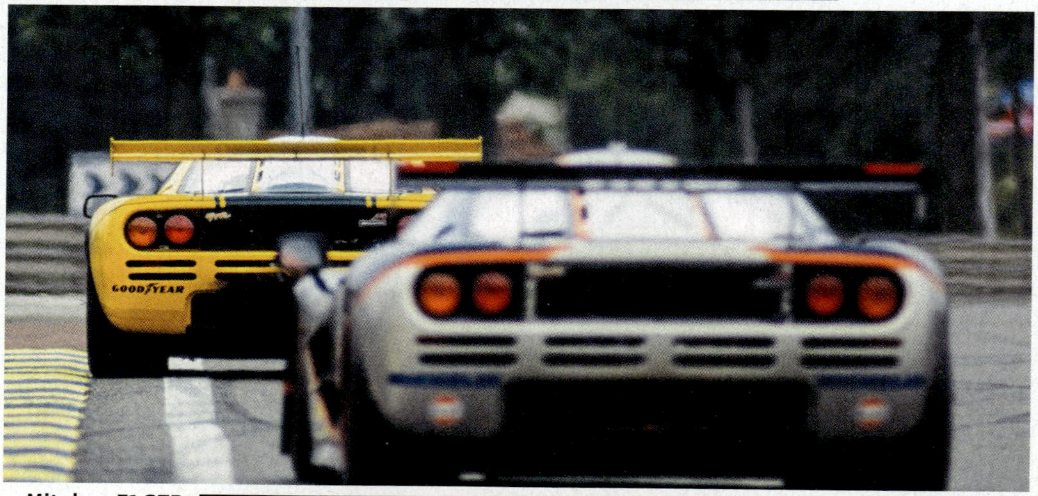

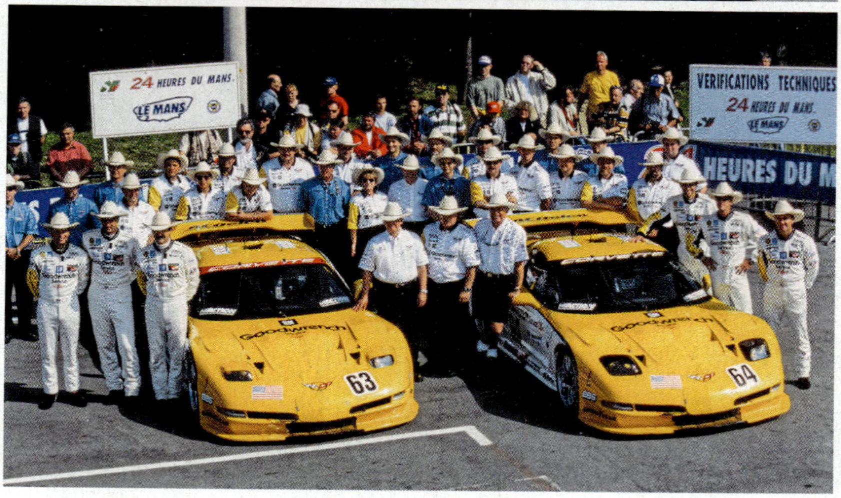

Mit dem F1 GTR bewies McLarens junge Straßensparte 1995 (o.) den sportlichen Wert ihres Ur-Produkts. Ende des letzten Jahrtausends baute Corvette (r.) explizit ein Le-Mans-Projekt auf, um den damals strauchelnden V8-Bollerwagen wettbewerbsfähig zu machen

die zweite Reihe verdrängt. Ein Porsche-935-Erfolg im Jahr 1979 und der Genre-brechende Dauer 962 (1994) sollten formal das GT-Lager noch jubeln lassen, aber erst in der Ausgabe 1995 konnte in Form des McLaren F1 GTR wieder ein klassisches GT-Auto Gesamtsieger-Ehren einfahren. Im Zuge der Gruppe C waren Produktionswagen-Wurzeln sogar gänzlich aus dem Grid verschwunden.

Feuerwehr und Archivar

Beim großen Comeback im Jahr 1994 führte zwar der Dauer-Geniestreich auf Gruppe-C-Basis das Konzept rund um GT1 und GT2 noch ad absurdum. 1995 zeigte besagter McLaren aber, dass GT-Renner zu Recht auf die Startaufstellung gehören. Das Machtgerangel zwischen Prototypen und radikalen Homologationsautos der Kategorien Porsche 911 GT1, Toyota GT-One und Mercedes-Benz CLR endete im Jahr 1999 – für die Prototypen. Dennoch ist die Brücke zu den Straßensportlern seitdem geblieben und schenkte der Le-Mans-Szene etliche Traumwagen – zum Beispiel die revolutionäre Chrysler Viper GTS-R und die Chevrolet Corvette C5-R.

Die strahlend gelben Werks-Vetten hatten dabei einen besonderen Auftrag, wie der ehemalige Sportchef Doug Fehan später erklärte: „Es war immer Bestandteil des Plans, dass das Rennteam und die Straßenentwickler zusammenarbeiten.“ Von den Forderungen der Rennseite profitierten alle nachfolgenden Corvette-Ableger – bis hin zur aktuellen Z06. Womit auch wieder belegt ist, dass der Rennsport ein Kampf mit sich selbst ist.

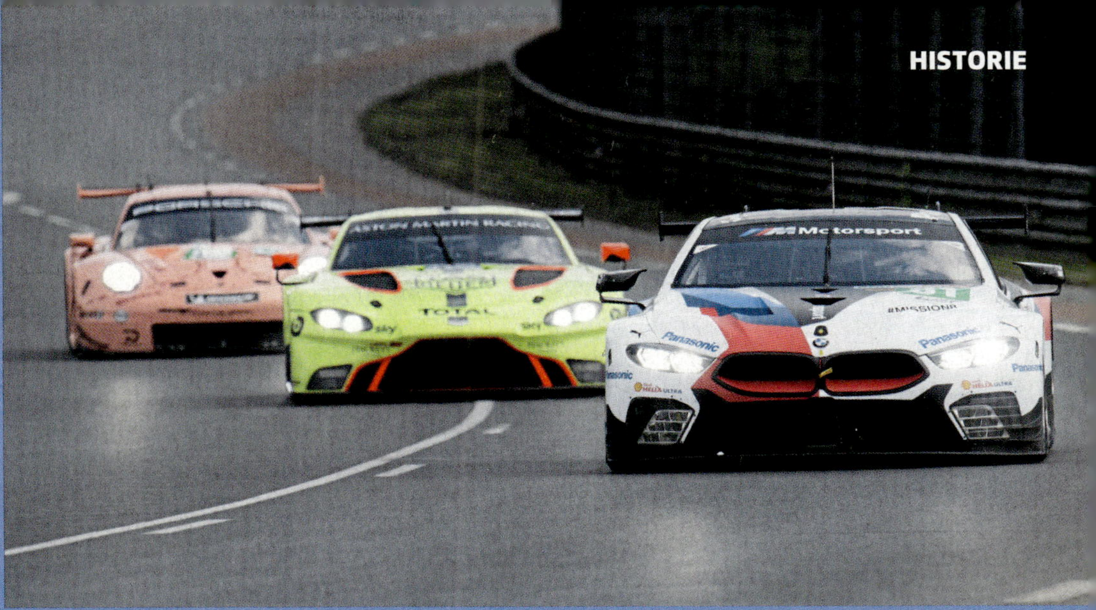

Wie wichtig der Wettkampf gegen andere ist, zeigte sich in den ausklingenden Zehner-Jahren: Während in der Topklasse Markenflaute bedauert wurde, boomten die GTs

In den letzten zwei Jahrzehnten waren die GT1/2- und GTE-Klassen häufig der (nicht mal) heimliche Star, als ganz vorn Audi oder Toyota gnadenlos davonfuhren. Um die Balance of Performance ergänzt, stieg der Wettbewerb untereinander auf Rekordniveau, was Ford mit der GT-Neuauflage explizit für Le Mans zurücklockte. In den Jahren 2018 und 2019 schickten Aston Martin, BMW, Corvette, Ferrari, Ford und Porsche dann Werksautos zu etwas, was gerne als automobile Massenschlägerei bezeichnet wurde. Mit dem Niedergang der GTE und dem zunehmenden Fokus auf Amateure – ein weiteres existenzielles Argument pro GT-Autos – veränderte sich die Klasse zuletzt auf Produktionswagen-Basis.

Die neu(e)n GT3-Modelle, darunter der nun doch vom Le-Mans-Mythos profitierende Mustang, unterstreichen 2024: Sport ist der Wettkampf gegen die anderen und sich selbst – sowie eine Gaudi für alle anderen.

Text: Philipp Körner
Fotos: Ford, Motorsport Images, XPB

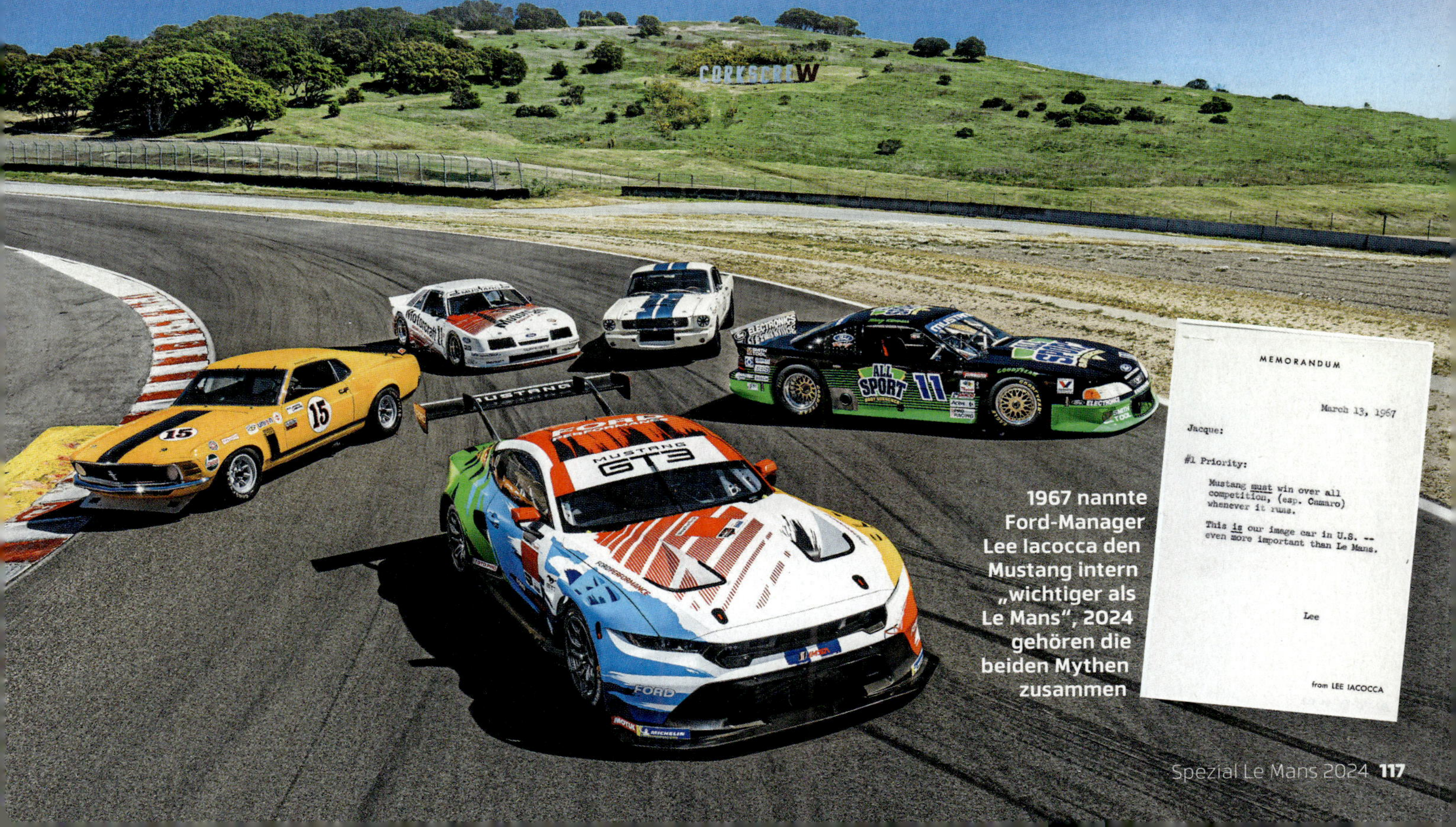

MEMORANDUM

March 13, 1967

Jacque:

#1 Priority:

Mustang must win over all competition, (esp. Camaro) whenever it runs.

This is our image car in U.S. -- even more important than Le Mans.

Lee

from LEE IACOCCA

1967 nannte Ford-Manager Lee Iacocca den Mustang intern „wichtiger als Le Mans“, 2024 gehören die beiden Mythen zusammen

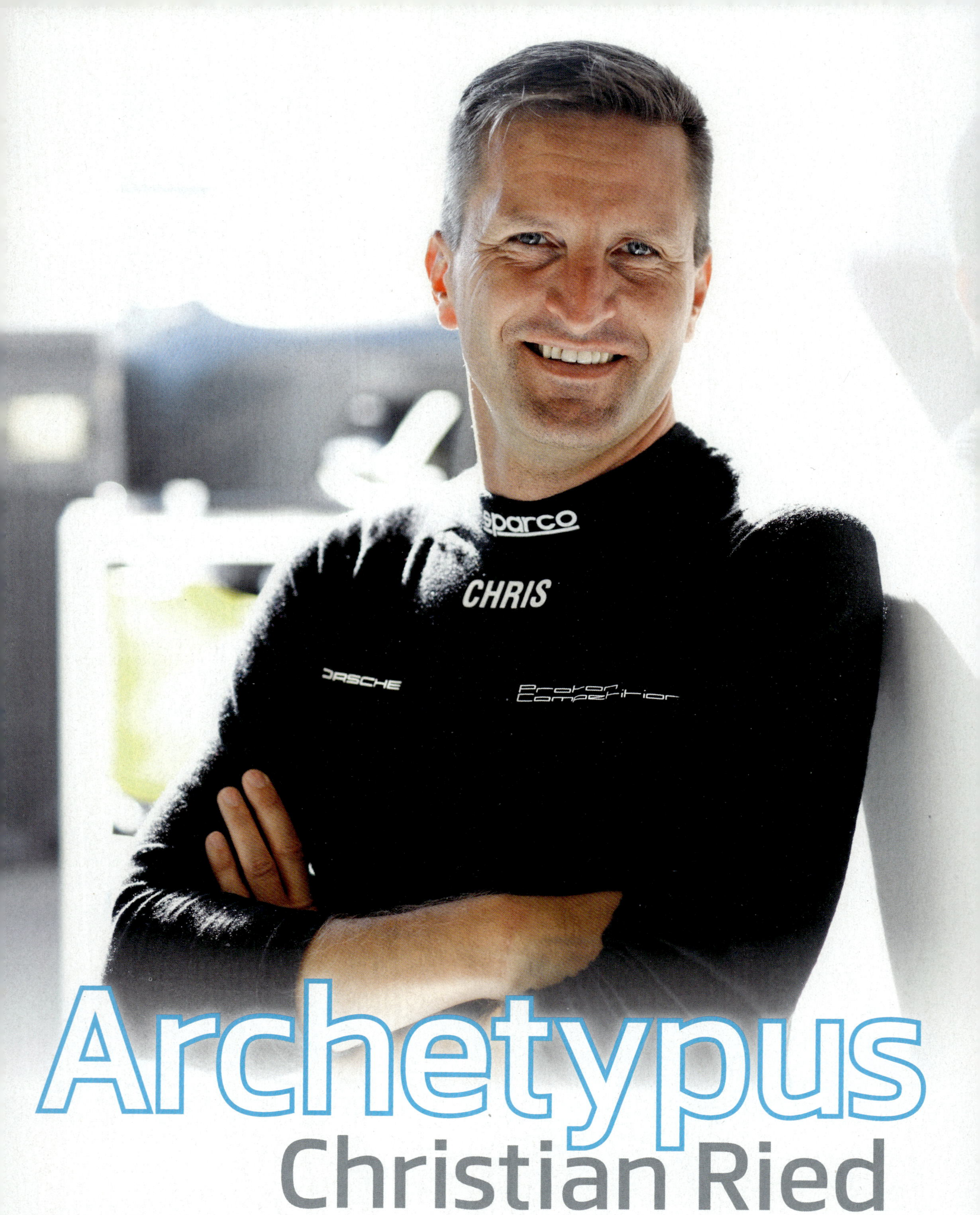

Archetypus
Christian Ried

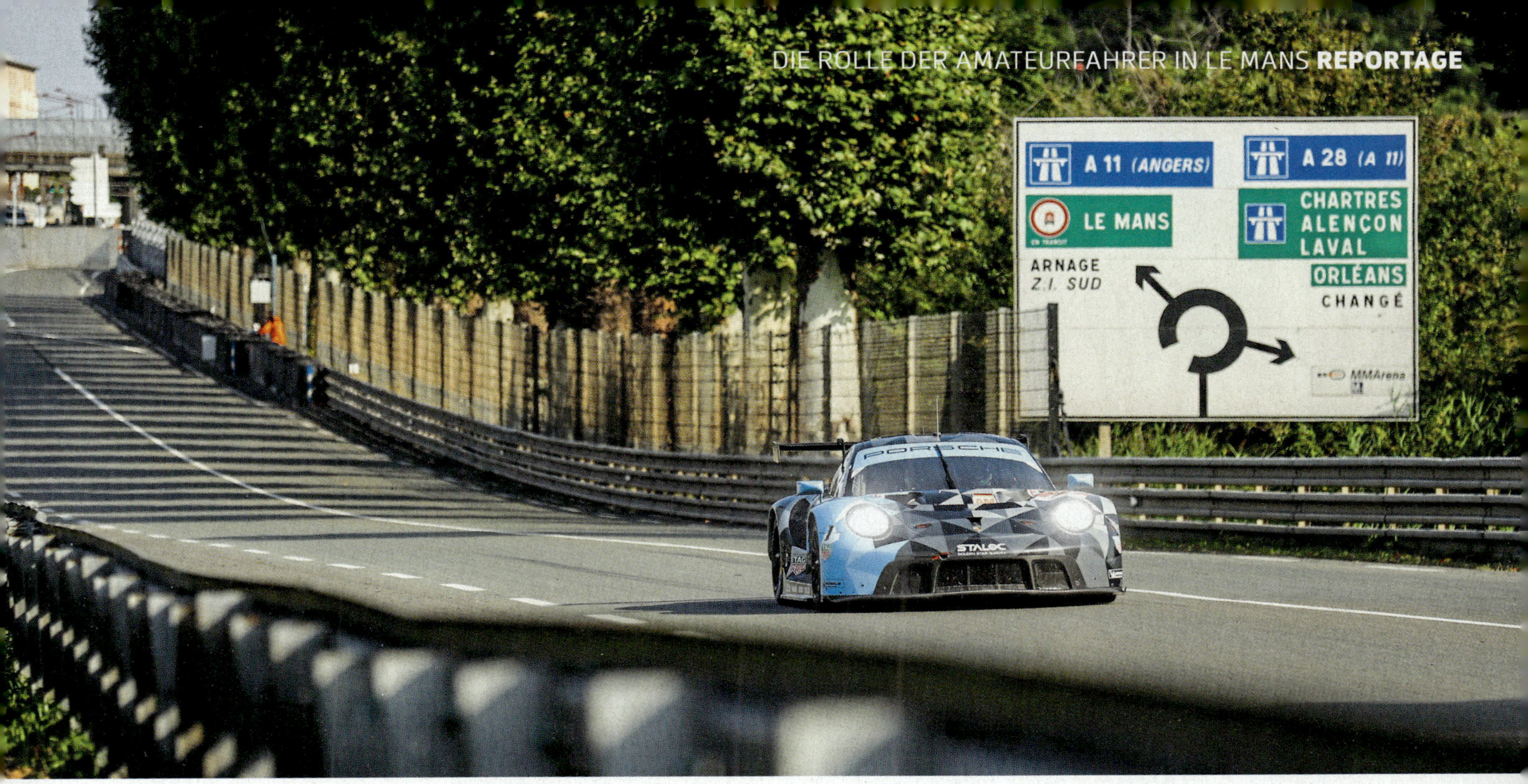

Die Amateurfahrer sind das Rückgrat von Le Mans, denn sie sind immer da, auch wenn die Hersteller mal fehlen. Der idealtypische Vertreter für diese Spezies ist Christian Ried, der zwischen 2012 und 2023 alle WM-Läufe bestritt.

Der Duden sagt: „Ein Amateur ist eine Person, die eine Tätigkeit aus Liebhaberei betreibt." Im Gegensatz zum Profi, der die gleiche Tätigkeit als Beruf ausführt. Der eine zahlt für sein Hobby, der andere wird bezahlt. Wer auf 101 Jahre Le Mans zurückblickt, findet immer beide Fahrerkategorien in den Starterlisten des Langstreckensports.

Diese Zweiteilung ist einzigartig im globalen Sportgeschäft, das in der Regel von Profis dominiert wird. In Le Mans konnten die Amateurfahrer bis in die 80er-Jahre sogar um Gesamtsiege kämpfen. Diese Zeiten sind zwar lange vorbei, aber die Amateure spielen bis heute eine tragende Rolle und können in einigen Klassen sogar den Sprung aufs große Podium in Le Mans schaffen – so wie Christian Ried, der 2018 die GTE-Am-Klasse an der Sarthe gewann.

Damit ist Ried der Archetypus der Amateurfahrer: Er bestritt zwischen 2012 und 2023 als einziger Pilot alle 85 WM-Läufe. Nach seinem Karriereende in Bahrain 2023 bleibt er der Szene weiter verbunden, jetzt aber als Profi – nämlich als Teamchef des Rennstalls Proton Competition. Der 45-jährige Unternehmer aus Biberach fuhr 25 Jahre lang Autorennen. Mit 16 Jahren sah er seinem Vater Gerold bei einem Autorennen in Le Castellet zu, mit 17 Jahren bestritt er sein erstes Autorennen, 1999 gab er in der FIA-GT-Meisterschaft sein Debüt im großen Motorsport auf einem Porsche 911 GT2 in Monza.

Seither gehört Ried zur Langstrecke und die Langstrecke zu ihm. Wer einen so aufwendigen Sport so lange betreibt, muss wirklich einen Narren daran gefressen haben: „Ich mag Autos, und ich mag den Wettkampf", so Ried. „Aber um 25 Jahre im Motorsport durchzuhalten, muss man total dafür brennen, das muss mehr sein als nur ein Hobby. Ich hatte im Rennsport eine supercoole Zeit, aber ich habe auch gemerkt, dass es mir in den letzten Jahren nicht mehr so leicht gefallen ist, einfach aus dem Rennauto auszusteigen und dann sofort als Teamchef parat zu stehen. Da merkt man schon das Alter. Alles im Leben hat halt seine Zeit."

Der Seitenwechsel vom Cockpit auf den Kommandostand ist Ried aus zwei Gründen leichtgefallen: Erstens wurden in Le Mans und der Sportwagen-WM die GTE-Rennautos entsorgt und durch die GT3-Klasse ersetzt. „Wenn man vom GTE mit Heckmittelmotor kommt und auf den GT3 mit Heckmotor und ABS umsteigt, dann ist das keine Steigerung, sondern eher ein Rückschritt. Als Fahrer kann man im GTE einen größeren Unterschied machen als im GT3-Auto – und deshalb hatte ich als Fahrer keine Lust auf die GT3-Klasse!"

Zweitens agiert Christian Ried im Team Proton Competition, das 1994 von seinem Vater gegründet wurde, seit gut 20 Jahren als Teamboss. „Ich war ja immer beides, also Rennfahrer und Teamchef, insofern hat sich also nicht so viel geändert, als ich letztes Jahr den Helm an den Nagel gehängt habe. Und die Fahrerlager sind nach 25 Jahren natürlich auch so eine Art Heimat für mich und meine Leidenschaft. Es ist einfach immer schön, an der Rennstrecke zu sein – egal ob als Fahrer oder als Teamchef. "

Rennfahrer wird Teamchef

Zumal Ried als Privatfahrer so ziemlich alles gewonnen hat, was man gewinnen kann: Neben dem Klassensieg in Le Mans und vielen Siegen in der WEC hat er auch elf Rennen und zwei Meistertitel in der ELMS geholt. Dazu hat Ried zweimal den Porsche Cup für den besten Privatfahrer aus allen Rennserien, wo Porsche-Fahrzeuge am Start sind, eingefahren. „Zwischen 2005 und 2022 war ich im Porsche Cup immer in den Top Ten, und es war sehr cool, 2017 und 2018

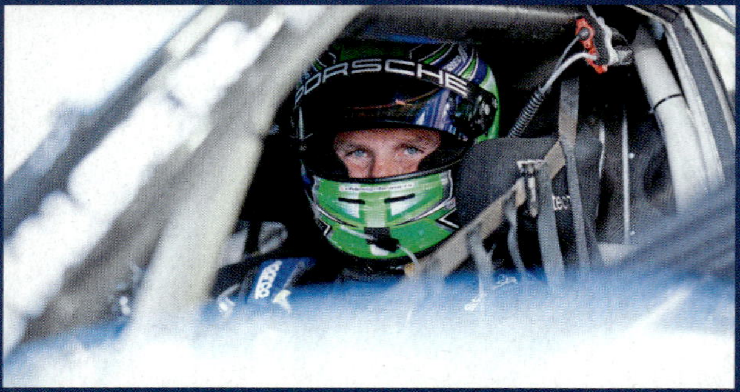

den Siegerpokal aus den Händen von Porsche-Aufsichtsratschef Wolfgang Porsche bei der Night of Champions in Empfang zu nehmen."

Das Team Proton Competition gehört mittlerweile zu den Größten im internationalen Langstreckensport: Zurzeit setzt Ried je einen LMDh-Porsche in der IMSA und WEC ein, dazu zwei Ford Mustang GT3 in der WM und der GT World Challenge und viele weitere Fahrzeuge aus den Klassen GT3 und LMP2 in den asiatischen und europäischen Le-Mans-Serien (ALMS/ELMS).

Im Unterschied zu früher ist Proton Competition heute nicht mehr nur mit Porsche verheiratet. „Zwischen 2007 und 2021 haben wir ausschließlich Porsche-Rennwagen eingesetzt, das hat sich erst 2022 geändert, als wir in Amerika auf Wunsch unserer Partner auch Autos von Mercedes-AMG eingesetzt haben. Über 16 Jahre haben wir für Porsche viele Werkseinsätze oder werksunterstützte Renneinsätze durchgeführt."

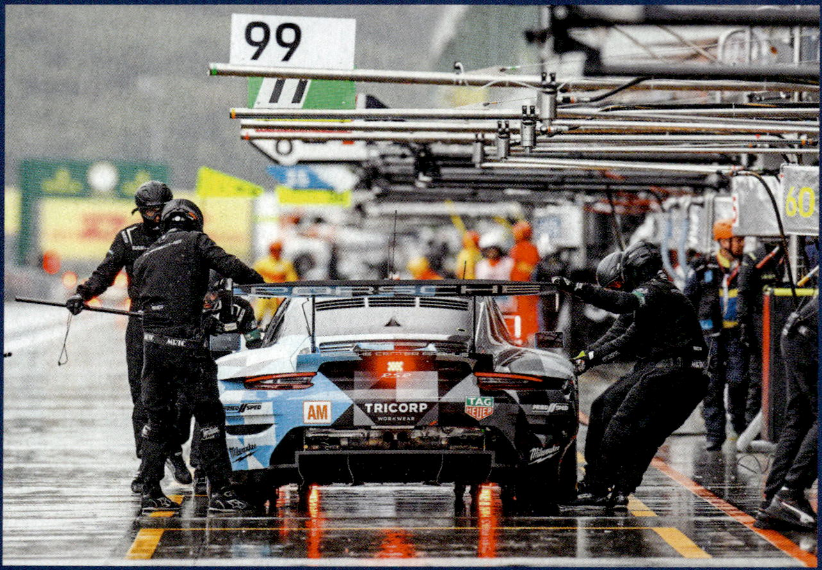

In 85 WEC-Rennen holte Christian Ried im eigenen Team 13 Klassensiege in der Sportwagen-WM. Dazu führte Proton Competition auch viele werksunterstützte Einsätze für Porsche durch

Die schiere Teamgröße und die Zahl der Einsatzfelder ist mittlerweile eine Herausforderung geworden, wie Ried zugibt: „Auf der einen Seite sind wir als Team organisch gewachsen. Der größte Schritt war der Start der IMSA-Programme, weil das logistisch noch mal eine große Herausforderung war. Wir haben eine gute Basismannschaft, aber im Moment ist es schon herausfordernd mit der Vielzahl der Rennprogramme. Aber ich und mein Bruder Michael kommen ja aus der Logistik, das heißt, wir sind sehr gut darin, Abläufe und Prozesse so zu strukturieren, dass alles effizient funktioniert."

Während Ried früher selber fuhr, muss er jetzt als Teamchef die richtigen Amateurfahrer finden: „Das ist gar nicht so einfach, du brauchst ei-

„Die Fahrerlager sind nach 25 Jahren auch so eine Art Heimat für mich und meine Leidenschaft"

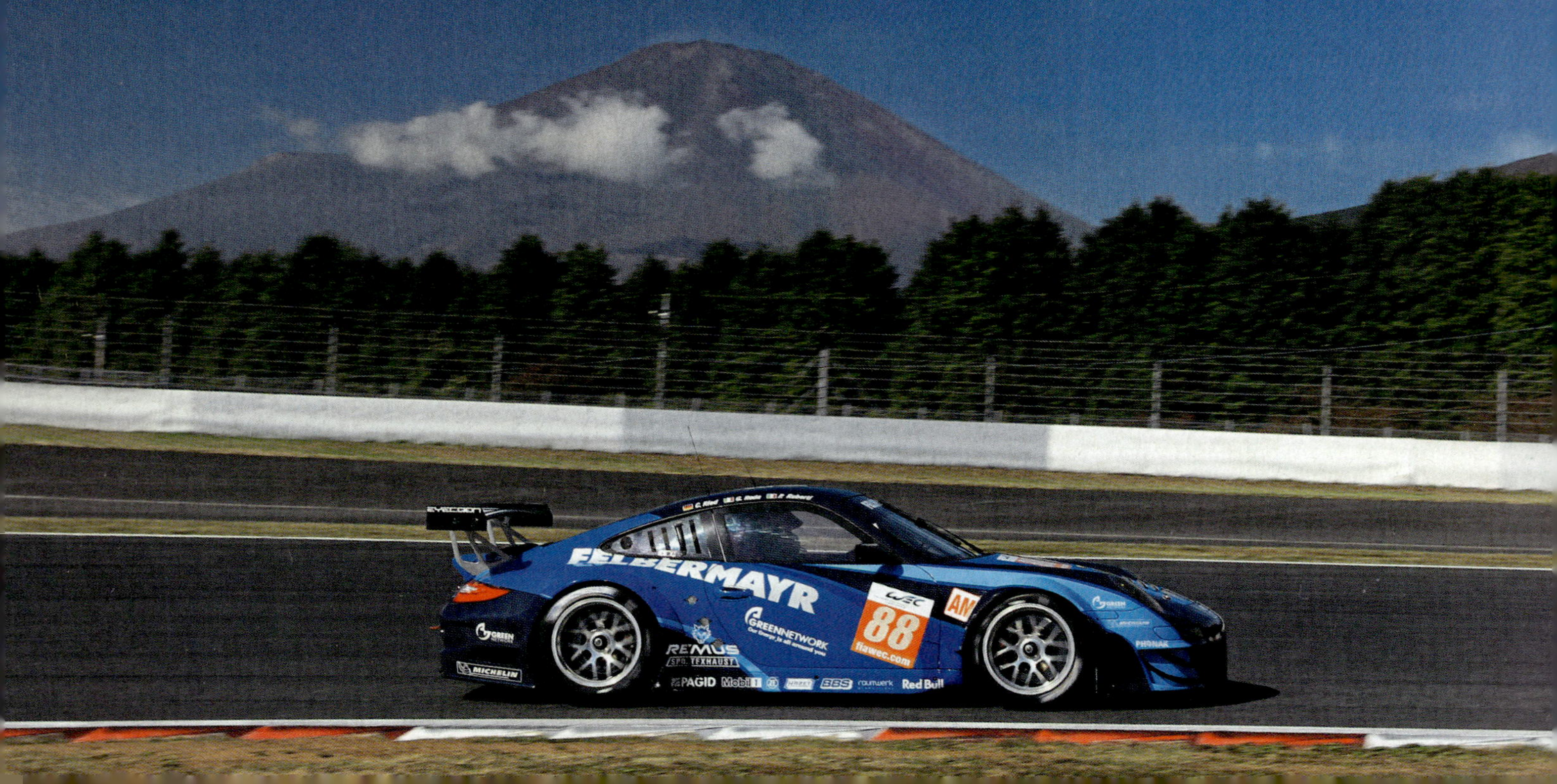

nen guten Kompromiss aus Performance und Budget. Wenn das Budget keine Rolle spielt, kannst du dir einen Fake-Bronze holen, was ich aber persönlich für falsch halte, weil es nicht im Sinne des Sports ist. Das Rohmodell für den perfekten Amateur ist für mich Ben Keating: ein echter Bronze-Pilot, superschnell, konstant, fehlerfrei, und Geld hat er auch. Dazu hat er sich extrem weiterentwickelt – da muss man schon Respekt haben, was der leistet."

Die Amateurfahrer bleiben laut Ried das Rückgrat des Langstreckensports: „Ohne die Amateurfahrer und die Rennklassen, wo Amateure antreten, würde es die Sportwagen-WM schon lange nicht mehr geben. Die Hersteller kommen und gehen – aber die Amateure bleiben. Wenn bei den Herstellern die Absatzzahlen sinken, bekommen die einen Blutsturz, das führt zu Überreaktionen, und der Werkssport auf der Langstrecke kann ganz schnell enden." Deshalb sieht Ried den Entfall der LMP2-Klasse kritisch: „Ich verstehe die Logik dahinter, denn man braucht Platz für die Hypercar-Werksteams, aber wenn die Hersteller aussteigen, könnte die Lücke im Prototypenbereich jetzt nur schwer wieder gefüllt werden."

Verdammt nah auf die Pelle

Aus Pilotensicht ist die Mehrklassenstruktur laut Ried für Amateure gut beherrschbar, im Wesentlichen aus zwei Gründen: „Erstens ist der Verkehr auf der Strecke mittlerweile kein großes Problem mehr, wir haben Top-Tools wie Radarsysteme und sehen so immer, was von hinten auf uns zukommt. Das hat für technische Sicherheit gesorgt und reduziert die Unfallgefahr. Andererseits kann und wird es immer Missverständnisse geben. Man muss als Amateur halt immer in den Rückspiegel schauen – und auch damit rechnen, dass die Profis mal einen Fehler machen."

Zweitens können und müssen sich die Amateure gezielt auf die Einsätze in Le Mans vorbereiten, und dabei spielen Teams wie Proton Competition eine zentrale Rolle: „Es gibt ja eine Art Leitersystem, wo man die Piloten trainieren kann. Jeder will in Le Mans fahren, aber dafür braucht man Erfahrung, die man sich bei Starts in der ELMS oder ALMS holen kann."

Dazu ist Sorgfalt bei der Zusammensetzung der Fahrerpaarungen gefragt, wie Ried aus eigener Erfahrung weiß: „Auf der Langstrecke hat man immer einen Kompromiss beim Set-up, da man sich das Auto mit zwei Piloten teilt. Wenn man gute Profis hat, dann gehen die beim Set-up auf deine Wünsche als Amateur ein. Der gute Profi macht es dem Amateur einfacher, denn er kann mit einem Set-up-Kompromiss relativ gut leben, das kostet bestenfalls zwei Zehntel. Aber wenn dem Amateur das Set-up nicht passt, verliert er eine Sekunde. Wenn man Profis hat, die das kapieren, geht die Rechnung auf und man kann gute Resultate einfahren."

Wer lange und hartnäckig genug übt wie Ried, der rückt den Profis verdammt nah auf die Pelle. „Ich war auf Highspeedstrecken mit harten Bremsmanövern immer sehr gut, in Monza verliere ich weniger als 1,5 Sekunden auf einen Profi-Piloten wie Richard Lietz oder Matt Campbell", so Ried, der übrigens 2023 zusammen mit Mikkel Pedersen und Julien Andlauer in Monza seinen letzten WM-Sieg in der GTE-Am-Klasse holte – im Speedtempel von Monza.

Der Duden hat das Schlusswort: „Als Amateur kann auch jemand bezeichnet werden, der eine Aufgabe ohne die nötigen Fachkenntnisse zu bewältigen versucht." Für die Masse der Amateure wie für Christian Ried gilt diese leicht abwertende Definition nicht: Die meisten Zahlfahrer sind heute viel besser als ihr Ruf.

Text: Marcus Schurig
Fotos: Porsche

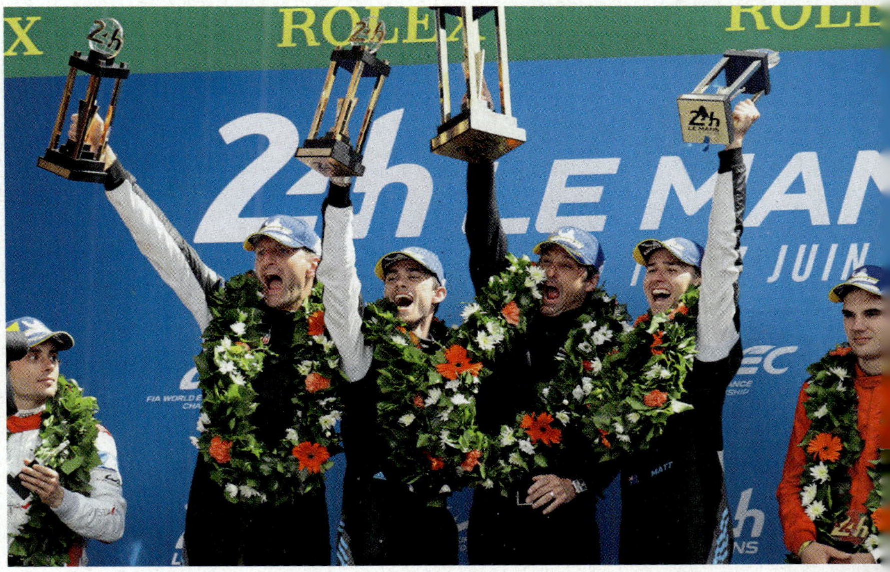

Das Podest aller Podeste: Alle wollen in Le Mans fahren und siegen, nur den wenigsten ist das auch vergönnt. Ried schaffte es 2018, zusammen mit Matt Campbell und Julien Andlauer

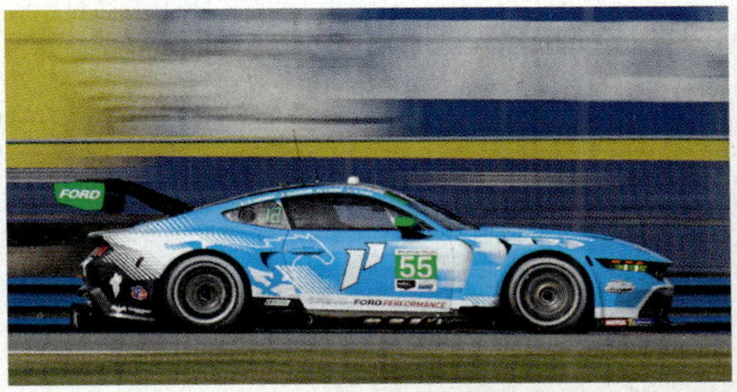

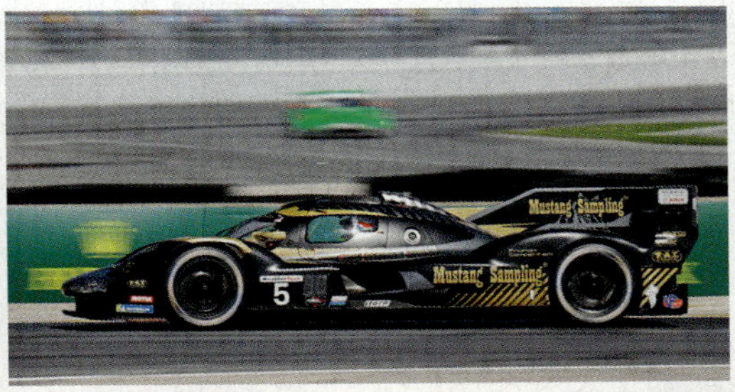

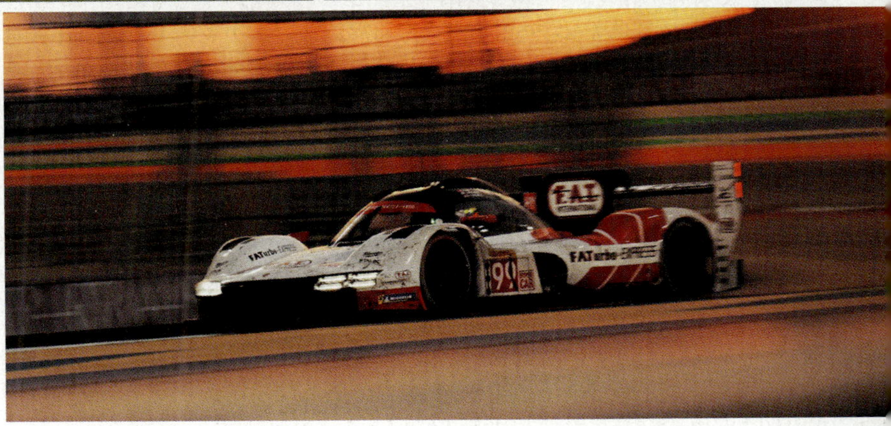

Diversifizierung des Renngeschäfts: Neben Porsche-Kundensportwagen wie dem LMDh-963 setzt Proton Competition auch Rennwagen von Ford ein

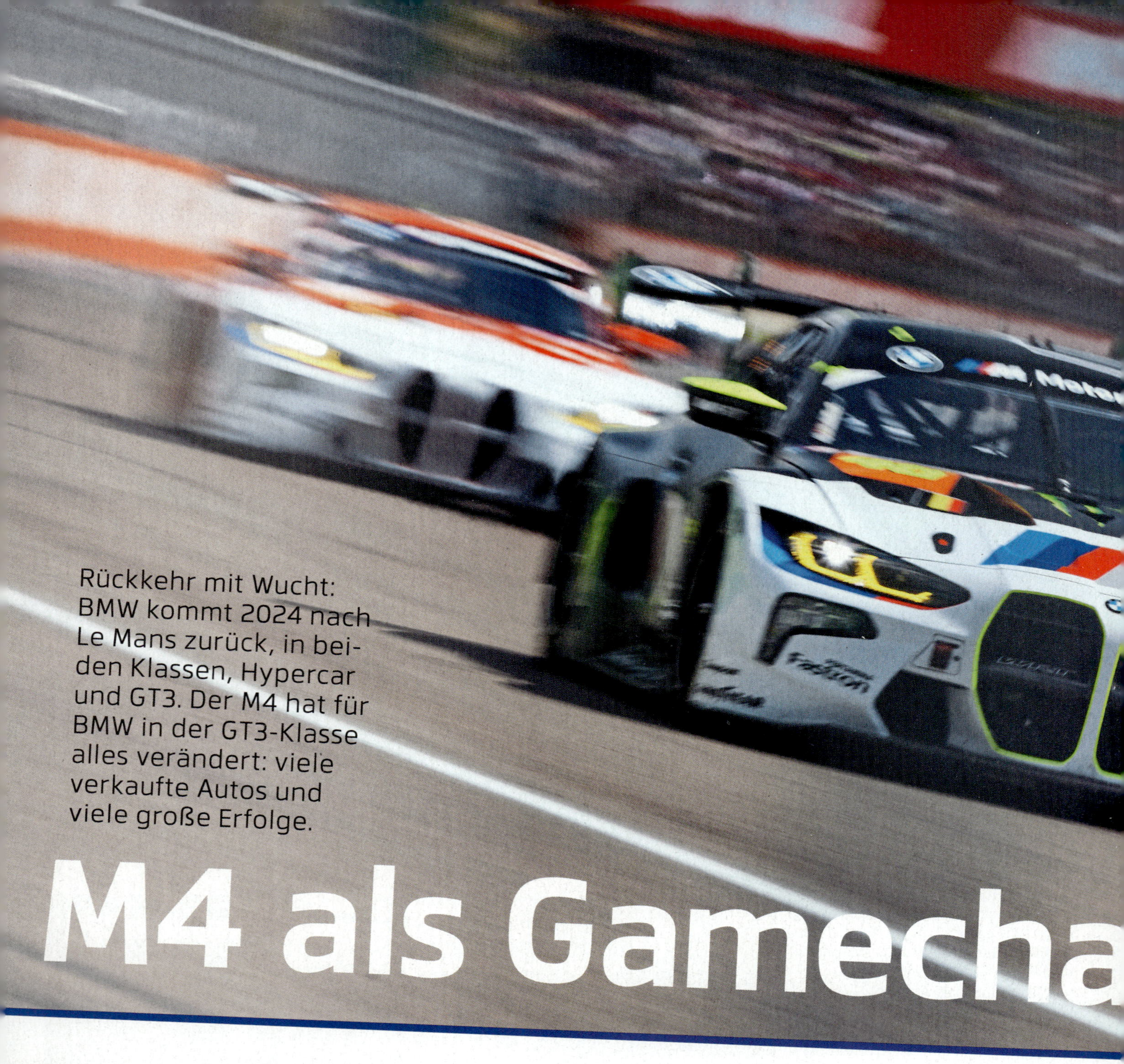

Rückkehr mit Wucht: BMW kommt 2024 nach Le Mans zurück, in beiden Klassen, Hypercar und GT3. Der M4 hat für BMW in der GT3-Klasse alles verändert: viele verkaufte Autos und viele große Erfolge.

M4 als Gamecha

Die Münchner haben es nicht leicht im GT-Sport: Die sportliche BMW-Tochter M GmbH hat keinen zweisitzigen Sportwagen, weshalb man in der letzten Dekade oft mit Fahrzeugen antrat, die den Begriff GT weit fassten und manchmal auch überdehnten. Z4, M6 oder M8 waren keine Kassenschlager, selbst als sie große Rennsiege holten.

Der BMW M4 GT3 hat alles verändert: BMW besann sich auf das korrekte Ausgangsprodukt, baute ein sauberes GT-Auto, das die Amateurfahrer ebenso begeisterte wie die Profi-Piloten. Zweieinhalb Jahre nach dem Renndebüt fällt das Fazit positiv aus, quantitativ wie qualitativ: Über 50 Fahrzeuge hat BMW M Motorsport bislang absetzen können, der Trend weist stetig nach oben. „Wir könnten noch deutlich mehr Autos verkaufen, aber wir wollen unseren Teams einen perfekten Service bieten. Also verkaufen wir lieber weniger Autos und haben dafür zufriedene Kunden", so BMW-Sportchef Andreas Roos.

Die hohe Nachfrage ist ein Ergebnis der Erfolge: Bereits im Debütjahr 2022 holte man den DTM-Titel, im letzten Jahr folgte der Sieg beim größten GT3-Rennen der Welt, dem 24h-Klassiker in Spa, auch der GTD-Titel in der IMSA-Serie macht sich gut im BMW-Vitrinenschrank.

GT3: Entwicklungsspagat

Sportchef Roos grätscht dennoch kurz ein: „Den ersten M4-Sieg holte ein Privatteam mit Amateurpiloten beim 12h-Rennen in Mugello." Warum das wichtig ist? Weil ein GT3-Auto immer beides können muss: Kundensport und Werkssport. Das ist auch die größte Stolperfalle bei der Entwicklung: der Spagat zwischen Top-Per-

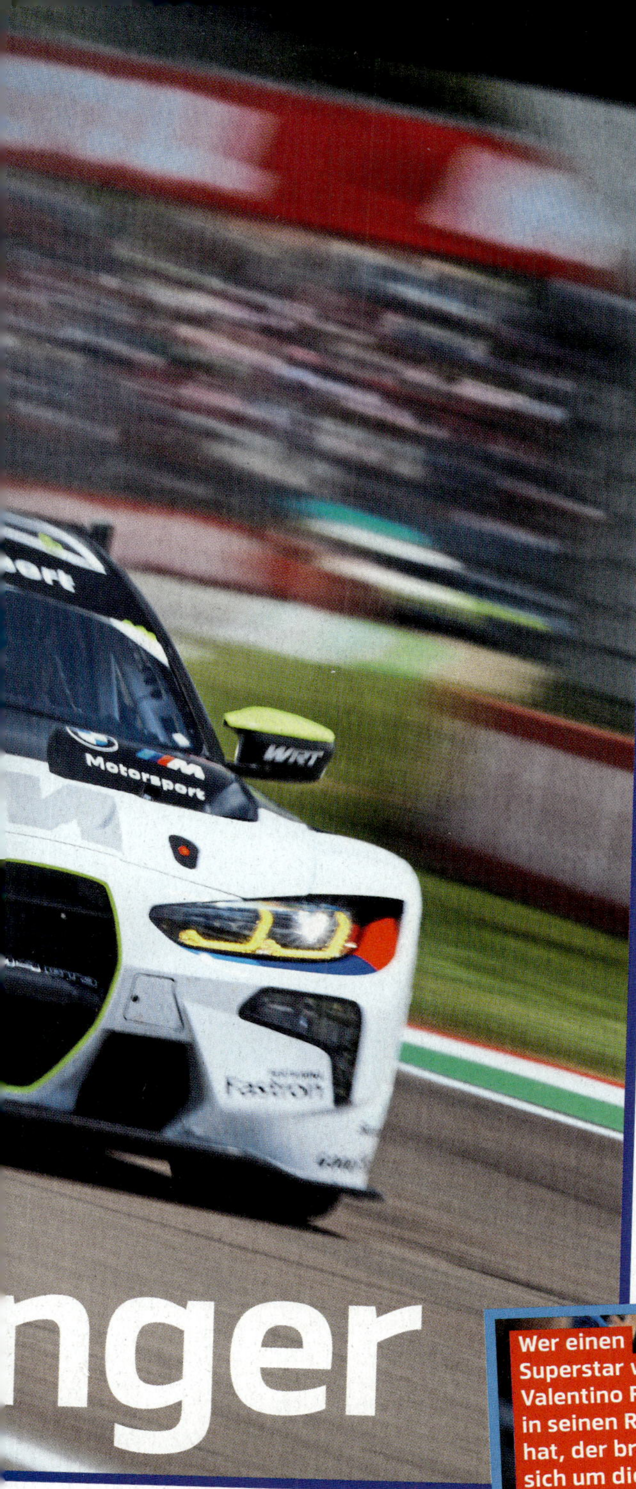

formance mit Profipiloten und guter Fahrbarkeit für die Amateurfahrer. Der aktuelle GT3-Wagen von BMW kann offensichtlich beides. Das war nicht immer so, aber lassen wir die Vergangenheit endlich ruhen.

Im dritten Einsatzjahr darf der M4 auch endlich zu den 24 Stunden: Weil BMW ein Hypercar in der Topklasse einsetzt, sind die Bayern auch in der neuen LMGT3-Klasse startberechtigt. Das belgische Einsatzteam WRT hat bereits über ein Jahr Erfahrung mit dem M4 GT3, und das machte sich bei den ersten beiden WEC-Läufen in Katar und Imola sofort bemerkbar: Beim 10h-Rennen in Losail kämpften beide WRT-BMW bis zur Schlussstunde um einen Podestplatz, in Imola folgte ein lupenreiner Doppelsieg. „Wir haben in Imola eine aggressive Strategie gewählt und beide Autos auf Slicks belassen, als es zu regnen begann", erklärt Roos. „Das war zwar ein Risiko, aber wir hatten mit Maxime Martin und Augusto Farfus zwei extrem erfahrene Piloten im Auto. Sie plädierten für Slicks, wir haben ihnen vertraut – sie haben uns mit einem Doppelsieg belohnt."

BMW Motorsport hat mit dem M4 also offenbar den perfekten Sweet Spot getroffen, obwohl man im Vergleich zur Konkurrenz Nachteile hat: Während Porsche oder Ferrari mit zweisitzigen Sportwagen im globalen GT3-Sport antreten, basiert der M4 bekanntlich auf einer Mittelklasse-Limousine – wenngleich auf der deutlich nachgeschärften M-Version.

„Wenn man eine Limousine als Absprungbasis im GT-Sport nutzt, dann ist das Auto vom Konzept her automatisch größer und schwerer", sagt Roos. „Die größere Stirnfläche ist ebenso kritisch wie der größere Radstand, was auch bedeutet, dass die Balance of Performance (BOP) oft ihre liebe Mühe hat, das Auto im GT3-Umfeld korrekt einzusortieren."

Erstaunlicherweise erreichte der Limo-Ableger M4 die gesteckten Performance-Ziele im GT3-Sport ohne opulente Nutzung von technischen Sondergenehmigungen (Waivern). Natürlich wanderte das Xtrac-Getriebe an die Hinterachse, natürlich kam vorn ein Hilfsrahmen zum Einsatz, um beim Motor eine optimalere Einbaulage, die neue Abgasführung, die aufwendigere Kühlung und das neue Doppelquerlenker-Fahrwerk umzusetzen. Doch das sind Kunstgriffe, die fast alle anderen GT3-Wettbewerber ebenfalls verwenden.

Der größte Kraftakt bestand darin, den serienmäßig 1800 Kilo schweren M4-Brocken auf ein Homologationsgewicht von 1290 Kilo herunterzubüchsen. Noch wichtiger war es dann, die klassischen Zielkonflikte im GT3-Sport aufzulösen: „Fahrbarkeit und Reifenverschleiß waren die beiden wichtigsten Themen bei der Entwicklung, ebenso wie niedrige Einsatzkosten und gute Wartungsfreundlichkeit", erklärt Roos. „Dazu mussten wir die Performance-Fenster der FIA erreichen. Der M4 GT3 ist am Ende ein klassisches Kundensportauto – und kein GT-Werksrennwagen."

Radstand als Handicap?

Auch das Problem des langen Radstands wurde gelöst, wie GT3-Werksfahrer Jens Klingmann bestätigt: „Ich war zuerst etwas skeptisch wegen des langen Radstands, aber das Auto ist wirklich sehr agil. Ich glaube, das liegt vor allem daran, dass wir an der Vorderachse ein viel breiteres und größeres Einsatzfenster als beim M6 GT3 haben. Wir Fahrer wollen eine konstante Hinterachse, weil da der Reifenverschleiß immer kritisch ist. Und vorn wollen wir ein breites Fenster, auch um tief in die Kurven hineinbremsen zu können."

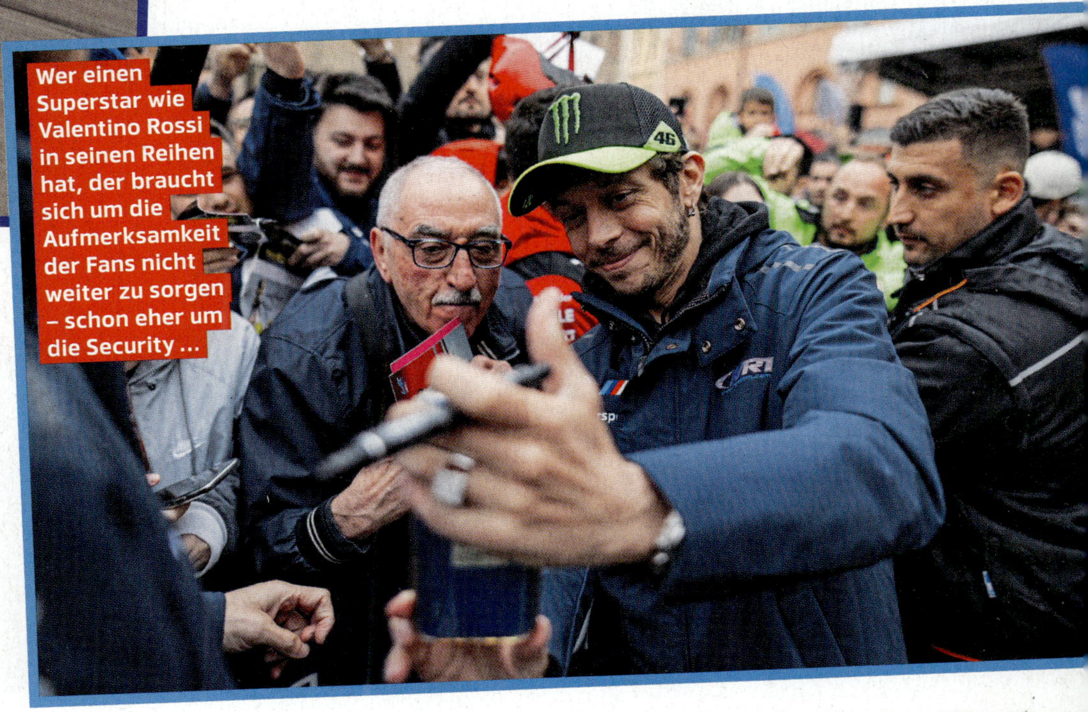

Wer einen Superstar wie Valentino Rossi in seinen Reihen hat, der braucht sich um die Aufmerksamkeit der Fans nicht weiter zu sorgen – schon eher um die Security …

Kunden überzeugt man mit einem guten Produkt, konkurrenzfähigen Preisen und niedrigen Unterhaltskosten – das ist der Business Case in der GT3. Die Nachfrage nach dem M4 übersteigt wie erwähnt das Angebot, und für 2025 lanciert BMW bereits das erste Homologations-Update.

Neben einigen aerodynamischen Retuschen gibt es offenbar Modifikationen bei der Aufhängung, die besonders an der Vorderachse geändert wurde, um die Reifennutzung noch mal zu steigern. Die Veränderungen am Motor wie auch die neuen Turbolader haben angeblich primär mit neuen Kraftstoff-Spezifikationen zu tun. Dazu wurde viel Detailarbeit auf der Software-Seite betrieben, zum Beispiel bei der Traktionskontrolle sowie beim ABS.

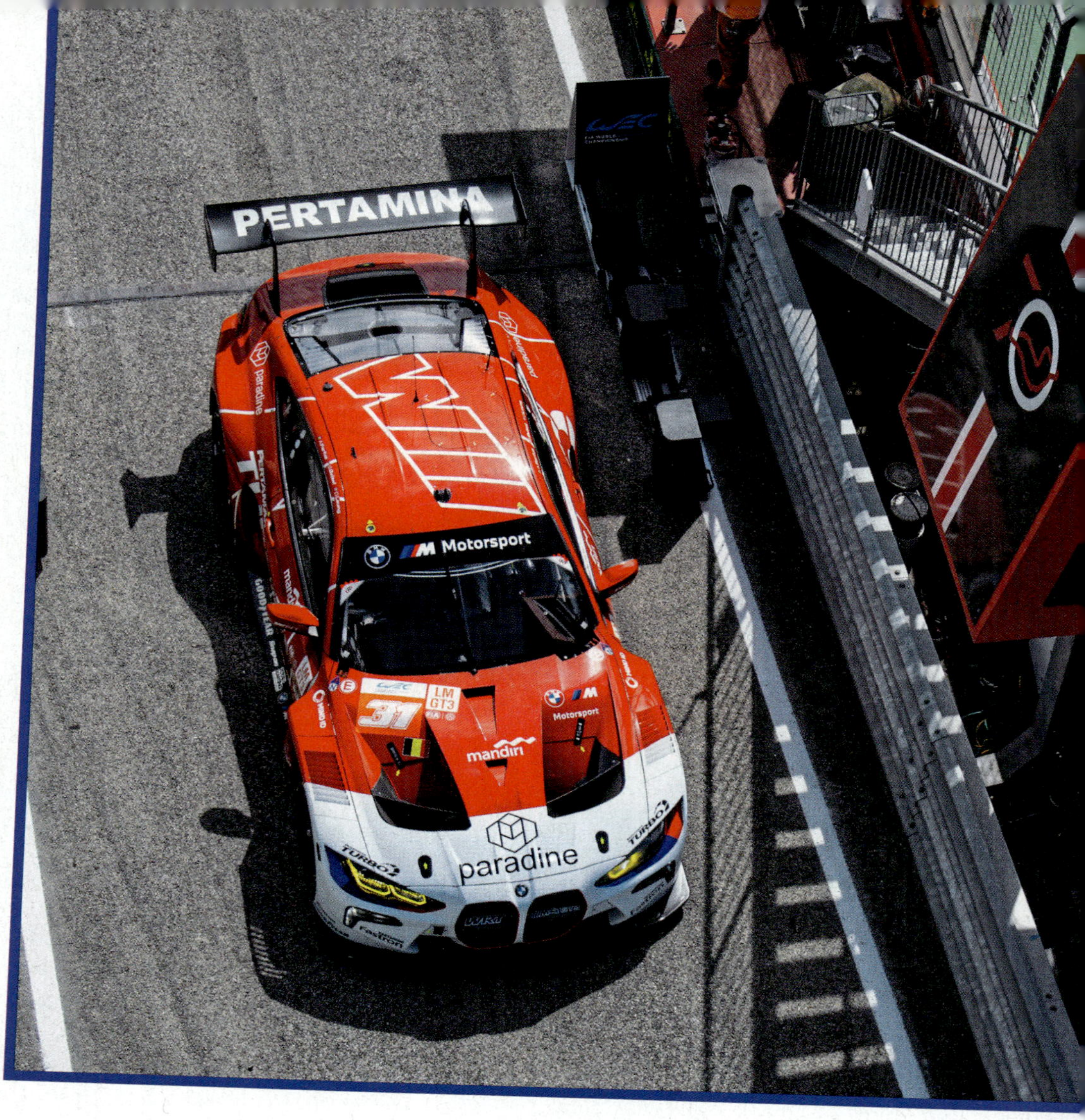

Schon reif fürs 24h-Triple?

Die prinzipiellen Stärken wird das Update nicht verändern: Der M4 GT3 liebt flüssige und schnelle Rennstrecken, winklige und technische Pisten sind nicht so sehr sein Ding. Das hat aber einen Vorteil: Alle für BMW wichtigen Langstreckenrennen finden auf schnellen Kursen statt. „Im Mai und Juni finden binnen vier Wochen die 24h-Rennen am Nürburgring, in Le Mans und Spa statt, und wenn die BOP passt, sollten wir auf allen Strecken aus eigener Kraft konkurrenzfähig sein – und ich hätte nichts dagegen, in einem Jahr das 24h-Triple zu holen", scherzt Roos.

Ganz aus der Luft gegriffen ist das freilich nicht: Dass der M4 die Nordschleife und Spa mag, hat er bereits bewiesen. Und als das WRT-Team im letzten Jahr einen M4 für BMW-Superstar Valentino Rossi im Rahmenprogramm des 24h-Rennens in Le Mans einsetzte, holte der neunfache Motorrad-Weltmeister gleich einen Sieg. Ohne den Rossi-Erfolg schmälern zu wollen: Die Ausgangslage in Le Mans ist 2024 natürlich deutlich diffiziler. Neun Hersteller werden alles unternehmen, um beim ersten Start der LMGT3-Klasse die Lorbeeren abzuräumen. Trotzdem hat BMW eine gute Ausgangsposition: Der Sieg in Imola hat bewiesen, dass der M4 eine faire BOP-Basiseinstufung hat.

Das belgische WRT-Team von Vincent Vosse hat die Erfahrung und die Klasse, um auch an der Sarthe zu siegen. Das Auto ist zuverlässig, und die Fahrerpaarungen sind sogar ausgezeichnet: Auf dem Auto mit der Nummer 31 teilt sich BMW-Veteran Augusto Farfus das Cockpit mit Sean Gelael und Darren Leung, das Schwesterauto mit der berühmten Rossi-Startnummer 46 wird von ebenjenem Herrn Rossi, Maxime Martin und Ahmad Al Harthy pilotiert – das sind auch im Konkurrenzvergleich zwei

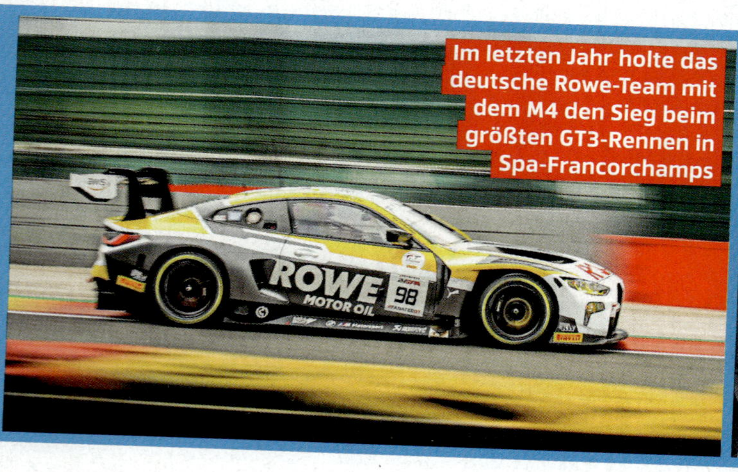

Im letzten Jahr holte das deutsche Rowe-Team mit dem M4 den Sieg beim größten GT3-Rennen in Spa-Francorchamps

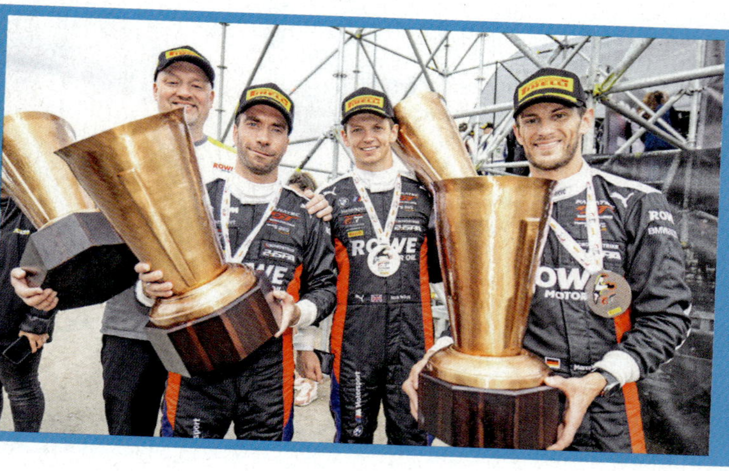

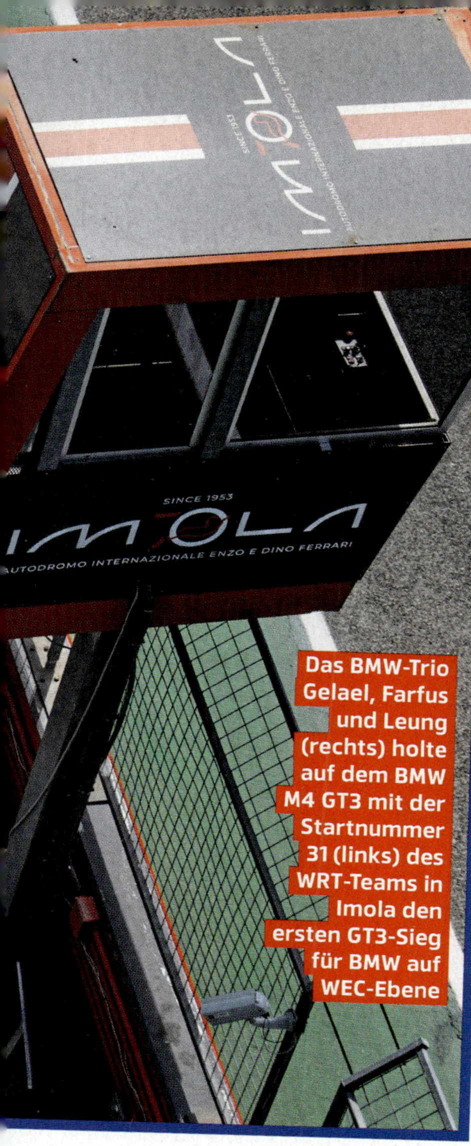

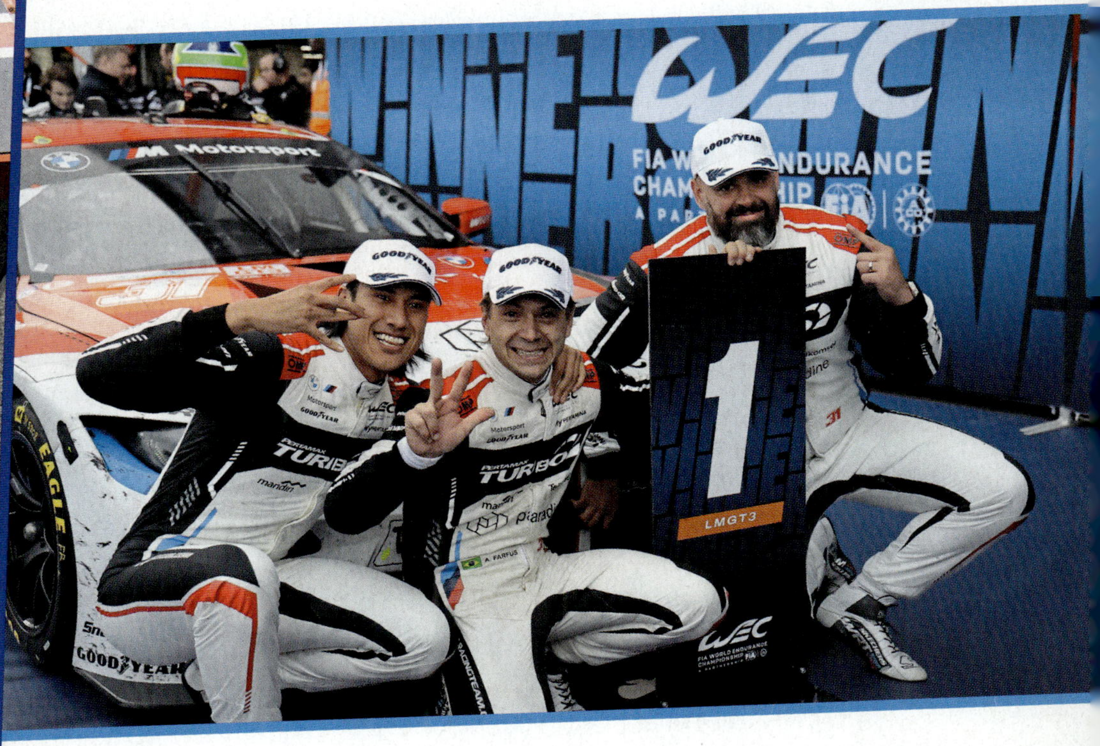

Das BMW-Trio Gelael, Farfus und Leung (rechts) holte auf dem BMW M4 GT3 mit der Startnummer 31 (links) des WRT-Teams in Imola den ersten GT3-Sieg für BMW auf WEC-Ebene

absolut wettbewerbsfähige Fahrertrios. Die sind in der GT3-Klasse der Sportwagen-WM und in Le Mans extrem wichtig, weil sich laut Reglement zwei Amateurfahrer der Kategorien Bronze und Silber das Auto mit einem Profi der Stufe Gold oder Platin teilen müssen. Bei der Konstellation die richtigen Kutscher zu finden, ist nicht einfach – aber ausschlaggebend für die Wettbewerbsfähigkeit und den Erfolg.

BMW und der Rossi-Faktor

Wie auch immer die BMW-Chose in Le Mans ausgehen wird, der Erfolg steht eh schon fest. Warum? Nun, der gute Herr Rossi wird unabhängig vom Resultat für so viel Aufmerksamkeit und PR sorgen, wie kaum ein anderer berühmter Pilot vor ihm. „Ich denke, wir werden in Le Mans wohl noch mal deutlich in die Security investieren müssen, um den Fan-Ansturm unter Kontrolle zu halten", antizipiert WRT-Teamchef Vincent Vosse die Herausforderung.

Valentino Rossi ist natürlich ein Glücksfall für BMW, für Le Mans und den Automobilsport. Schon klar, der 44-jährige Italiener reifte im Motorradsport zum globalen Superstar, aber der Wechsel auf vier Räder hat den GT3-Hype gestärkt. „Ich liebe das Rennfahren und den Wettbewerb, deshalb hatte ich immer ein Auge auf den Vierradsport geworfen, um das, was ich am meisten mag, irgendwie fortsetzen zu können", erklärt Rossi.

Der Italiener meint es ernst: „Mein Anspruch besteht darin, Siege zu holen. Ich fahre nicht nur zum Spaß." Rossi trifft im GT3-Umfeld auf Vollprofis der Fahrergüte Gold und Platin, während er weiter als Amateurfahrer in der Silber-Klasse eingestuft ist. Das hat automatisch zur Folge, dass man seine Darbietungen auf der Rennstrecke exakt vergleichen kann – die Traute muss man als Superstar erst mal haben!

Auf einigen Strecken gelingt das Rossi schon sehr gut: Beim WEC-Lauf in Imola war er auf trockener Piste der zweitbeste BMW-Pilot, auch wenn am Ende die Profis Farfus und Martin die schlechteren Bedingungen vorfanden. Trotzdem: Rossi ist sicher kein Bremsklotz mit Promi-Bonus, sondern ein ernsthafter GT-Pilot.

„Für mich ist es extrem wichtig, mit einem Pro-Line-up zu fahren, weil mir nur diese Konstellation erlaubt, mich zu verbessern und zu lernen. Die Gold- und Platin-Fahrer haben viel Erfahrung und fahren sehr viele Rennen, da kann ich mir einiges abschauen."

Und wer weiß: BMW-Sportchef Andreas Roos hat Rossi einen LMDh-Test fest zugesagt. Viele behaupten, ein Prototyp läge dem Fahrstil von Rossi mehr als die GT-Autos. Vielleicht fährt der gute Herr Rossi dann eines Tages sogar um den Gesamtsieg. Natürlich mit BMW!

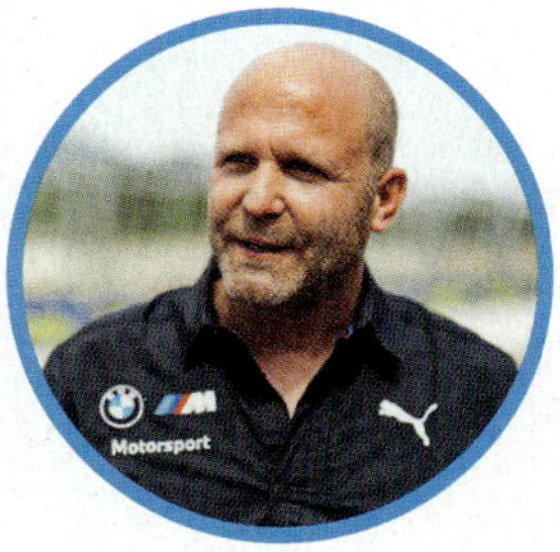

„Im Mai und Juni finden binnen vier Wochen die größten 24h-Rennen statt. Wenn die BOP passt, sollten wir um Siege kämpfen können"

BMW-Sportchef Andreas Roos

Text: Marcus Schurig
Fotos: BMW, DPPI, Motorsport Images

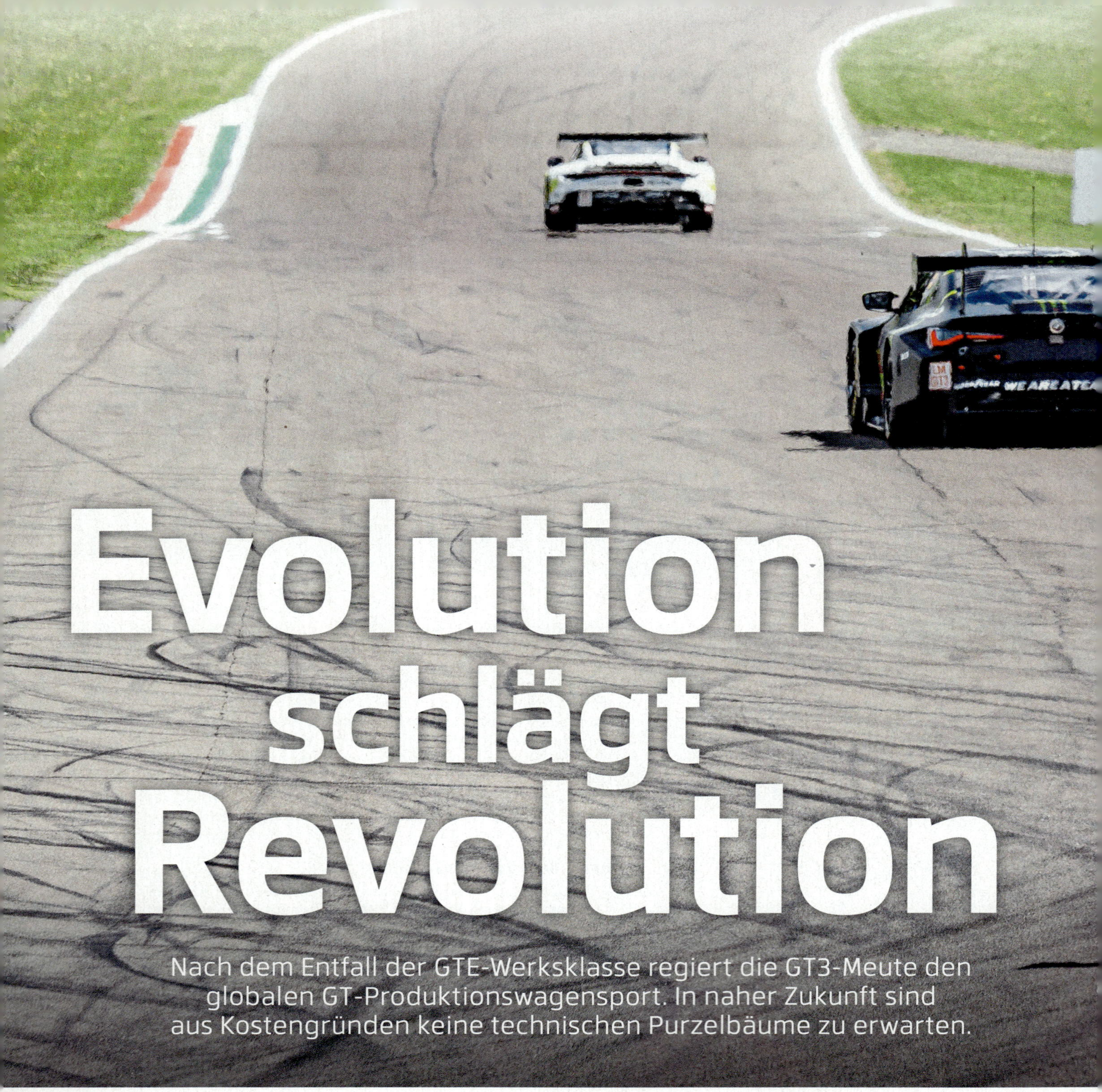

Evolution schlägt Revolution

Nach dem Entfall der GTE-Werksklasse regiert die GT3-Meute den globalen GT-Produktionswagensport. In naher Zukunft sind aus Kostengründen keine technischen Purzelbäume zu erwarten.

Wenn der Innovationsdruck auf der Straße steigt, erhöht sich auch der Druck im Motorsport, technisch nachzuziehen. Natürlich wollen die Regelgeber verhindern, dass sich die technische Schere zwischen Straßentechnologie und Rennsportanwendung immer weiter vergrößert, was am Ende zu einer Glaubwürdigkeitsfalle werden könnte, in die niemand mit Absicht hineingeraten will.

Auf der Straße stehen seit ein paar Jahren neue Megatrends im Fokus: Defossilisierung bei den Kraftstoffen, Teilelektrifizierung über Hybridantriebe und Vollelektrifizierung durch batterieelektrische Antriebe, dazu mehr Nachhaltigkeit im Sinne des Umweltschutzes. Die Übersetzung dieser Megatrends in den Motorsport ist in einigen Bereichen im vollen Gange, die Geschwindigkeit der Anpassung hängt jedoch erstens am Einsatzzweck wie den Renndistanzen und zweitens am technischen Aufbau der einzelnen Rennklassen. Im Prototypensport sind die Spielräume größer als im GT-Sport, weil hier die Produktionswagen die technische Absprungbasis bilden. Dazu müssen die Kosten im Rahmen bleiben, weil GT-Sport primär Kundensport ist.

Daher ist einleuchtend, dass der Kundensport langsamer auf technische Veränderungen im Umfeld der

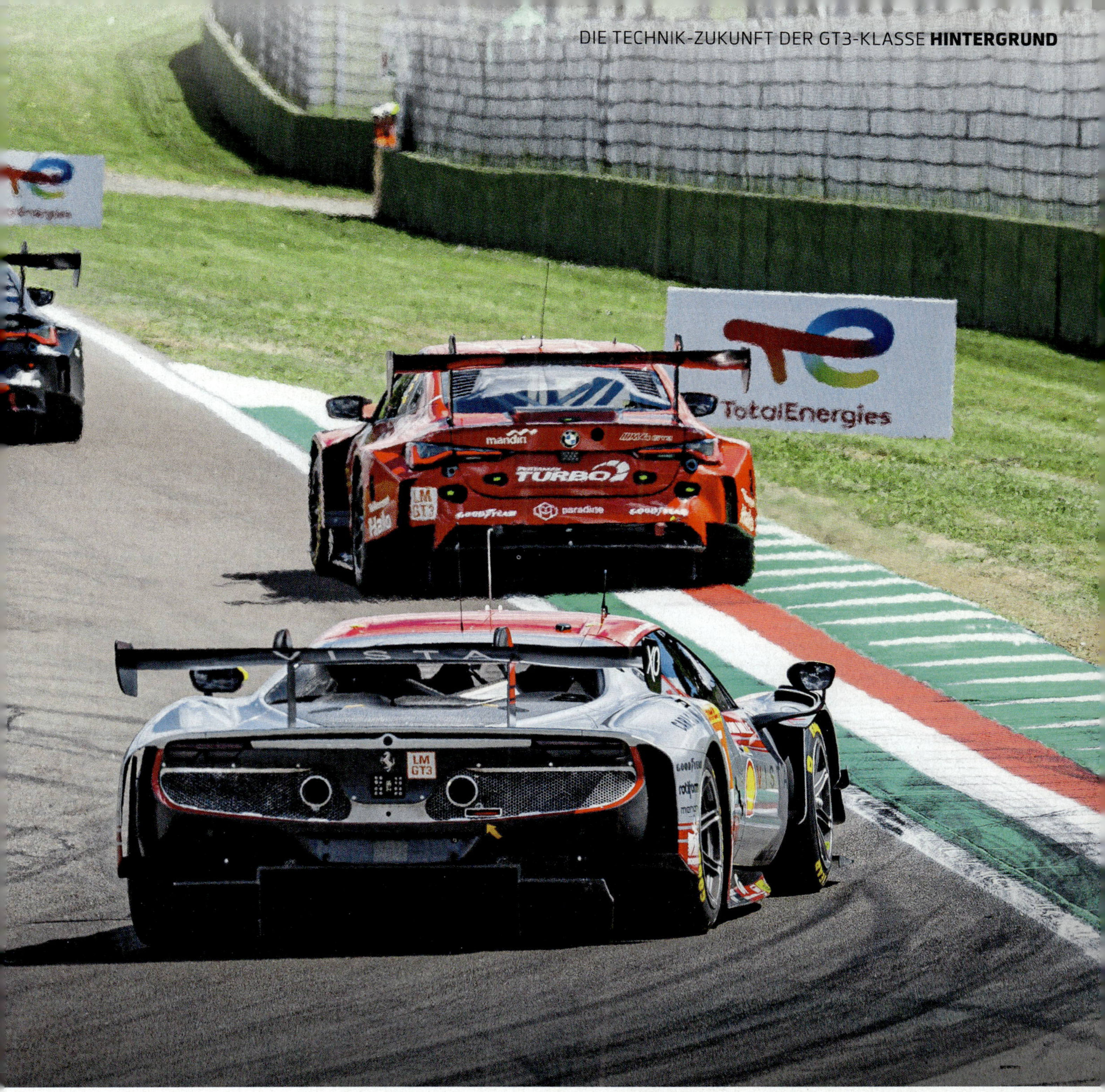

Bei den GT3-Regeln stehen die Kosten im Fokus. So hat der Ferrari 296 auf der Straße serienmäßig Hybrid an Bord, im GT3-Sport aber nicht

Mobilität reagiert als die Rennklassen im Werksmotorsport.

Kundensport und Kosten

Das führt automatisch dazu, dass im GT-Sport die Evolution dominiert, nicht die Revolution. Würden die Regelgeber für den GT-Sport theoretisch 2025 vollelektrische Antriebe zwingend vorschreiben, wäre die Kategorie de facto mausetot, weil sich die Kunden den elektrischen Klimmzug nicht leisten könnten. Zweitens dominieren im GT-Sport von wenigen Ausnahmen abgesehen die langen Renndistanzen, die eine Umstellung auf batterieelektrische Antriebe beim gegenwärtigen Stand der Technik unmöglich machen.

Die großen Technik-Zäsuren auf der Straße kollidieren außerdem mit der erst vor Kurzem erfolgten Umstellung des GT-Produktionswagensports: Bis 2023 bildeten die GTE-Autos die Spitze der GT-Pyramide, weil sie gezielt für Werkseinsätze in Le Mans und der Sportwagen-WM entwickelt wurden. Weil die alte Trennung zwischen Werkssport (GTE) und Kundensport (GT3) aus Kostengründen nicht mehr aufrechtzuerhalten war, haben alle Toprennserien wie WEC und IMSA die GTE-Autos aussortiert.

Damit hat die Kundensportklasse GT3 weltweit das Zepter im GT-Sport übernommen. Im Kundensport steht aber nicht die Technologie an erster Stelle, sondern niedrige Anschaffungskosten, günstige Ersatzteil- und Einsatzkosten und das einfache Handling der Fahrzeuge. Dazu setzen die meisten zweisitzigen Sportwagen auf der Straße weiter auf klassische Verbrenner, weil es unter technischen Gesichtspunkten und bei der Gesamt-Performance weiterhin die optimale Lösung ist. Die Hybridisierung ist in diesem Segment bisher eher die Ausnahme als die Regel.

Alle genannten Faktoren und Umstände stellen die Regelgeber vor das Problem, wie sie die GT3-Klasse technisch weiterentwickeln sollen. Einerseits floriert das GT3-Geschäft, niemand will das Wachstum abwürgen. Was nicht kaputt ist, soll man nicht reparieren, sagen die Amerikaner. Nach dem Zutritt von Ford und Corvette sind aktuell GT3-Fahrzeuge von 16 Herstellern homologiert – am GT-Himmel brennt also die Sonne.

Daher fordern Teams, Fahrer und Hersteller Konstanz, Berechenbarkeit und Kostenbewusstsein von den Regelgebern. „Wenn man sich den Status quo betrachtet, so hat die FIA als Regelgeber im GT3-Sport eigentlich alles richtig gemacht“, so der Präsident der FIA-GT-Kommission, Lutz Leif Linden. Der Deutsche verweist darauf, dass es auch perspektivisch nur Grund zur Freude gibt: Mercedes baut extra ein neues Straßenauto, um ab 2027 wieder ein GT3-Modell homologieren zu können; Lamborghini hat bestätigt, dass es einen Nachfolger für den Huracán GT3 geben wird; Ford und Corvette debütieren 2024

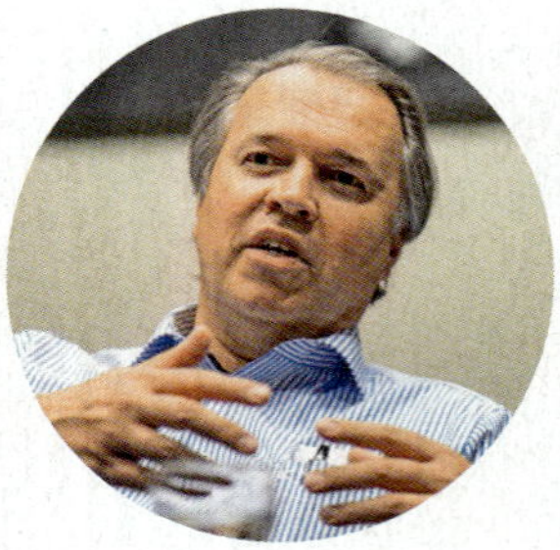

„Der Status quo legt nahe, dass die GT3-Klasse sportlich interessant und relevant ist, parallel funktioniert der Business-Case für die GT3-Hersteller“

FIA-GT-Kommissions-Präsident Lutz Leif Linden

mit ihren neuen GT3-Kundenautos auf Mustang- und Z06-Basis; McLaren und Aston Martin haben bereits neue Evo-Versionen homologiert, BMW und Ferrari arbeiten an Ausbaustufen für 2025.

Fokus auf Defossilisierung

Welche technischen Weiterentwicklungen sind im Licht dieser positiven Trends denk- und machbar? Bei der FIA steht mit Blick auf die nähere Zukunft erstens das Thema Kraftstoffe im Fokus: „Die Zielperspektive lautet, dass wir so zeitnah wie möglich auf vollsynthetische Kraftstoffe umschwenken, und zwar in allen Weltregionen“, so Lutz Leif Linden. Der technische Weg ist klar: Auf Wasserstoffbasis wird E-Methanol als Ausgangsprodukt für Rennbenzin hergestellt, was die CO_2-Neuemissionen auf einen Schlag um 90 Prozent senkt.

Im Moment sind neue vollsynthetische Kraftstoffe die beste Lösung, um die CO_2-Emissionen im GT3-Sport zu reduzieren

Die FIA hat bereits erste Spritproben an die GT3-Hersteller geschickt, um das Mapping der Motoren entsprechend anzupassen. Der Haken: Die FIA richtet nur den GT3-Weltcup in Macau selber aus, der Rest des globalen GT3-Sports wird von unabhängigen Promotoren veranstaltet. Dazu ist die Verfügbarkeit der Kraftstoffe noch sehr begrenzt. „Aber an dieser Lösung führt kein Weg vorbei, da sind sich die Hersteller und die FIA völlig einig“, betont Linden.

Zweitens diskutiert die FIA als GT3-Regelgeber seit vielen Jahren mit den Herstellern die Optionen für eine Hybridisierung, erste Vorschläge gab es bereits 2016. Mittlerweile hat sich herausgestellt, dass die Umsetzung kompliziert und teuer wäre. Der verpflichtende Einsatz von Hybridantrieben wäre erst möglich, wenn alle Sportwagenhersteller die Technik im Straßenauto verwenden, weil sonst kein sicherer Bauraum vorhanden wäre. Außerdem würden sich die Hybridkonzepte von Hersteller zu Hersteller unterscheiden, was eine Art zusätzliche Hybrid-BOP erforderlich machen würde. Die Idee eines kostengünstigen Einheitshybridsystems wurde mittlerweile verworfen. Fazit: Eine zeitnahe Vorschrift zur Verwendung von Hybrid in der GT3-Klasse ist ausgeschlossen, primär aus Kostengründen.

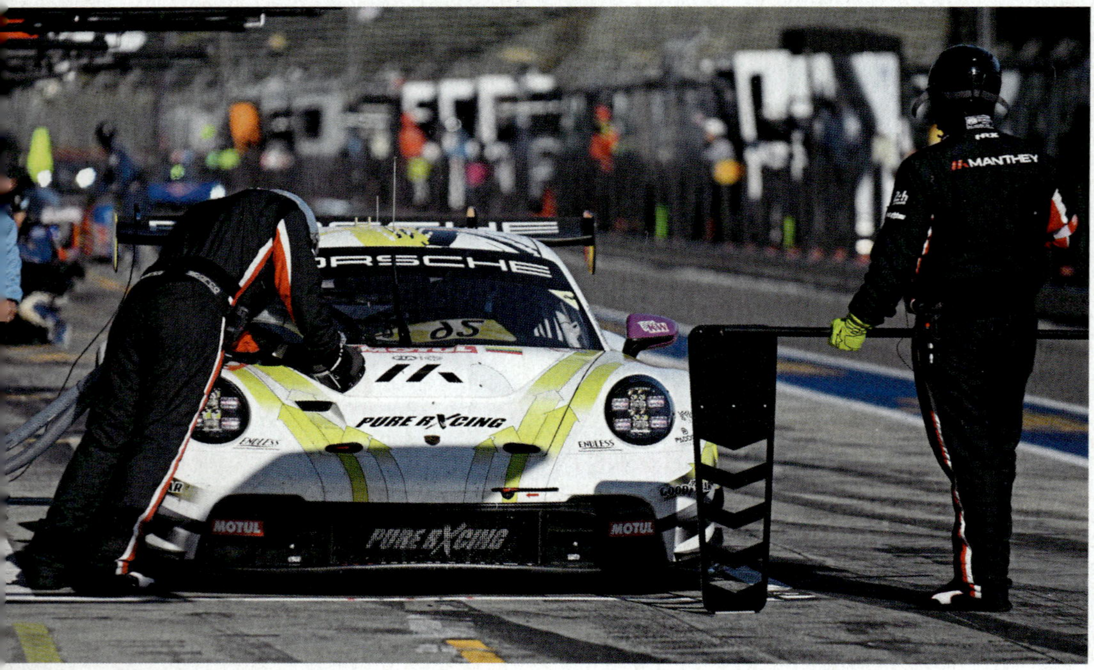

E-GT statt GTE? Sicher nicht!

Drittens stand auch das Thema einer reinen E-GT-Serie auf der Agenda der FIA, die dazu 2022 ein konkretes Reglement entwickelt hatte. Doch auch an dieser Front ist es still geworden: „Die Hersteller haben lange mit der Idee geliebäugelt, aber nur unter der Voraussetzung, dass die Performance ungefähr auf dem Niveau der aktuellen GT3-Rennwagen mit Verbrenner liegt“, sagt Linden. Dabei hat sich schnell herauskristallisiert, dass solche reinrassigen Elektro-GT-Prototypen bei einem Kaufpreis von 1,8 Millionen Euro landen würden. Die gesamte Vorentwicklung müssten die GT-Hersteller leisten, dazu fehlt eine leistungsfähige Ladeinfrastruktur auf den Rennstrecken. Und außerdem taugen solche E-GT-Bomber nur für kurze Sprintrennen – damit hat sich die Sache vorläufig erledigt.

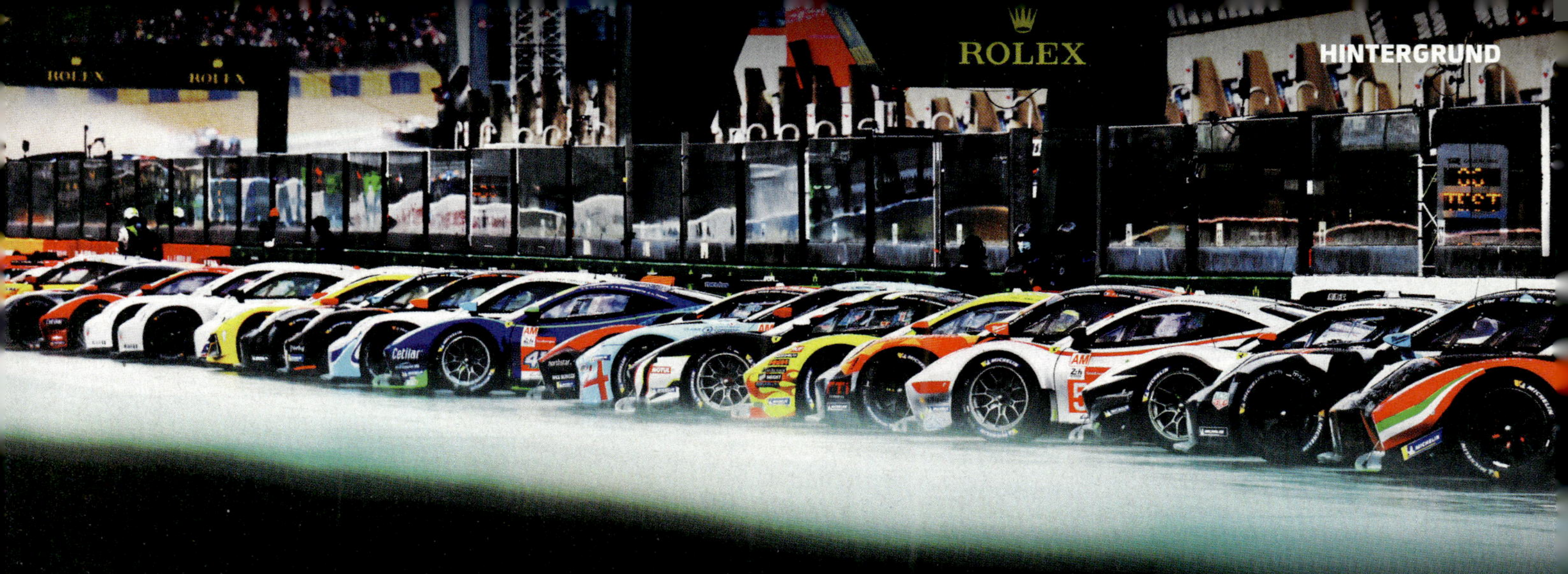

Was laut FIA-Kommissions-Präsident Lutz Leif Linden in Zukunft ein Thema werden könnte, ist eine Art N-GT-Klasse auf Basis existierender elektrischer Sportwagen oder sogenannter Sports EV, wie zum Beispiel Porsche Taycan oder Audi e-tron GT. „Für eine solche Formel gibt es am Ende vermutlich noch die größte Nachfrage unter den Herstellern", so Linden. Das Problem: So eine Serie macht nur Sinn, wenn man mit den aktuellen Serienkomponenten des elektrischen Antriebs fahren würde, doch die Hersteller würden dafür lieber auf neue Modelle mit modifizierter Technologie warten wollen.

Ein echtes Thema sind dagegen elektrische Markenpokale. Porsche hat vor geraumer Zeit mit dem 718 Cayman GT4 e-Performance ein potenzielles Kundenauto vorgestellt. Die Antriebsleistung würde zwar nur für Sprintrennen über maximal 15 Minuten reichen, aber das wird sicher irgendwann kommen.

Natürlich hängt auch die Weltmotorsportbehörde FIA bei allem, was sie macht, an der Unterstützung der Hersteller. Die Hersteller sagen unisono: Die GT3-Klasse macht so, wie sie ist, Sinn. Der Business-Case scheint zu funktionieren, die Kostenstruktur zu stimmen, und auch auf der sportlichen Seite haben die Hersteller im Moment nichts auszusetzen. „Insofern stehen die Zeichen für die Zukunft der GT3-Klasse auf Evolution, nicht auf Revolution", hält Lutz Leif Linden fest.

Keine radikalen Einschnitte

Die Reglementsanpassungen für die nächsten zwei GT3-Homologationsperioden ab 2025 und 2028 werden gerade mit den Herstellern verhandelt, und im Moment deutet nichts auf radikale technische Einschnitte hin. Nur beim Thema Einführung von synthetischen Kraftstoffen wollen alle Beteiligten so schnell wie möglich zu Potte kommen.

Die horrende Markenvielfalt von 16 Herstellern im GT3-Sport belegt, dass das Grundkonzept der Klasse funktioniert

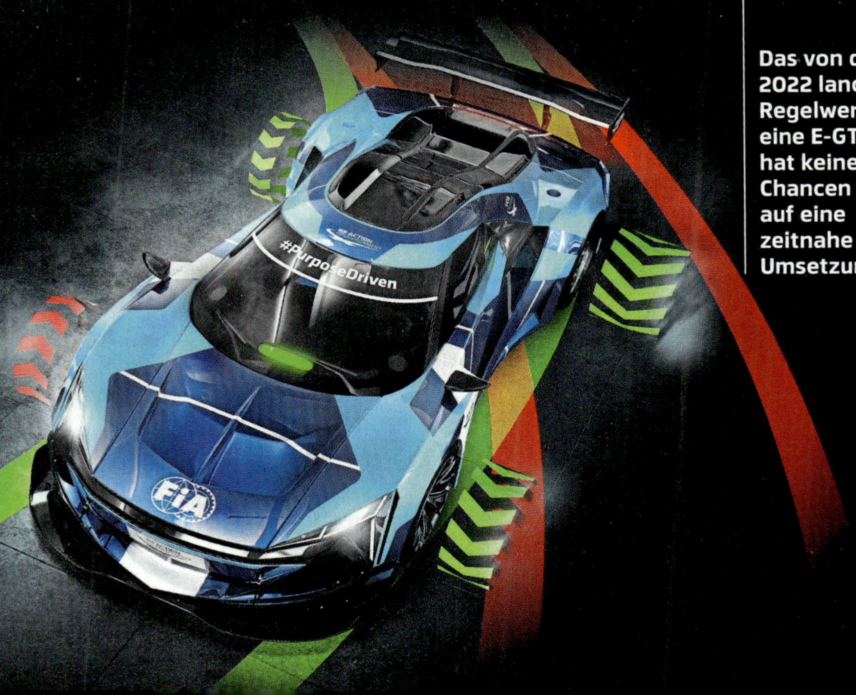

Das von der FIA 2022 lancierte Regelwerk für eine E-GT-Serie hat keine Chancen mehr auf eine zeitnahe Umsetzung

Die größte Bewegung im GT3-Sport gibt es im Moment beim Thema Balance of Performance (BOP), was auch Rückwirkungen auf der Kostenseite haben könnte. Die Sportwagen-WM (WEC) hat bei der Einführung der LMGT3-Klasse für 2024 als erste Rennserie der Welt die Verwendung sogenannter Torque-Sensoren oder Drehmomentmesswellen im GT3-Sport verpflichtend vorgeschrieben. Damit können die BOP-Macher über die FIA-Logger jederzeit sehen, wie viel Leistung an den Hinterrädern ankommt. Das System des amerikanischen Anbieters MagCanica funktioniert offenbar tadellos und ist dazu geeignet, das ewige Sandbagging bei der Motorleistung ein für alle Mal zu eliminieren.

Freilich kann MagCanica die Preise nach freiem Gusto diktieren, denn sie sind weltweit der einzige Anbieter mit einem einsatzbereiten Produkt. Ein Satz Torque-Sensoren für die beiden Antriebswellen kostet laut IMSA-Teams 75 000 Euro, inklusive Kalibrierung. In Langstreckenserien wie IMSA oder WEC müssen die Teams mit bis zu vier Sätzen pro Saison rechnen, was die Einsatzkosten um gut 280 000 Euro erhöht.

„Die Torque-Sensoren können die BOP auf ein völlig neues Niveau heben, deshalb unterstützten wir den Einsatz", so Linden. Auch die WEC-Innovation, die Fahrzeug-Sensitivitäten bei hohen Geschwindigkeiten einer gesonderten Betrachtung und Einstufung zu unterziehen, findet überall Applaus – dazu kostet es keinen Pfennig extra. Das Fazit? Der GT-Sport taugt nicht als Innovationslabor, denn es geht um Kundensport – und nicht um Werkssport.

Text: Marcus Schurig
Fotos: DPPI, FIA, Porsche

Le Mans 5410,713 Kilometer

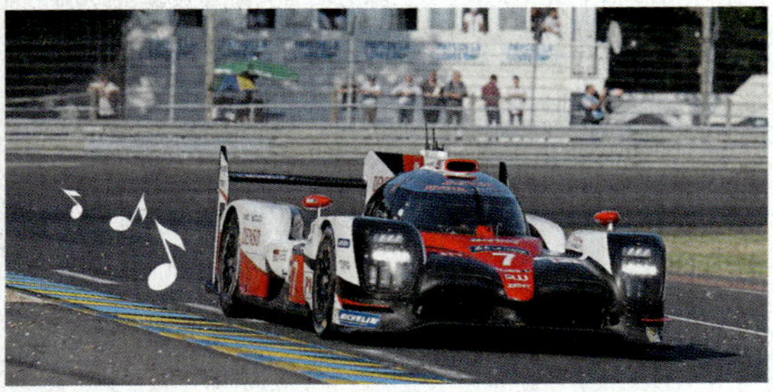

3.14,791 min

brauchte **Kamui Kobayashi** für seine Pole-Bestzeit 2017. Parallel hätte er exakt den Achtziger-Klassiker **„You Spin Me Round"** auf Spotify hören können

Großbritannien stellt die meisten Gesamtsieger: 34 Piloten konnten kombiniert 45 Erfolge sammeln

88 Jahre musste die **Schweiz** auf ihren ersten Triumphator in Le Mans warten (Marcel Fässler, 2011)

Ein Drittel aller siegreichen Teams haben **eine deutsche Nennung** – Rekordler ist Joest mit 17 Pokalen

Bentley Boy **Woolf Barnato** gewann all seine drei Auftritte (1928 bis 1930), **Fernando Alonso** (2018 und 2019) und **Jean-Pierre Wimille** (1937 und 1939) haben ebenfalls eine perfekte Quote. Fünf Fahrer siegten bei ihren einzigen 24 Stunden

325 000 Fans

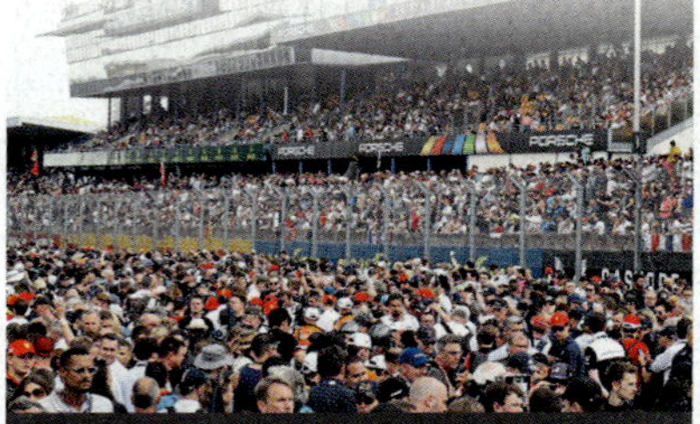

Münsters Einwohnerzahl liegt rund 3600 Menschen unter der maximalen Zuschauerkapazität

Porsche

Rekordsieger? Alter Hut! Die Zuffenhausener Vormachtstellung wird erst in den Details so richtig klar. Porsche holte **zwölf Doppelsiege,** ganze acht Mal ging das **volle Podium** an die Sportwagen-Ikone. 1983 füllte der **seit der Ausgabe 1951** treue Autobauer neun Ränge der besten zehn Plätze aus

Toyota

Nach **fünf zweiten Plätzen** (1992, 1994, 1999, 2013 und 2016) konnten die Japaner ab 2018 **fünfmal in Folge** die höchste Stufe besteigen

16

2022 feierte **Josh Pierson** mit gerade einmal 16 Jahren und 119 Tagen sein Debüt beim Klassiker

75

Fast 60 Jahre lebenserfahrener war **Dominique Bastien,** als er 2021 der deutlich älteste Starter wurde

Debütsiege

In Le Mans zu gewinnen, ist schwer genug. Es direkt beim ersten Aufschlag zu tun, ist doppelt historisch. **Chenard et Walcker** (1923), **Ferrari** (1949) und **McLaren** (1995) schafften das Wunder an der Sarthe

F1 & Le Mans

Die Königsklasse des Motorsports und der Palast der Langstrecke haben eine wechselhafte Historie. **22 Weltmeister** sind bisher angetreten. **Fünf** davon konnten sich auch in die Siegerliste der 24 Stunden eintragen

1 2

Fast inszeniert wirkt die Statistik der **erfolgreichsten Startnummern**: **#1** und **#2** liegen mit jeweils zehn Siegen Kopf an Kopf vorne

Boston

Atlantik-Dampfer: Die Rekorddistanz (2010) entspricht der Luftlinie von der Startlinie bis in die Massachusetts Bay

Ein Mann, eine Runde

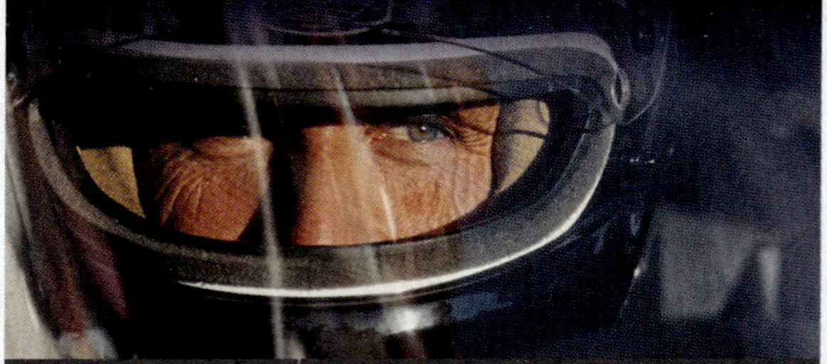

Jacky Ickx wurde von Tom Kristensen bei Siegen (6 zu 9) überflügelt, hält aber den Pole-Rekord (5)

Mythos des Einsamen

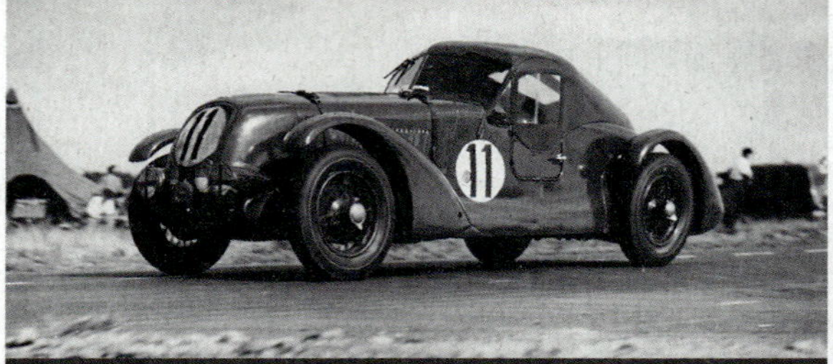

Edward Ramsden Hall bestand darauf, im Jahr 1950 alleine die 24 Stunden bestritten zu haben

Text: Philipp Körner **Fotos:** Motorsport Images, XPB